高等职业教育"十二五"规划教材

铁 路 线 路

主　编　李东侠

副主编　赵纪平　李昊鹏　张　伟

参　编　金鹏涛　闫　晶

北京理工大学出版社

BEIJING INSTITUTE OF TECHNOLOGY PRESS

内 容 简 介

本书是高职交通运输类教材，主要介绍铁路轨道、铁路线路设计和铁路线路维护方面的相关知识。全书共分12个项目，铁路设计部分主要介绍了铁路等级及主要技术标准、铁路能力及铁路线路的平纵断面组成；铁路轨道部分详细介绍了有砟轨道及无砟轨道的组成、轨道几何形位、无缝线路、道岔构造及轨道施工的知识等；线路维护部分主要介绍了线路维修与大、中修的基本知识等，最后，附带介绍了铁路线路实作技能训练的8个技能训练项目。

本书可作为高职交通运输类铁道与城市轨道交通方向的教学用书，也可作为各类成人教育交通运输类的专业教材，同时也可作为铁路职工培训用书及供工程技术人员参考。

图书在版编目（CIP）数据

铁路线路 / 李东侠主编. —北京：北京理工大学出版社，2012.3
（2017.1 重印）
ISBN 978 – 7 – 5640 – 5626 – 1

Ⅰ. ①铁… Ⅱ. ①李… Ⅲ. ①铁路线路 – 高等学校 – 教材 Ⅳ. ①U21

中国版本图书馆 CIP 数据核字（2012）第 029061 号

出版发行 / 北京理工大学出版社有限责任公司
社　　址 / 北京市海淀区中关村南大街 5 号
邮　　编 / 100081
电　　话 / （010）68914775（总编室）
　　　　　（010）82562903（教材售后服务热线）
　　　　　（010）68948351（其他图书服务热线）
网　　址 / http：// www. bitpress. com. cn
经　　销 / 全国各地新华书店
印　　刷 / 北京紫瑞利印刷有限公司
开　　本 / 787 毫米 × 1092 毫米　1/16
印　　张 / 23
字　　数 / 534 千字
版　　次 / 2012 年 3 月第 1 版　　2017 年 1 月第 4 次印刷　　责任编辑 / 张慧峰
印　　数 / 3501 ~ 4500 册　　　　　　　　　　　　　　　　责任校对 / 杨　露
定　　价 / 48.00 元　　　　　　　　　　　　　　　　　　　责任印制 / 王美丽

前　　言

　　高等职业教育的培养目标是高素质技能型专门人才，高质量的教材是达到这一目标的基本保证。高职高专教材应当满足高等职业教育改革发展的需要，应当根据技术领域和岗位群的任职要求，参照相关的职业资格标准、改革理论体系和学习内容，突出职业能力培养的特色。本教材正是依据上述要求，根据教育部高职高专铁路线路课程教学基本要求，并结合吉林铁道职业技术课程改革成果编写而成。

　　"铁路线路"是高职交通运输类铁路与城市轨道交通类专业的核心课程，本书在阐述铁路线路基础理论的基础上，强化实践教学环节，突出铁路施工和养护维修方面的知识，培养铁路施工和铁路养护两方面的人才，使毕业的学生能够胜任铁路和城市轨道交通的施工、管理等工作。

　　本书以培养学生具有铁路线路的基础常识性知识及相应岗位群的实践技能为目标，系统地介绍了铁路线路设计、线路的平面和纵断面、有砟轨道的组成及结构、无砟轨道的组成及结构、轨道几何形位、无缝线、道岔、有砟轨道及无砟轨道的施工、线路维修及线路大、中修等内容，并结合吉林铁道职业技术学院的专业课程教学改革实际，介绍了铁路线路实作技能训练的技能训练项目。本书紧密结合我国当前高速铁路及客运专线、城市轨道交通的发展方向，吸取了近几年我国高速铁路及城市轨道交通方面的新知识、新技术，在教材内容安排上，注重系统性，前后知识连贯，形成完整的知识体系，具有科学性、先进性和实用性。

　　本书由吉林铁道职业技术学院李东侠任主编，吉林铁道职业技术学院赵纪平、李昊鹏、张伟任副主编，吉林铁道职业技术学院金鹏涛、闫晶参编。具体分工为：项目 10、项目 11 由赵纪平编写；项目 2、项目 3 由李昊鹏编写；项目 9 由张伟编写；绪论由闫晶编写；项目 5 由金鹏涛编写；项目 4、项目 6、项目 7、项目 8 由李东侠编写；技能训练项目由赵纪平、闫晶编写。全书由李东侠统稿、修改并定稿。

　　由于时间仓促，加之编者水平有限，书中错误和不当之处在所难免，敬请广大读者批评指正。

编　者

目　　录

1

绪　　论

项目描述

　　自 1825 年第一条铁路在英国投入运营以来，目前全世界已有铁路超过 120 万 km。近 40 年来，高速铁路在一些经济发达的国家建成并投入运行。2004 年以来，我国多条客运专线相继开工建设并开通运营，截至 2010 年底，我国高铁运营里程已达到 7 531 km，占世界高铁总里程超过 30%，稳居世界第一。与此同时，城市轨道交通在世界和我国蓬勃发展起来。绪论主要讲述世界铁路的发展、我国铁路的发展、城市轨道交通的发展概况；铁路线路在铁路运输中的地位和作用；铁路线路及轨道的组成等有关内容。

1.1　铁路运输交通的发展概况

一、世界铁路发展概况

　　自从 1825 年英国修建了世界上第一条铁路——斯托克顿至达林顿铁路以来，铁路运输相对于当时的主要运输方式轮船和马车，在速度及可靠性上呈现出明显的优势，得到了迅速发展和推广，成为各国交通运输的骨干力量，对国民经济的发展做出了重要贡献。19 世纪后期至 20 世纪 30 年代形成了铁路发展的第一个"黄金期"。美国、英国、法国、德国、意大利、比利时、西班牙等国先后建成了本国的铁路网，铁路成了这些国家工业化的先驱，并奠定了工业化的基础。到 1913 年，全世界铁路的营业里程达 110 万 km，其中 80% 集中在美国、英国、法国、德国和俄罗斯这 5 个国家。铁路垄断了陆上的交通运输，其所承担的运输量占全社会总运输量的 80% 以上。到 20 世纪 50 年代中期，铁路最高速度一般为 140 km/h 左右，个别达到 160 km/h。至于旅行速度，少数电力、内燃牵引的列车，法国、原联邦德国、美国达到 135 km/h 左右，英国、意大利达到 120 km/h 左右；蒸汽牵引的列车达到 110 km/h。

　　但进入 20 世纪 40 年代以后，随着交通运输进入了现代化、多样化的阶段，铁路受到了公路、航空等其他运输方式的挑战，铁路在速度上不再具有优势，长途受到航空运输的排挤，短途几乎被汽车运输取代，铁路逐渐沦落为"夕阳产业"，在竞争中处于被动局面，这就迫使人们寻找铁路发展的新途径。人们逐渐认识到在客运方面提高铁路运行速度的重要性，必须通过提高列车运行速度才能把铁路的发展推向新的阶段。

　　为此，从 20 世纪初至 20 世纪 50 年代，德、法、日等国家先后开展了大量的有关高速列车的理论研究和试验工作。1955 年 3 月，法国用 2 台电力机车牵引 3 辆客车试验速度达到了 331 km/h，创造了高速铁路的纪录。1964 年 10 月 1 日，世界上首条投入商业运营的高速铁路——

东海道新干线（东京—大阪）在日本诞生，这是世界上第一条完全按照高速行车技术条件建造的铁路，运营时速达 210 km。2007 年 4 月 3 日，法国创造了轮轨高速铁路试验速度 574.8 km/h 的世界最新纪录。

高速铁路技术在 20 世纪 60 年代进入了应用阶段，1964 年，日本新干线成功地实现了商业运营，为世界铁路发展树立了典范，世界铁路的客运发展进入了高速时代。1981 年，法国建成了最高时速为 270 km 的 TGV 东南新干线。它的修建开辟了一条以低造价建造高速铁路的新途径，把高速铁路的发展推向了一个新台阶。日本、法国的这两条高速线路不但是高速铁路不同发展阶段的标志，还以其明显的社会经济效益、先进的技术装备和优良的客运服务享誉世界。在日本、法国修建高速铁路取得成效的基础上，世界上掀起了建设高速铁路的高潮，德国、意大利、西班牙等国家相继发展了不同类型的高速铁路，且速度不断刷新。1989年，德国开始正式制造 ICE 高速列车，并于 1990 年投入运用，最高速度为 330 km/h。瑞典的 X2000 列车是目前世界先进的主动侧倾式摆式列车，由于一般既有线路的平面条件较差（曲线半径较小），使用 X2000 列车可提高列车通过曲线速度的 20%，同时不降低旅客的舒适度；X2000 最高试验速度为 275 km/h，最高运行速度为 200 km/h。

近 40 年来，高速铁路在一些经济发达的国家建成并投入运行，截至 2005 年 12 月的数据显示，全世界新建高速铁路里程已达 6 393 km，其中日本新干线 2 176 km，法国 TGV 1 559 km，德国 ICE 815 km，意大利 ETR 237 km，西班牙 AVE 471 km，比利时 88 km。高速行车的铁路可概括为三种类型：一是客运专线型，如日本、法国的高速铁路；二是客货共线型，如德国和意大利的高速铁路；三是客货共线摆式列车型，是在既有铁路上开行摆式列车以实现高速，如瑞典、意大利、西班牙、英国、日本等国的部分干线采用了这种运行方式。

在发展高速铁路的同时，美国、加拿大、澳大利亚、巴西和南非等国大力发展重载铁路。以往没有重载铁路统一的标准，1986 年 10 月在加拿大温哥华召开的第三届重载运输会议上确定：凡属重载运输，必须满足以下三个条件中的两个，即年运量不少于 2 000 万 t 的线路，列车牵引重量达 5 000 t 以上，列车轴重 25 t 以上。由于美国、加拿大、澳大利亚、巴西和南非这些国家幅员辽阔，有大量的矿石、原材料和粮食需要运输，所以重载列车得到了较大的发展。这些国家重载运输特点是列车运行密度低、列车牵引重量大、车辆轴重大，如美国铁路车辆的最大轴重达 36 t，以缩短列车长度。

二、我国铁路的发展

1876 年，英国商人未经中国清朝政府批准，在上海擅自修建从上海至吴淞 14.5 km 长的铁路，这是中国内地首次建造的铁路，比英国第一条铁路晚 51 年，但通车后 16 个月就被清政府拆除，路材被运往台湾。我国于 1881 年开始修建唐山至胥各庄的铁路，从而揭开了我国自主修建铁路的序幕，到 1894 年中日甲午战争前夕，近 20 年的时间里仅修建约 400 km 的铁路。我国杰出的铁路工程专家詹天佑（1861—1919）于 1905 年主持修建了我国第一条由中国人自行设计施工的官办干线铁路——京张铁路，展示了中国人民的伟大智慧。自 1876 年至 1949 年的 70 余年中，全国铁路只有 21 810 km。其中，只有 11 000 km 的线路能勉强维持通车，且铁路布局不合理、标准低劣混乱、设备简陋、运营困难。

新中国成立以后，铁路路网建设得到了较大的发展，修建了很多重要干线。我国铁路的各项技术也得到了较大的发展，如在长江上修建了 9 座铁路大桥，在安康线上修建了 18 km

长的秦岭隧道，电气化铁路已达 2 万 km，修建了我国第一条重载铁路大秦线，1994 年修建了时速为 160 km/h 的快速铁路——广深线，2002 年建成了时速 200 km/h 的秦沈客运专线等。2002 年底，我国自主制造的"中华之星"号机车，试验速度达 321.5 km/h。

至 2007 年底，我国铁路的营业里程达 7.8 万 km。我国铁路运输任务繁重，但全国铁路的客流、货流分布极不均匀，主要集中在几大干线上。我国铁路占世界铁路总里程的 6%，但完成的运输任务为世界的 24%～25%。

自 1994 年开始，我国铁路经过了 6 次提速，极大地提高了铁路在运输市场的竞争能力。1997 年 4 月 1 日第 1 次提速主要在京广、京沪和京哈三大干线进行，1998 年 10 月 1 日第 2 次提速重点还是上述三大干线，2000 年 10 月 21 日第 3 次提速主要是陇海、兰新、京九和浙赣线，2001 年 10 月 21 日第 4 次提速主要是京九线、武昌—成都（汉丹、襄渝、达成）、京广线南段、浙赣线和哈大线，2004 年 4 月 18 日，中国铁路第 5 次大提速。从 5 次提速后，部分路段加开了直达车，使路程时间再次缩短。2007 年 4 月 18 日第 6 次提速，时速 120 km/h 以上的线路延展长度将超过 22 000 km，其中超过 5 300 km 线路达到时速 200 km/h，广深、秦沈、胶济等线的列车运行最高速度达到了 250 km/h。

在重载运输方面，大秦线已开行了 2 万 t 列车，年通过总重达 3 亿 t。朔黄线也开行了万吨列车，提高了晋煤外运的能力。

在客运专线（高速铁路）建设方面，2003 年以来，中国铁路紧紧抓住铁路建设的黄金机遇期，京津、武广、郑西、石太、武合、合宁、甬台温、温福、福厦等多条铁路客运专线相继开工建设并开通运营，截至 2010 年底，我国高铁运营里程已达到 7 531 公里，占世界高铁总里程超过 30%，稳居世界第一。

2004 年，国务院通过了"中长期铁路发展规划"。至 2020 年，要求铁路营业里程达 10 万 km，规划"四纵四横"铁路快速客运通道以及三个城际快速客运系统；建设客运专线 1.2 万 km 以上，客运速度目标值达到 200 km/h 以上。2008 年，国务院对"中长期铁路发展规划"进一步调整为：至 2020 年，要求铁路营业里程达 12 万 km，建设客运专线 1.6 万 km 以上。客运专线"四纵"为：北京—上海客运专线，贯通京津至长江三角洲东部沿海经济发达地区；北京—武汉—广州—深圳客运专线，连接华北和华南地区；北京—沈阳—哈尔滨客运专线，连接东北和关内地区；杭州—宁波—福州—深圳客运专线，连接长江、珠江三角洲和东南沿海地区。"四横"为：徐州—郑州—兰州客运专线，连接西北和华东地区；杭州—南昌—长沙客运专线，连接华中和华东地区；青岛—石家庄—太原客运专线，连接华北和华东地区；南京—武汉—重庆—成都客运专线，连接西南和华东地区。三个城际客运系统为环渤海地区、长三角、珠三角城际客运系统，覆盖区域内为我国沿海的主要城镇。

三、城市轨道交通的发展

1863 年 1 月 10 日，世界上第一条长 6.2 km 的地下铁道在伦敦建成通车，它采用蒸汽机车牵引。1881 年第一辆有轨电车在德国柏林工业博览会上展示，1888 年美国弗吉尼亚州里士满市建成的世界上第一条有轨电车系统投入运行，1908 年中国第一条有轨电车在上海建成通车，1969 年中国第一条地铁——北京地铁一期工程当年 10 月建成，1978 年在比利时国际公共交通联合会上，确定了新型轨道交通的统一名称，简称轻轨交通（LRT）。据粗略统计，已有 43 个国家 124 个城市建有 420 条轻轨线路。

第二次世界大战后经过短暂的经济恢复后，地下铁道建设随着全世界经济起飞而启动、加快。20世纪70年代和80年代是各国地下铁道建设的高峰，发达国家的主要大城市如纽约、华盛顿、芝加哥、伦敦、巴黎、柏林、东京、莫斯科等已基本完成了地铁网络的建设，但后起的中等发达国家和地区，特别是发展中国家地铁建设却方兴未艾，比如亚洲共有26个城市有地下铁道。除了东京与大阪在"二战"前就建有地下铁道外，其余24个城市均是在战后建成。

旧式有轨电车行驶在道路中间，与其他车辆混合运行，又受到路口红绿灯的控制，运行速度很慢，正点率低，而且噪声大，加减速性能较差。随着汽车工业的迅速发展，西方国家私人小汽车数量急剧增长，大量的汽车涌上街头，城市道路越来越拥挤。

20世纪50年代开始，世界各国大城市都纷纷拆除有轨电车线路，这阵风也波及中国。到20世纪50年代末，我国各大城市也把有轨电车线基本拆完，仅剩下大连、长春个别线路没有拆光，并一直保留至今，继续承担着正常公共客运任务。

20世纪六七十年代，在地下铁道建设高潮发展时期，由于地下铁道造价昂贵，建设进度受财政和其他因素制约，西方大城市在建设地下铁道的同时，又重新把注意力转移到地面轨道上来。利用现代高科技开发了新一代噪声低、速度高、转弯灵活、乘客上下方便，甚至照顾到老人和残疾人的低地板新型有轨电车。在线路结构上，也采用了降低噪声的技术措施；在速度要求较高的线路上，采用专用车道，与繁忙道路交叉处，进入半地下或高架交叉，互不影响。对速度要求不高的线路，可与道路平齐，与汽车混合运行。

回顾20世纪城市交通的发展历程，就是一个否定之否定的过程。有轨电车从大发展到大拆除；然后汽车登上历史舞台，逐渐成了城市交通的主角；到20世纪末，以地铁和轻轨为代表的城市轨道交通又恢复了它的主导地位，这是个螺旋式的上升过程。

我国正处在以城市化为中心的经济快速增长阶段，城市膨胀、人口剧增，造成城市交通的拥堵。城市化进程的加快，轨道交通的作用愈发突出。由于城市轨道交通是大容量、低能耗、环保的公共交通运输工具，所以近年来我国城市轨道交通建设速度加快，各大城市也都提出了符合自身实际的城市轨道交通线网规划和近期建设规划。北京市提出了22条总长约1 000 km的城市轨道交通线网规划，并以奥运为契机，加快建设步伐，2008年的轨道交通运营里程达229.15 km，总投资约638亿元；上海市规划了18条总长约896 km的城市轨道交通线网规划，并以世博会为契机。近期提出了总长达389 km的10个城市轨道交通建设项目，其中结合"十五"计划，提出建设9个项目，新建193 km线路，总投资约1 439亿元；广州市提出了15条总长约610 km的城市轨道交通线网规划，近期提出了总长达130 km的6个城市轨道交通建设项目，投资额约500亿元。

截至目前，北京、上海、天津、广州、深圳、南京、大连、武汉、成都、重庆、长春、苏州、杭州、沈阳和哈尔滨15个大城市的轨道交通建设规划，已经通过了由中国国际工程咨询公司组织的专家评估，近期建设规模将达到1 600 km左右，表明我国城市轨道交通即将进入一个新的历史发展阶段。同时，西安、青岛、厦门、济南、长沙、郑州、石家庄、宁波、无锡、福州等大城市，在长期的前期研究工作基础上，也正在积极开展城市轨道交通建设的规划工作。另外，以广州为中心的珠三角、以上海为中心的长三角、以京津为中心的环渤海地区等区域，轨道交通项目也已开始规划实施。

由于在轨道交通装备制造中坚持国产化方针并有效地采用许多新技术、新设备，使地铁每km造价由初期的7亿～8亿元人民币降低到现在的4亿～5亿元人民币。一条20 km长的线路，3～4 年就可建成并通车运营。到目前为止，中国内地已有北京、上海、广州等 10 个城市建成轨道交通，共有 20 条线路投入运营，总长约 795.11 km。

经过近 10 多年的建设，中国正在形成以地铁为骨干、多种类型的城市轨道交通体系。武汉、天津、大连等城市建成了连接市中心区的快速轻轨交通系统；长春、大连进行了有轨电车交通的现代化改造；重庆建成了我国第一条用于城市轨道交通的跨座式单轨交通系统；上海浦东龙阳路至浦东机场开通了磁悬浮高速线；广州和北京已建成或正在建设直线电机驱动的城轨车辆交通线路；北京机场内正在建设全自动化的新交通系统（APM）等，中国城市轨道交通类型呈多元化方向发展。

目前，我国高速铁路及城市轨道交通的应用技术和基础理论都处于开拓阶段，纵观我国铁路与城市轨道交通的发展趋势，为铁道与城市轨道交通工程学科方向带来了非常难得的发展机遇。

1.2 铁路线路在铁路运输中的地位和作用

铁路要完成运输任务，必须有机车车辆和线路轨道，但要高效、安全地完成铁路运输任务，仅有机车车辆和线路轨道是不够的，必须要有多个部门的配合。铁路运输的运营管理包括机车、车辆、工务、电务、运输等几大铁路部门，在这几大部门中，工务是铁路运输的基础设备，工务包括线路、桥梁、隧道、路基、涵洞、道口、绿化等维修管理部门。线路是工务的一个重要业务部门，铁路线路的养护维修、设备管理都由线路业务管理部门负责。

在铁路运输中，旅客和货物列车的安全需要绝对保证，无安全也就无效益。在此前提下，保证旅客列车的乘坐舒适度，提高铁路的服务质量。列车运行的安全性和舒适度是一个系统工程，受到如机车车辆、线路轨道、通信信号、运输组织、沿线气象条件、地质和水文条件等的影响，而在这些因素中，机车车辆和线路轨道状态及条件对行车安全和舒适度的影响最为直接。

为了保证列车运行的安全性和舒适度，提高铁路运输的质量，国内外很早就开展车辆与轨道、车轮与钢轨的相互作用的研究，以提高列车运行的平稳性、安全性和铁路的运输效益。

线路是列车运行的基础，在铁路运输中是不可替代的基础设备。我国目前既有铁路，都为客货混运线路。在提速线路上，线路的平纵断面和轨道结构既要满足速度达 160 km/h 旅客列车的要求，同时又要满足速度为 70～80 km/h 货车运行的要求。作为机车车辆荷载的承载结构和导向系统，线路状态的优劣直接影响到行车的安全性和舒适度。近几年来，随着我国铁路的多次提速，对铁路线路和轨道结构也提出了更高的要求，并对线路和轨道结构进行了多次改造。

1.3 铁路线路及轨道的组成

一、铁路线路的组成

铁路线路是由轨道、路基和桥隧建筑物（桥梁、隧道和涵洞）等组成的总称。新建和改建铁路（或区段）的等级，应根据其在铁路网中的地位、作用、性质、旅客列车设计行车速度和客货运量来确定。

轨道是由钢轨、轨枕、连接零件、道床、防爬器、道岔、道砟等组成。为了保证轨道结构能够承受巨大的轮载，同时还要承受列车的制动力和牵引力、列车摇摆的横向力等，则就要求轨道结构整体能满足客车快速平稳和货车重载的要求。

路基主要包括路基主体、路基排水建筑物和支挡建筑物。根据自然条件不同，有各种特殊路基，如软土、冻土、沙漠、黄土等路基。

桥梁主要包括梁部构造（钢桁梁、钢板梁、钢筋混凝土梁、拱桥、斜拉桥等）、墩台（空心、实体桥墩，U 形、T 形、耳墙式桥台等）、基础（明挖基础、桩基础、沉井基础等）。涵洞以箱形、圆形、拱形为主，同时还有虹吸管、渡槽等。隧道包括洞门、洞身的结构，并应根据围岩种类设计衬砌的类型等。

二、铁路线路的分类

铁路线路按其用途可分为正线、站线、段管线、岔线及特别用途线。

（1）正线是指连接车站并贯穿或直接伸入车站的线路。

（2）站线是指到发线、调车线、牵出线、货物线及站内指定用途的其他线路。其中，

① 到发线是为办理列车到达或出发的线路。

② 调车线是为进行列车解体与编组作业的线路。

③ 牵出线设在调车场的一端，并与到发线相连接，专供列车解体、编组及转线等作为牵出车辆的线路。

④ 货物线为进行货物装车和卸车的线路。

⑤ 站内指定用途的其他线路是指站内救援列车停留线、机车走行线、机待线、机车整备线、禁止溜放车辆停留线、轨道衡线、加水线、倒装货物线、车辆洗刷线、驼峰迂回线及车辆站修线等线路。

（3）段管线是指机务、车辆、工务、电务、供电等段专用并由其管理的线路。

（4）岔线是指在区间或站内接轨并通向路内外单位的专用线路。

（5）特别用途线是指安全线和避难线。

 复习思考题

1. 目前世界上有哪些国家的高速铁路已投入运营？

2. 我国高速铁路网"四横四纵"都指哪几条铁路线？

3. 铁路线路在铁路运输网中的作用是什么？

4. 铁路线路的组成有哪些？

5. 铁路线路是如何分类的？

6. 铁路轨道的组成都有哪些？

7. 什么样的铁路可以称为重载运输？

8. 什么是正线、到发线、站线？

2 铁路线路设计概述

项目描述

　　铁路建设投资巨大，为了保证铁路的投资效益，必须经过详细的勘测设计，提出可靠的设计文件，铁路线路设计是铁路修建的前提。本章主要介绍铁路线路设计的初步知识，包括勘测设计阶段的划分、铁路等级及主要技术标准、铁路通过能力与输送能力的概念及计算方法、牵引计算的概念等。在掌握铁路线路设计基本概念的同时，加强对铁路线路的了解。

2.1　铁路勘测设计阶段的划分

一、铁路勘测设计的任务

　　铁路勘测设计是一项涉及面很广的系统工程。

　　勘测是指对设计线综合地进行经济调查和技术调查，收集设计线所需的一切资料。其中包括经济资料，如设计线在路网中的地位和作用、客货运量、车站装卸量等；技术资料，如地形、地质、水文、给水水源和建筑材料产地等。

　　设计包括综合性设计、建筑物和设备的单项设计。其主要内容如下：

　　（1）根据国家政治、经济、国防的需要，结合经行地区的自然条件、资源分布、工农业发展等情况，规划线路的基本走向，选定线路的主要技术标准。

　　（2）根据沿线的地形、地质、水文等自然条件和城镇、交通、农田、水利设施等的具体情况，设计线路的空间位置，在保证行车安全的条件下，力争提高线路质量，降低工程造价，节省运营支出。

　　（3）与铁路各专业共同研究，布置线路上各种建筑物，如车站、桥梁、隧道、涵洞、路基、挡墙等，并确定其类型或大小，使其总体上互相配合，全局上经济合理。

　　在铁路设计中，要坚持从国家的全局出发，统筹兼顾，正确处理好铁路建设与工农业的关系，近期与远期的关系；要注意与水利、公路、航运、管道以及城乡建设的配合；要贯彻以农业为基础的方针，节省用地、少占良田、有利灌溉、方便交通，并结合工程改地造田。

　　铁路设计中应坚持勤俭节约、因地制宜、就地取材的原则，努力降低工程造价，必须讲究铁路的经济效益，同时必须重视社会效益。

　　要从我国实际情况出发，合理地采用新技术、新工艺、新材料、新设备和新结构，用先进技术装备新线和改造既有线，逐步实现铁路现代化。

二、铁路设计阶段的划分

（一）阶段划分

铁路设计的工作量大、涉及面广、所需时间长，为了保证铁路设计的质量和效率，必须采用由整体到局部、由原则到具体，即由面到带、由带到线、由线到点的方法进行详尽的勘测和设计工作。因此，铁路设计工作必须划分为阶段，运用逐步接近的办法分阶段进行。

新建铁路、改建铁路与增建第二线以及新建与改建铁路独立枢纽等建设项目，一般按三阶段设计，即初步设计、技术设计和施工图。其中，工程简单、技术不复杂、有条件的可按两阶段设计，即扩大初步设计和施工图。工程简单、原则明确，有条件的可按一阶段设计，即施工设计。

新建铁路、改建铁路与增建第二线以及新建与改建铁路独立枢纽等建设项目的初步设计，应根据批准的计划任务书（或设计任务书）和初测资料编制，扩大初步设计应根据批准的计划任务书（或设计任务书）和定测资料编制；一阶段的施工设计应根据批准的计划任务书（或设计任务书）和定测资料编制。

要严格按基建程序办事，没有批准计划任务书（或设计任务书）的，不得进行初步设计（扩大初步设计或一阶段的施工设计）。前一阶段的设计未经批准，不开展下一阶段设计。两阶段的扩大初步设计和三阶段的技术设计，按规定经过批准后，才能列入国家年度基本建设计划，编制施工图。

（二）设计文件的主要内容

1. 初步设计

新建铁路初步设计的编制内容，其深度应解决线路方案、建设规模、主要技术标准、主要设计原则、主要设备类型和概数、主要工程数量、主要材料概数、用地及拆迁概数、施工组织设计方案意见及总概算等。

改建铁路与增建第二线初步设计的编写内容，其深度应解决改建方案、分期提高通过能力方案、第二线左右侧、单绕或双绕方案及重大施工过渡方案、主要技术标准、主要设计原则、主要设备类型及概数、主要工程数量、主要材料概数、用地及拆迁概数、施工组织设计方案意见及总概算等。

2. 技术设计

新建铁路、改建铁路与增建第二线技术设计的编制内容，其深度应解决各项设计方案和技术问题、工程数量、主要设备数量、主要材料数量、用地范围及数量、拆迁数量、施工组织设计及修正总概算等。

3. 施工图（或一阶段的施工设计）

新建铁路、改建铁路与增建第二线施工图的编制内容，其深度应能提供施工需要的图表和必要的设计说明。确保施工部门照此施工。

（三）设计文件审批

铁路大中型建设项目的初步、扩大初步设计和概算由铁道部审查，按规定上报国家审批。技术设计和修正总概算由铁道部原审查初步设计的单位审批。如修正总概算超过批准的初步设计总概算时，应报原批准机关同意。

铁路的小型建设项目或采用一阶段设计的建设项目其设计和总概算按铁道部规定审批。

施工图除铁道部指定要审查者外，一般不再审批。

设计单位要对设计质量负责，并向施工单位进行技术交底，听取意见。

三阶段的技术设计及其修正总概算，两阶段的扩大初步设计及其总概算，一阶段的施工设计及其总概算，经审查批准后，作为国家控制基本建设项目的总规模和总投资的依据，以及满足主要设备和主要材料订货的依据。

铁路总体设计流程见图2-1。

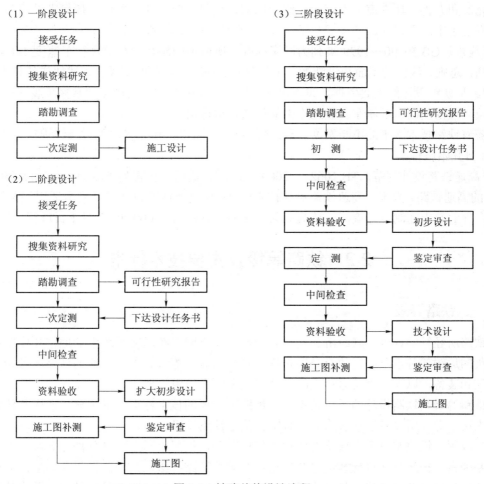

图 2-1　铁路总体设计流程

（四）铁路设计使用的规程，规范

（1）《铁路技术管理规程》（简称《技规》）；

（2）《铁路线路设计规范》（简称《线规》）；

（3）《铁路车站及枢纽设计规范》（简称《站规》）；

（4）《列车牵引计算规程》（简称《牵规》）；

（5）《高速铁路设计规范》（试行）。

除此以外，还要遵守部颁的桥梁、隧道、路基、信号等设计规范。

必须指出：《技规》是依据《中华人民共和国铁路法》、《铁路运输安全保护条例》等有关法律法规制定，是铁路技术管理的基本规章。它规定了铁路各部门、各单位从事运输生产时，必须遵循的基本原则、工作方法、作业程序和相互关系，确定了铁路运输设备在设计新建、保养维修、验收交接和使用管理方面的基本要求和标准，明确了铁路工作人员的主要职责和必须具备的基本条件。铁路各部门、各单位制定的规程、规范、规则、细则、标准和办法等，都必须符合《技规》的规定。

《技规》是长期生产实践和科学研究的总结，它将随着运输生产和科学技术的不断发展，逐步充实和完善。在铁道部没有明令修改以前，任何部门、任何单位、任何人员都不得违反本规程的规定。现行部颁《技规》于 2007 年 4 月 1 日起施行。

《线规》GB 50090—1999 被列为国家标准，所适用的旅客列车最高行车速度 140 km/h。它包括：总则、线路的平面和纵断面、车站分布、铁路与道路的交叉、正线轨道等技术内容。《线规》是铁路设计的主要依据，线路设计、施工、养护的技术人员必须掌握《线规》制定的标准及其理论基础，以便在实践工作中能创造性地运用。

随着铁路技术水平的不断发展，《线规》也在不断修正和完善，现行《线规》自 1999 年 3 月 8 日开始施行。

《高速铁路设计规范》TB 10621—2009（试行），适用于旅客列车设计行车速度 250～350 km/h 的高速铁路，为统一高速铁路设计技术标准，使高速铁路设计符合安全适用、技术先进、经济合理的要求而制定的规范。该规范共由 22 章组成，自 2009 年 12 月 1 日施行。

2.2　铁路等级及主要技术标准

一、铁路等级

铁路所经行的地区，其经济、文化和国家意义不同，在运输系统中的地位和作用不同，所担负的运输任务也不同，故有必要将铁路划分为若干等级。不同等级的铁路配备相应的技术标准和装备，以求工程及运营上的经济合理和便于使用管理。

铁路等级是铁路设计的重要依据，是铁路最主要的技术标准，是区分、选用其他技术标准的先决条件，所以在设计铁路前，必须先确定铁路等级。

在我国，铁路网是大交通系统的重要组成部分，根据路网意义划分铁路等级是不可忽视的重要因素。按运量（包括客运量和货运量）划分铁路等级，是当前世界各国广泛采用的分级办法。任何铁路的修建，都是为了运送货物和旅客。任何铁路的经济效益，首先体现在运量上。如果没有运量，也就没有铁路的经济效益。我国多次修改规范，基本上都是以运量作为划分铁路等级的主要指标。

铁路的设计年度宜分为近、远两期，新建铁路也可分为初、近、远三期。初期为交付运营后第三年，近期为交付运营后第五年，远期为交付运营后第十年。初、近、远三期均采用调查运量。

对于可以逐步改建、扩建的建筑物和设备，应按初期、近期运量和运输性质分别确定，并考虑预留远期发展的条件。对于不易改建、扩建的建筑物和设备，应按远期运量和运输性质确定。

《线规》规定：新建和改建铁路（或区段）的等级，应根据其在铁路网中的作用、性质和远期客货运量确定。

铁路等级划分为三级：

Ⅰ级铁路 铁路网中起骨干作用的铁路，远期年客货运量大于或等于 20 Mt 者；

Ⅱ级铁路 铁路网中起骨干作用的铁路，远期年客货运量小于 20 Mt；或铁路网中起联络、辅助作用的铁路，远期年客货运量大于或等于 10 Mt 者，

Ⅲ级铁路 为某一地区服务具有地区运输性质的铁路，远期年客货运量小于 10 Mt 者。

上述年客货运量为重车方向的货运量与由客车对数折算的货运量之和。1 对/d 旅客列车按 1.0 Mt 年货运量折算。

根据我国目前现行铁路的国情，高速铁路和普速线路并存。对于旅客列车最高行车速度 140 km/h 的线路，《线规》规定：各级铁路旅客列车最高行车速度，应符合下列规定；

Ⅰ级铁路 双线 140 km/h，单线双线 120 km/h；

Ⅱ级铁路 单线 120 km/h；

Ⅲ级铁路 单线 100 km/h。

当沿线运输需求或地形和运营条件差异较大，并有充分技术经济依据时，可分路段选定旅客列车设计行车速度。

不同旅客列车设计行车速度的路段长度应根据铁路等级、地形类别、线路平纵断面条件等因素确定。路段长度不宜过短，丘陵、山区可按地形单元划分，平原地区宜与机车交路相协调。

二、《线规》规定的新建和改建铁路（或区段）主要技术标准

下列九项主要技术标准应根据国家要求的年输送能力和确定的铁路等级，考虑资源分布和科学技术发展，并结合地形、地质、气候等自然条件，在设计中经过比选确定。这些标准是决定铁路能力大小的决定因素，它不仅对设计线工程费和运营条件有重大影响，而且是铁路建筑物和设备类型、规模的设计基本依据，现分述如下：

（一）正线数目

正线数目对铁路能力有决定性影响，双线铁路能力是单线的 3～4 倍，远远超过两条单线的能力，但工程造价介于单线与两条单线之间。

平原、丘陵地区和山区的新建铁路远期年客货运量分别大于或等于 35 Mt 和 30 Mt 时，其正线数目宜按双线设计，分期实施；近期年客货运量达到上述标准者，宜一次修建双线。

远期年客货运量虽未达到上述标准 但按国家要求的年输送能力和客车对数折算的年客货运量大于或等于 30 Mt 时，宜预留双线。

（二）牵引种类

牵引种类主要指电力、内燃两种，选择不同的牵引种类对铁路输送能力有很大影响。

牵引种类应根据路网与牵引动力规划、线路特征和沿线自然条件以及动力资源分布情况，结合机车类型合理选定。

运量大的主要干线，大坡度、长隧道或隧道毗连的线路上应优先采用电力牵引。

（三）限制坡度

限制坡度是设计线单机牵引的最大上坡度，其值的大小直接影响到牵引质量之大小，它是铁路主要技术标准之一，对设计线的工程、运营指标和运行安全有很大影响。一般来说，

限制坡度越大,线路坡段长度越短,工程费用越小,但牵引质量减小,列车次数增多,相应运营支出必增大。因此,应根据铁路等级、运量、地形条件和邻线的牵引质量等综合考虑,经慎重比选确定。

（四）最小曲线半径

最小曲线半径是设计线采用曲线半径的最小值。最小曲线半径定得小,可适应地形,减少工程费用,但会限制行车速度,影响行车安全和旅客舒适,增加轮轨磨耗,增加轨道设备及线路维修工作量等,故应根据铁路等级、行车速度、地形条件等全面研究确定。

（五）机车类型

牵引种类确定后,机车类型直接影响铁路的输送能力和能时消耗。机车类型应根据牵引种类、运输需求以及与线路平、纵断面技术标准相协调的原则,结合车站分布和邻线的牵引质量,经技术经济比选确定。

（六）机车交路

铁路上运转的机车都在一定路段内往返行驶。机车往返行驶的路段称为机车交路,其长度称为机车交路的距离。机车交路两端的车站设有机务段或机务折返段。

机车交路的类型有两种:

长交路:从机务本段至机务折返段(或机务段),一班乘务组一次连续工作时间达 8～10 h;或乘务组一次连续工作时间因超过 10 h 而需要中途换班的交路。

短交路:从机务本段至机务折返段（或机务段）,立即折返回本段,一班乘务组一次连续工作时间不超过 12 h 的交路。

机车交路应根据牵引种类、机车类型、车流特点、乘务制度、线路条件,结合路网规划、机务设备布局,经技术经济比选确定。

电力、内燃机车应采用长交路,以提高列车旅行速度、机车利用率和减少机务设备。

（七）车站分布

车站分布与国民经济、方便客货运输和国防要求有密切关系,它直接影响铁路能力、工程造价、运营支出和运输效率。选择时应根据客货运量、技术作业要求、地形、地质、水文和运营条件、城市或区域规划、方便客货运输等因素综合考虑。

（八）到发线有效长

到发线有效长是车站到发线能停放货物列车而不影响相邻线路作业的最大长度,货物列车到发线有效长度应根据运输需求和货物列车长度确定,且宜与邻接线路的货物列车到发线有效长度相协调,并应采用 1 050 m、850 m、750 m、650 m、550 m 等系列值。改建既有线和增建第二线的货物列车到发线有效长度采用上述系列值引起较大工程时,可根据实际需要计算确定。

（九）闭塞类型

为了保证行车安全,提高行车效率,铁路必须设置由信号、联锁、闭塞设备构成一体的闭塞装置。根据铁路能力的差异,我国采用的基本闭塞类型有电气路签、半自动闭塞和自动闭塞三种。

电气路签:是在一个区间两端的车站上,各设置一个路签机,用电线相连,彼此间有电气联锁关系,列车进入区间的凭证是配属于该区间的路签,该区间两端任一车站如果需要取出一个路签,必须是区间空闲,并得到另一站同意后才可能。当取出一个路签后,任一车站都不能再从路签机中取出路签，从而保证了区间内只运行一趟列车。此方式可确保行车安全，但效率低。

半自动闭塞：是将相邻车站的闭塞机，通过接发车进路上的轨道电路与出站信号机的联锁关系构成的一种闭塞装置。列车进入区间的凭证是出站信号机显示绿灯，但出站信号机受闭塞机控制，只有在区间空闲，双方车站办理好闭塞手续之后，出站信号机方能显示绿灯。此方式省去了向司机递交路签的时间，缩短了车站接发车作业时间，提高了通过能力。

自动闭塞：是将区间分成若干个闭塞分区，列车运行完全根据色灯信号机显示，红灯表示前方闭塞分区被占用，列车需停车；黄灯表示前方只有一个分区空闲，列车应减速；绿灯表示前方至少有两个分区空闲，列车可按规定速度运行。信号的显示完全由列车本身通过轨道电路来控制，所以称自动闭塞，图2-2为三显示自动闭塞。

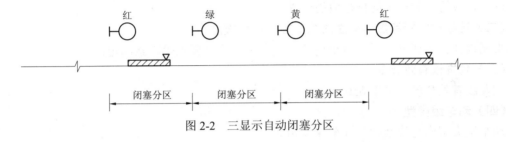

图2-2　三显示自动闭塞分区

随着列车的质量、密度和运行速度的不断提高，在我国运输特别繁忙的铁路线上，以及准高速铁路上将采用四显示自动闭塞，四显示是在三显示的基础上，增加了一种同时点亮的黄色和绿色信号灯光，显示此信号时表示运行前方有两个闭塞分区空闲，而显示绿灯则表示前方至少有三个闭塞分区空闲。

闭塞类型的采用关系到铁路的能力和运营效率，应根据铁路意义、运量、行车密度等，通过选择确定。

电气路签闭塞仅适用于单线区间的一种闭塞方式，仅在既有线上暂时保留、逐步改造，新建及改建铁路设计时不宜采用。

单线区段，一般采用半自动闭塞可以满足运输要求，有条件时亦可采用自动闭塞行驶追踪列车，但自动闭塞的投资较半自动闭塞大很多，效率并不很突出，故应作详细方案比较，合理选用。

双线区段，一般都是国家干线，行车密度较大。采用自动闭塞对提高铁路能力和行车速度的效果很显著，目前平行运行图的通过能力能达到144～180对/d，而采用半自动闭塞仅能达到自动闭塞的一半，所以，只要条件具备，双线区间一般应采用自动闭塞，只有在运量增长缓慢或受线路坡度、牵引条件限制，暂不宜采用自动闭塞时，亦可采用半自动闭塞。

在一个机车交路内，应采用同一类型的闭塞方式。

目前，我国铁路正在加速实现通信技术，行车调度指挥和列车运行控制技术的现代化，对提高通过能力和保证行车安全将有重大意义。

随着高速铁路的发展，传统的地面固定信号系统已不能适应高速的要求。近年来，有的国家正在研制由计算机技术、微波通信技术和人造地球卫星等现代化技术控制的行车信息控制系统，实现调度指挥自动化和列车运行自动化，使双线追踪列车的间隔时分大大缩短，从而大幅度地提高铁路的通过能力，此项研究的成功和推广将给铁路带来一场技术革命。

上述九项主要技术标准除对设计线的工程造价、运营条件、运行安全和经济效益有直接影响外，相互之间也存在着密切关系，应在设计中综合考虑，经过技术经济比较确定，以保证技术上先进、经济上合理、标准上协调。

三、《高速铁路设计规范》（试行）规定的线路主要技术标准

高速铁路主要技术标准应根据其在铁路网中的作用、沿线地形、地质条件、输送能力和运输需求等，在设计中按系统优化的原则经综合比选确定。

（一）设计速度

根据高速铁路的定义：新建铁路旅客列车设计最高行车速度达到250 km/h及以上的铁路。设计速度应根据项目在铁路快速客运网中的作用、运输需求、工程条件，进行综合技术经济比较确定，应符合旅行时间目标值的要求。

（二）正线线间距和最小平面曲线半径、最大坡度

根据设计行车速度、运输组织模式、安全和舒适度要求等因素确定。

（三）到发线有效长度

到发线有效长度应采用650 m。

（四）动车组类型

动车组类型应与旅客列车行车速度相适应。

（五）最小行车间隔

按照运输需求研究确定，宜采用3～4 min。

（六）行车指挥方式

采用调度集中控制系统。

2.3 铁路通过能力与输送能力

铁路能力指通过能力和输送能力。通过能力和输送能力是铁路本身具备的设计能力，要求铁路完成的运输任务，称为需要的能力。

一、列车运行图

列车运行图是表示列车运行情况的示意图，它是组织铁路各部门共同完成国家运输任务的基础。

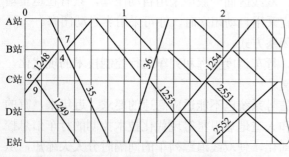

图2-3 单线非平行运行图

列车运行图如图2-3所示，横轴表示时间，每10 min画一竖线；纵轴表示距离，每一车站中心画一横线。两站间的斜线为列车在该站间的运行线，斜率越陡，说明列车走行速度越快，走行时分越少。斜线与相邻两横线的交点分别表示列车的发车和到达时间；斜线与相邻两横线交点间的时段，表示列车在该站间的走行时分。例如图2-3中的1248次列车通过C站的时

间是 0 小时 06 min，到达 B 站的时间是 0 小时 20 min，其间走行时分为 14 min。在运行图上还显示出列车在站停留时间，例如 1248 次列车在 B 站从 0 小时 20 min 到达至 0 小时 27 min 发车，计停站 7 min。

运行图中的列车编号：离北京渐远方向的列车编号为单数，向北京渐近方向的列车编号为偶数。前者为下行列车，后者为上行列车。

在铁路运营中，采用的是非平行运行图（图 2-4）。因为铁路上开行的旅客列车、直通货物列车、摘挂列车和零担列车的速度各不相同，所以在运行图上各种列车在同一站间的运行线互不平行。非平行运行图只在实际运营中使用。

在铁路设计中，采用的是平行成对运行图（图 2-4）。这种运行图假定在线路上运行的都是直通货物列车，往返成对且同一站间同一方向的列车运行速度相同，故其运行线相互平行。采用平行成对运行图，便于直接计算通过能力。

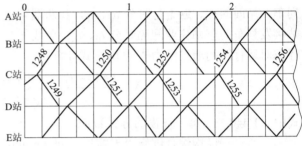

图 2-4　单线平行成对运行图

二、列车运行速度

铁路线路中所涉及的列车运行速度有下列几种：

（一）旅客列车设计行车速度

它是根据运输需求、铁路等级、正线数目、地形条件及机车类型、线路平纵断面等运营条件所确定的旅客列车行车速度。它是确定设计线各种与客车速度有关的建筑物和设备标准的基本参数。设计线各路段中的旅客列车设计行车速度的最大值，称为设计线旅客列车最高设计行车速度，以 V_{max} 表示。

（二）走行速度 V_Z

指普通货物列车在区段内运行，按所有中间车站不停车通过所计算的区段平均速度，可由牵引计算得到。

（三）技术速度 V_{JS}

指普通货物列车在区段内运行，计入中间车站停车的起停附加时分所计算的区段平均速度，也可由牵引计算得到。

（四）旅行（区段）速度 V_L

指普通货物列车在区段内运行，计入中间车站停车的起停附加时分和中间车站停车时分所计算的区段平均速度。旅行速度在选线设计中用途广泛。运营部门可根据绘出的非平行运行图，用区段内列车的旅行时分推算，设计部门则用旅速系数推算。

旅速系数 β_L 是旅行速度 V_L 和走行速度 V_Z 的比值，故 $V_L = \beta_L \cdot V_Z$，在选线设计时，β_L 可采用如下经验数据：单线铁路，内燃与电力牵引均取 0.70；双线铁路，内燃与电力牵引分别取 0.80 和 0.85。

三、通过能力计算

铁路每昼夜可以通过的列车对数（双线为每一方向的列车数）称为通过能力。

铁路的通过能力受区间（站间）、车站、机务设备、给水设备和供电设备的限制。铁路所能实现的通过能力，取决于上述设备中最薄弱环节所限制的通过能力。设计铁路时，一般是根据区间（站间）通过能力来设计其他各种设备的能力，使之相互协调，且均不小于区间（站间）通过能力。

（一）单线铁路通过能力

单线铁路通过能力按平行成对运行图考虑，用一对普通货物列车占用站间的总时分（称运行图周期 T_Z）来计算，如图 2-5 所示。它包括一对列车在站间的往、返走行时分 t_W、t_F，和两端车站接发列车的车站作业间隔时分 t_B、t_H。单线平行成对运行图的通过能力 N 可用下式计算：

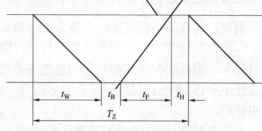

图 2-5　平行成对运行图周期

$$N = \frac{1\,440 - T_T}{T_Z} = \frac{1\,440 - T_T}{t_W + t_F + t_B + t_H} \quad （对/d） \qquad (2-1)$$

式中　1 440——每一昼夜的分钟数；

T_T——日均综合维修"天窗"时间（min）：电力牵引取 90 min，内燃牵引日客货行车量超过 30 对时取 30 min；

t_W、t_F——站（区）间往、返走行时分，与站间距离、平纵断面情况、牵引质量以及机车类型和制动条件等因素有关；

t_B——对向列车不同时到达的间隔时分（min），即一列车到达车站中心起到对向列车到达或通过车站中心的最小间隔时分；

t_H——车站会车间隔时分（min），即一列车到达或通过车站中心起到该车站向原区间发出另一列车时的最小间隔时分；

t_B 和 t_H——与车站信联闭类型、股道数目和作业性质等因素有关，选线设计时，可采用表 2-1 数据。

全线（或区段）的各个站间，其站间距离、行车速度各不相同，有技术作业的车站、车站间隔时分也不相同；故一对直通货物列车在各站间的运行图周期也互有差异，各站间的通过能力也有大有小。运行图周期 T_Z 值最大的站间，通过能力最小，全线（或区段）的通过能力要受到它的控制，称为控制站间。全线（或区段）的通过能力，应按控制站间的运行图周期计算。

表 2-1　车站作业间隔时分　　　　　　　　　　　　　　　　　　　min

闭塞方式	t_B	t_H
电气路签（牌）	5～6	3～4
半自动闭塞	4～6	2～3
自动闭塞	3～5	1～2
自动闭塞与调度集中	3～5	0.5～1.0

（二）双线铁路通过能力

双线铁路通过能力按平行运行图考虑，因上下行的列车分线单向运行，所以通过能力应分方向计算，单位为列/d。

（1）采用半自动闭塞时，同向列车可连发运行，如图2-6（a）所示，通过能力 N 为：

$$N = \frac{1\,440 - T_\text{T}}{t + t_\text{L}} \quad （对/d） \tag{2-2}$$

式中　t——普通货物列车站间单方向走行时分（min）；

　　　t_L——同向列车连发间隔时分（min）。若前后列车都通过前方邻接车站，则 $t_\text{L}=4\sim6$ min；若前一列车通过后一列车停站，则 $t_\text{L}=2\sim3$ min；

　　　T_T——日均综合维修"天窗"时间（min）：电力牵引取 120 min；内燃牵引日客货行车量超过 80 对时取 30 min。

（2）采用自动闭塞时，同向列车可追踪运行，如图2-6（b）所示，通过能力 N 为：

$$N = \frac{1\,440 - T_\text{T}}{I} \quad （对/d） \tag{2-3}$$

式中　I——同向列车追踪间隔时分，其数值根据运营条件决定，一般采用 $I=8\sim10$ min；

　　　T_T——含义及取值同公式（2-2）。

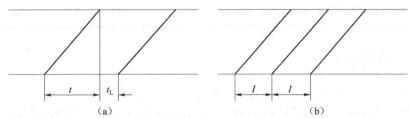

图 2-6　双线平行运行图

（a）连发；（b）追踪

四、列车对数计算

每天可能通过的普通货物列车对数 N_PT，应在站间通过能力 N 的基础上考虑一定的通过能力储备量，再扣除旅客列车、快运货物列车、零担和摘挂列车占用的通过能力，可用下式求得：

$$N_\text{PT} = \frac{N}{1+\alpha} - (N_\text{K} \cdot \varepsilon_\text{K} + N_\text{KH} \cdot \varepsilon_\text{KH} + N_\text{L} \cdot \varepsilon_\text{L} + N_\text{Z} \cdot \varepsilon_\text{Z}) \quad （对/d） \tag{2-4}$$

式中　N——通过能力（对/d）；

　　　α——通过能力储备系数（其作用为：保证国民经济各部门及军列的特殊运输需要；保证列车晚点和车站堵塞时及时调整运行图，恢复正常运行秩序；保证线路经常维修与大中修工作不干扰列车正常运行的需要。其数值：单线 $\alpha=0.20$；双线 $\alpha=0.15$）；

　　　N_K、N_KH、N_L、N_Z——旅客、快货、零担、摘挂列车对数（对/d）；

　　　ε_K、ε_KH、ε_L、ε_Z——旅客、快货、零担、摘挂列车的扣除系数。

扣除系数是开行一对（或一列）旅客、快货、零担、摘挂列车，在平行运行图上占用的时间与一对（或一列）普通货物列车占用时间的比值。因旅客列车与快运货物列车速度较快，且停站次数少，普通货物列车要停站待避其越行或交会；而零担和摘挂列车停站次数多、停时长，故扣除系数值均大于 1。其值主要取决于正线数目和闭塞方式，也与各种列车的数量、运行图铺划方式、各种列车的速度差及区间不均等程度等因素有关。一般采用表 2-2 所列数值。

表 2-2 列车扣除系数

正线	闭塞方式		旅客列车	快货列车	零担列车	摘挂列车	附注
单线	自动		1.0	1.0	1.5～2.0	1.3～1.5	追踪系数为 0.5
	半自动		1.1～1.3	1.2	1.5～2.0	1.3～1.5	$N_Z>3$，取相应的低限值
双线	自动	$I=10$	2.0～2.3	2.0	3.0～4.0	2.0～3.0	
		$I=8$	2.3～2.5	2.3	3.5～4.5	2.5～3.5	
	半自动		1.3～1.5	1.4	2.0～3.0	1.5～2.0	

注：其他闭塞方式，可参照半自动闭塞的扣除系数；
其他货物列车对数要折算为普通货物列车对数。
快运货物列车、零担列车、摘挂列车的牵引吨数通常较普通货物列车小，需要将这些列车的对数按装载的货物质量折算为普通货物列车对数。

五、铁路输送能力

铁路输送能力，实质上是将区间通过能力扣除客车对数后，计算一年单方向所能输送的最大货物吨数。设计线近期与远期输送能力，必须满足设计年度货运量的需要。

输送能力 S 可用下式计算：

$$S = \frac{365 \cdot G \cdot \gamma_J}{10^4 \beta} \left[\frac{N}{1+\alpha} - (N_K \varepsilon_K + N_L \varepsilon_L + N_Z \varepsilon_Z + N_t \varepsilon_t) + (N_L \mu_L + N_Z \mu_Z + N_t) \right] （万吨/年）$$

$$(2-5)$$

式中　G——牵引质量（t）；

　　　γ_J——重车方向不同空率的列车净载质量系数；

　　　β——货运波动系数，一般取 1.2；

　　　N_K、N_L、N_Z、N_t——旅客、零担、摘挂、快运货物列车对数或列数；

　　　ε_K、ε_L、ε_Z、ε_t——旅客、零担、摘挂、快运货物列车扣除系数；

　　　α——通过能力储备系数，单线为 0.2，双线为 0.15；

　　　μ_L、μ_Z——零担、摘挂列车的货物质量与货物列车的货物质量的比值，称为满轴系数，一般 μ_L 为 0.5，μ_Z 为 0.75。

2.4 牵 引 计 算

一、概述

牵引计算研究列车在各种外力作用下沿轨道运行时的各种实际问题。它包括牵引质量、列车运行时间、列车运行速度等。上面这些指标在新线设计与既有线改建中，是计算铁路通过能力、输送能力、车站分布和运营支出等的基本资料，也是评选各设计方案的依据。

牵引质量系指机车牵引的列车质量，也称牵引吨数。一般按列车在限制坡道上以机车计算速度作等速运行为条件确定牵引质量；快速线上，有时按列车在平直道上以最高速度运行并保有一定的加速度余量为条件确定牵引质量。

二、作用于列车上的力

作用于列车上的力有机车牵引力、列车运行阻力及列车制动力。

（一）机车牵引力

1. 机车牵引力的基本概念

机车牵引力是由动力传动装置产生的、与列车运行方向相同、驱动列车运行并可由司机根据需要调节的外力。它是由机车动力装置发出的内力（不同类型机车的原动力装置不一样），经传动装置传递，通过轮轨间的粘着而产生的由钢轨反作用于机车动轮周上的切线力。

2. 机车牵引力的分类

按照不同条件可以把机车牵引力作如下分类：

（1）按能量传递顺序的分类

1）指示牵引力 F_i：假定原动机（内燃牵引时就是柴油机）所做的指示功毫无损失的传到动轮上所得到的机车牵引力。指示牵引力是个假想的概念。

2）轮周牵引力 F：实际作用在轮周上的机车牵引力，$F < F_i$。

3）车钩牵引力 F_g：除去机车阻力的消耗，实际作用在机车车钩上的牵引力。

我国《牵规》规定，机车牵引力以轮周牵引力为计算标准，即以轮周牵引力来衡量和表示机车牵引力的大小。

由于动轮直径的变化会影响轮周牵引力的大小，《牵规》规定，机车牵引力按轮箍半磨耗状态计算。不论是设计还是试验资料，所提供的轮周牵引力和机车速度数据，必须换算到轮箍半磨耗状态。

（2）按能量转换过程的限制关系分类

任何机车都是把某种能量转化成牵引力所做外机械功的一种工具，这种能量转换要经过若干互相制约的环节。机车一般都有几个能量转换阶段，并相应地有几个变能部分。电力机车的电能是由牵引变电所供给，可以认为它的容量足够大，电力机车牵引力的发挥不会受牵引变电所电能供给者的限制，进入机车的单相交流电经过变压整流后输入牵引电动机（交直传动电力机车），将电能转变为带动轮对转动的机械功，然后借助于轮轨间的粘着转变为动轮周上的牵引力所做的机械功。因而电力机车牵引力将要受到牵引电动机和轮轨间粘着这两个变能部分工作能力的限制，而内燃机车牵引力则受到柴油机、传动装置和轮轨间粘着的限制。对应这些限制，机车的牵引力可分为：

1）电力机车

① 牵引电机牵引力：受牵引电机功率限制的轮周牵引力。

② 粘着牵引力：受轮轨间粘着能力限制的轮周牵引力。

2）内燃机车

① 柴油机牵引力：受柴油机功率限制的轮周牵引力。

② 传动装置牵引力：受传动装置能力限制的轮周牵引力。

③ 粘着牵引力：受轮轨间粘着能力限制的轮周牵引力。

实际条件下，能够实现的机车牵引力是上述这些牵引力中的最小者。

（3）粘着牵引力

轮周上的切线力大于轮轨间的粘着力时动轮就要发生空转。在不发生空转的前提条件下，所能实现的最大轮周牵引力称为粘着牵引力。其值按下式计算：

$$F_\mu = P_\mu g \mu_j \quad (\text{kN}) \tag{2-6}$$

式中　F_μ——计算粘着牵引力，kN；

　　　P_μ——机车计算粘着质量，t；

　　　μ_j——计算粘着系数；

　　　g——重力加速度，$g \approx 9.81 \text{ m/s}^2$。

3. 计算粘着系数

计算粘着系数不同于（小于）理论粘着系数（轮轨间的静摩擦系数），它考虑了机车轴重和牵引力分配不均、运行中轴重增减载、牵引力的波动、轮轨间的滑动（纵向的和横向的）等不利因素的影响，并且主要与机车转向架结构、轮轨表面清洁状况和机车运行速度等因素有关。

我国《牵规》规定的计算粘着系数公式如下：

（1）电力机车

1）国产各型电力机车　　　$\mu_j = 0.24 + \dfrac{12}{100 + 8v} \tag{2-7}$

2）6K 型电力机车　　　$\mu_j = 0.189 + \dfrac{8.86}{44 + v} \tag{2-8}$

3）8G 型电力机车　　　$\mu_j = 0.28 + \dfrac{4}{50 + 6v} - 0.000\,6v \tag{2-9}$

式中　v——运行速度，km/h。

机车在曲线上运行时，因运动更不平稳、轮轨间的滑动加剧等原因，粘着系数比直线上有所降低，尤其在小半径曲线上更为明显。在这种情况下，需要对计算粘着系数进行修正。三轴转向架电力机车在曲线半径 R 小于 600 m 的线路上运行时，曲线上的计算粘着系数 μ_r 按下式计算：

$$\mu_r = \mu_j(0.67 + 0.000\,55R) \tag{2-10}$$

（2）内燃机车

1）国产各型电传动内燃机车　　　$\mu_j = 0.248 + \dfrac{5.9}{75 + 20v} \tag{2-11}$

2）ND$_5$ 型内燃机车　　　$\mu_j = 0.242 + \dfrac{72}{800 + 11v} \tag{2-12}$

内燃机车在曲线半径 R 小于 550 m 的线路上运行时，曲线上的计算粘着系数 μ_r 按下式计算：

$$\mu_r = \mu_j(0.805 + 0.000\,355R) \tag{2-13}$$

上述式（2-8）、式（2-9）、式（2-10）、式（2-11）和式（2-12）表达的计算粘着系数与速度的关系见表 2-3。

表 2-3 各种机车不同运行速度下的计算粘着系数

机型 \ v	0	10	20	30	40	50	60
国产各型电力机车	0.360	0.307	0.286	0.275	0.269	0.264	0.261
6K 型电力机车	0.390	0.353	0.327	0.309	0.294	0.283	0.274
8G 型电力机车	0.360	0.310	0.292	0.279	0.270	0.261	0.254
国产电传动内燃机车	0.327	0.269	0.260	0.257	0.255	0.253	0.253
ND_5 型内燃机车	0.332	0.321	0.313	0.306	0.300	0.295	0.291

从表 2-3 可见，随着运行速度的提高，各种机车的计算粘着系数都有所下降。不同类型机车的计算粘着系数有所区别，主要原因是它们的走行部结构不同。电力机车中 6K 型机车的计算粘着系数最高，与它所采用的 $B_0—B_0—B_0$ 转向架和低位牵引拉杆等结构有关。

我国尚缺交流传动机车计算粘着系数的正规资料，必要时可参阅国外资料。

（二）列车运行阻力

1. 列车阻力的定义

列车与外界相互作用引起与列车运行方向相反、阻碍列车运行的、不能由司机控制的外力，称为列车阻力。

2. 列车阻力的分类

（1）按阻力形成的原因分两类

1）基本阻力：是列车在任何运行（包括启动）情况下都存在的阻力。基本阻力实际上是列车在平直道上运行的阻力，列车在平直道上启动时，只有启动基本阻力；在平直道上运行时，只有运行基本阻力。

2）附加阻力：列车在个别情况下才遇到的阻力。如列车在坡道上运行时有坡道附加阻力；在曲线上运行时有曲线附加阻力；在隧道中运行时有隧道附加阻力。

基本阻力与附加阻力合在一起，称为全阻力。

（2）按照阻力作用的范围分两类

1）总阻力：作用在机车、车辆或列车全部重量上的阻力，分别称为机车、车辆或列车总阻力，用大写英文字母"W"表示。单位是 kN。

2）单位阻力：平均到机车、车辆或列车每 kN 重力上的阻力，分别称为机车、车辆或列车单位阻力，用小写英文字母"w"表示。单位是 N/kN。

列车单位阻力与总阻力的关系为

$$w = \frac{W \times 10^3}{(P+G) \cdot g} \quad (\text{N/kN})$$

$$W = (P+G) \cdot w \cdot g \cdot 10^{-3} \quad (\text{kN})$$

（2-14）

式中 P——机车计算质量，t；

G——牵引质量，t。

3. 基本阻力的组成

引起基本阻力的因素很多。其中，最主要的是机车、车辆各零部件之间，机车、车辆表面与空气以及车轮与钢轨之间的摩擦和冲击。归纳起来，列车的基本阻力由机械阻力和气动阻力组成，具体可分为以下五部分。

（1）车轴轴承摩擦阻力。用滚动轴承代替滑动轴承，可以降低这一部分阻力。

（2）轮轨间滚动摩擦阻力。

（3）轮轨间滑动摩擦阻力。车轮的圆锥形踏面、轮对组装不正，同一轮对的车轮直径不等以及机车车辆的蛇行运动都导致轮轨间的纵向滑动和横向滑动而形成滑动摩擦阻力。

（4）冲击阻力。由于轨道接缝、钢轨不平、车轮擦伤引起的冲击以及机车车辆多维振动都消耗机车能量，其所相当的阻力称为冲击阻力。

（5）气动阻力，又称空气阻力。包括列车头部正压和尾部负压所构成的压差阻力、表皮摩擦和涡流损失。空气阻力与阻力系数、空气密度、相对速度的平方及列车最大截面积成正比。列车头部和列车尾部的形状对空气阻力的影响很大。因此，对高速列车来说，采用流线形车体以降低空气阻力系数，对减小列车运行阻力具有重大意义。货物列车，因车辆连接处有一定的空挡，产生的阻力大，尤其是敞车，开门棚车越多，空气阻力就越大。

4. 基本阻力的计算

（1）机车运行单位基本阻力

为简化考虑，我国《牵规》规定，机车基本阻力公式不再区分牵引和惰行两种工况，采用统一（惰行工况）公式，这样对机车基本阻力的试验和计算都比较方便。

1）电力机车运行单位基本阻力

SS_1、SS_3 及 SS_4 型

$$w'_0 = 2.25 + 0.019\,0v + 0.000\,320v^2 \tag{2-15}$$

SS_7 型

$$w'_0 = 1.40 + 0.003\,8v + 0.000\,348v^2 \tag{2-16}$$

SS_8 型

$$w'_0 = 1.02 + 0.003\,5v + 0.000\,426v^2 \tag{2-17}$$

$6K$ 型

$$w'_0 = 3.25 + 0.009\,2v + 0.000\,308v^2 \tag{2-18}$$

$8G$ 型

$$w'_0 = 2.55 + 0.008\,3v + 0.000\,212v^2 \tag{2-19}$$

2）内燃机车运行单位基本阻力 DF 型

$$w'_0 = 2.93 + 0.007\,3v + 0.000\,271v^2 \tag{2-20}$$

DF_4 型（货、客）、DF_{4B} 型（货、客）、DF_{4C} 型（货）、DF_{7D} 型

$$w'_0 = 2.28 + 0.029\,3v + 0.000\,178v^2 \tag{2-21}$$

DF_8 型

$$w'_0 = 2.40 + 0.002\,2v + 0.000\,391v^2 \tag{2-22}$$

DF_{11} 型

$$w'_0 = 0.86 + 0.005\,4v + 0.000\,218v^2 \tag{2-23}$$

ND_5 型

$$w'_0 = 1.31 + 0.016\,7v + 0.000\,391v^2 \tag{2-24}$$

ND_2 型

$$w'_0 = 2.98 + 0.020\,2v + 0.000\,033v^2 \tag{2-25}$$

DFH_3 型

$$w'_0 = 2.40 - 0.009\,5v + 0.000\,673v^2 \tag{2-26}$$

据有关资料介绍，DF_{8C}（交）型内燃机车单位基本阻力公式为

$$w_0' = 1.14 + 0.000\ 3v + 0.000\ 369v^2 \tag{2-27}$$

为使用方便，各型机车运行单位基本阻力可由表查取。

5. 附加阻力

列车在附加条件下（通过坡道、曲线、隧道）运行遇到的阻力，叫附加阻力。与基本阻力不同，在同一条件下作用在机车、车辆的单位附加阻力一样。

（1）坡道附加阻力

机车、车辆在坡道上运行时，除了基本阻力之外，还有坡道附加阻力，简称坡道阻力。坡道阻力是机车、车辆的重力沿轨道下坡方向的分力。

坡度的千分数的意义是，当线路前进距离为 1 000 m 时，其坡道终点与始点的高度差。上坡为"+"号，下坡为"−"号。例如 5‰的坡道，表示每前进 1 000 m 的距离升高 5 m 的上坡道。可以从理论上证明，机车、车辆的单位坡道阻力 w_i(N/kN) 在数值上正好等于坡度的千分数 i，见图 2-7。

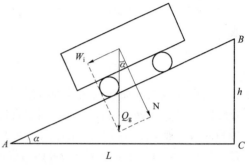

图 2-7　坡道阻力产生示意图

图 2-7 代表一列车运行于上坡道的示意图。BC 为 AB 距离中标高上升的高度，则坡度的千分数为：

$$i = \frac{BC}{AB} \times 1\ 000 = 1\ 000 \sin\alpha$$

设列车受到的重力为 $(P+G)\cdot g$，根据力学中力的合成与分解，可以把重力分解为两个互相垂直的分力，一个分力 N 被钢轨垂直反力所平衡；另一个分力 W_i 与列车运行方向相反，形成坡道附加阻力。由夹角 α 相等的几何关系可得：

$$W_i = (P+G)\cdot g\cdot\sin\alpha\ (\text{kN})$$

其中，W_i 的单位为 kN，单位坡道附加阻力 w_i 的单位是 N/kN，因此单位坡道附加阻力为

$$w_i = \frac{W_i\cdot 1\ 000}{(P+G)\cdot g} = 1\ 000\sin\alpha$$

所以

$$w_i = 1\ 000\sin\alpha = i \tag{2-28}$$

上式表明：列车单位坡道阻力在数值上等于坡道坡度的千分数 i。例如：列车运行在 5‰的上坡道上，单位坡道阻力 w_i =5 N/kN；若在 5‰的下坡道运行时，单位坡道阻力 w_i = −5 N/kN。

（2）曲线附加阻力

1）曲线阻力及其产生原因

机车车辆在曲线上运行时的阻力大于同样条件下直线上运行时的阻力，其增大部分叫曲线附加阻力，简称曲线阻力。引起曲线阻力的主要原因是，机车、车辆在曲线上运行时，轮轨间的纵向和横向滑动、轮缘与钢轨内侧面的摩擦增加；同时，由于转向架转向和侧向力的作用，上下心盘等部分摩擦加剧。

2）试验公式

曲线阻力的影响因素复杂，难以用理论推导出计算公式，通常用对比的方法，并考虑主要的、易于计算的因素——曲线半径 R，经试验得出试验公式。

我国《牵规》规定，在圆曲线上运行的机车车辆，其单位曲线阻力试验公式如下：

$$w_r = \frac{600}{R} \quad\quad\quad (2-29)$$

式中　R——曲线半径（m）；

　　　600——综合反映影响曲线阻力许多因素的经验常数。

或

$$w_r = 10.5\frac{\alpha}{l_r} \qu\quad\quad (2-30)$$

一般曲线由圆曲线及缓和曲线组成。缓和曲线是圆曲线两端和直线之间的过渡段。在工务部门提供的线路设备图中或线路数据库中，对于曲线长度的参数，只给出了曲线总长 L 与缓和曲线长 l（没有缓和曲线时注明 $l=0$，这时，圆曲线长就是曲线总长）。缓和曲线多数成对，只注明一个 l 值，如给出 $l=80$，两个缓和曲线长度都是 80 m。一处曲线的两个缓和曲线长度不等时，给出 l_1 和 l_2 两个值。

曲线阻力试验公式是在圆曲线上试验得出的，不适合缓和曲线。缓和曲线的曲率半径是一个变值，与圆曲线相接的一端和圆曲线半径相同，往直线方向逐渐加大，与直线相接处曲率半径为无限大。缓和曲线上的曲线阻力在 $\frac{600}{R}$ 和 0 之间变化，计算复杂。简便的办法就是将缓和曲线长度按减半计算，曲线计算长度 l_r 等于曲线总长 L 减去缓和曲线长度的 1/2。即

$$l_r = L - \frac{1}{2}(l_1 + l_2) \quad (\text{m}) \quad\quad\quad (2-31)$$

当缓和曲线成对时，$l_1 = l_2 = l$，上式可写成

$$l_r = L - l \quad (\text{m})$$

上述曲线计算长度的取值原则适用于手工计算和电算。

当曲线和坡道同时出现时，通常为了计算方便，根据阻力值相等的原则，把列车通过曲线时所产生的曲线阻力折算为坡道阻力。例如，已计算出某列车受到的单位曲线阻力 w_r 为 2 N/kN，可假定列车不是运行在曲线上，而是运行在一个 2‰的上坡道上。通常把这个单位曲线阻力折算为坡度的千分数并用 i_r 表示。因曲线阻力总是正值，所以，无论上行下行，曲线阻力折算坡度的千分数 i_r 总为正值。

（3）隧道附加阻力

列车进入隧道时，使隧道内产生阻塞现象。隧道内空气流动截面积由于被列车占去一部分而减小。在列车进入隧道后，列车头部正压与列车尾部的负压都增大，列车头尾形成较大压力差，大大增加了列车的空气阻力。同时，空气沿列车表面及隧道表面流动的速度提高，加之机车车辆外形结构的原因，空气形成紊流，造成空气与列车表面及隧道表面的摩擦，产生摩擦阻力，以上两项阻力之和称为隧道空气附加阻力，用 w_s 表示。显然 w_s 总为正值，也可以用折算坡度的千分数表示，记作 i_s。

隧道越长，牵引辆数越多，运行速度越高，隧道空气附加阻力越大。单位隧道空气附加

w_s 值，目前很难从理论上推导出计算公式，一般采用风洞模拟试验或隧道内外对比试验。《牵规》未列出计算公式，也没有正式的试验公式可供使用。

列车在隧道内启动时没有隧道附加阻力。

（三）列车制动力

1. 列车制动力的定义

由制动装置引起的、与列车运行方向相反的、司机可根据需要控制其大小的外力，称为制动力，用字母 B 表示。

列车制动力与机车牵引力一样，同样是钢轨作用于车轮的外力，所不同的是机车牵引力仅发生在机车的动轮与钢轨间，而列车制动力则发生在全列车具有制动装置的机车、车辆的轮轨之间。

在操纵方式上，列车制动作用按用途可分为两种：常用制动和紧急制动。常用制动是正常情况下调控列车速度或停车所施行的制动，其作用较缓和，而且制动力可以调节，通常只用列车制动能力的 20%～80%；多数情况下，只用 50%左右。紧急制动是紧急情况下为使列车尽快停住而施行的制动，它不仅用上了全部的制动能力，而且作用比较迅猛。

2. 制动力产生的方法

产生列车制动力的方法很多，主要可分为三类：

（1）摩擦制动

传统的摩擦制动指的是将空气压力通过机械传动装置传到闸瓦或闸片上，利用闸瓦与车轮踏面或闸片与制动盘的摩擦而产生制动力，分为闸瓦制动和盘形两种。电磁轨道制动是另外一种摩擦制动。

1）闸瓦制动：以压缩空气为动力，通过空气制动机将闸瓦压紧车轮踏面，由摩擦产生制动力。是常速机车车辆采用的主要制动方式。

2）盘形制动：以压缩空气为动力，通过空气制动机将闸片压紧装在车轴或车轮上的制动盘产生摩擦形成制动力，从而减轻车轮踏面的热负荷，延长车轮使用寿命，保证行车的安全。准高速和高速列车普遍采用这种制动方式，我国新造客车也采用盘形制动。

3）电磁轨道制动：也叫磁轨制动，是利用装在转向架的制动电磁铁，通电励磁后，吸压在钢轨上，制动电磁铁在轨面上滑行，通过磨耗板与轨面的滑动摩擦产生制动力。磁轨制动力不受轮轨粘着力的限制，是一种非粘着制动方式。在紧急制动时同时附加此制动，可以显著缩短制动距离。据国外试验资料报导，在列车速度为 200～210 km/h 施行紧急制动，同时附加电磁轨道制动比不加此制动时的制动距离要缩短 25%。

（2）动力制动

依靠机车的动力机械通过传动装置产生的制动力。包括电阻制动、再生制动、电磁涡流制动、液力制动等。

1）电阻制动：利用电机的可逆性，把牵引电动机变为发电机，将列车的动能转换成电能，由制动电阻变成热能，散逸到大气中去。电磁转矩成为阻碍牵引电机转子运行的动力，从而起到制动作用。我国电力机车和电动车组普遍采用，内燃机车和内燃动车组多数采用。

2）再生制动：与电阻制动相似，同样利用电机的可逆性，只不过将牵引电动机作发电机产生的电能通过逆变装置回送给电网。目前，在国外高速动车组、交流传动电力机车已广泛应用，我国部分国产电力机车上已经应用。

3）电磁涡流制动：电磁涡流制动是利用电磁铁和电磁感应体相对运动，在感应体中产生涡流，将列车的动能转换成电磁涡流并产生热能，达到制动的目的。

三、列车运行情况分析

（一）作用在列车上的合力

列车运行中，作用在列车上的合力，即牵引力 F_y（$F_y = \lambda_y F$，λ_y 是牵引力使用系数）、阻力 W 和制动力 B 的代数和，以 C 表示。

牵引力、阻力和制动力的方向不同，对列车所起的作用不同。列车运动状态，取决于作用在列车上的合力。把与列车运行方向相同的力规定为正，相反的力规定为负。则作用在列车上的合力为：

$$C = F_y - W - B \quad (\text{kN}) \tag{2-32}$$

为了计算和分析的方便，通常采用单位合力来计算，其值为：

$$c = \frac{(F_y - W - B) \times 10^3}{(P + G) \cdot g} = f_y - w - b \quad (\text{N/kN}) \tag{2-33}$$

式中　f_y——列车单位牵引力，N/kN；

　　　w——列车运行单位阻力，N/kN；

　　　b——列车单位制动力，N/kN。

（二）列车牵引重量

列车的牵引重量 G、牵引净重 G_j 是铁路运输中的重要指标，也是确定线路和其他能力的重要依据。

列车的牵引重量就是某线路或某一区段允许牵引的最大重量，该重量受线路上或区段内的限制坡度大小的限制。新线设计时，牵引重量 G 是按列车在限制坡度上以计算速度作等速运行时，作用在列车上的合力 $C=0$ 计算出来的。即机车的计算牵引力 F_j 等于列车的全部阻力 W。

$$F_j = W = P(\omega_0' + 10i_x) + G(\omega_0'' + 10i_x)$$

$$G = \frac{F_j - P(\omega_0' + 10i_x)}{\omega_0'' + 10i_x} \tag{2-34}$$

式中　P——机车计算重量（t）；

　　　i_x——限制坡度（‰）；

　　　ω_0', ω_0''——对应于计算速度 v_j 时机车、车辆的单位基本阻力（N/t）。

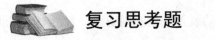 **复习思考题**

1. 铁路设计包括哪些内容？
2. 我国铁路划分为几个等级？如何划分？
3. 铁路设计中的主要技术标准有哪些？
4. 什么是铁路通过能力？什么是铁路输送能力？
5. 作用在列车上的力有哪些？如何计算？
6. 列车的基本阻力时如何产生的？如何计算？

7. 列车的附加阻力有几种？如何计算？

8. 列车牵引重量如何计算？

9. 什么是曲线附加阻力？

10. 什么是坡道附加阻力？

11. 什么是隧道附加阻力？

12. 什么是限制坡度？一般为多少？

13. 我国铁路常用的闭塞方式有几种？各有何特点？

14. 什么是到发线有效长度？

线路的平面和纵断面

铁路铁路的平面和纵断面决定了线路在空间的具体位置及其走向，同时也对路基、桥梁、隧道、站场和其他设备的设计提供了设计依据。本章包括区间线路平纵断面、车站平纵断面、线路平纵断面设计的基本技术要求。

区间线路平面将介绍圆曲线、缓和曲线及夹直线的有关知识；区间线路纵断面介绍线路的最大坡度、坡段长度及连接；车站平纵断面介绍站坪长度、站坪平面和纵断面设计的技术要求；线路平纵断面设计的基本技术介绍最大坡度的减缓或折减、变坡点的位置、桥涵及隧道地段的平纵面设计。

3.1 概　　述

铁路线路在空间的位置是用它的中心线来表示的。线路中心线是指距外轨半个轨距的铅垂线 AB 与两路肩边缘水平连线 CD 交点 O 的纵向连线。如图 3-1 所示。

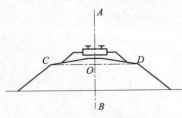

图 3-1　线路横断面

线路中心线在水平面上的投影，叫做铁路线路的平面，表明线路的直、曲变化状态；线路中心线展直后在铅垂面上的投影，叫做铁路线路的纵断面，表明线路的坡度变化。

线路的平面形状由直线和曲线组成。曲线包括圆曲线和缓和曲线。线路的纵断面由坡段以及连接相邻坡段的竖曲线组成。

各设计阶段编制的线路平面图和纵断面图是线路设计的基本文件。各设计阶段的定线要求不同，平面图和纵断面图的详细程度也各有区别。图 3-2 为新建铁路概略的平面图和纵断面图。概略平面图中，等高线表示地形、地貌特征，村镇道路等表示地物特征。图中粗线表示线路平面，标出里程，曲线要素（转角 α、曲线半径 R），车站、桥隧特征等资料。概略纵断面图的上半部为线路纵断面示意图；下半部为线路基础数据，自下而上顺序标出：线路平面、里程、设计坡度、设计高程、工程地质概况等栏目。

线路平面和纵断面设计，必须保证行车安全和平顺，主要指：不脱钩、不断钩、不脱轨、不途停、不运缓与旅客乘车舒适等，这些要求反映在《铁路线路设计规范》（简称《线规》）的技术标准中，设计时要遵守《线规》规定。

平面与纵断面设计既应当力争减少工程数量、降低工程造价，又要为施工、运营、维修提供有利条件，节约运营开支。从降低工程造价考虑，线路最好顺地面爬行，但因起伏弯曲太甚，给运营造成困难；从节约运营开支考虑，线路最好又平又直，但势必增大工程数量，提高工程造价。因此设计时，必须根据设计线的特点，分析设计路段的具体情况，综合考虑工程和运营的要求，通过方案比较，正确处理两者之间的矛盾。

　　铁路上要修建车站、桥涵、隧道、路基、道口和支挡、防护等大量建筑物。线路平面和纵断面设计不但关系到这些建筑物的类型选择和工程数量，而且影响其安全稳定和运营条件。设计时，既要考虑到各类建筑物的技术要求，还要考虑到它们之间的协调配合、总体布置合理。

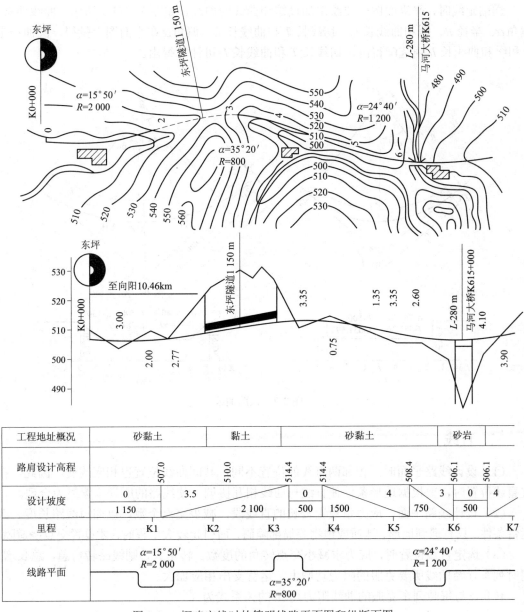

图 3-2　概略定线时的简明线路平面图和纵断面图

3.2 区间线路平面

一、平面组成

线路平面由直线和曲线组成，铁路曲线由圆曲线和缓和曲线构成。

概略定线时，平纵面图中仅绘出未加设缓和曲线的圆曲线，如图3-3（a）所示。圆曲线要素为：偏角 α，半径 R。偏角 α 在平面图上量得，曲线半径 R 系选配得出。

详细定线时，平纵面图中要绘出加设缓和曲线的曲线，如图3-3（b）所示。曲线要素为：偏角 α、半径 R、缓和曲线长 l_0、切线长 T 和曲线长 L。偏角 α 在平面图上量得，圆曲线半径 R 和缓和曲线长 l_0 由选配得出，切线长 T 和曲线长 L 可计算得出。

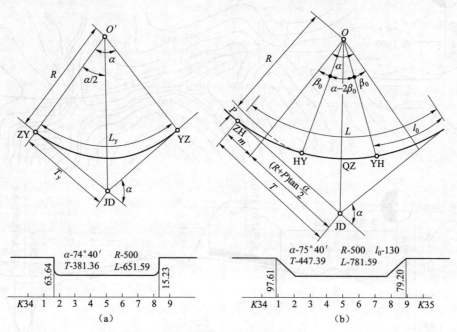

图 3-3 铁路曲线

二、直线

（1）设计线路平面时，相邻两直线的位置不同，其间曲线位置也相应改变。因此，在选定直线位置时，要根据地形条件使直线与曲线相互协调，使线路的所处位置最为合理。

（2）设计线路平面，应力争设置较长的直线段，减少交点个数，以缩短线路长度、改善运营条件。只有遇到地形、地质或地物等局部障碍，而引起较大工程时，才设置交点绕避障碍。

（3）选定直线位置时，应力求减小交点转角的度数。转角大，则线路转弯急，总长增大；同时列车行经曲线所要克服的阻力功增大，运营支出相应加大。

转角 α 与每吨列车克服的曲线阻力功 A_r 的关系式为：

$$A_r = \omega_r \cdot L_y = \frac{600g}{180} \cdot R = 10.5\alpha g \text{（J/t）} \tag{3-1}$$

式中　　ω_r——单位曲线附加阻力，$\omega_r = \dfrac{600g}{R}$（N/t）

　　　　L_y——圆曲线长度，$L_y = \dfrac{\pi\alpha}{180}\cdot R$（m）

（4）夹直线长度在地形困难曲线毗连地段，两相邻曲线间的直线段，即前一曲线终点（HZ_1）与后一曲线起点（HZ_2）间的直线，称为夹直线，如图 3-4 所示。两相邻曲线，转向相同者称为同向曲线，转向相反者称为反向曲线。

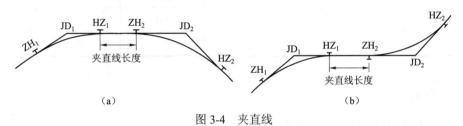

图 3-4　夹直线

夹直线长度力争长一些，为行车和维修创造有利条件。但为适应地形节省工程，需要设置较短的夹直线时，其最小长度受下列条件控制。

① 线路养护要求夹直线太短，特别是反向曲线路段，列车通过时，因频繁转换方向，车轮对钢轨的横向推力加大，夹直线的正确位置不易保持。维修实践证明：夹直线长度不宜短于 2～3 节钢轨，钢轨标准长度为 25 m，即 50～75 m；地形困难时，至少应不小于一节钢轨长度，即 25 m。

② 行车平稳要求旅客列车从前一曲线通过夹直线进入后一曲线的运行过程中，因外轨超高和曲线半径不同，未被平衡的横向加速度频繁变化，引起车辆左右摇摆，反向曲线地段更为严重。为了保证行车平稳、旅客舒适，夹直线长度不宜短于 2～3 节客车长度。我国 25 型客车全长为 25.5 m，故夹直线长度不宜短于 51.0～76.5 m。

客车通过夹直线时，要跨过夹直线前后的缓直点和直缓点，车轮与钢轨冲击引起转向架弹簧的振动。为保证缓直点和直缓点产生的振动不叠加，以保证旅客舒适，夹直线应有足够长度，使客车通过夹直线的时间 t 不小于弹簧振动消失的时间 t_z。

如进一步考虑客车后转向架后轴在后方缓直点产生的振动，不与前转向架前轴在前方直缓点产生的振动叠加，则夹直线长度 L_j 中尚需减去客车全轴距 L_z 再计算时间。

因为

$$t \geqslant t_z$$

$$\frac{L_J - L_Z}{V_{\max}/3.6} \geqslant t_z$$

所以

$$L_J \geqslant \frac{t_z \cdot V_{\max}}{3.6} + L_z \tag{3-2}$$

式中　　t_z——弹簧振动消失时间与车辆构造和弹簧装置性能有关；

　　　　$V_{\max}$——旅客列车路段速度（km/h）；

　　　　L_z——客车全轴距（m）。

考虑到车辆并非刚体，可取 $L_Z=0$，则（3-2）式可简化为 $L_J=KV_{max}$。系数 K 的取值：$V_{max}=140$ km/h 时，一般取 0.8，困难取 0.5；$V_{max}\leq120$ km/h 时，一般取 0.6，困难取 0.4。L_J 的计算结果应取整为 10 m 整倍数。《铁路线路设计规定》拟定的不同路段速度的夹直线最小长度见表 3-1。

表 3-1　夹直线最小长度

路段设计速度/(km·h^{-1})		140	120	100	80
夹直线最小长度/m	一般	110	80	60	50
	困难	70	50	40	30

三、圆曲线

（一）曲线半径对工程和运营的影响

1. 曲线限制速度

旅客列车在曲线上运行时，要产生离心加速度，而曲线外轨超高产生的向心加速度要抵消一部分离心加速度。未被平衡的离心加速度，不能超过旅客舒适允许的限制。

曲线限制速度 V 由曲线半径 R，外轨实设超高 h_{SH} 和允许欠超高 h_Q，按下式计算确定：

$$V = \sqrt{\frac{h_{SH} + h_Q}{11.8}R} \quad (\text{km/h}) \tag{3-3}$$

2. 曲线半径对工程的影响

地形困难地段，采用较小的曲线半径一般能更好地适应地形变化，减少路基、桥涵、隧道、挡土墙的工程数量，对降低工程造价有显著效果，但也会由于下列原因引起工程费用增大。

（1）增加线路长度

对单个曲线来说，当曲线偏角一定时，小半径曲线的线路长度较采用大半径曲线增加，如图 3-5（a）所示。

$$\Delta L_r = 2(T_D - T_x) + K_x - K_D \quad (\text{m}) \tag{3-4}$$

式中　T_D——大半径曲线切线长（m）；

　　　T_x——小半径曲线切线长（m）；

　　　K_D——大半径曲线圆曲线长度（m）；

　　　K_x——小半径曲线圆曲线长度（m）。

对一段线路来说，在困难地段采用小半径曲线，便于随地形曲折定线，从而增加曲线数目和增大曲线偏角，使线路增长（图 3-5（b））。

（2）降低粘着系数

机车通过小半径曲线时，车轮在钢轨上产生纵向和横向的滑动，引起轮轨间的粘着系数降低，机车的粘着牵引力等于机车的粘着重量与粘着系数的乘积。由于粘着系数降低，粘着牵引力也就相应地减少。假如所采用的机车其计算牵引力受粘着牵引力控制，当列车通过位于最大坡度上的小半径（$R\leq450$ m）曲线时，列车就不能维持以计算速度等速运行，势必造成减速，甚至停车。这在区间正常运行中是不许可的，故必须在纵断面设计中用减缓坡度的办法来弥补因粘着系数降低而造成牵引力减小的损失。由于坡度减小，使困难地段的线路相应地增长。

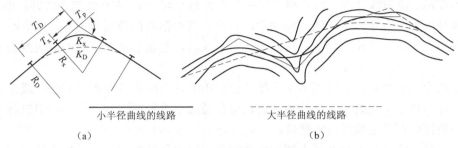

小半径曲线的线路　　　　　大半径曲线的线路

（a）　　　　　　　　　　　　　　（b）

图 3-5　小半径曲线增长线路

（3）轨道需要加强

小半径曲线上，车轮对钢轨的横向冲击力加大。为了防止钢轨被挤压而引起轨距扩大，以及整个轨道的横向移动，所以轨道需要加强。加强的方法是装置轨撑和轨距杆，加铺轨枕，增加曲线外侧道床宽度增铺道砟，从而增大工程投资。

（4）增加接触导线的支柱数量

电力牵引时，接触导线对受电弓中心的最大容许偏移量为 500 mm。曲线地段，若接触导线的支柱间距不变，则曲线半径越小，中心弧线与接触导线的矢度越大。为防止受电弓与接触导线脱离，接触导线的支柱间距应随曲线半径的减小而缩短，如表 3-2 所示，从而增加了导线支柱的数量。

表 3-2　导线支柱的最大间距

曲线半径 R/m	300	400	500	600	800	≥1 000	直线
导线支柱最大间距/m	42	47	52	57	62	65	65

3．曲线半径对运营的影响

（1）增加轮轨磨耗

列车经行曲线时，轮轨间产生纵向滑动、横向滑动和横向挤压，使轮轨磨耗增加。曲线半径越小，磨耗增加越大。

钢轨磨耗用磨耗指数（每通过兆吨总质量产生的平方毫米磨耗量）表示。运营部门实测的磨耗指数与曲线半径的关系曲线如图 3-6 所示。当曲线半径 $R<400$ m 时，钢轨磨耗急剧加大；$R>800$ m 时，磨耗显著减轻；$R>1 200$ m 时，磨耗与直线接近。车轮轮箍的磨耗，大致和钢轨磨耗规律相近，也是随曲线半径的减小而增大。

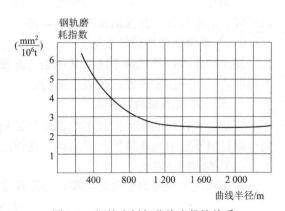

图 3-6　钢轨磨耗与曲线半径的关系

另外，曲线路段的钢轨磨耗，还与坡度大小和机车类型有关。曲线位于平缓坡度上时，因速度较高、牵引力不大，且一般不需要制动，故轮轨间的相互作用力较小，磨耗相应减轻；曲线位于陡峻坡度上时，因上坡时牵引力大，下坡时往往需要制动，轮轨间的相互作用力大，磨耗因而加剧。既有线加强，蒸汽机车更换为电力机车时，$R \leqslant 400$ m 的曲线磨耗明显加大；这是因为蒸汽机车有导轮、动轮有横动量，且重心高对钢轨的横向推力小，因而磨耗较小；而电力机车无导轮、动轮直径小，转向架转向不灵活，且重心低对钢轨的横向推力大，因而磨耗较大。

为了减少钢轨磨耗，我国很多工务部门已在小半径曲线上铺设耐磨钢轨，或在钢轨头内侧涂油；有的机车上还装有自动涂油装置，可在通过小半径曲线时，自动向钢轨轨头内侧涂油。这些措施可有效地减轻轮轨磨耗。

国外铁路，除在小半径曲线上铺设耐磨钢轨或采用化学处理轨面等措施外，南非、加拿大等国还在货车转向架上加装径向臂，使车辆通过曲线时自动转向，减小冲击角和横向推力，使轮轨磨耗降低。

（2）维修工作量加大

列车在曲线上运行时，由于列车速度不同，车轮有时挤压内轨，有时挤压外轨。为了防止轨距扩大，故应将小半径曲线地段的轨道加强。《线规》规定：混凝土轨枕轨道在半径为600 m 及其以下的曲线地段以及木枕轨道和电力牵引铁路在半径为 800 m 及其以下的曲线地段，应增加轨枕根数。当正线上在半径为 600 m 及其以下的曲线地段时，应按规定安装轨距杆或轨撑。这样虽然增加了加强设备，但小半径曲线的轨距、水平、方向还是难以保持。一般认为，其养护维修工作量要比直线或大半径曲线增加 30%～40%。

（3）行车费用增高

若小半径曲线限制旅客列车的行车速度，则列车在曲线前方要制动减速，曲线地段要限速运行，通过曲线后又要加速。这样，必然使机车额外作功，且增加运行时分和行车费用。

采用小半径曲线，因线路加长、总转角增大，使要克服的曲线阻力功加大，也要增加行车费用。

综合以上分析，小半径曲线在困难地段，能大量节省工程费用，但不利于运营，特别是曲线限制行车速度时，影响更为突出。因此，必须根据设计线的具体情况，综合工程与运营的利弊，选定设计线合理的最小曲线半径。

（二）最小曲线半径的选定

最小曲线半径是一条干线或其中某一路段允许采用的曲线半径最小值。它是铁路主要技术标准之一，应在初步设计阶段比选确定。

1. 最小曲线半径的计算式

客货共线铁路的最小曲线半径既要保证旅客乘车通过曲线时的舒适条件，又要考虑货物列车通过时不致引起轮轨的严重磨耗。其数值应采用其中的较大值，并取为 50 m 整倍数。

（1）旅客舒适条件

最小曲线半径应保证旅客列车以最高速度 V_{max} 通过时，欠超高不超过允许值 h_Q。

$$R_{min} = \frac{11.8 V_{max}^2}{h_{max} + h_Q} \text{（m）} \tag{3-5}$$

（2）轮轨磨耗条件

客货列车的行车速度与实设超高是确定轮轨磨耗的基本依据。曲线外轨实设超高 h_{SH} 应根据各种列车的均方根速度 V_{JF} 确定。

$$h_{SH} = \frac{11.8 V_{JF}^2}{R_{min}} \ （mm），\quad V_{JF} = \sqrt{\frac{\sum NGV^2}{\sum NG}} \ （km/h） \tag{3-6}$$

在实设超高下，高速旅客列车以速度 V_{max} 通过时，产生的欠超高不应超过允许值 h_Q，以保证旅客的舒适度；低速货物列车以速度 V_H 通过时，产生的过超高也不应超过允许值 h_G，以免引起钢轨的严重磨耗。其计算式分别为：

$$h_Q = \frac{11.8 V_{max}^2}{R_{min}} - h_{SH} = \frac{11.8 V_{max}^2}{R_{min}} - \frac{11.8 V_{JF}^2}{R_{min}}$$

$$h_G = h_{SH} - \frac{11.8 V_H^2}{R_{min}} = \frac{11.8 V_{JF}^2}{R_{min}} - \frac{11.8 V_H^2}{R_{min}}$$

将上两式整理可得：

$$R_{min} = \frac{11.8(V_{max}^2 - V_{JF}^2)}{h_Q} \ （m）$$

$$R_{min} = \frac{11.8(V_{JF}^2 - V_H^2)}{h_G} \ （m）$$

将以上两式相加可得：

$$R_{min} = \frac{11.8(V_{max}^2 - V_H^2)}{h_Q + h_G} \ （m） \tag{3-7}$$

允许过超高值 h_G 应根据通过的旅客和货物列车总质量的比重拟定。世界各国因铁路客货通过总质量的比重不同，采用值有较大出入，国际铁路联盟（UIC）的推荐值为 30～90 mm。我国铁路的货运比重较大，宜采用较小的允许过超高值，《线规》推荐：一般地段取 h_G=30 mm，困难地段取 h_G=50 mm。

2. 选定最小曲线半径的影响因素

（1）路段设计速度

路段设计速度是设计线某一路段旅客列车远期可能实现的最高速度。一条设计线各路段的地形条件不同，远期旅客列车能达到的最高速度也不同，拟定的最小曲线半径应满足各路段设计速度的需要。《线规》推荐了四挡的设计速度，分别为：140 km/h、120 km/h、100 km/h 和 80 km/h。

（2）货物列车的通过速度

设计线各路段的坡度不同，货物列车的通过速度不同。坡度陡峻的困难地段，上坡时速度受机车牵引力制约，下坡时速度受制动条件限制，通过速度较坡度平缓路段为低。在曲线上因受允许过超高的制约，外轨超高值不能过大，从而影响最小曲线半径的大小。

我国《铁路主要技术政策》明确指出，货物列车的最高速度要逐步提高到 90 km/h。为了适应货物列车逐步提高的现实情况，《线规》在拟定最小曲线半径标准中，推荐货物列车设计速度为 80 km/h、70 km/h、60 km/h 和 50 km/h 四挡。

（3）地形条件

平原浅丘地区，曲线半径的大小通常对工程量影响不大，为创造良好的运营条件和节省运营费用，应选定较大的最小曲线半径。

山岳地区地形复杂，曲线半径的大小对工程量影响很大，为适应地形减少工程，需要选定较小的最小曲线半径。

足坡地段，选定 $R<600$ m 或 500 m 最小曲线半径，则因粘着系数降低、粘降坡度减缓而引起线路额外展长，从而增大工程费用。

综上所述，设计线的最小曲线半径可根据具体情况分路段拟定。必要时，可初步拟定两个以上的最小曲线半径，选取设计线的某些代表性地段，分别进行平面和纵断面设计，通过技术经济比较，并结合上述因素分析评价，来确定采用的最小曲线半径。

3.《线规》拟定的最小曲线半径

编制《线规》时，对采用的参数进行了细致研究，按计算公式（3-5）、（3-7）得到初步结果，并结合我国铁路的工程和运营实践，确定了各级铁路不同路段设计速度的最小曲线半径值，如表 3-3 所列。

表 3-3　最小曲线半径及计算参数表

铁路等级		I				II		III	
路段设计速度/（km·h⁻¹）		140	120	100	80	120	100	80	100	80
货物列车通过速度/（km·h⁻¹）		80	70	60	50	70	60	50	60	50
最大超高 h_{max}/mm		150	150	150	150	150	150	150	150	150
允许欠超高 H_G/mm	一般	70	70	70	70	70	70	70	70	70
	困难	90	90	90	90	90	90	90	90	90
允许过超高 H_G/mm	一般	30	30	30	30	30	30	30	30	30
	困难	50	50	50	50	50	50	50	50	50
计算的 R_{min}/m（3-5）式	一般	1 050	780	540	350	780	540	350	540	350
	困难	970	710	500	320	710	500	320	500	320
计算的 R_{min}/m（3-7）式	一般	1 560	1 120	760	460	1 120	760	460	760	460
	困难	1 120	800	540	330	800	540	330	540	330
《线规》采用的 R_{min}/m	一般	1 600	1 200	800	500	1 000	700	450	600	400
	困难	1 200	800	550	450	800	550	400	550	350

设计线选定的最小曲线半径，一般不应小于表 3-3 所列的规定值。特殊困难地段的个别曲线，有技术经济比较依据，并经鉴定批准，I、II 级铁路在行车速度为 80 km/h 路段的个别曲线，可采用 400 m 的最小曲线半径。

（三）曲线半径的选用

设计线路平面时，各个曲线选用多大的曲线半径，要考虑下列设计要求。

1. 曲线半径系列

为了测设、施工和养护的方便，曲线半径一般应取 50、100 m 的整倍数，即 10 000、8 000、6 000、5 000、4 000、3 000、2 500、2 000、1 800、1 600、1 400、1 200、1 000、800、700、600、550、500、450、400、350；特殊困难条件下，可采用上列半径间 10 m 整倍数的曲线半径。

最大的曲线半径定为 10 000 m，是考虑到如再增大曲线半径，因行车速度不高，行车条件的改善并不显著。相反，因曲率太小，维修工作加大，曲线也不易保持圆顺。

2. 因地制宜由大到小合理选用

各个曲线选用的曲线半径值不得小于设计线选定的最小曲线半径。小半径曲线的缺点较多，故选配曲线半径时，应遵循由大到小、宁大勿小的原则进行。选用的曲线半径，应适应地形、地质、地物条件，以减少路基、挡墙、桥隧工程量，少占农田，并保证线路的安全稳定。

3. 结合线路纵断面特点合理选用

坡道平缓地段与凹形纵断面坡底地段、行车速度较高，应选配不限制行车速度的较大半径。在长大坡道地段、凸形纵断面的坡顶地段和双方向均需停车的大站两端引线地段，行车速度较低，若地形困难，选用较大的曲线半径引起较大工程时，可选用较小曲线半径。

足坡的长大坡道坡顶地段和车站前要用足坡度上坡的地段，虽然行车速度较低，但不宜选用 600 m 或 550 m 以下过小的曲线半径，以免因轮轨间粘着系数降低，而使坡度减缓，额外展长路线。

地形特殊困难，不得不选用限制行车速度的小半径曲线时，这些小半径曲线宜集中设置。因分散设置要多次限速，使列车频繁减速、加速、增加能量消耗，不便于司机操纵机车，且为运营中提速、改建增加困难。

四、缓和曲线

在直线与圆曲线之间要设置缓和曲线，以保证行车平顺。

缓和曲线的作用是：在缓和曲线范围内，其半径由无限大渐变到圆曲线半径，从而使车辆产生的离心力逐渐增加，有利于行车平稳；在缓和曲线范围内，外轨超高由零递增到圆曲线上的超高量，使向心力逐渐增加，与离心力的增加相配合；当曲线半径小于 350 m，轨距需要加宽时，可在缓和曲线范围内，由标准轨距逐步加宽到圆曲线上的加宽量。

设计缓和曲线时，有线形选择、长度计算、如何选用和保证缓和曲线间圆曲线的必要长度四个问题。本节重点介绍缓和曲线选用和圆曲线最小长度问题。

我国铁路一直采用直线型超高顺坡的三次抛物线型缓和曲线。这种缓和曲线的优点是线型简单，长度较短，计算方便，易于铺设养护。

缓和曲线长度影响行车安全和旅客舒适，拟定标准时，一要保证超高顺坡不致使车轮脱轨；二要保证超高时变率不致使旅客不适；三要保证欠超高时变率不致影响旅客舒适。缓和曲线长度应取三个计算值中的较大者，并进整为 10 m 的倍数。（《线规》规定的缓和曲线长度可参见第 142 页表 6-6。）

线路设计时，应根据曲线半径、旅客列车的路段设计速度和地形条件按表 3-4（第 40 页）值选用；有条件时，应选用较长的缓和曲线。两缓和曲线间圆曲线的最小长度，应保证行车平稳，并考虑维修方便。

设计线路平面时，若曲线偏角较小，设置缓和曲线后，圆曲线长度达不到规定值，则宜加大半径增加圆曲线长度。如条件限制，不易加大曲线半径或加大后仍不能满足要求时，则可采用较短的缓和曲线长度，或适当改动路线平面。

五、线间距离

铁路并行修建第二线、第三线时，区间相邻两线中心线间的距离称为线间距离（简称线距）。线距根据限界拟定，曲线地段线距需要加宽。

（一）限界

限界分为机车车辆限界、直线建筑接近限界、隧道建筑限界和桥梁建筑限界。

机车车辆限界是国家规定的机车车辆不同部位宽度和高度的最大轮廓尺寸线。一般情况下，机车车辆无论空车重车状态，均不得超出机车车辆限界。特殊情况下，车辆装载的货物超出此最大轮廓尺寸的列车，称为超限货物列车。超限货物列车也应按有关规定尺寸装载。

直线上建筑接近限界是铁路两侧建筑物和设备，在任何情况下都不得侵入的轮廓尺寸线。

（二）区间直线地段的线间距离

1. 第一、二线的线间距离

区间直线地段第一、二线间不需设置信号机和其他标志，仅需保证两线不限速会车，机车车辆限界的半宽为 1 700 mm，列车信号限界宽度为 100 mm，两列车不限速会车的安全量取 400 mm；则线间距离为 2×（1 700+100）+400=4 000（mm），即一、二线间的最小线距。

双线铁路有超限货物列车通过时的会车条件规定如下：当两列车间最小距离大于 350 mm 时可不限速，在 300～350 mm 之间时行车速度不得超过 30 km/h；小于 300 mm 时禁止会车。线距为 4.0 m 的双线铁路，若某一线开行一级超限货物列车（半宽为 1 900 mm），另一线通行一般货物列车（半宽为 1 700 mm，车灯限界为 100 mm），则两列车间距离为 300 mm，故两列车允许以 30 km/h 限速在区间会车。若开行二级超限货物列车（半宽为 1 940 mm）或超级超限货物列车，则另一线均不得通行列车。

2. 第二、三线的线间距离

因为第二、三线间要装设信号机，信号机最大宽度为 410 mm，直线建筑接近限界的半宽为 2 440 mm，故线距为：2×2 440+410=5 290（mm），取为 5.3 m。

3. 区间曲线地段的线间距加宽

车辆位于曲线上时，车辆中部向曲线内侧凸出，其值为 W_1，两端向外侧凸出，其值为 W_2，则：

$$W_1 = \frac{40\,500}{R}\ (\text{mm}), \quad W_2 = \frac{44\,000}{R}\ (\text{mm}) \tag{3-8}$$

当外侧曲线实设超高≤内侧曲线实设超高时，线间距加宽值为：

$$W = W_1 + W_2 = \frac{84\,500}{R}\ (\text{mm}) \tag{3-9}$$

当外侧曲线实设超高 h_W＞内侧曲线实设超高时 h_n，线间距加宽值为：

$$W = \frac{84\,500}{R} + \frac{3\,850}{1\,500}(h_w - h_n)\ (\text{mm}) \tag{3-10}$$

3.3 区间线路纵断面

线路纵断面是由长度不同、陡缓各异的坡段组成的。坡段的特征用坡段长度和坡度值表示，如图 3-7 所示。坡段长度 L_i 为坡段两端变坡点间的水平距离（m）。坡度值 i 为该坡段两端变坡点的高差从 H_i（m）与坡段长度 L_i（m）的比值，以千分数表示，即 $i = \dfrac{H_i}{L_i} \times 1000(\%)$，上坡取正值，下坡取负值。如坡度为 4‰，即表示每千米高差为 4 m。

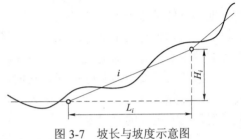

图 3-7　坡长与坡度示意图

线路纵断面设计，除在初步设计阶段确定最大坡度外，主要包括坡段长度、坡段连接与坡度折减等问题。

一、线路的最大坡度

新建铁路的最大坡度，在单机牵引路段称限制坡度，在两台及以上机车的牵引路段称加力牵引坡度，其中最常见的为双机牵引坡度。

如果纵断面的加算坡度超过最大坡度，则按限制坡度计算牵引吨数的货物列车，在该坡道的持续上坡道上，最终会低于计算速度运行，发生运缓事故，甚至造成途停，这是不允许的。所以，设计坡度值加上曲线阻力值、小半径粘降坡度减缓值和隧道附加阻力值，不能大于最大坡度值。

（一）限制坡度

1. 限制坡度定义

限制坡度是单机牵引地段的最大坡度。指的是单机牵引普通货物列车，在持续上坡道上，最终以机车计算速度等速运行的坡度，它是限制坡度区段的最大坡度，据此计算货物列车的牵引吨数。

一般情况下，上下行两个方向的限制坡度是相同的。但在个别线路上，上下行两个方向的货流显著不平衡时，可以在轻车方向采用比重车方向大的限制坡度。

限制坡度是铁路的主要技术标准之一，它对线路的走向、线路长度、车站分布、工程投资以及铁路的输送能力、运营指标都有很大的影响，因此线路的限制坡度应根据铁路等级、地形条件、机车类型以及相邻线路的限制坡度确定。拟定各种不同限制坡度方案时，应尽量考虑与邻线牵引重量相协调，最后经过全面比选，在初步设计阶段确定。

2. 影响限制坡度选择的因素

（1）铁路等级

铁路等级越高，则设计线的意义、作用和客货运量越大，更需要有良好的运营条件和较低的运输成本，因此宜采用较小的限制坡度。

（2）运输需求和机车类型

铁路的输送能力必须能完成运输任务。

输送能力与货物列车牵引吨数有关，而牵引吨数是由限制坡度值与机车类型决定的。所以限制坡度的选择，应根据运输任务，结合机车类型一并考虑。力争选定的限制坡度与平均自然纵坡相适应，不引起额外展线。同时选择恰当的机车类型，满足运输要求。设计线的客货运量是逐年增长的。选择限制坡度时，应尽量采用节约初期投资、逐期加强的方案，如初期采用内燃牵引、远期采用电力牵引，或初期采用小功率机车、远期更换大功率机车。这样，就有可能采用适应地形条件的较大限坡而又能满足运输要求，达到节省初期投资的目的。

（3）地形条件

地形条件是选择限制坡度的重要因素，限制坡度要和地形相适应。既不能选择过小的限制坡度，引起大量人工展线；又不能选择过大的限制坡度，使该限坡得不到充分利用，节省工程的效果不显著，却给运营带来不良影响。

一条长大干线应力争选定同一限坡，以利直通列车的开行。但若各区段地形条件差别很大，亦不宜强求统一限坡。可根据各区段地形特点，分区段选定限坡，各区段采用不同的机车类型，统一全线的牵引定数。

线路跨越分水岭，自然纵坡陡峻的越岭地段，可采用双机牵引坡度，以减少展线。

线路由盆地上升到台地，或跨越分水岭，其两侧河谷纵坡相差很大时，应考虑分方向选择限坡的可能性。

（4）邻线的牵引定数

我国既有铁路干线的限制坡度，4‰者约占 1/4，6‰者约占 1/2，12‰者约占 1/4，少数干线为 9‰或 10‰，全国路网基本形成了 4‰、6‰与 12‰的限制坡度系统。

当设计线与邻接铁路的直通货流量很大，或者设计线在路网中联络分流的作用很显著，则选择限制坡度与机车类型时，应考虑与邻线牵引定数相协调，尽量使其统一。这样，直通货物列车可避免在接轨站的甩挂作业，加速货物运送，降低运输成本。

（5）符合《线规》规定

设计线选定的限制坡度，不应大于《线规》规定值，如表 3-4 所示。

表 3-4　限制坡度最大值　　　　　　　　　　　　　　　　　　　　　‰

铁路等级		I			II			III		
地形类别		平原	丘陵	山区	平原	丘陵	山区	平原	丘陵	山区
牵引种类	电力	6.0	12.0	15.0	6.0	15.0	20.0	9.0	18.0	25.0
	内燃	6.0	9.0	12.0	6.0	9.0	15.0	8.0	12.0	18.0

限制坡度最小值，《线规》未作规定，但通常取为 4‰。这是因为限制坡度若小于 4‰，虽然按限制坡度算得的牵引质量很大，但受启动条件和到发线有效长度的限制而不能实现，而工程投资却可能有所增加。所以，一般不采用小于 4‰的限制坡度。

3. 分方向选择限制坡度

一般情况下，一条线路双方向的限制坡度是相同的，即双方向最大持续上坡值是相同的。但有些线路具备一定条件，可以在重车方向设置较缓的限制坡度（上坡坡度），在轻车方向设置较陡的限制坡度（上坡坡度），称为分方向选择限制坡度。

（1）分方向选择降坡的条件

① 轻重车方向货流显著不平衡且预计将来也不致发生巨大变化。

② 轻车方向上升的平均自然纵坡较陡，而重车方向上升的平均自然纵坡较缓，分方向选择限制坡度，可以节省大量工程。

③ 技术经济比较证明，分方向选择限制坡度是合理的。

具备上述条件，各级铁路均可按不同方向分别选择限制坡度，但 I 级铁路多属路网中的重要干线，意义重大，分方向选定不同限制坡度时，应特别慎重；只有在特殊困难条件下，有充分技术经济依据时方可采用。

（2）轻车方向限制坡度的限制

① 不应大于重车方向限制坡度的三机牵引坡度值。这是为了将来货流发生变化，轻车方向货运量增大时，可采用三机牵引，达到重车方向的牵引吨数。为了保证重车方向货物列车下坡时的行车安全，还应进行制动检算。

② 根据双方向货流比，按双方向列车对数相同、每列车车辆数相同的条件、可估算出轻车方向货物列车的牵引质量 G_q，轻车方向限制坡度值 i_{xq} 不应大于根据 G_q 按下式计算的坡度值。因为轻车方向的限制坡度值 i_{xq} 若大于计算值，则每列车的牵引质量就要小于 Q_q；这样，轻车方向的列车数反而多于重车方向，重车方向就会产生单机回空或附挂折返而虚磨机力，这是不合理的。

轻车方向限制坡度值 i_{xq} 为：

$$i_{xq} \leqslant \frac{F_J \times \lambda_y - (p \times \varpi_0' + G_q \times \varpi_{0(P)}'')}{g(P + G_q)} \quad (‰) \tag{3-11}$$

式中　F_J——机车计算牵引力（N）；

λ_y——机车牵引力使用系数；

P——机车计算质量（t）；

ω_0'——计算速度下的机车单位基本阻力（N/t）；

$\omega_{0(p)}''$——计算速度下空重车的平均单位基本阻力（N/t）；

G_q——轻车方向的牵引质量（t）。

轻车方向的牵引质量 G_q 和车辆平均单位基本阻力 $\varpi_{0(P)}''$，可用下式计算。

$$G_q = n(\lambda_{QZ} \times q_j + q_z)$$

$$\varpi_{0(P)}'' = \frac{\lambda_{QZ}(q_j + q_z) \times \varpi_{0z}'' + (1-\lambda) \times q_z \times \varpi_{0q}''}{\lambda_{QZ} \times q_j + q_z} \tag{3-12}$$

式中　n——轻车方向每列车的车辆数；

λ_{QZ}——轻、重车方向的货流比；

q_j——每辆满载货车的平均净载质量（t）；

q_z——货车车皮的平均质量（t）；

ω_{0z}''、ω_{0q}''——重车、轻车的单位基本阻力（N/t）。

（二）加力牵引坡度

一条干线的某些越岭地段：平均自然纵坡很陡，若按限制坡度设计，会引起线路大量展长或出现较长的越岭隧道，使工程加大、工期延长。这种地段，可采用加力牵引，保持在限制坡度上单机牵引的牵引定数不变，从而可采用较陡坡度定线，以减少展线，降低造价。这种用两台或更多机车牵引的较陡坡度，称为加力牵引坡度（简称加力坡度）。

加力牵引坡度是两台及以上机车牵引规定牵引吨数的普通货物列车、在持续上坡道上、最后以机车计算速度等速运行的坡度，它是加力坡度路段的最大坡度。该路段的普通货物列车牵引吨数，是按相应限制坡度上用一台机车牵引的计算值确定的。

采用加力坡度可以缩短线路长度，大量减少工程，有利于降低造价和缩短工期，是在长大越岭地段克服巨大高差的一种行之有效的设计决策。当然采用加力坡度，也必然增加机车台数和能量消耗，在加力牵引的起讫站要增加补机摘挂作业时分，并要增建补机的整备设备。加力坡度太大时，对下坡行车也将产生不利影响。因此，是否采用加力坡度，应从设计线意义、地形条件以及节省工程和不利运营等方面全面分析，比选确定。

1. 采用加力坡度的注意事项

（1）加力牵引坡度应集中使用，使补机能在较长的路段上行驶，提高其利用率。

（2）补机要进行必要的整备作业，需要相应的机务设备，所以加力坡度的起讫站，宜有一个为区段站或其他有机务设备的车站，困难时也应尽量与这类车站接近，以利用其机务设备。

（3）补机要在加力坡度的起讫站摘挂，增加列车的停站时分，因此，与起讫站邻接的加力牵引区间的往返行车时分，要相应减少，以免限制通过能力。

（4）加力牵引是采用重联牵引或补机推送，与牵引质量、车钩强度有关。若车钩强度允许时，应采用重联牵引，以便各台机车的司机相互配合、同步操纵，充分发挥机车的牵引力；否则，应采用补机推送，此时补机的牵引力就不能充分发挥。

2. 加力坡度的最大值

加力坡度的最大值取决于货物列车在陡坡上的运营条件，包括下坡的制动安全和闸瓦磨耗，上坡的能量消耗，以及车站技术作业对通过能力的影响等。蒸汽机车下坡时完全依靠闸瓦制动，而电力、内燃机车则可用电阻制动、控制下坡速度，运营条件差别很大，因而要分别规定其最大的加力牵引坡度。

（1）蒸汽机车采用闸瓦制动，货物列车在陡长下坡道上闸瓦与轮箍长时间摩擦，会引起如下后果：闸瓦与轮箍磨耗严重；闸瓦发热、温度过高、摩擦系数降低，制动力减小，容易造成列车失控。

我国的运营实践表明，不大于20‰的下坡，运营安全一般是有保证的。根据以上分析，蒸汽牵引的最大加力坡度不应大于20‰。

（2）内燃牵引的最大加力坡度

东风4等新造的内燃机车，都装有电阻制动。内燃机车牵引的货物列车，在长大下坡道上，电阻制动与闸瓦制动可配合作用，闸瓦磨耗与发热问题比蒸汽机车大为好转，故《线规》规定，内燃牵引的最大加力牵引坡度为25‰。

（3）电力牵引的最大加力坡度电力机车的电阻制动力比内燃牵引的大，在30‰的下坡道上，仅用电阻制动就可以控制下坡的速度。同时，宝成线宝秦段30‰的加力坡度上，采用电力牵引已取得成功的经验，故《线规》规定，电力牵引的最大加力坡度为30‰。

3. 加力坡度的计算

加力牵引坡度的坡度值 i_{JL}，可根据限制坡度上的牵引吨数、机车台数和加力牵引方式，按下式计算。

$$i_{JL} = \frac{\sum \lambda F_J \lambda_y - (\sum P \cdot \varpi_0'')}{g(\sum P + G)} \quad (‰) \qquad (3\text{-}13)$$

式中　G——限制坡度上单机牵引的牵引吨数（t）；

　　　ϖ_0''——计算速度下的货车单位基本阻力（N/t）。

双机牵引坡度采用最广泛，两台机车类型一般相同，重联或推送的牵引方式由车钩允许应力决定，机车牵引 i_{SJ} 的计算式为：

$$i_{SJ} = \frac{(1+\lambda)F_J \lambda_y - (2P \cdot \varpi_0' + G \cdot \varpi_0'')}{g(2P + G)} \quad (‰) \qquad (3\text{-}14)$$

各种限制坡度下，各种牵引的双机坡度值，用主型机车按（3-14）式计算，并取为 0.5‰的整倍数。如表 3-5 所列，表中蒸汽牵引双机坡度可用于支线与地方铁路；内燃牵引双机坡度未进行海拔与气温修正，需要时可按（3-14）式另行计算。

表 3-5　机车类型相同时的双机牵引坡度　　（‰）

限制坡度/‰	内燃牵引	电力牵引	限制坡度/‰	内燃牵引	电力牵引
4	8.5	9.0	11	21.5	22.0
5	10.5	11.0	12	23.5	24.0
6	12.5	13.0	13	25.0	25.0
7	14.5	14.5	14		27.0
8	16.0	16.5	15		29.0
9	18.0	18.5	16		30.0

二、坡段长度

相邻两坡段的坡度变化点称为变坡点。相邻两变坡点间的水平距离称为坡段长度。

从工程数量上看，采用较短的坡段长度可更好地适应地形起伏，减少路基、桥隧等工程数量（图 3-8）。但最短坡段长度应保证坡段两端所设的竖曲线不在坡段中间重叠。

图 3-8　不同坡长的纵断面

从运营角度看，列车通过变坡点时，变坡点前后的列车运行阻力不同，车钩间存在游间，将使部分车辆产生局部加速度，影响行车平稳；同时，也使车辆间产生冲击作用，增大列车纵向力。坡段长度要保证不致产生断钩事故。

货车车钩强度允许的纵向力，拉伸力取 980 kN，压缩力取 1 960 kN。在可能设置的最大坡度代数差和列车非稳态运行（如紧急制动、由缓解到牵引）的不利工况下，坡段长度所决定的车钩应力与列车牵引吨数有直接关系，牵引吨数用远期到发线有效长度表示。《线规》规定了一般路段的最小坡段长度，见表 3-6。

表 3-6　最小坡段长度表　　　　　　　　　　　　　　　　　　　m

远期到发线有效长度	1 050	850	750	650	≤550
最小坡段长度	400	350	300	250	200

凸形纵断面坡顶为缓和坡度差而设置的分坡平段，其长度宜为 200 m，如图 3-9（a）所示；凹形纵断面底部为缓和坡度代数差而设置的分坡平段，其长度仍按表 3-6 取值，如图 3-9（b）所示。

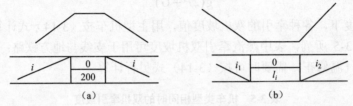

图 3-9　分坡平段的坡段长度

为了因地制宜节省工程，在下列情况下，坡段长度允许缩短至 200 m。

（1）因最大坡度折减而形成的坡段如图 3-10（a）所示，包括折减坡段及其中间无需折减的坡段，这些坡段间的坡度差较小，坡长可以缩短。

（2）在两个同向坡段之间为了缓和坡度差而设置的缓和坡段如图 3-10（b）所示，缓和坡段使纵断面上坡度逐步变化，对列车运行平稳有利，故允许缩短为 200 m。

（3）长路堑内为排水而设置的人字坡段如图 3-10（c）所示。人字坡段的坡度一般不小于 2‰，以利于路堑侧沟排水。

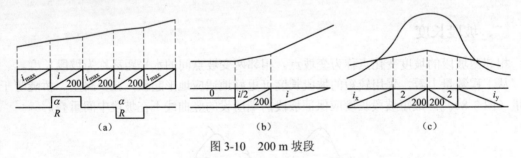

图 3-10　200 m 坡段

三、坡段连接

（一）相邻坡段坡度差

纵断面的坡段有上坡、下坡和平坡。上坡的坡度为正值，下坡的坡度为负值，相邻坡段坡度差的大小，应以代数差的绝对值 Δi 表示。如前一坡段的坡度 i_1 为 4‰下坡，后一坡段的坡度 i_2 为 2‰上坡，则坡度差 Δi 为：

$$\Delta i = |i_1 - i_2| = |(-4‰) - (+2‰)| = 6‰$$

列车通过变坡点时，由于坡度的变化，车钩内产生附加应力，若附加应力过大，加之司机操纵不良，可能造成断钩事故。为了保证行车安全与平稳，防止断钩事故发生，应对相邻坡段坡度的代数差进行限制。《线规》规定：坡度差不应大于重车方向的限制坡度值。

（二）竖曲线

在线路纵断面的变坡点处设置的竖向圆弧，称为竖曲线。

1. 竖曲线的设置条件

在线路纵断面上，若各坡段直接连接成折线，列车通过变坡点时，产生的车辆振动和局部加速度增大，乘车舒适度降低；当机车车辆重心未达变坡点时，将使前转向架的车轮悬空，图 3-11 为蒸汽机车导轮悬空情况；悬空高度大于轮缘高度时，将导致脱轨；当相邻车辆的连接处于变坡点近旁时，车钩要上下错动（图 3-12），其值超过允许值将会引起脱钩。所以，必须在变坡点处用竖曲线把折线断面平顺地连接起来，以保证行车的安全和平顺。

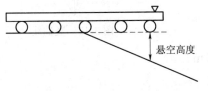
图 3-11　导轮悬空示意图

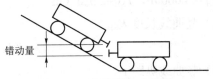
图 3-12　车钩错动示意图

《线规》规定：相邻坡段的坡度差，当Ⅰ级、Ⅱ级铁路大于 3‰、Ⅲ级铁路大于 4‰时，相邻坡段应以圆曲线型竖曲线连接。

2. 竖曲线半径

圆形竖曲线的半径应根据以下三个条件拟定。

（1）旅客舒适条件

列车通过竖曲线时，产生的竖直离心加速度不应大于旅客舒适要求的允许值。

（2）运行安全条件

列车通过凸形竖曲线时，产生向上的竖直离心力，使车辆有上浮倾向，上浮车辆在横向力作用下容易产生脱轨事故。此项安全要求在我国客货共线铁路上，对竖曲线半径不起限制作用。

（3）设置竖曲线可减小列车通过变坡点的附加纵向力。

《线规》规定：竖曲线半径，Ⅰ、Ⅱ级铁路为 10 000 m，Ⅲ级铁路为 5 000 m。

3. 竖曲线的几何要素

（1）竖曲线切线长 T_{SH}

由图 3-13 知：

$$
\begin{aligned}
T_{SH} &= R_{SH} \cdot \tan\frac{\alpha}{2} \approx \frac{R_{SH}}{2}\tan\alpha = \frac{R_{SH}}{2}\tan|\alpha_1 - \alpha_2| \\
&= \frac{R_{SH}}{2}\left|\frac{\tan\alpha_1 - \tan\alpha_2}{1 + \tan\alpha_1 \cdot \tan\alpha_2}\right| \approx \frac{R_{SH}}{2}|\tan\alpha_1 - \tan\alpha_2| \\
&= \frac{R_{SH}}{2}\left|\frac{i_1}{1000} - \frac{i_2}{1000}\right| \\
&= \frac{R_{SH} \cdot \Delta i}{2000} \ (\text{m})
\end{aligned}
\tag{3-15}
$$

式中　α——竖曲线的转角（°）；

　　　　α_1、α_2——前、后坡段与水平线的夹角（°），上坡为正值，下坡为负值；

　　　　i_1、i_2——前、后坡段的坡度（‰）；上坡为正值，下坡为负值；

　　　　Δi——坡度差的绝对值（‰）。

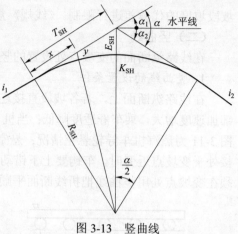

Ⅰ、Ⅱ级铁路：

$R_{SH} = 10\ 000$ m，$T_{SH} = 5\Delta i$（m），

Ⅲ级铁路：

$R_{SH} = 5\ 000$ m，$T_{SH} = 2.5\Delta i$（m）。

（2）竖曲线长度 K_{SH}

图 3-13　竖曲线

$$K_{SH} \approx 2T_{SH} \text{（m）} \tag{3-16}$$

（3）竖曲线纵距 y

因

$$(R_{SH} + y)^2 = R_{SH}^2 + x^2$$

$$2R_{SH} \cdot y = x^2 - y^2 \quad （y^2 \text{值很小，略去不计}）$$

故

$$y = \frac{x^2}{2R_{SH}} \text{（m）} \tag{3-17}$$

式中　x——切线上计算点至竖曲线起点的距离（m）。

变坡点处的纵距称为竖曲线的外矢距 E_{SH}，计算式为：

$$E_{SH} = \frac{T_{SH}^2}{2R_{SH}} \text{（m）} \tag{3-18}$$

变坡点处的路基面高程，应根据变坡点的设计高程，减去（凸形变坡点）或加上（凹形变坡点）外矢距的高度；路基填挖高度应根据路基面高程计算。

当变坡点处的坡度差 Δi 不大时，竖曲线的外矢距值 E_{SH} 很小；如Ⅰ、Ⅱ级铁路，$\Delta i = 3$‰时，$E_{SH} = 11.5$ mm，Ⅲ级铁路，$\Delta i = 4$‰时，$E_{SH} = 10.0$ mm。施工中，路基面不易作出竖曲线线型，故变坡点处的设计高程可按折线断面计算，不需计入外矢距的调整值。铺轨时，变坡点处的轨面能自然形成竖曲线，并不影响行车的安全和平稳。至于变坡点的道砟厚度，仅需较标准厚度增减 10～11.5 mm，也不会影响轨道强度。

《线规》规定：Ⅰ、Ⅱ级铁路相邻坡段的坡度差大于 3‰，Ⅲ级铁路大于 4‰时，才设置竖曲线，即在路基面上作出竖曲线线型。

【例 3-1】某Ⅰ级铁路凸形变坡点 A 的地面高程为 476.50 m、设计高程为 472.36 m、相邻坡段坡度为 $i_1 = 6$‰，$i_2 = -2$‰，求 A 点的挖方高度。

A 点的坡度差 $\Delta i = |6 - (-2)| = 8$

A 点的竖曲线切线长 $T_{SH} = 5 \times \Delta i = 5 \times 8 = 40$（m）

A 点的竖曲线外矢距 $E_{SH} = \dfrac{T_{SH}^2}{2R_{SH}} = \dfrac{40^2}{2 \times 10\ 000} = 0.08$（m）

A 点的挖方高度为 476.560–(473.36–0.08)=4.22（m）

4. 设置竖曲线的限制条件

（1）竖曲线不应与缓和曲线重叠

竖曲线范围内，轨面高程以一定的曲率在变化。缓和曲线范围内，外轨高程以一定的超高顺坡在变化。如两者重叠，一方面在轨道铺设和养护时，外轨高程不易控制；另一方面外轨的直线形超高顺坡和圆形竖曲线，都要改变形状，影响行车的平稳。为了保证竖曲线不与缓和曲线重叠，纵断面设计时，变坡点离开缓和曲线起终点的距离，不应小于竖曲线的切线长（图 3-14）。

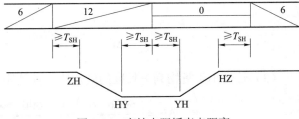

图 3-14　变坡点距缓直点距离

（2）竖曲线不应设在明桥面上

在明桥（无砟桥）面上设置竖曲线时，其曲率要用木枕高度调整，每根木枕厚度都不同并要按固定位置顺序铺设，给施工、养护带来困难。为了保证竖曲线不设在明桥面上，变坡点距明桥面端点的距离，不应小于竖曲线的切线长。

（3）竖曲线不应与道岔重叠

道岔的尖轨和辙叉应位于同一平面上，如将其设在竖曲线的曲面上，则道岔的铺设与转动都有困难；同时，道岔的导曲线和竖曲线重合，列车通过道岔的平稳性降低。为了保证竖曲线不与道岔重叠，变坡点与车站站坪端点的距离，不应小于竖曲线的切线长。

四、最大坡度的折减

线路纵断面设计时，在需要用足最大坡度（包括限制坡度与加力牵引坡度）的地段，当平面上出现曲线和遇到长于 400 m 的隧道时，因为附加阻力增大、粘着系数降低，而需将最大坡度值减缓，以保证普通货物列车通过该地段的速度不低于计算速度或规定速度。此项工作称为最大坡度的折减。

（一）曲线地段的最大坡度减缓

在曲线地段，货物列车受到的坡度阻力和曲线阻力之和，不得超过最大坡度的坡度阻力，以保证列车不低于计算速度运行。所以，设计坡度 i 应为：

$$i = i_{max} - \Delta i_R \quad （‰） \qquad （3-19）$$

式中　i_{max}——最大坡度值（‰）；

　　　Δi_R——曲线阻力的相应坡度减缓值（‰）。

1. 曲线地段最大坡度减缓的注意事项

（1）当设计坡度值和曲线阻力当量坡度之和不大于最大坡度值时，此设计坡度不用减缓。

（2）既要保证必要减缓值，又不要减缓过多，以免损失高度，使线路额外展长。

（3）减缓时，设计的曲线长度系未加设缓和曲线前的圆曲线长度；设计的货物列车长度应取近期长度，因近期长度短于远期长度，按近期长度考虑能满足远期长度的减缓要求。

（4）减缓坡段长度应不短于且尽量接近于圆曲线长度，取为 50 m 的整倍数，且不应短于 200 m。通常情况下，所取的坡段长度还不宜大于货物列车长度。

（5）减缓后的设计坡度值，取小数点后一位。

2. 曲线地段最大坡度减缓的方法

（1）两圆曲线间不小于 200 m 的直线段，可设计为一个坡段，按最大坡度设计，不予减缓。

（2）长度不小于货物列车长度的圆曲线，可设计为一个坡段，曲线阻力的坡度减缓值为：

$$\Delta i_R = \frac{\omega_r}{g} = \frac{600g}{R} \cdot \frac{1}{g} = \frac{600}{R} \quad (‰) \tag{3-20}$$

（3）长度小于货物列车长度的圆曲线，曲线阻力的坡度减缓值为：

$$\Delta i_R = \left(\frac{600g}{R} \cdot \frac{L_y}{L_i}\right) \cdot \frac{1}{g} = \frac{600}{R} \cdot \frac{\pi \cdot R \cdot \alpha}{180 L_i} = \frac{10.5\alpha}{L_i} \quad (‰) \tag{3-21}$$

（4）若连续有一个以上长度小于货物列车长度的圆曲线，其间直线段长度小于 200 m，可将小于 200 m 的直线段分开，并入两端曲线进行减缓，坡度减缓值按式（3-21）计算。也可将两个曲线合并折减，减缓坡段长度不宜大于货物列车长度，曲线阻力的坡度减缓值为：

$$\Delta i_R = \frac{10.5 \sum \alpha}{L_i} \quad (‰) \tag{3-22}$$

（5）当一个曲线位于两个坡段上时，每个坡段上分配的曲线转角度数，应按两个坡段上曲线长度的比例计算。

（二）小半径曲线地段的最大坡度减缓

机车进入曲线后，动轮踏面发生横向滑动，同时在曲线范围内外轨较内轨长，致使车轮产生纵向滑动，粘着系数降低。曲线半径越小，滑动越严重，粘着系数降低越多。当列车通过最大坡道上的小半径曲线时，由于粘着系数降低，致使粘着牵引力低于计算牵引力，造成车轮空转，严重的会发生坡停事故。因此，当列车在接近最大坡道上的小半径曲线上，货物列车运行速度接近或等于计算速度运行时，为了保持原来的牵引重量，保证行车安全，必须进一步减缓坡度。减缓值见表 3-7。

减缓后的坡度应为：

$$i = i_{max} - \Delta i_R - \Delta i_\mu \quad (\%) \tag{3-23}$$

式中 Δi_μ 为曲线粘降的坡度减缓值。

表 3-7   小半径曲线地段的最大坡度减缓

i_{max} /‰ R/m	4	6	9	12	15	20	25	30
450	0.20	0.25	0.35	0.45	0.55	0.70	0.90	1.05
400	0.35	0.50	0.65	0.85	1.05	1.35	1.65	1.95
350	0.50	0.70	1.00	1.25	1.50	2.00	2.45	2.90

（三）隧道内的最大坡度折减

位于长大坡道上且隧道长度大于 400 m 的地段，最大坡度应进行折减。

1. 影响折减的因素

（1）隧道空气附加阻力。列车在隧道内运行，要产生隧道空气附加阻力，因之最大坡度要相应进行折减。

（2）内燃、蒸汽牵引时，为防止煤烟、废气进入司机室，要提高列车通过隧道的速度，所以最大坡度要降低。

（3）隧道内粘着系数降低。隧道内轨面潮湿，且粘附有烟尘油垢，使轮轨间粘着系数降低，粘降百分率随隧道加长而增大。

（4）内燃机车通过隧道时，若速度过低，因散热不良将引起柴油机功率降低，用提高过洞速度的办法，来减少功率降低。

2. 最大坡度的折减系数

根据以上分析，电力牵引时，隧道内的最大坡度折减仅需考虑隧道空气附加阻力；内燃和蒸汽牵引处考虑隧道空气附加阻力外，还要考虑过洞速度的要求。

为了简化计算，隧道内的最大坡度折减值 Δi_s，可换算为最大坡度系数 β_s。它和设计坡度 i 的关系式：

$$i = i_{max} - \Delta i_s = \left(1 - \frac{\Delta i_s}{i_{max}}\right) \cdot i_{max} = \beta_s \cdot i_{max} \tag{3-24}$$

电力牵引时：

$$\beta_s = 1 - \frac{\omega_s}{g i_{max}}$$

内燃、蒸汽牵引时：

$$\beta_s = 1 - \frac{\dfrac{\omega_s}{g} + (i_{max} - i_v)}{i_{max}} = \frac{g i_v - \omega_s}{g i_{max}}$$

式中 ω_s——隧道空气附加阻力（N/t）；

   i_v——过洞速度下的均衡坡度（‰）。

按上式计算出各种牵引的最大坡度系数，《线规》考虑了各种实际情况，将计算值适当修正后，得出的最大坡度系数如表 3-8 所示。

表 3-8 各种牵引隧道内的最大坡度系数

牵引类型\隧道长度/m	电力牵引	内燃牵引	蒸汽牵引 单线隧道	
			单机牵引	双机牵引
400～1 000	0.95	0.90	0.90	0.85
1 001～4 000	0.90	0.80	0.80	0.75
>4 000	0.85	0.75	0.70	0.65

五、桥涵、隧道、路基地段的平纵断面设计

（一）桥涵地段的平纵断面设计

1. 桥涵地段的平面设计

小桥和涵洞对线路平面无特殊要求。

特大桥、大桥宜设在直线上，困难条件下必须设在曲线上时，宜采用较大的曲线半径。桥梁设在曲线上有以下缺点：桥梁结构设计和施工不便；更换钢轨和整正曲线比较困难；线路位置容易变形造成过大偏心，对墩台受力不利；曲线上行车摇摆对桥梁受力和运行安全均不利。

明桥面桥应设在直线上。如设在曲线上，因桥梁上未铺道砟，线路很难固定，轨距不易保持，影响行车安全；明桥面桥上的曲线外轨超高要用桥枕高度调整，铺设和抽换轨枕比较困难。确有充分技术经济依据时，方可将跨度大于 40 m 或桥长大于 100 m 的明桥面桥设在半径小于 1 000 m 的曲线上。

明桥面桥不应设在反向曲线上。如将桥梁设在反向曲线上，列车通过时，将产生剧烈摆动，影响运营安全；同时，线路养护不易正确就位，桥梁产生偏心，有害于桥梁受力，明桥面桥更为严重。所以，只有道砟桥面的桥梁，在困难条件下才允许设在反向曲线上，并应尽量采用较长的夹直线。

桥梁上采用的曲线半径，应不限制桥梁跨度的合理选用。常用定型梁的允许最小曲线半径，如表 3-9 所示。

表 3-9　采用定型梁的允许最小曲线半径

梁的类型		钢筋混凝土梁			预应力钢筋混凝土梁		钢筋混凝土板梁与板梁结合梁	
		普通		低高度				
跨度/m		≤14	20	≤20	23.8 24.0	31.7 32.0	32	40
允许最小曲线半径/m	一般情况	350	400	600	400	600	300	500
	特殊情况	250	300		300	450		

连接大桥的桥头引线，应采用桥梁上的平面标准。如设计为曲线时，半径不应小于该路段的最小曲线半径，并应考虑采用架桥机架梁时，对桥头引线曲线半径的要求。

2. 桥涵地段的纵断面设计

涵洞和道砟桥面桥可设在任何纵断面的坡道上。

明桥面桥宜设在平道上。设在坡道上时，由于钢轨爬行的影响，线路难于锁定，轨距也不易保持，给线路养护带来困难，也影响行车安全。如果必须设在坡度上时，坡度不宜大于4‰，以免列车下坡时，在桥上制动增加钢轨爬行，所以如将跨度大于 40 m，或桥长大于 100 m 的明桥面设在大于 4‰的坡道上，应有充分的技术经济依据。

明桥面桥上不应设置竖曲线，以免调整轨顶标高引起铺设和养护的困难。所以，纵断面设计时，应使变坡点距明桥面桥两端不小于竖曲线切线长。

桥涵处的路肩设计高程，涵洞处应不低于水文条件和构造条件所要求的最低高度。桥梁

处应不低于水文条件和桥下净空高度所要求的最低高度。平原地区通航河流上的大型桥梁，为了保证桥下必要的通航净空，并使两端引线高图程降低，可在桥上设置凸形纵断面。

（二）隧道地段的平纵断面设计

1. 隧道地段的线路平面

隧道内的测量、施工、运营、通风和养护等条件均比空旷地段差，曲线隧道更为严重。所以，隧道宜设在直线上；如地形地质等条件限制必须设在曲线上时，宜将曲线设在洞口附近，并采用较大的曲线半径。

隧道不宜设在反向曲线上。必须设在反向曲线上时，其夹直线长度不宜小于 44 m，以免两端的曲线加宽发生重叠，施工复杂。

当直线隧道外的曲线接近洞口时，应使直缓点或缓直点与洞门的距离不小于 25 m，以免引起洞口和洞口的衬砌加宽。

2. 隧道地段的线路纵断面

隧道内的线路纵断面可设置为单面坡或人字坡。单面坡能争取高度且有利于长隧道的运营通风；人字坡有利于施工中的排水和出砟。

需要用足最大坡度路段的隧道，为了争取高度，一般应设计为单面坡。

越岭隧道，当地下水发育且地形条件允许时，应设计为人字坡。人字坡的长隧道，由于通风不良，内燃与蒸汽牵引时，双方向上坡列车排出的废气与煤烟，污染隧道，恶化运营和维修工作条件，必要时应采用人工通风。

隧道内的坡度不宜小于 3‰，以利排水。严寒地区且地下水发育的隧道，可适当加大坡度，以减少冬季排水结冰堆积的影响。

（三）路基对线路纵断面的要求

大中桥的桥头引线、水库地区和低洼地带的路基，路肩设计高程应不小于设计水位+壅水高度+波浪侵袭高度+0.5 m。

小桥涵洞附近的路基，路肩设计高程应不小于设计水位+壅水高度+0.5 m。

长大路堑内的设计坡度不宜小于 2‰，以利侧沟排水。当路堑长度在 400 m 以上且位于凸形纵断面的坡顶时，可设计为坡度不小于 2‰、坡长不小于 200 m 的人字坡。

3.4　站坪的平面和纵断面

一、站坪长度

站坪长度 L_z 由远期到发线有效长度 L_{yx} 和两端道岔咽喉区长度 L_{yh} 决定，如图 3-15 所示。站坪长度不包括站坪两端竖曲线的切线长度。

站坪长度根据正线数目、车站类别、车站股道布置形式和远期到发线有效长度等条件确定。车站类别不同，股道数量不同，则站坪两端咽喉区长度不同；股道布置形式和到发线有效长度，则决定站坪中段的长度。站坪长度一般可采用不小于表 3-10 所列的数值。

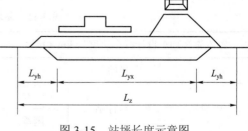

图 3-15　站坪长度示意图

表 3-10 站坪长度表 m

车站种类	车站布置形式	远期到发线有效长度							
		1 050		850		750		650	550
		单线	双线	单线	双线	单线	双线	单线	双线
会让站、越行站	横列式	1 350	1 650	1 150	1 450	1 050	1 350	950	850
中间站	纵列式	1 500	1 750	1 300	1 550	1 200	1 450	1 100	1 000
区间站	横列式	1 850	2 150	1 650	1 950	1 550	1 850	1 450	1 350
	纵列式	3 000	3 400	2 600	3 000	2 400	2 800	2 200	2 000

表列站坪长度未包括站坪两端的竖曲线长度。站坪两端变坡点的坡度差大于 3‰（Ⅰ、Ⅱ级铁路）和 4‰（Ⅲ级铁路）时，变坡点应设在站坪端点外侧不短于竖曲线切线长的处所。

表列的站坪长度，会让站、越行站和中间站系按正线全部采用 12 号道岔确定的；区段站系按旅客列车进路采用 12 号道岔、正线其他进路采用 9 号道岔确定的。若条件不同，站坪长度应计算确定。

表列数值按一般车站计算。站内如有其他铁路接轨时，站坪长度应根据计算确定。复杂中间站、区段站的站坪长度，可按实际情况计算确定。

表列数值系单机牵引的站坪长度，双机或多机牵引时，应根据增加的机车台数和机车长度，相应增大有效长度和站坪长度。

二、站坪的线路平面

（一）车站正线的平面标准

车站要进行技术作业，为了作业的安全和方便，站坪应设在直线上。但受地形条件限制，设在直线上会引起大量工程，所以在特殊困难条件下，才允许将站坪设在曲线上。

车站设在曲线上，在运营上有如下缺点：

（1）站内瞭望视线不良，使接发列车、调车和列检作业条件复杂化，不仅增加传递信号的时间、降低效率，有时还可能误认信号，影响作业安全。

（2）列车启动时，增加了曲线附加阻力。

车站的规模愈大，作业愈多，上述影响则愈加严重。因此，《线规》按旅客列车路段设计行车速度，对最小曲线半径作出如下规定：

区段站应设在直线上，特殊困难条件下，如有充分依据可设在曲线上，其曲线半径不得小于表 3-11 的数值。

表 3-11 站坪平面最小圆曲线半径 m

路段旅客列车设计行车速度/（km·h⁻¹）		140	120	100	80
区段站		1 200		800	
中间站、会让站、越行站	一般	1 600	1 200	800	600
	困难	1 200	800	600	600

中间站、会让站、越行站宜设在直线上；困难条件下需设在曲线上时，应采用较小的曲线转角和较大的曲线半径。最小圆曲线半径应不小于表 3-11 的规定，以保证远期旅客列车可以按设计速度通过车站。

特殊困难条件下，III 级铁路路段设计行车速度为 80 km/h 时，中间站、会让站、越行站的最小圆曲线半径可采用 500 m。

（二）站坪设置在反向曲线上的规定

横列式车站不应设在反向曲线上，以免更加恶化瞭望条件、降低效率、影响作业安全。

纵列式车站如设在反向曲线上时，则每一运行方向的到发线有效长度范围内，不应有反向曲线。

（三）车站咽喉区应设在直线上

车站咽喉区范围内有较多道岔，道岔设在曲线上有严重缺点。如尖轨不密贴且磨耗严重，道岔导曲线和直线部分不好连接，轨距复杂不好养护，列车通过时摇晃厉害且易脱轨。曲线道岔又需特别设计和制造。所以，车站咽喉的正线应设在直线上。

三、站坪的线路纵断面

（一）站坪的坡度

站坪宜设在平道上，以确保车站作业的方便和安全。但在自然纵坡较陡的地形条件下，为了节省大量工程或争取线路高度，允许将站坪设在坡道上，但设计坡度应满足下列要求。

1. 保证车站停放的车辆不致溜逸和站内调车作业的安全

车站上停放的车辆，当遇到大风、振动或碰撞时，装有滚动轴承的车辆，当站坪坡度大于 1.7‰时，就有可能溜逸。为了适应车辆滚动轴承化的需要，《线规》规定：站坪宜设在平道上，困难条件下必须把站坪设在坡度上时，坡度一般不应大于 1.5‰，以保证站内调车的安全与方便。

在特殊困难条件下，有充分技术经济依据时，允许将会让站、越行站设在不陡于 6‰的坡道上，以免列车进站下坡停车和出站上坡启动发生困难。但两个相邻的车站不应连续设置。这是考虑到沿线工农业不断发展，在相邻两个车站中远期至少有一个车站能办理车辆甩挂作业，以方便地方运输。

我国台湾省铁路的站坪坡度，一般不大于 2‰，最大不得超过 3‰。国外铁路的站坪坡度，原苏联规定不大于 15‰，困难条件下不大于 2.5‰；瑞典则规定不大于 1.25‰与 2.5‰；德国、捷克规定不大于 2.5‰，个别情况不大于 10‰；日本则规定不大于 2.5‰与 6‰。

2. 保证停站列车顺利启动

站坪设计坡度应不大于最大启动坡度。

在列车启动范围内如有曲线时，则列车长度内包括曲线附加阻力的加算坡度值不应大于最大启动坡度。

若站坪范围内设计为两个坡段，应考虑列车位于最不利的位置时，列车长度内的平均加算坡度不大于最大启动坡度。

（二）站坪的坡段

站坪范围内，一般设计为一个坡段。为了减少工程，也可将站坪设在不同的坡段上。车站道岔咽喉区的正线坡度宜与站坪坡度相同。特殊困难条件下，可将咽喉区设在限制坡度减 2‰的坡道上，这是因为咽喉区的道岔附加阻力大约为 20（N/t）。但区段站、客运站不得大于 2.5‰，中间站、会让站、越行站不得大于 10‰。

（三）旅客乘降所

旅客乘降所允许设在旅客列车能够启动的坡道上，但不宜大于 8‰。在特殊困难条件下，有充分技术经济依据时，可设在大于 8‰的坡道上。

四、站坪两端的线路平面和纵断面

（一）竖曲线和缓和曲线不应伸入站坪

在纵断面上，竖曲线不应伸入站坪。站坪端点至站坪外变坡点的距离不应小于竖曲线的切线长度 T_{SH}，如图 3-16 右端所示。

在平面上，缓和曲线不应伸入站坪。站坪端点至站坪外曲线交点的距离不应小于曲线的切线长度 T_1，如图 3-16 左端所示。

若站坪两端的线路，在平面上有曲线，在纵断面上有竖曲线，则应考虑竖曲线不与缓和曲线重叠的要求，如图 3-16 右端所示，曲线交点距站坪端点的距离不应小于 $2T_{SH}+T_2$。

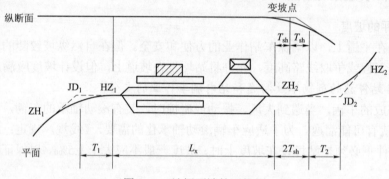

图 3-16　站坪两端的平纵面

（二）进站启动缓坡

由于列车不正点到达车站，或车站作业延误，车站设备临时性故障、线路不空闲，咽喉被占用等原因，往往造成进站列车在进站信号机前方临时停车。为使上坡进站的列车停车后能顺利启动，需在进站信号机前方设置启动缓坡。检算表明：电力牵引时，在限制坡度上均可启动；内燃牵引时，在平缓限制坡道上，列车启动困难。故《线规》规定：限制坡度小于或等于 6‰的内燃牵引铁路，编组站、区段站和接轨站进站信号机前的线路坡度不能保证货物列车顺利启动时，应设置启动缓坡。除地形困难者外，其他车站也宜设置。

地方铁路和支线有采用蒸汽牵引的，应根据机车类型、限制坡度及牵引吨数等运营条件，检算是否需要设置进站启动缓坡。

启动缓坡的坡度值，其长度应不短于远期到发有效长度。进站信号机一般设于距进站道岔尖轨尖端（顺向道岔为警冲标）不少于 50 m 的地点，启动缓坡设在进站信号机前方。

（三）出站加速缓坡

车站前方有长大上坡道时，为使列车出站后能较快加速，缩短运行时分，在地形条件允许时，宜在站坪外上坡端设计一段坡度较缓的坡段，这种缓坡称为出站加速缓坡。当地形困难时，应绘制速度距离曲线进行检查，判断列车尾部进入限制坡道上时，是否能达到计算速度，如未达到计算速度，则需设置加速缓坡，以免列车运行困难。

计算表明，内燃机车的启动牵引力较大且计算速度较低，一般在站坪范围内即可加速到计算速度，不需要设置加速缓坡。电力机车因计算速度高，蒸汽机车因启动牵引力大，所以在站前为限制坡道上坡的情况下，要加以检算，必要时需设置加速缓坡。

（四）站坪与区间纵断面的配合

地形条件允许时，站坪尽可能设在两端坡度较缓、升高不大的凸形纵断面顶部，以利于列车进站减速和出站加速。设在凹形纵断面底部的站坪，不利于列车进站减速和出站加速，对运营是不利的。

 # 复习思考题

1. 什么是线路的平面？什么是线路的纵断面？
2. 铁路平断面、纵断面设计需考虑哪些内容？
3. 直线地段夹直线最小长度受哪些条件控制？
4. 曲线半径对工程有哪些影响？
5. 选定最小曲线半径的影响因素有哪些？
6. 限制坡度对工程和运营的影响有哪些？
7. 影响限制坡度选择的因素有哪些？
8. 设置竖曲线的限制条件有哪些？
9. 曲线地段最大坡度减缓的注意事项有哪些？
10. 车站设在曲线上，在运营上有哪些缺点？
11. 对夹直线的长度如何规定？
12. 什么是线路最大坡度？和限制坡度的关系？什么是加力牵引坡度？
13. 某 I 级铁路凸形变坡点 A 的地面高程为 424.55 m、设计高程为 395.36 m、相邻坡段坡度为 $i_1=-4‰$，$i_2=6‰$，求 A 点的挖方高度。
14. 对桥梁、隧道、路基的平纵断面的设计有何要求？

4

轨 道 结 构

项目描述

轨道是铁路线路的主要技术装备之一，是行车的基础。轨道状态的好坏，直接关系到铁路运输的安全与稳定。本章叙述了轨道结构的组成部分：钢轨、轨下基础、连接零件、道床、爬行及防爬设备等几个方面的内容，分别对其作用、要求、类型特征、主要尺寸和发展趋势作较系统的阐述，以建立轨道构造的完整概念，以及轨道作为整体性工程结构，在不同的运营条件下，合理组成轨道类型。

4.1 轨 道 类 型

轨道是铁路的主要技术装备之一，是行车的基础。轨道的作用是引导机车车辆运行，直接承受列车荷载作用，并把荷载分布传递给路基或桥隧建筑物。轨道结构应该保证机车车辆在规定的最大载重和最高速度运行时，具有足够的强度、稳定性、平顺性和合理的维修周期。

一、轨道的结构形式

目前使用的轨道结构有传统的有砟轨道结构和新型的无砟轨道结构。随着运量、轴重、速度的不断提高，有砟轨道结构也在不断优化加强，部件也在不断地更新。近年来，随着高速铁路技术的发展，无砟轨道结构得到广泛的应用，其在使用性能、维修、使用周期费用等方面占有相当的优势。

有砟轨道结构由钢轨、轨枕、连接零件、轨道加强设备、道床和道岔组成。

钢轨是轨道结构最重要的组成部件，它为车轮的滚动提供连续且阻力最小的接触面，用于引导列车运行，直接承受列车荷载，并将所承受的荷载分布传递于轨枕。

轨枕是轨道结构的重要部件，一般横向铺设在钢轨下的道床上，承受来自钢轨的压力，并把它分布传递至道床；同时利用扣件保持钢轨的正确位置。

连接零件分接头连接零件与中间连接零件。接头连接零件用于钢轨与钢轨的可靠连接，保持钢轨的连续性与整体性；中间连接零件，又称扣件，是连接钢轨和轨枕的部件，其作用是固定钢轨位置，阻止钢轨的纵向、横向移动，防止钢轨翻转。

轨道加强设备主要有防爬设备、轨距杆、轨撑等，主要用于木枕线路。防爬设备用于加强钢轨与轨枕间的连接，增加线路抵抗钢轨纵向爬行的能力；在线路曲线上安装轨撑和轨距杆，可提高钢轨横向稳定性，防止轨距扩大。

道床是轨枕的基础，用于固定轨枕位置，防止轨枕纵向、横向位移并把所承受的压力分布传递给路基或桥隧建筑物，同时还起到排水的作用。

道岔是机车车辆从一股轨道转入或越过另一股轨道时必不可少的线路设备，在铁路站场布置中应用极为广泛，它是轨道结构的重要组成部分。

二、轨道类型

轨道结构的类型应根据运营条件、要求的使用寿命、维修方式和维修量、铺设地点及材料的可行性等因素来选择，还应考虑铺设和日后维修的费用等因素，以使整个使用周期费用为最低。

铁路运营条件以行车速度、轴重和运量三个参数来放映。行车速度越高，机车车辆和轨道的振动强度越大，作用于轨道上的动荷载越大，轨道的几何形位越难保持，轨道结构及其部件破坏越快。轴重的增加也会使轨道受力加大，尤其是对钢轨会产生更不利的影响，如钢轨使用寿命缩短，钢轨疲劳破坏速度加快等。运量增长，列车荷载作用次数增多，使轨道部件疲劳损伤和永久变形积累加速，轨道的维修周期越来越短。

因此，根据不同的运营条件，要求有不同等级的轨道标准，使之有相应的强度和稳定性，以保证列车按规定的速度，平稳、安全和不间断地运行。

表 4-1 为我国目前正线轨道类型的标准。

表 4-1　轨道结构类型

项　目			单位	特重型	重型		次重型	中型	轻型
运营条件	年通过总质量		Mt	>50	25～50		15～25	8～15	<8
	路段旅客列车设计行车速度		km/h	120～160	120～160	≤120	≤120	≤100	≤80
	钢轨		kg/m	75	60	60	50	50	50
轨枕类型	混凝土枕	型号	—	Ⅲ	Ⅲ	Ⅲ或Ⅱ	Ⅱ	Ⅱ	Ⅱ
		铺枕根数	根/km	1 667	1 667	1 667（Ⅲ）1 760（Ⅱ）	1 667或1 760	1 600或1 680	1 520或1 640
	防腐木枕	型号	—		Ⅰ		Ⅰ	Ⅰ	Ⅱ
		铺枕根数	根/km	1 840			1 760～1 840	1 680～1 760	1 600～1 680
碎石道床	土质路基 双层	面砟	cm	30	30	30	25	20	20
		底砟	cm	20	20	20	20	20	15
	岩石、渗水路基 单层	道砟	cm	35	35	35	30	30	25
	硬质岩石路基 单层	道砟	cm	30	30	—	—	—	—
无砟轨道	板式轨道	混凝土底座厚度	cm	≥15					
	轨枕埋入式								
	弹性支撑块式			≥17					

4.2 钢 轨

一、钢轨的功用及基本要求

（一）钢轨的功用

钢轨是铁路轨道的主要组成部件。它的功用是引导机车车辆车轮前进，承受车轮的巨大压力并将该力传递到轨枕或其他支撑上。因此，钢轨必须为车轮提供连续、平顺和阻力最小的滚动表面。在电气化铁路或自动闭塞区段，钢轨还可兼做轨道电路之用。

（二）钢轨的基本要求

随着铁路向高速、重载方向发展，钢轨也正向重型化、强韧化及纯净化发展。为完成上述功能，对钢轨质量、断面和材质三要素均提出了相应的要求。

（1）足够的强度和耐磨性。钢轨的工作条件十分复杂。车轮施加于钢轨上的作用力具有很强的随机性。除轮载外，气候及其他因素对钢轨受力也有影响。例如，轨温变化使钢轨内部产生极大的温度力，尤其是无缝线路。

钢轨作为一根支撑在弹性基础上的无限长梁进行工作。它主要承受轮载作用下的弯曲应力，但它也必须有能力承担轮轨接触应力，以及轨腰与轨头或轨底连接处可能产生的局部应力和温度变化作用下的温度应力。在轮载和温度力的作用下，钢轨产生复杂的变形：压缩、伸长、弯曲、扭转、压溃、磨耗等。为使列车能够安全、平稳和不间断地运行，钢轨必须保证在轮载和轨温变化作用下，应力和变形均不超过规定的限值，这就要求钢轨具有足够的强度、韧性和耐磨性能。

（2）较高的抗疲劳强度和冲击韧性。钢轨长期在列车重复荷载作用下工作，随着轴重增加和钢轨重型化，轨头部分的疲劳伤损成为钢轨伤损的主要形式之一。为防止轨头内侧剥离及由此可能引起的钢轨横向折断，钢轨应具有较高的抗疲劳强度和较好的冲击韧性。

（3）一定的弹性。钢轨依靠本身的刚度抵抗轮载作用下的弹性弯曲，这就要求钢轨应具有足够的刚度，但为了减轻车轮对钢轨的动力冲击作用，防止机车车辆走行部分及钢轨的折损，又要求钢轨具有必要的弹性。

（4）足够光滑的顶面。对车辆来说，车轮与钢轨顶面之间的摩阻力太大会使行车阻力增加，这就要求钢轨有一个光滑的滚动表面，而机车依靠其动轮与钢轨顶面之间的摩擦作用牵引列车前进，则要求钢轨顶面具有一定的粗糙度，以使车轮与钢轨之间产生足够的摩擦力。从这一矛盾的主要方面出发，钢轨仍应维持其光滑的表面。必要时，可用向轨面撒砂的方法提高机车动轮与钢轨之间的黏着力。

（5）良好的可焊性。随着轨道结构无缝化的不断发展，区间无缝线路和跨区间无缝线路的大范围应用，要求钢轨应具有良好的可焊性，以便采用无缝线路。

（6）高速铁路钢轨的高平直度。钢轨的平直性要求对轨道平顺性有决定性的影响，同时轨端平直性、对称性对钢轨焊接也有很大影响，高速铁路对钢轨平直性的要求比一般线路更高、更严，控制指标也更多、更全面。

根据经济合理原则，钢轨还应做到断面设计合理、价格低廉、轻重齐备、自成系列。

二、钢轨类型及断面尺寸

（一）钢轨类型及长度

钢轨类型以每米大致质量（kg）数划分。我国铁路的钢轨类型主要有 75、60、50、43 和 38 kg/m 五种。60、50 kg/m 钢轨是目前我国铁路的主型钢轨，铁路正线和新建的城市轨道大都采用 60 kg/m 钢轨。根据我国《铁路主要技术政策》的规定，年通过总质量等于或接近 25 Mt 的铁路，均应铺设 60 kg/m 钢轨，有计划地发展 75 kg/m 特重型钢轨的轨道结构。采用重型钢轨可延长其疲劳寿命，减小轮轨接触应力、附加动应力和轨道的残余变形。虽然铺设投资大，但日后的经济效益高。

从长度的角度看，我国使用的标准长度钢轨为 12.5 m 及 25 m 两种，对于 75 kg/m 钢轨只有 25 m 长一种，还有用于曲线内股的缩短轨系列：对于 12.5 m 标准轨系列的缩短轨有缩短量 40、80 和 120 mm 三种；对于 25 m 标准轨系列有缩短量 40、80 和 160 mm 三种。

随着铁路轨道向高速、重载方向发展，长尺钢轨的生产成为一种趋势。如法国生产的钢轨由原来的 36 m 改造成 72～80 m，德国改造成 120 m。长尺钢轨的生产便于对钢轨进行热预弯，消除钢轨矫直前的弯曲度，减少钢轨的残余应力。由于长尺钢轨两端可以锯掉 0.8～1.5 m，用于消除原标准长度钢轨两端的矫直盲区和探伤盲区，这样在提高生产率的同时可充分保证钢轨的平直度和内部质量。我国也在加紧进行 100 m 长尺钢轨的研制。

从材质的角度看，主要是 $U_{71}Mn$、U_{74} 以及近年使用的 PD_2、PD_3 以及合金轨。其中，PD_3 钢轨在强度、硬度和使用寿命上都占优势，得到广泛应用。

根据钢轨钢的化学成分及其强度级别（最低抗拉强度），可分为碳素钢轨（780 MPa、880 MPa）、微合金钢轨（980 MPa）和低合金轨（1 080 MPa）；按交货状态可分为热轧钢轨（碳素钢轨、微合金钢轨、低合金轨）和热处理钢轨（热轧钢轨热处理后 1 180～1 280 MPa）。一般强度为 1 080 MPa 及以上的钢轨，被称为耐磨轨或高强度钢轨。

（二）钢轨断面设计

列车作用于直线轨道钢轨上的力主要是竖直力，其结果是使钢轨挠曲。钢轨被视为支撑在弹性基础上的无限长梁，而梁抵抗挠曲的最佳断面形状为工字形。因此，钢轨采用工字形断面，由轨头、轨腰和轨底三部分组成。钢轨断面设计应满足以下要求：

（1）钢轨头部设计。钢轨头部是直接和车轮接触的部分，应具有抵抗压溃和耐磨的能力，故轨头宜大而厚，并应具有和车轮踏面相适应的外形。钢轨头部顶面应有足够的宽度，使在其上面滚动的车轮踏面和钢轨顶面磨耗均匀。钢轨头部顶面应轧制成隆起的圆弧形，使由车轮传来的压力能集中于钢轨中轴。钢轨被车轮长期滚压以后，顶面形成近似于 200～300 mm 半径的圆弧，因此，在我国铁路上，较轻型钢轨的顶面，常轧制成 1 个半径为 300 mm 的圆弧；而较重型钢轨的顶面，则用 3 个半径分别为 80、300、80 mm 或 80、500、80 mm 的复合圆弧组成。

（2）钢轨腰部设计。钢轨腰部必须有足够的厚度和高度，以使钢轨有足够的承载能力和抗弯能力。轨腰的两侧为曲线，以有利于传递车轮对钢轨的冲击动力作用和减少钢轨轧制后因冷却而产生的残余应力。

（3）钢轨底部设计。轨底直接支撑在轨枕顶面上，为保持钢轨稳定，应有足够的宽度和厚度，并具有必要的刚度和抵抗锈蚀的能力。

钢轨的头部顶面宽度（b）、轨腰厚度（t）、钢轨高度（H）及轨底宽度（B）是钢轨断面的 4 个主要参数。钢轨高度应尽可能大一些，以保证有足够的惯性矩及截面系数来承受竖直的轮载动力作用。但钢轨越高，其在横向水平力作用下的稳定性越差。钢轨高度与轨底宽度间应有一个适当的比例；一般要求钢轨高度与轨底宽度之比为 1.15～1.20。为使钢轨轧制冷却均匀，要求轨头、轨腰及轨底的面积分配有一个较合适的比例。

我国主要钢轨类型的断面尺寸及特征见表 4-2。60，75 kg/m 钢轨断面尺寸如图 4-1 所示。

表 4-2　钢轨断面尺寸及特性

钢轨类型/（kg·m⁻¹）	75	60	50	43	UIC60
每米质量 M/kg	74.414	60.64	51.514	44.653	60.34
断面积 A/cm²	95.04	77.45	65.8	57	76.86
重心距轨底面距离 y_y/mm	88	81	71	69	80.95
对水平轴的惯性矩 I_x/cm⁴	4 489	3 217	2 037	1 489	3 055
对竖直轴的惯性矩 I_y/cm⁴	665	524	377	260	512.9
下部截面系数 W_1/cm³	509	396	287	217	377
上部截面系数 W_2/cm³	432	339	251	208	336
轨底横向挠曲断面系数 W_y/cm³	89	70	57	46	68.4
轨头所占面积 A_h/%	37.42	37.47	38.68	42.83	
轨腰所占面积 A_w/%	26.54	25.29	23.77	21.31	
轨底所占面积 A_b/%	36.04	37.24	37.55	35.86	
钢轨高度 H/mm	192	176	152	140	172
钢轨底宽 B/mm	150	150	132	114	150
轨头高度 h/mm	55.3	48.5	42	42	51
轨头宽度 b/mm	75	73	70	70	74.3
轨腰厚度 t/mm	20	16.5	15.5	14.5	16.5

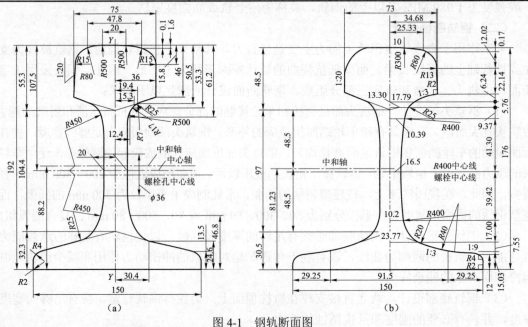

图 4-1　钢轨断面图

（a）75 kg/m 钢轨（尺寸单位：mm）；（b）60 kg/m 钢轨（尺寸单位：mm）

由于铁路市场的国际化，UIC60 钢轨在我国也得到部分生产及应用，为了比较 UIC60 钢轨与我国铁路钢轨的断面及性能，在表 4-2 中还列出了 UIC60 的断面尺寸及特征。其断面尺寸如图 4-2 所示。

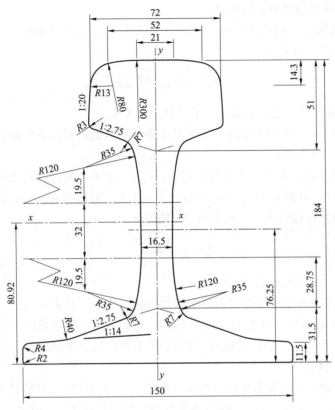

图 4-2　UIC60 钢轨断面图（单位：mm）

三、钢轨轨缝及设置

普通线路上钢轨与钢轨之间留有一定的缝隙，称为轨缝。每节钢轨通过夹板和接头螺栓将其连接起来。随着轨温变化，钢轨将发生伸缩，这个伸缩量由钢轨螺栓孔、夹板螺栓孔与螺栓杆之间的间隙来提供。我们将它们之间在构造上能实现的轨端最大缝隙值，称为构造轨缝。如果轨缝超过构造轨缝，接头螺栓就要承受剪力。在铺轨施工时，为适应钢轨热胀冷缩的需要，在钢轨接头处要预留一定的轨缝。

预留轨缝应满足下面的条件：

当轨温达到当地最高轨温时，轨缝应大于或等于零，使轨端不受挤压力，以防温度压力太大而胀轨跑道；当轨温达到当地最低轨温时，轨缝应小于或等于构造轨缝，使接头螺栓不受剪力，以防止接头螺栓拉弯或拉断。

《铁路修理规则》中规定：普通线路预留轨缝计算公式为

$$a_0 = \alpha L(t_z - t_0) + \frac{1}{2} a_g \tag{4-1}$$

式中 a_0——换轨或调整轨缝时的预留轨缝（mm）；

  α——钢轨线膨胀系数，$\alpha=0.011\,8$ mm/℃；

  L——钢轨长度（m）；

  t_0——换轨或调整轨缝时的轨温；

  a_g——构造轨缝，43，50，60，75 kg/m 钢轨均采用 $a_g=18$ mm；

  t_z——当地中间轨温（℃）。

$$t_Z=\frac{1}{2}(T_{max}+T_{min})$$

其中，T_{max}、T_{min} 分别为当地历史最高、最低轨温（℃）。

对于年轨温差小于 85 ℃的地区，为了减小冬天的轨缝，预留轨缝可以按式（4-1）计算得到的结果再减小 1～2 mm。

由于构造轨缝以及接头和基础阻力的限制，不是所有地区都能铺设 25 m 长的钢轨。根据轨温—轨缝变化规律，在确定的 a_g 和 C 值情况下，以 T_{max} 时轨缝 $a_{min}=0$，T_{min} 时轨缝 $a_{min}=a_g$ 为条件，可以得到允许铺轨的年轨温差为[ΔT]的地区

$$[\Delta T]=\frac{a_g+2C}{\alpha L} \tag{4-2}$$

式中 [ΔT]——允许铺轨的年轨温差（℃）；

  C——接头阻力和道床阻力限制钢轨的伸缩量（mm），见表 4-3。

由式（4-2）计算可知，对于 12.5 m 长钢轨，铺设地区不受年轨温差的限制；对于 25 m 长钢轨，[ΔT]=101.7 ℃，近似地只能在年轨温差 100 ℃以下地区铺设。对于年轨温差大于 100 ℃的地区应个别设计。

在允许铺轨的最大年温差范围[ΔT]内，并不是在所有的轨温下都能铺设。在年轨温差 ΔT 大的地区，当接近 T_{max}（或 T_{min}）的轨温下铺轨后，轨温达到 T_{min}（或 T_{max}）时，轨缝就不能满足 $a_{max}\leq a_g$（或 $a_{min}\geq 0$）的要求，因此必须限制其铺轨温度。为此，可用式（4-1）中 a_0 作为预留轨缝，并考虑铺轨后检查轨缝计算方便，将铺轨轨温上、下限定为

$$\left.\begin{array}{l}容许铺轨轨温上限\quad [t_{0s}]=t_Z+\dfrac{a_g}{2\alpha L}\\[3mm]容许铺轨轨温下限\quad [t_{0x}]=t_Z-\dfrac{a_g}{2\alpha L}\end{array}\right\} \tag{4-3}$$

对于 25 m 长钢轨的普通线路，$a_g=18$ mm，可以求得：$a_g/2\alpha L$（℃）。因此，《铁路线路修理规则》规定，应当在 $(t_z-30)\sim(t_z+30)$ ℃范围内铺轨或调整轨缝。

表 4-3 接头螺栓扭矩表

项目	25 m 钢轨						12.5 m 钢轨	
	最高、最低轨温差>85 ℃			最高、最低轨温差≤85 ℃				
轨型/(kg·m⁻¹)	60 及以上	50	43	60 及以上	50	43	50	43
螺栓等级	10.9	10.9	8.8	10.9	8.8	8.8	8.8	8.8
扭矩/（N·m）	700	600	600	500	400	400	400	400
C 值/mm	6			4			2	

四、钢轨的材质和机械性能

钢轨的材质和机械性能主要取决于钢轨的化学成分、金属组织及热处理工艺。

（一）钢轨钢的化学成分和力学性能

钢轨的化学成分是影响其力学性能、焊接性能和其他使用性能的基本因素，也是钢轨材质纯净度的指标。

钢轨钢的化学成分主要为铁（Fe），其他还含有碳（C）、锰（Mn）、硅（Si）、磷（P）、硫（S）等元素；碳对钢轨的性质影响最大，提高钢轨的含碳量，其抗拉强度、耐磨性及硬度都迅速增加。但含碳量过高，会使钢轨的伸长率、断面收缩率和冲击韧性显著下降，因此，一般钢轨的含碳量不超过 0.82%。

锰可以提高钢轨的强度和韧性，去除有害的氧化铁和硫夹杂物，其含量一般为 0.6%～1.0%；锰含量超过 1.2% 称中锰钢，其抗磨性能较好。

硅易与氧化合，故能去除钢中气泡，增加密度，使钢质密实细致：在碳素钢中，硅含量一般为 0.15%～0.30%。提高钢轨的含硅量，也能提高钢轨的耐磨性能。

磷与硫在钢中均属有害成分，磷过多（超过 0.1%），会使钢轨具有冷脆性，在冬季严寒地区，易突然断裂。硫不溶于铁，不论含量多少均生成硫化铁，在 985 ℃时，呈晶态结晶析出；这种晶体性脆易溶，使金属在 800 ℃～1 200 ℃时发脆，在钢轨轧制或热加工过程中容易出现大量废品，所以钢轨中磷、硫的含量必须严格加以控制。

另外，在钢轨的化学成分中适当增加铬（Cr）、镍（Ni）、钼（Mo）、铌（Nb）、钒（V）、钛（Ti）和铜（Cu）等元素，制成合金钢轨，可有效提高钢轨的抗拉和疲劳强度，以及耐磨和耐腐蚀的性能。

我国用于轧制钢轨的主要钢种的化学成分及力学性能见表 4-4。

表 4-4　钢轨钢的化学成分及力学性能

钢号	化学成分/%						力学性能		使用范围（钢轨类型）
	C	Si	Mn	Cu	P	S	抗拉强度 σ_b/MPa	伸长率 δ_5/%	
U_{71}	0.64～0.77	0.13～0.28	0.60～0.90		≤0.040	≤0.050	785	10	50
U_{74}	0.67～0.80	0.13～0.28	0.70～1.00		≤0.040	≤0.050	785	9	50，60，75
$U_{71}C_U$	0.65～0.77	0.15～0.30	0.70～1.00	0.10～0.40	≤0.040	≤0.050	785	9	50
$U_{71}M_n$	0.65～0.77	0.15～0.35	1.10～1.50		≤0.040	≤0.040	883	8	50，60，75
$U_{71}M_nS_i$	0.65～0.75	0.85～1.15	0.85～1.15		≤0.040	≤0.040	883	8	50
$U_{71}M_nS_iC_U$	0.65～0.77	0.70～1.10	0.80～1.20	0.10～0.40	≤0.040	≤0.040	883	8	50
PD_2	0.74～0.82	0.15～0.35	0.70～1.00		≤0.040	≤0.040	1 175*	8	50，60，75
PD_3	0.70～0.78	0.50～0.70	0.75～1.05	0.04～0.08**	≤0.035	≤0.035	980	8	50，60，75
$U_{76}NbRE$	0.70～0.82	0.60～0.90	0.90～1.30	0.02～0.05***	≤0.040	≤0.040	980	8	
UIC900A	0.60～0.80	0.30～0.90	0.80～1.30		≤0.040	≤0.040	880	10	

注：*为 PD_2 全长淬火钢轨；**为 PD_3 中微钒的含量；***为 U76NbRe 中 Re 的含量。

表中除 U_{71}、U_{74} 为碳素钢外，其他均为合金轨。

钢轨钢的物理力学性能包括强度极限 σ_b、屈服极限 σ_s、疲劳极限 σ_r、伸长率 δ_5、断面收缩率 Ψ、冲击韧性（落锤试验）δ_h 及硬度等。这些指标对钢轨的承载能力、磨损、压溃、断裂和其他伤损有很大的影响。高速铁路钢轨还对裂纹扩展速度、残余应力、落锤性能等，提出了比常速铁路更高的要求。

钢轨的硬度是一项重要指标，高硬度的钢轨一般较耐磨（要与车轮的硬度相匹配），其使用寿命也相应提高。对钢轨进行淬火处理可以提高钢材的硬度。对于普通的高碳钢钢轨，一般布氏硬度为 280～300 HB，最低为 260 HB。对于有些特殊要求的钢轨，如曲线钢轨，当钢轨在 800 ℃ 以上时，采用水雾冷却，使钢轨的硬度达 355～390 HB。

轨接头处轮轨冲击力很大，为加强接头处钢轨的抗磨性能，在钢轨两端 30～70 mm 范围内进行轨顶淬火，淬火深度达 8～12 mm。另外，还可以对钢轨进行全长淬火处理，从而提高钢轨的耐磨性能和抗压性能。

（二）钢轨强化及材质的纯净化

为适应铁路高速、重载的需要，钢轨要重型化、强韧化及纯净化。

采用重型钢轨可以提高轨道结构的承载能力，延长钢轨疲劳寿命和线路大修周期，具有明显的技术经济效益。但由于重型钢轨的刚度大，相应弯曲变形较小，列车车轮对钢轨的动力作用大部分作用在轮轨接触区，同时由于重型钢轨扭转中心接近轨底，轨头产生的纵向正应力远远大于轨底的纵向正应力，从而加速了重型钢轨轨头病害的发展：为了增加重型钢轨的抗磨及抗接触疲劳能力，必须对其材质、尤其是钢轨头部进行强化。

重型钢轨的强化有两种技术路线：一是钢轨合金化，它生产工艺简单，投资少，能源消耗少，钢轨整体被强化，表层硬度均匀，可焊性好；二是碳素钢热处理（淬火），这种方法也可获得同样的高强度和表面硬度，同时韧性好，节省合金，适于大批量生产。根据冶金学原理及我国冶金工业生产实践：如不改变钢种，单凭碳素钢热处理，很难再大幅度地提高强度，唯有微合金与热处理相结合，两者相辅相成，才可得到既有更高强度，也有相应韧性、硬度和可焊性的优质钢轨。

钢轨热处理对材质纯净度的要求比普通钢轨更高，如果不提高钢轨的纯净度，钢轨重型化及强韧化的优势也不能更好地发挥。因此，材质纯净化是重型化和强韧化的基础；例如，钢轨中非金属夹杂、钢轨金属薄弱区的存在等，都是钢轨产生疲劳伤损的根源，以这些疲劳源为中心形成核伤，便会对行车安全构成威胁。

钢轨重型化、强韧化和纯净化应当有机地统一。只有统筹协调三者的关系，才能获得最佳综合技术经济效益。

五、钢轨伤损

钢轨伤损是指钢轨在使用过程中发生裂纹、折断、磨耗及其影响和限制钢轨使用性能的病害。钢轨在极其复杂的工作条件下，不可避免地会产生各种伤损。其伤损的原因，既有钢轨在冶炼过程中出现的缺陷，又有在运输、使用过程中出现的破损。因此，及时发现钢轨伤损，并积极采取措施保证线路行车安全，对铁路工务部门极为重要。

为便于统计和分析钢轨伤损，需对钢轨伤损进行分类。根据伤损在钢轨断面上的位置、伤损外貌及伤损原因等分为 9 类 32 种伤损，采用两位数字编号分类，个位数表示造成伤损的原因，十位数表示伤损的部位和状态；钢轨伤损分类具体内容可见《铁道工务技术手册》轨道分册。

钢轨折断是指有下列情况之一者：钢轨全截面至少断成两部分；裂缝贯通整个钢轨头部截面或底部截面；钢轨顶面上有长大于 50 mm、深大于 10 mm 的掉块。钢轨折断直接威胁行车安全，应及时更换。

钢轨裂纹是指除钢轨折断之外，钢轨部分材料发生分离，形成裂纹。

钢轨伤损种类很多，常见的有钢轨磨耗、接触疲劳伤损、剥离及轨头核伤、轨腰螺栓孔裂纹等。下面介绍几种常见的钢轨伤损。

（一）轨头核伤

轨头核伤是最危险的一种钢轨伤损形式。钢轨在列车作用下会突然断裂，严重影响行车安全。轨头核伤产生的主要原因是轨头内部存在有微小裂纹或缺陷时（如图 4-3 所示），在重复动荷载作用下，小裂纹向四周发展，核伤扩大，削弱了钢轨断面，降低了抵抗折断的能力。在毫无预兆的情况下，猝然折断，严重影响了行车安全。核伤的形成是钢轨内部材质的缺陷，核伤的发展速度主要与重复荷载的次数有关，也就是运量。当然加强线路和机车车辆养护，可以起到一些减缓核伤发展的作用，但不是决定性的。

图 4-3　轨头核伤

此外，大轴重和高行车速度也影响核伤的发展，尤其是核伤后期。

防止和减缓核伤的产生和发展，其措施主要有：

（1）提高钢轨材质，防止出现气孔及夹杂等不良现象；

（2）改善线路质量，提高弹性和平顺性，减少动力和冲击；

（3）利用大型超声探伤列车或小型钢轨探伤车对钢轨进行探伤，及早发现核伤，及时治理。

高速铁路钢轨伤损的主要形式是由钢轨的内部夹杂、缺陷所引起的疲劳折损。提高钢轨材质的纯净度，是减少钢轨疲劳折损、延长其使用寿命的有效途径。

（二）钢轨磨耗及允许磨损限度

在我国，直线及大半径曲线线路，换轨的主要控制因素是核伤，而在小半径曲线，则主要是钢轨的磨耗。钢轨磨耗主要有侧面磨耗（包括直线上两股钢轨交替不均匀侧磨）、垂直磨耗、鞍形磨耗和波浪形磨耗等。

鞍形磨耗是指钢轨接头处，由于轨端淬火后硬度提高而其交界处轨顶面硬度较低，在列车冲击荷载下造成淬火表面交界处产生坑洼，而淬火端几乎没有磨耗，形成了马鞍形状的顶面。鞍形磨耗可以通过焊补而修复。

垂直磨耗是指钢轨轨面高度上的磨耗。垂直磨耗在一般情况下是正常的，随着通过总重的增加而增大。在曲线上，垂直磨耗由于超高设置不合理而引起。里股垂直磨耗表现为轨头压溃、轨头压偏、宽度增加，可以通过适当调整轨道几何尺寸而解决。

当前曲线线路上的磨耗主要是侧磨和波磨。

1. 侧面磨耗

目前钢轨的侧面磨耗遍及全路的主要干线。侧面磨耗主要发生在小半径曲线的外股钢轨（图 4-4）。一些小半径曲线，其侧磨达 1.5～2.0 cm，半年就要换轨。其磨耗的速度与下列因素有关：

① 钢轨材质。硬度较大的高硬稀土轨、淬火轨耐磨性好，高硬稀土轨的耐磨性是普通轨的 2 倍左右，是淬火轨的 1 倍左右。

② 机车车辆条件。车辆通过曲线时有导向力和冲角。轮轨磨耗与轮轨之间的摩擦做功有关，摩擦功主要与导向力和冲角有关。导向力大小与固定轴距、车轮踏面有效横向粘着状态以及未被平衡的离心力有关。

图 4-4 钢轨侧面磨耗（外轨）

③ 轨道的几何尺寸及状态。合理的轨距、超高，良好的方向，可以改善机车车辆通过的条件，它是减少侧磨的有效途径。

从养护维修的角度看，减少侧磨的途径有：

① 采用耐磨轨（高硅轨、淬火轨等）；

② 加强养护维修，设置合理超高、轨距，保持良好的轨底坡和方向，增加线路的弹性；

③ 曲线涂油。曲线涂油有两种方法：一种是车载涂油，即在车尾放置涂油器，遇曲线则喷油，还有的在机车上安装涂油装置来喷油；另一种是地面涂油，即在曲线头上安装固定涂油器，列车通过时，车轮压在装有轨头侧面的油嘴上而喷出浓度较大的黏状油质，由车轮带给曲线钢轨侧面而达到涂油目的。两种涂油方式都能收到良好的效果，可以延长使用寿命一倍以上。

2. 波形磨耗

波形磨耗是指轨顶出现波浪状的不均匀磨耗，实质上是波浪压溃。它使列车振动加剧，旅客不适，严生很大的轮轨相互作用力，加速机车车辆及轨道部件的损坏，增加养护维修费用。列车的剧烈振动，也威胁行车安全，同时波磨也是轮轨噪声的来源。在我国一些货运干线上，出现了严重的波磨，波磨发展的速度比侧磨还快，有时不得不因波磨严重而换轨。

波磨随波长不同而分为两种：一种为波纹磨耗，其波长为 30～80 mm，多发生在大半径曲线，甚至是直线上；一种为波浪磨耗，波长为 100 mm 以上，甚至长达 2 m 左右，多发生在小半径曲线上。在我国以货运为主的丰沙、石太线上，波浪形磨耗相当严重。

列车速度较高的铁路上，主要发生波纹形磨耗，且主要出现在直线和制动地段；在车速较低的重载运输线上，主要发生波浪形磨耗，且一般出现在曲线地段；此外，城市地铁运营过程中，钢轨波磨的出现也较普遍，影响钢轨波磨发生发展的因素很多，涉及钢轨材质、线路及机车车辆条件等多个方面。世界各国都在致力于钢轨波形磨耗成因的理论研究。目前，关于波磨成因的理论有数十种，大致可分为两类：动力类成因理论和非动力类成因理论。总的来说，动力作用是钢轨波磨形成的外因，钢轨材质的性能是波磨形成的内因。解决钢轨波磨问题，目前还没有有效的办法，主要依靠钢轨机械打磨来消除波磨。

3. 钢轨磨耗的允许限度

钢轨头部允许磨耗限度主要由强度和构造条件确定：即当钢轨磨耗达到允许限度时，一是还能保证钢轨有足够的强度和抗弯刚度；二是应保证在最不利情况下车轮轮缘不碰撞接头夹板。钢轨按头部磨耗程度的不同，分为轻伤和重伤两类，见表 4-5 和表 4-6。

表 4-5 钢轨头部磨耗轻伤标准

钢轨/(kg·m⁻¹)	总磨耗/mm				垂直磨耗/mm				侧面磨耗/mm			
	160≥v>140 正线	140≥v>120 正线	v≤120 正线及到发线	其他站线	160≥v>140 正线	140≥v>120 正线	v≤120 正线及到发线	其他站线	160≥v>140 正线	140≥v>120 正线	v≤120 正线及到发线	其他站线
75	9	12	16	18	8	9	10	11	10	12	16	18
75 以下～60	9	12	14	16	8	9	9	10	10	12	14	16
60 以下～50			12	14			8	9			12	14
50 以下～43			10	12			7	8			10	12
43 以下			9	10			7	8			9	11

注：① 总磨耗=垂直磨耗+1/2 侧面磨耗；

② 垂直磨耗在钢轨顶面宽 1/3（距标准工作边）处测量；

③ 侧面磨耗在钢轨踏面（按标准断面）下 16 mm 处测量；

④ 行车速度 v 的单位为 km/h。

表 4-6 钢轨头部磨耗重伤标准

钢轨/(kg·m⁻¹)	垂直磨耗/mm			侧面磨耗/mm		
	1 600 km/h≥v>1 400 km/h 正线	1 400 km/h≥v>1 200 km/h 正线	v≤1 200 km/h 正线、到发线及其他站线	1 600 km/h≥v>1 400 km/h 正线	1 400 km/h≥v>1 200 km/h 正线	v≤1 200 km/h 正线、到发线及其他站线
75	10	11	12	12	16	21
75 以下～60	10	11	11	12	16	19
60 以下～50			10			17
50 以下～43			9			15
43 以下			8			13

（三）轨腰螺栓孔裂纹

钢轨端部轨腰钻孔后，强度削弱，螺栓孔周围产生较高的局部应力，在列车冲击荷载作用下，螺栓孔裂纹开始产生和发展。螺栓孔裂纹主要来自钻孔时产生的微小裂纹，而养护不当又促进了裂纹的形成和发展。钢轨接头养护维修的状态，对螺孔应力的影响极大，特别是高低错牙、轨端低塌、鞍形磨耗及道床板结影响最大，为防止螺孔周边应力集中，采用把螺孔周边镗光的效果非常显著。

此外，采用无缝线路，取消钢轨接头，可以从根本上消除轨腰螺栓孔裂纹。

（四）钢轨接触疲劳伤损

钢轨接触疲劳伤损的形成主要是由于金属接触疲劳强度不足和车轮的重复作用，导致钢轨顶面金属冷作硬化，最终形成接触疲劳伤损。其形式有接触疲劳裂纹和轨头剥离等。随着列车速度及轴重的提高、铁路运量的增加、钢轨材质及轨型的不适应，将加速钢轨接触疲劳伤损的发生和发展。

减缓钢轨伤损的措施有：净化钢轨，控制杂物的形态；采用淬火钢轨，发展优质重轨，改进钢轨力学性质；改革旧轨再用制度，合理使用钢轨；钢轨打磨；按钢轨材质分类铺轨等。

六、钢轨的合理使用

钢轨是铁路线路的重要技术装备之一，在《铁路工务主要技术装备政策》中，除明确指出钢轨的发展方向是重型化、强韧化和纯净化外，对合理使用钢轨也有明确规定。规定指出：应根据钢轨综合经济效益分析，确定钢轨合理的使用周期，实行钢轨分级使用制度，并积极做好旧轨的整修工作。

1. 钢轨的分级使用

钢轨分级使用包含两个方面的含义：钢轨的二次或多次使用和钢轨在一次使用中的合理倒换使用。

钢轨的二次使用是指钢轨在繁忙线路上运营以后经过旧轨整修，再把它铺设到运量小的铁路上再次使用，可以延长钢轨的使用寿命和提高钢轨的使用效率。重型旧轨的多次使用，可使整个非繁忙线路的设备得到显著加强。在货运密度小的线路上采用重型钢轨，即使是旧轨，也将大大提高线路稳定，并能以较少的材料和劳动力来保证轨道的正常养护。旧轨整修通常分为三类：综合整修轨、一般整修轨和焊接再用长轨条。

现代钢轨的高质量、耐久性和可靠性，为钢轨的多次再用提供了可能性。钢轨设备的运营制度应是阶梯式的，钢轨随着其承载能力的减弱而逐步换到运量较小的区段上使用。

钢轨在一次使用中的倒换使用是钢轨合理使用的另一个方面。我国幅员辽阔，铁路线路的条件相差很大，即使在同一区段，由于不同的轨道结构，钢轨伤损的速率也不一样。钢轨寿命的长短差别很大，在同一区段线路上将曲线轨道上下股钢轨倒换使用或直线与曲线钢轨倒换使用，是延长钢轨使用寿命的另一措施。

2. 钢轨整修技术

钢轨整修分厂内修理和现场修理。厂内钢轨修理的主要作业内容有：机械清洗、除锈、钢轨矫直、钢轨全长探伤、钢轨接触面修整、钢轨焊接、钢轨截锯及钻孔等。现场修理则主要是对钢轨接头病害的整修，有磨修和焊补两种作业方式。磨修即采用砂轮打磨机消除钢轨轨面不均匀磨耗或焊补掉块、剥离等缺陷后的打磨顺平。随着打磨列车的出现，磨修成为整治钢轨接头病害的主要手段，对于大范围的钢轨表面修理则采用打磨列车作业。当轨面不均匀磨耗、掉块、擦伤等病害接近或大于 1 mm 时，应以钢轨的焊补作业为主。

3. 钢轨打磨

钢轨打磨技术最初用于消除钢轨波形磨耗、车轮擦伤及接头处的马鞍形磨耗。随着钢轨打磨技术的应用发展，钢轨打磨列车应运而生，钢轨打磨也从最初的钢轨修理转向钢轨保养，现在已发展成为一种多功能的现代化的养路技术。根据钢轨打磨的目的及磨削量，钢轨打磨可分为预防性打磨、修理性打磨和钢轨断面打磨三类。

（1）修理性打磨。修理性打磨主要用来消除钢轨的波形磨耗、车轮擦伤及轨面裂纹等，钢轨的一次磨削量大，钢轨打磨周期较长。

（2）预防性打磨。预防性打磨近年来已发展成为控制钢轨接触疲劳的技术。它力图控制钢轨表面接触疲劳的发展，钢轨打磨周期较短，以便在钢轨表面裂纹萌生时就予以消除。与修理性打磨相比，它可在钢轨上道后马上进行，也可在钢轨表面萌生疲劳伤损时立即进行。如果打磨时机选择恰当，可大大减缓钢轨伤损的发展，延长钢轨使用寿命。

（3）钢轨断面打磨。钢轨断面打磨是通过钢轨打磨改变钢轨的轨头形状，以改善轮轨接触状态，从而最终达到控制病害发生和发展的一种钢轨打磨方式，主要有曲线地段钢轨的不对称打磨。通过断面打磨可以起到控制钢轨侧磨、改善轮轨横向力的作用。但一种特定的打磨断面只适合某一类线路条件，不同的线路条件需要不同的打磨断面，不存在一种适合所有问题的钢轨打磨断面形式。

我国铁路于 1988 年开始引进钢轨打磨列车，最初主要用于波磨轨的修理性打磨，现在提速线路和高速线路上正逐步向钢轨预防性打磨方式转变，但仍需对钢轨打磨技术的合理应用作进一步的研究。

4.3　轨　枕

轨枕承受来自钢轨的各向压力，并弹性地传布于道床。同时，能有效地保持轨道的几何形位，特别是轨距和方向。轨枕应具有必要的坚固性、弹性和耐久性，并能便于固定钢轨，有抵抗纵向和横向位移的能力。

轨枕依其构造及铺设方法可分为横向轨枕、纵向轨枕及短枕等。横向轨枕与钢轨垂直间隔铺设，是一种最常用的轨枕。纵向轨枕一般仅用于特殊需要的地段，短枕是在左右两股钢轨下分开铺设的轨枕，常用于混凝土整体道床。

轨枕按其使用目的分为用于一般区间的普通轨枕，用于道岔上的岔枕，用于无砟桥梁上的桥枕。

轨枕按其材质分主要有木枕、混凝土枕和钢枕等。

在我国主要干线上，除部分小半径曲线上还存在木枕外，绝大部分线路已铺设混凝土枕。

一、木枕

木枕又称枕木，是铁路最早采用而且仍被继续使用的一种轨枕。

木枕主要优点是弹性好，可缓和列车的动力冲击作用；易加工，运输、铺设、养护维修方便；与钢轨连接比较简单；有较好的绝缘性能等。但木枕要消耗大量优质木材，由于资源有限，其价格较贵，木枕的主要缺点是易腐朽、磨损，使用寿命短，这有来自生产工艺水平的原因；其次是由于木材种类和部位的不同，其强度、弹性不完全一致，在机车车辆作用下会形成轨道不平顺，增大轮轨动力作用。

木枕断面一般为矩形，标准长度为 2.5 m，其断面形状如图 4-5 所示。

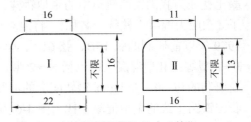

图 4-5　木枕断面形状及尺寸（单位：mm）

木枕的使用寿命短，其失效原因很多，主要有腐朽、机械磨损和开裂。木枕腐朽是生物作用的过程，而机械磨损和开裂则是列车反复作用和时干时湿的结果，这三者是互为因果的。木枕一旦腐朽，强度就会降低，同时又会加剧机械磨损和开裂的发展。相反，木枕一旦出现机械磨损和开裂，木质受到损伤，就为加速腐朽提供了有利条件。为延长木枕使用寿命，应对这三者进行综合治理。

木枕的防腐处理是延长其使用寿命的最有效措施。木枕常用的防腐剂有水溶性防腐剂和油类防腐剂两类，其中以油类防腐剂为主要类型，木枕防腐处理按规定的工艺流程，在一个密封蒸制罐中进行；

木枕除进行防腐处理外，还应采取措施，防止机械磨损及开裂的出现。为了减少机械磨损，木枕上必须铺设垫板，并预钻道钉孔。为防止木枕开裂，必须严格控制木枕的含水量，并改善其干燥工艺。一旦出现裂缝，应根据裂缝大小，分别采取补救措施，如用防腐浆膏掺以麻筋填塞，或加钉（C形钉、S形钉、组钉板）及用铁丝捆扎，使裂缝愈合。

二、混凝土枕

（一）混凝土枕的特点及类型

混凝土枕的主要优点是重量大（100～250 kg）、稳定性好、有利于无缝线路的稳定；不受气候影响，使用寿命长；材源较多，能保证均匀的几何尺寸，铺设高弹性垫层可以保证轨道弹性均匀；扣件易于更换；设计、铺设的空间大，制造相对简单，可以满足铁路高速、大运量的要求。缺点是弹性差、绝缘性能低、更换较困难。目前我国主要干线上，基本都用混凝土枕。

混凝土枕按配筋方式分有普通钢筋混凝土枕和预应力混凝土枕两大类。普通钢筋混凝土枕抗弯能力很差。容易开裂失效，已被淘汰。预应力混凝土枕，在轨枕制造时给混凝土施加一定的预压应力，因而具有抗裂性能好、用钢量少的优点。我国主要采用整体式预应力混凝土枕，简称混凝土枕（PC枕）。

按结构形式分，目前使用的混凝土枕有整体式、短枕式和组合式（或称双块式）。整体式混凝土枕整体性强，稳定性好，易于生产；组合式混凝土枕由2个钢筋混凝土块和1根钢杆连接而成，整体性不如整体式混凝土枕，但能充分发挥各自材料的力学性能。

我国和大部分国家采用整体式混凝土枕，法国等个别国家采用双块式混凝土枕。

按用途分有用于一般线路的普通混凝土枕、用于桥梁的混凝土桥枕和用于道岔的岔枕。

按照施工方法不同分为先张法和后张法预应力混凝土枕两类，配筋材料为钢丝或钢筋，我国主要采用先张法预应力混凝土枕。

我国从1953年就开始了混凝土枕的研究工作，经过50多年不间断的试验研究，使得混凝土枕成为我国铁路轨道中的主型轨枕。为了统一混凝土枕型号及名称，1984年铁道部公布了《预应力混凝土枕统一名称》，将混凝土枕分为Ⅰ型、Ⅱ型及Ⅲ型三类：Ⅰ型混凝土枕包括1979年以前研制的弦15B、弦61A、弦65B、69型、79型及1979年以后设计的S—1型、J—1型等；Ⅱ型混凝土枕包括S—2型、J—2型及后来设计的YⅡ—F型、TKG—Ⅱ型等；新研制的与60、75 kg/m钢轨配套的混凝土枕称为Ⅲ型混凝土轨枕，目前Ⅱ型混凝土轨枕为我国铁路正线的主型混凝土枕。图4-6为J—2型混凝土枕外形尺寸。

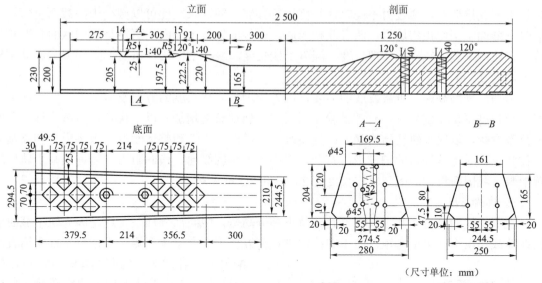

图 4-6 J—2 型混凝土枕

（二）混凝土枕外形及尺寸

混凝土枕结构设计主要决定于其受力状况；轨枕视为支撑在弹性基础上的短梁，在钢轨传来的荷载作用下，轨枕底面对轨枕产生反力，轨枕各截面则承受弯曲应力；设计中规定：轨枕截面上部受拉为"−"，下部受拉为"+"。

混凝土枕受力状况与道床支撑条件有密切关系，支撑条件有中间不支撑、中间部分支撑和全支撑三种情况，如图 4-7 所示：在不同支撑情况下，轨枕截面弯矩的分布是不同的：由图中可以看出，轨下截面正弯矩以中间部分不支撑时为最大，而枕中截面负弯矩则以全支撑时为最大。

1. 轨枕形状

混凝土枕截面为梯形，上窄下宽，梯形截面可以节省混凝土用量，减少自重，也便于脱模。如图 4-6 所示，轨枕顶面宽度应结合轨枕抗弯强度、钢轨支撑面积、轨下衬垫宽度、中间扣件尺寸等因素进行综合考虑加以确定。轨枕顶面支撑钢轨的部分称为承轨槽，做成 1:40 的斜面，以适应轨底坡的要求。轨枕底面在纵向采用两侧为梯形、中间为矩形的形状，两端有较大的道床支撑面积，以提高轨枕在道床上的横向阻力。当中间部分不支撑时，能使钢轨压力及与道床反力的合力尽量靠拢，有利于防止枕中截面出现过大的负弯矩。轨枕底面宽度应同时满足减少道床压力和便于捣固两方面的要求。底面上一般还做出各种花纹或凹槽，以增加轨枕与道床间的摩阻力。

2. 轨枕长度

轨枕长度与轨枕受力状态有关。根据图 4-7 所示的

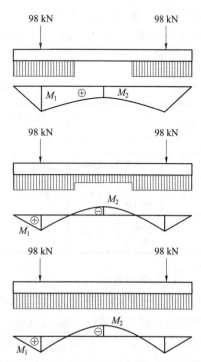

图 4-7 轨枕弯矩与道床支撑的关系图示

3 种不同支撑情况，通过对不同轨枕长度进行计算表明，长轨枕可以减少中间截面负弯矩，但轨下截面上正弯矩将增大，两者互相矛盾，一般应以轨下截面正弯矩与枕中截面负弯矩保持一定比例来确定轨枕的合理长度。混凝土枕长度一般在 2.3～2.7 m 之间，我国 I、II 型枕长度均为 2.5 m。

为适应铁路高速、重载发展的需要，国外向增加轨枕长度的方向发展，在主要干线上普遍采用长度 2.6 m 的轨枕。有关试验结果表明，轨枕长度增加有以下优点：可减少枕中截面外荷载弯矩，以提高轨枕结构强度；提高纵向、横向稳定性和整体刚度，改善道床和路基的工作状况，对无缝线路的铺设极为有利；提高了道床的纵向、横向阻力，可适当减少轨枕配置根数。我国新设计的III型轨枕长度有 2.6 m 和 2.5 m 两种。

3. 轨枕高度

混凝土枕的高度在其全长不一致，轨下部分高些，中间部分矮些。这是因为轨下截面通常在荷载作用下产生正弯矩，而中间截面则在荷载作用下产生负弯矩。而混凝土枕采用直线配筋，且各截面上的配筋均相同，所以配筋的重心线处于轨下部分的应在截面形心之下，而在中间部分则应在截面形心之上，如图 4-8 所示。这样对混凝土施加的预压应力形成有利的偏心距，使混凝土的拉应力不超过允许限度，防止混凝土枕裂缝的形成和扩展。

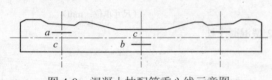

图 4-8　混凝土枕配筋重心线示意图

a—轨下截面形心；b—中间截面形心；c—应力筋重心线

（三）我国混凝土枕现状

我国铁路使用的混凝土枕，随着轨道设计荷载（轴重、速度、通过总重）的增加，轨枕截面的设计承载弯矩也有所增大。在设计中，主要采用提高混凝土等级、增加预应力和截面高度等措施。目前使用的 I 型和 II 型枕，其外形尺寸完全相同，我国混凝土轨枕主要尺寸如表 4-7 所示。

表 4-7　我国混凝土枕主要尺寸

轨枕类型	主筋数量	混凝土等级	截面高度/cm		截面宽度/cm			底面积/cm²	质量/kg	长度/cm
			轨下	中间	端部	轨下	中间			
I	36Φ3	C48	20.2	16.5	29.45	27.5	25	6 588	251	250
II	44Φ3 4Φ10	C58	20.2	16.5	29.45	27.5	25	6 588	251	250
III	10Φ7 8Φ7.8	C60	23.0	16.5		30.0	28	7 720	320	260

1. I 型轨枕

I 型轨枕的承载能力是按轴重 21 t、最高速度 85 km/h、铺设密度 1 840 根/km25 设计的。随着国民经济和铁路运输的发展，我国铁路牵引动力已经发生了很大变化，机车车辆的轴重不断提高，年通过总质量也不断增长，I 型混凝土枕已不能适应这些外部条件的变化，破损加剧、寿命缩短。因此，在我国正线铁路上 I 型轨枕正逐步被淘汰下道。

2. Ⅱ型轨枕

Ⅱ型轨枕的设计是根据重载线路承受荷载大、重复次数多的特点，采用疲劳可靠性进行设计的。设计标准是按年运量 60 Mt，轴重机车 25 t、货车 23 t，最高行车速度 120 km/h，铺设 60 kg/m 轨。与Ⅰ型轨枕相比，轨下截面正弯矩的计算承载能力提高 13%～25%，中间截面正弯矩提高约 8.8%，中间截面负弯矩提高 14%～41%，J—2 型轨枕是采用 4 根直径 10 mm 的高强度钢筋、C58 级混凝土。

Ⅱ型轨枕是目前我国轨枕中强度较高的类型，也是主型轨枕，基本上能适用于次重型、重型轨道。Ⅱ型轨枕的不足是安全储备还不够大，对提高轨道的整体稳定性能力还不足。现场使用情况调查表明，在重型、次重型轨道上使用的轨枕，在某些区段出现轨中顶面横向裂缝、沿螺栓孔纵向裂缝、枕端龟裂、侧面纵向水平裂缝、挡肩斜裂等，轨枕年失效下道率平均约 1.2%；由此可知，Ⅱ型轨枕难以适应重型和特重型轨道的承载条件。为满足轨道结构强度的要求，又研制了Ⅲ型轨枕。

3. Ⅲ型轨枕

Ⅲ型轨枕是从 1988 年开始研制的，分有挡肩和无挡肩两种形式。为适应不同线路的需要，长度有 2.6 m 和 2.5 m 两种，其结构强度相同。设计参数采用机车（三轴）最大轴重 23 t、最高速度 160 km/h、轨枕配置 1 760 根/km 设计，有挡肩 2.6 m 长Ⅲ型轨枕，如图 4-9 所示。

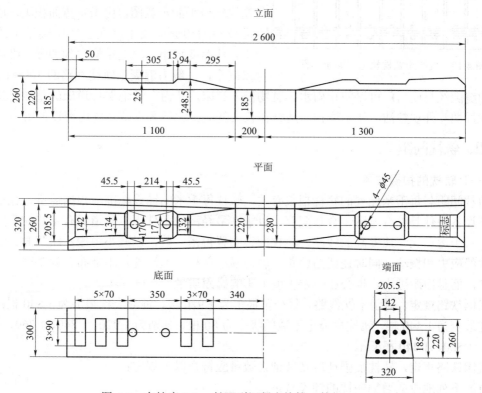

图 4-9　有挡肩 2.6 m 长Ⅲ型混凝土轨枕（单位：mm）

Ⅲ型枕的主要特点：

① 结构合理，强化了轨道结构。由于轨枕长度增加到 2.6 m，并适当加宽了枕底，使枕下支撑面积约增加了 17%，端侧面积约增加 20%，轨枕质量约增加 31%。因此，可有效提高

道床的纵向、横向阻力，减缓重载运输所产生的道床累积变形，提高线路的稳定性。

② 轨下和中间截面的设计承载力，较Ⅱ型轨枕分别提高了约 43%和 65%，提高了轨枕的强度。

③ 采用无螺栓扣件的扣压力能保持线路稳定。无纵向、横向移动，有利于保持轨道的几何形位，减少养护维修工作量。

此外，为适应山区铁路运营条件，在Ⅲ型混凝土轨枕设计荷载条件下，主要对轨枕挡肩结构及相应的挡板座进行了改进。可以大幅度提高挡肩极限承载能力，有效地解决混凝土枕挡肩易破损的问题。

三、混凝土宽枕

预应力混凝土宽枕长度与普通混凝土枕长度相同，宽度约为混凝土枕的 2 倍，其制造工艺基本上与混凝土枕相同。由于混凝土宽枕宽度较大，直接铺设在预先压实的道床面上，在制造中对其厚度的控制比较严格。

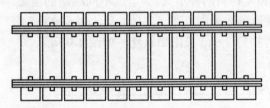

图 4-10　混凝土宽枕轨道平面示意图

混凝土宽枕在道床上是密排铺设，每千米铺1 760 根，每块枕上安装一对扣件，由钢轨传来的力处于宽枕轴线的对称位置，图 4-10 为混凝土宽枕轨道平面示意图。由于支撑面积大，道床应力及振动加速度较小，在道床压实稳定的前提下，线路变形小，轨道结构得到加强；维修工作量减小，一般为混凝土轨枕线路的 1/4～1/2；宽枕间的缝隙经封闭后，可以防止雨水、脏物侵入道床，从而有效地保持道床的整洁，延长道床清筛周期；外观整洁，便于清扫，适合在长大隧道、大型客货站站场内铺设使用。

四、轨枕间距

（一）轨枕的拍摄数量

轨枕间距与每千米配置的轨枕根数有关，轨枕每千米的铺设标准应根据运量、行车速度及线路设备条件等综合考虑，合理配套，以求在最经济的条件下，轨道具有足够的强度和稳定性。对于运量大、速度高的线路，轨枕应该布置得密一些，以减小道床、路基面、钢轨以及轨枕的应力和振动，同时使线路轨距、轨向易于保持。但轨枕也不能布置得太密，太密则不经济，而且净距过小，也会在一定程度上影响捣固质量。

我国铁路规定，对于木枕线路，每公里最多为 1 920 根，混凝土枕最多为 1 840 根；每公里轨枕最少为 1 440 根。轨枕每公里根数的级差为 80 根，分别为 1 920、1 840、1 760、1 680、1 600、1 520、1 440 根/km。

我国铁路规定，轨枕加强地段及其铺设数量应符合以下规定：

（1）下列地段应增加轨枕的铺设数量：

1）半径≤800 m 的曲线地段（含两端缓和曲线）；

2）坡度大于 12‰的下坡地段；

3）长度等于或大于 300 m 的隧道内线路。

上述条件重叠时只增加一次。

（2）轨道加强地段每千米增加的轨枕数量和最多铺设根数，应符合表4-8中的规定。

表4-8　每千米增加的轨枕数量和最多铺设根数

轨枕类型	Ⅲ型混凝土轨枕	Ⅱ型混凝土轨枕	木枕
每千米增加的轨枕数量	40	80	160
每千米最多铺设根数	1 760	1 840	1 920

（二）轨枕的布置

钢轨接头处车轮的冲击动荷载大，接头处轨枕的间距 c 应当比中间间距 a 小一些，并且从接头间距 c 向中间间距 a 过渡时，应有一个过渡间距 b，以适应荷载的变化，如图4-11所示，每节钢轨下轨枕间距应当满足：$a>b>c$。接头轨枕间距一般是给定的：对于采用50、60 kg/m钢轨，接头木枕间距为440 mm，接头混凝土枕间距为540 mm；对于43、38 kg/m钢轨，不分轨枕类型，接头轨枕间距 $c=500$ mm。由图4-11可知：

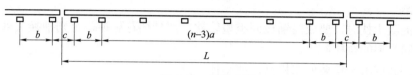

图4-11　轨枕布置

$$a = \frac{L-c-2b}{n-3} \tag{4-4}$$

设 $b = \dfrac{a+c}{2}$ 代入上式，得

$$a = \frac{L-2c}{n-2} \tag{4-5}$$

由（4-4）得，b 值为

$$b = \frac{L-c-(n-3)a}{2} \tag{4-6}$$

式中　L——标准轨长，并考虑轨缝为8 mm；

　　　n——一节钢轨下轨枕的根数，由每公里铺设的轨枕数换算得来；

　　　a——中间轨枕间距；

　　　c——接头轨枕间距；

　　　b——过渡轨枕间距。

以上计算各类钢轨的轨枕间距也可查相应的规范。对于相错式接头、非标准长度钢轨的轨枕配置根数和间距，可以根据上式计算。使用大型养路机械的线路，为了捣固机械的机械化作业，轨枕间距可适当调整成均匀布置。

无缝线路长轨节下轨枕间距要均匀，铝热焊缝若轨底不打磨应距枕边70 mm以上。

目前我国高速铁路设计铺设Ⅲ型混凝土枕，每公里铺设1 667根，即按轨枕间距60 cm铺设。提速道岔和高速道岔铺设的混凝土岔枕间距均为60 cm。

线路上轨枕位置应用白油漆标在顺公里方向左股钢轨内侧轨腰上，曲线地段标在外股钢轨内侧轨腰上。轨枕应按标记位置铺设，并应与线路中线垂直。

五、轨枕的使用条件

（一）使用木枕（含木岔枕）应遵守下列规定

（1）木枕宽面在下，顶面与底面同宽时应使树心一面向下；

（2）接头处使用质量较好的木枕；

（3）劈裂的木枕，铺设前应捆扎或钉组钉板；

（4）使用新木枕应预先钻孔，孔径 12.5 mm，有铁垫板时孔深为 110 mm，无铁垫板时为 130 mm，使用螺纹道钉时，应比照普通道钉办理；

（5）改道用的道钉孔木片规格为长 110 mm、宽 15 mm、厚 5～10 mm，并经过防腐处理。

（二）使用混凝土枕应遵守下列规定

（1）正线上的轨枕应使用混凝土枕；

（2）在不同类型轨枕的分界处，如遇普通钢轨接头，应保持同类型轨枕延伸至钢轨接头外 5 根以上；

（3）铺混凝土枕时，要成段铺设同类型轨枕，严禁插花更换，个别抽换失效轨枕时应更换为与两端同类型的轨枕；

（4）装、卸混凝土枕要使用机具，严禁摔、撞。

六、轨枕的失效与伤损标准

（一）混凝土枕（含混凝土宽枕、混凝土岔枕及短轨枕）失效标准

（1）明显折断。

（2）纵向通裂：

1）挡肩顶角处缝宽大于 1.5 mm；

2）纵向水平裂缝基本贯通（缝宽大于 0.5 mm）。

（3）横裂（或斜裂）接近环状裂纹（残余裂缝宽度超过 0.5 mm 或长度超过 2/3 枕高）。

（4）挡肩破损，接近失去支撑能力（破损长度超过挡肩长度的 1/2）。

（5）严重掉块。

（二）木枕（含木岔枕）失效标准

（1）腐朽失去承压能力，钉孔腐朽且无处改孔，不能持钉。

（2）折断或拼接的接合部分离，不能保持轨距。

（3）机械磨损，经削平或除去腐朽木质后，容许速度大于 120 km/h 的线路，其厚度不足 140 mm，其他线路不足 100 mm。

（4）劈裂或其他伤损，不能承压、持钉。

（三）混凝土枕严重伤损标准

（1）横裂裂缝长度为枕高的 1/2～2/3。

（2）纵裂：

1）两螺栓孔间纵裂（挡肩顶角处缝宽不大于 1.5 mm）；

2）纵向水平裂缝基本贯通（缝宽不大于 0.5 mm）。

（3）挡肩破损长度为挡肩长度的 1/3～1/2。

（4）严重网状龟裂和掉块。

（5）承轨槽压溃，深度超过 2 mm。

（6）钢筋（或钢丝）外露（钢筋为锈蚀，长度超过 100 mm）。

（7）斜裂长度为枕高的 1/2～2/3。

4.4 钢 轨 接 头

轨道上钢轨与钢轨之间用夹板和螺栓连接，称为钢轨接头。接头处轮轨动力作用大，相应的养护维修工作量大。因此，钢轨接头是轨道结构的薄弱环节之一。

一、钢轨接头的类型

（一）按左、右股钢轨接头相互位置来分，有相对式（轨缝对接）和相错式（轨缝错接）两种（如图 4-12）

对接式可减少车轮对钢轨的冲击次数，使左右钢轨受力均匀，旅客舒适，也有利于机械化铺设，被世界各国铁路广泛采用。只有一些非标准长度的钢轨或旧杂钢轨，在站线上使用错接，并要求错开距离应大于 3.0 m。

（二）按钢轨接头与轨枕相对位置分，有悬接式、单枕承垫式和双枕承垫式（图 4-13）

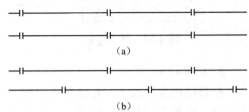

图 4-12　相对式和相错式

（a）对接；（b）错接

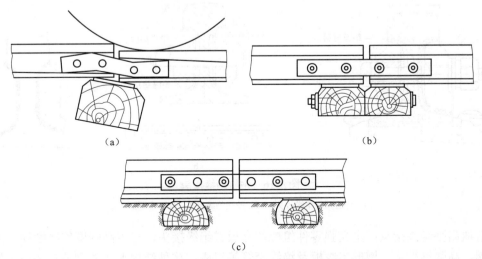

图 4-13　单枕承垫式和双枕承垫式和悬接式

（a）单枕承垫式；（b）双枕承垫式；（c）悬接式

目前我国广泛采用的是悬接式，即将轨缝悬于两接头轨枕之间，当车轮通过时钢轨挠曲，轨端下落，弯矩增大，为了减少挠曲和弯矩，采用较小的接头轨枕间距。单枕承垫式很少采用，因为当车轮通过时，轨枕左右摇动，不稳定。双枕承垫式可保证稳定性，但又有刚度大、不易捣固的不足。一般为了加强木枕地段钢轨接头，只在正线绝缘接头处，采用双枕承垫式。

（三）按接头连接的用途及工作性能来分，有普通接头、异型接头、导电接头、绝缘接头、尖轨接头、冻结接头、胶接接头及焊接接头

1. 普通接头

普通接头用于前后同类型钢轨的正常连接。

2. 异型接头

异型接头用于前后不同类型钢轨的连接，如 75 钢轨与 60 钢轨的连接、60 钢轨与 50 钢轨的连接，但不能用于 60 钢轨与 43 钢轨的连接，即相邻等级钢轨之间方可用异型接头连接。由于不同等级的钢轨高度、轨腰高度不一致，所以夹板也随着发生变化，如图 4-14 所示。由于异型接头较易损坏，现多用异型钢轨代替异型接头，如图 4-15 所示。

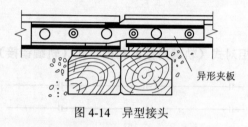

图 4-14 异型接头

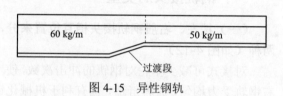

图 4-15 异性钢轨

3. 绝缘接头

在自动闭塞区段上，绝缘接头是轨道电路的重要组成部分，它设于闭塞分区两端的钢轨接头处。它的作用是保证轨道电路在闭塞分区之间的互相隔断。目前，采用的绝缘接头主要有普通高强绝缘接头及胶接绝缘接头，如图 4-16 所示。

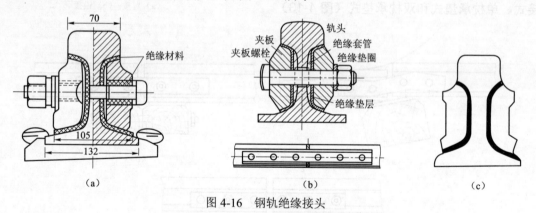

图 4-16 钢轨绝缘接头

（a）普通高强绝缘接头；（b）胶接绝缘接头；（c）全断面夹板

普通高强绝缘接头：由高强零件组成的夹板式绝缘接头，它由高强度绝缘螺栓、高强性能垫圈、高强钢平垫、槽形绝缘板及绝缘套管等组成。这种结构形式的钢轨接头由于尼龙绝缘层的存在，在列车冲击轮载作用下，接头螺栓容易松动。

胶接绝缘接头：近年来，由于高分子胶接技术的发展和铺设跨区间无缝线路的需要，胶接绝缘接头应用越来越广泛，胶接绝缘接头主要由绝缘垫层、粘接夹板与胶接层组成。如道岔区域内的绝缘接头采用胶接接头，取得了较好的效果。胶接接头具有较高的强度和韧性，在强大力的作用下也能保证钢轨与夹板不发生相对移动，所以胶接接头区的轨道养护条件也与无缝线路的养护条件相同。

胶接绝缘接头的夹板是连接钢轨的重要部件，它既保留了连接螺栓，又用胶粘剂把钢轨与夹板胶接在一起；因此要求钢轨与夹板的接触面积要尽量加大，以增大胶接面积，提高接头的承载能力。因此，胶接绝缘接头的夹板大都采用特制的大接触面积的夹板，或采用扩大与钢轨接触面的改造型夹板。胶接绝缘接头胶粘工艺有用热胶在工厂内完成粘接，也有用双组常温固化胶在现场完成粘接。

4. 导电接头

在自动闭塞及电力牵引区段，信号电流和牵引电流都要依靠钢轨传导。为了确保核加强导电性，要在接头处铆上或焊上一根导线，称为导电接头，如图 4-17 所示。

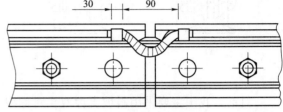

图 4-17　导电接头（单位：mm）

5. 尖轨接头

尖轨接头即温度调节器，用以连接轨端伸缩量相当大的轨道及用于跨度大于 100 m 的桥上无缝线路的钢轨接头。我国目前在一些线路的大跨度桥上和城市轻轨的高架桥上使用这种接头形式。日本、法国的高速铁路上也使用钢轨伸缩调节器。尖轨接头由基本轨与尖轨相贴组成，基本轨及尖轨安装在共同的长垫板上，并用特制的轨撑及扣板将基本轨与尖轨保持在正确的位置上，如图 4-18 所示。当钢轨伸缩时，尖轨沿基本轨移动。

尖轨接头随尖轨形状的不同，分为折线形和曲线形两种，折线形伸缩接头的尖轨刨成折线或斜线，与相应的基本轨弯折部分相贴。曲线形伸缩接头的尖轨刨切成半径为 200～500 m 的圆曲线，并且固定在大垫板上，基本轨也弯成与尖轨半径相同的曲线。

6. 冻结接头

冻结接头系指采用夹板与高强度螺栓连接钢轨，使轨端密贴或预留小轨缝，将钢轨锁定阻止其伸缩的一种接头形式。冻结接头系指采用特制垫片，塞入钢轨螺栓孔空隙中，使钢轨接缝密贴而阻止钢轨自由伸缩的一种钢轨连接方式，如图 4-19 所示。

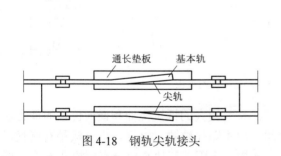

图 4-18　钢轨尖轨接头

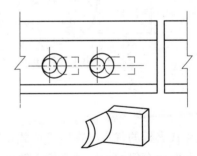

图 4-19　普通冻结接头

7. 焊接接头

焊接接头是指用焊接方法把钢轨联成整体，用于无缝线路中。

二、接头连接结构

钢轨接头的连接零件由夹板、螺栓、弹簧垫圈等组成。

（一）接头夹板

夹板是承受弯矩、传递纵向力、阻止钢轨伸缩的重要部件，要求有一定的垂直和水平刚度及足够的强度。夹板的形式很多，在我国线路上曾经使用的有平板式、角式、吊板式及双头式等，如图4-20所示。

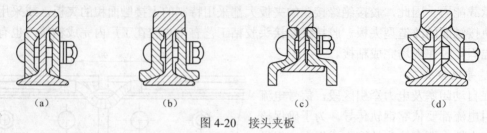

图 4-20　接头夹板

目前，我国主要采用斜坡支撑双头对称型夹板，简称双头式夹板。图 4-21 所示的即为 60 kg/m 钢轨用夹板图。

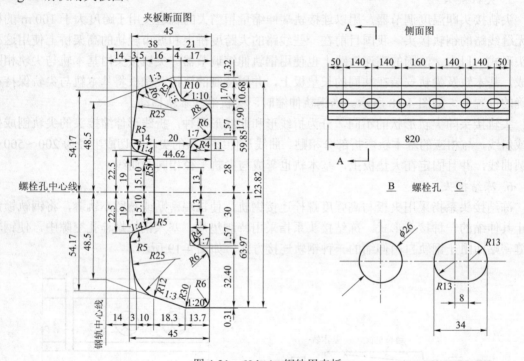

图 4-21　60 kg/m 钢轨用夹板

双头式夹板的优点是在竖直荷载作用下，具有较大的抵抗挠曲和横向位移的能力，夹板的上下两面均有斜坡，能使其楔入轨腰空间，但不贴住轨腰。这样，当夹板稍有磨耗，以致连接松弛时，仍可重新旋紧螺栓，保持接头连接的牢固。每块夹板上有螺栓孔 6 个，圆形孔与长圆形孔相间。圆形螺栓孔的直径较螺栓直径略大，长圆形螺栓孔的长径较螺栓头下突出部分的长径略大。依靠钢轨圆形螺栓孔直径与螺栓直径之差，以及夹板圆形螺栓孔直径与螺栓直径之差，就可以得到所需要的预留轨缝值。

（二）接头螺栓、螺母及弹簧垫圈

接头螺栓、螺母是用来夹紧夹板和钢轨的配件，垫圈是为了防止螺栓松动。螺栓根据其机械性能分级，我国螺栓划分为 8.8 和 10.9 两个等级，其抗拉强度相应为 830 MPa 和 1 040 MPa。接头螺栓的扭矩应达到表4-9中的规定，扭矩不得低于规定值 100 N·m 以上。

表 4-9　接头螺栓扭矩表

项　目	25 m 钢轨						12.5 m 钢轨	
	最高、最低轨温差>85 ℃			最高、最低轨温差≤85 ℃				
轨型/（kg·m^{-1}）	60 及以上	50	43	60 及以上	50	43	50	43
螺栓等级	10.9	10.9	8.8	10.9	8.8	8.8	8.8	8.8
扭矩/（N·m）	700	600	600	500	400	400	400	400
C 值/mm	6			4			2	

三、钢轨焊接

钢轨焊接是指将标准长度的钢轨在工厂或现场用焊接方法焊接成所需长度的长钢轨，铺设于无缝线路的一种钢轨连接方式。发展无缝线路技术，消灭钢轨接头，不仅可以提高行车平稳性，降低牵引阻力，减少养护维修工作量，而且大大减少了钢轨接头破损，是合理使用钢轨的有效措施之一。无缝线路长轨条长度从最初的 1～2 km 发展至今天的上百千米，钢轨焊接成为其必需的钢轨连接技术。

钢轨焊接是铺设无缝线路的重要环节，焊道几何外形尺寸的平顺和内部质量，是保证无缝线路正常运用的关键。为提高焊后焊道几何外形的整修质量，应采用焊瘤推凸机、钢轨焊道整修专用精铣机或研磨机进行整修，满足钢轨平顺性要求。表 4-10 列出了世界主要高速铁路焊接接头的平、直度标准。

钢轨焊接的主要方法有闪光接触焊、气压焊和铝热焊三种。

（1）闪光接触焊。根据电流的热效应原理，把被焊接的钢轨安放在相对的两个夹具内，端部通以强大的电流，由于对接钢轨之间存在着较大的电阻，因而产生大量的热量把轨端加热。当钢轨被加热到塑性状态，然后以极快的速度予以挤压，这种在对焊机上进行的焊接方法叫闪光接触焊。

表 4-10　高速铁路钢轨焊接接头平、直度标准

部位	项目	TGV	日本新干线	我国 TB/T 1632—91
顶面	接触焊	+0.2/1 m −0/1 m	+0.3/m −0/1 m	+0.3/m −0/1 m
	铝热焊 气压焊	+0.2/1 m −0/1 m	+0.3/m −0/1 m	+0.5/m −0/1 m
内侧工作面	接触焊	+0.2/1 m −0/1 m	+0.3/m −0/1 m	+0.3/m −0/1 m
	铝热焊 气压焊	±0.3/1 m	±0.3/1 m	±0.5/1 m

（2）气压焊。气压焊是用气体（乙炔-氧）燃烧的火焰加热钢轨端头，使其温度达到 1 200 ℃左右，轨端成为塑性状态，在预施的压力挤压下，使两根钢轨挤压在一起，从而把钢轨焊接起来。

（3）铝热焊。铝热焊是利用铝热焊剂的剧烈化学反应，铁的氧化物被铝还原成铁水，同时产生大量热量，把高温铁水浇铸于固定在两轨轨缝处的砂型内，将两根钢轨铸焊在一起。

三种焊接方法中，闪光接触焊焊接速度快，焊接质量稳定，但焊机投资大，所需电源功率也较大；气压焊的一次性投资小，无需大功率电源，焊接时间短，焊接质量好，缺点是在焊接时对接头断面的处理要求十分严格，并且在焊接时需要钢轨有一定的纵向移动，因此对超长钢轨的焊接有一定难度，特别是无法进行跨区间无缝线路的线上焊接；铝热焊的焊接方法较为简单，对操作人员的要求相对较低，焊接时间短，可在钢轨固定的情况下进行焊接，但焊接质量不如接触焊和气压焊。

4.5 扣 件

一、扣件功用及基本要求

钢轨与轨枕间的连接是通过中间连接零件实现的。中间连接零件也称扣件，它的功用在于可以长期有效地保持钢轨与轨枕的可靠连接，阻止钢轨相对于轨枕的移动，并能在动力作用下充分发挥其缓冲减振性能，延缓轨道残余变形积累。

扣件应具备以下性能：

（1）足够的扣压力。这是钢轨和轨枕连接的重要保证。足够的扣压力是指当钢轨弯曲和转动时，不致使轨底沿垫板发生纵向位移，即要求扣件的纵向阻力大于道床的纵向阻力。当然，扣压力也不宜太大，否则会使扣件弹性急剧下降，影响扣件使用寿命。

（2）适当的弹性。适当的弹性可减小荷载对道床的压力，减小簧下振动加速度，延长部件使用寿命。扣件弹性主要由橡胶垫板和弹条等部件提供。对混凝土枕线路来讲，混凝土枕的弹性较木枕差许多，因而混凝土枕线路在垂直和水平方向的弹性主要由扣件提供。

（3）具有一定的轨距和水平调整量。为适应轨面标高及轨距变化的需要，钢轨扣件应在各个方向上具有充分的调整量。尤其在混凝土枕轨道和无砟轨道中，钢轨扣件的调整量问题更为突出。

此外，钢轨扣件还应构造简单，便于安装及拆卸，并具有足够的耐久性和绝缘性能。

二、木枕扣件

木枕扣件主要有分开式和混合式两种。分开式扣件如图 4-22 所示。它是将钢轨和垫板、垫板和木枕分别连接起来。由图可见，它是用 4 个螺纹道钉连接垫板与木枕扣压钢轨与垫板，其道钉和底脚螺栓构成 "K" 形，故又称 "K" 式扣件。分开式扣件扣压力大，可有效防止钢轨爬行；其缺点是零件多，用钢量大，更换钢轨麻烦。分开式扣件主要用在桥上线路。

混合式扣件如图 4-23 所示，零件有道钉

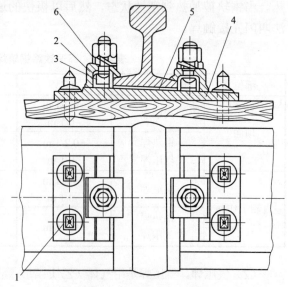

图 4-22 木枕分开式扣件

1—螺纹道钉；2—扣轨夹板；3—底脚螺栓；
4—垫板；5—木垫板；6—弹簧垫圈

和五孔双肩铁垫板。混合式扣件是我国铁路木枕枕轨道上使用最广泛的一种扣紧方式。它除用道钉将钢轨、垫板和木枕一起扣紧外，还另用道钉将垫板与木枕单独扣紧。这种扣紧方式可减轻垫板的振动，且零件少、安装方便，其缺点是铺轨受荷载后向上挠曲时，易将道钉拔起，降低扣着力。

图 4-23　木枕混合式扣件

三、混凝土枕扣件

混凝土枕由于重量大、刚度大的特点，对扣件性能要求较高，对其扣压力、弹性和可调性均有较严格要求。

我国混凝土枕扣件，在初期主要使用扣板式和拱形弹片式两种。拱形弹片式扣件由于拱形弹片强度低，扣压力小，易引起变形甚至折断，在主要干线上已被淘汰。目前使用的主型扣件为弹条Ⅰ型扣件。近几年又研制成功适用于重载、高速线路上的弹条Ⅱ、Ⅲ型扣件。下面介绍我国常用的几种混凝土枕扣件类型。

（一）扣板式扣件

扣板式扣件主要由扣板、螺纹道钉、弹簧垫圈、铁座及绝缘缓冲垫板组成，图4-24所示为扣板式扣件。

螺纹道钉用硫黄水泥砂浆锚固在混凝土轨枕承轨台上的预留孔中。在锚固好的螺纹道钉上安装一块刚性扣板，通过平垫圈和弹簧垫圈上紧螺母后扣着钢轨。扣板的一端压紧钢轨底部顶面，同时顶住轨底侧面，以保持必要的轨距和传递横向推力于铁座及混凝土挡肩。在铁座与挡肩之间设绝缘缓冲挡肩垫片，以缓减横向推力的冲击作用，防止混凝土挡肩损坏，并起绝缘的作用。

为适应不同钢轨类型和轨距的需要，分别设计5种不同规格的扣板，每块扣板上下两面的尺寸不同，可以翻转使用，这样就有10个不同尺寸号码。采用不同号码的扣板，可以满足不同钢轨类型及轨距的需要。

扣板式扣件零件简单，调整轨距比较方便，但弹性扣压力较低，在使用过

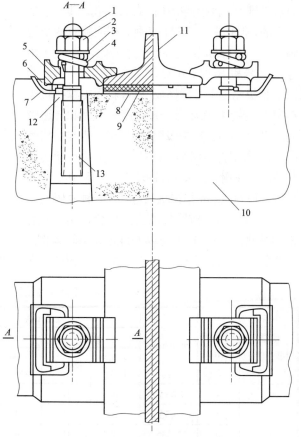

图 4-24　70型扣板式扣件

1—螺纹道钉；2—螺母；3—平垫圈；4—弹簧垫圈；5—扣板；6—铁座；

7—绝缘缓冲垫片；8—绝缘缓冲垫板；9—衬垫；10—轨枕；11—钢轨；

12—绝缘防锈涂料；13—硫黄锚固剂

程中容易松动,适用于 50 kg/m 及以下钢轨的
线路上。

(二)弹条 I 型扣件

弹条 I 型扣件主要由 ω 形弹条、螺纹道钉、
轨距挡板、挡板座及弹性橡胶垫板等组成。图
4-25 所示为 60 kg/m 钢轨弹条 I 型扣件。

图中弹条用于弹性扣压钢轨,要求保持一定
的扣压力及足够的强度。弹条由直径为 13 mm
的 60Si$_2$Mn 或 55Si$_2$Mn 热轧弹簧圆钢制成。弹
条有 A、B 两种型号,其中 A 型弹条较长。对
于 50 kg/m 钢轨除 14 号接头轨距挡板安装 B 型
弹条外,其余均安装 A 型弹条。60 kg/m 钢轨则
全部安装 B 型弹条。

轨距挡板的作用是调整轨距,传递钢轨的横
向水平推力。轨距挡板中间有长圆孔,其大小是
一定的,但孔中心位置有两种,相应就有两个号
码。50、60 kg/m 钢轨各有两个号码,分别为 20
号、14 号和 10 号、6 号。

挡板座用于支撑挡板,后背斜面支撑在轨枕
挡肩上,要求挡板座有一定强度来承受和传递横
向水平力,有足够的绝缘性能以防止漏电。挡板
座两斜面的厚度不同,可调换使用,也可起到调
整轨距的作用。50 kg/m 钢轨有 2-4 和 0-6 两种
号码,而 60 kg/m 扣钢轨只有 2-4 一种号码。

不同号码的挡板与挡板座配合使用,可用
来调整轨距。表 4-11 是以 60 kg/m 钢轨为例,
说明轨距挡板与挡板座号码的配置与调整轨距的关系。

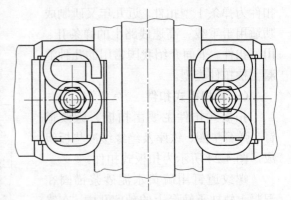

图 4-25　弹条 I 型扣件

1—螺纹道钉;2—螺母;3—平垫圈;4—弹条;5—轨距挡板;

6—挡板座;7—橡胶垫板

表 4-11　弹条 I 型扣件轨距挡板及挡板座号码配置

轨型/(kg·m⁻¹)	钢轨侧磨/mm	轨距/mm	左股钢轨				右股钢轨			
			外侧		内侧		外侧		内侧	
			挡板座号	挡板号	挡板座号	挡板号	挡板座号	挡板号	挡板座号	挡板号
60	4	(1 435)	4	10	2	2	2	6	4	10
	2	(1 435)	2	10	4	4	2	6	4	10
	0	1 435	2	10	4	4	4	6	2	10
		1 437	4	6	2	2	4	6	4	10
		1 439	4	6	2	2	2	10	4	6
		1 441	2	6	4	4	2	10	4	6
		1 443	2	6	4	4	10	6	2	6

弹条Ⅰ型扣件弹性好、扣压力损失较小，能较好地保持轨道几何形位，使用效果好，主要技术性能均优于扣板式扣件。弹条Ⅰ型扣件主要技术性能指标见表4-12，目前它已成为我国混凝土枕线路主型扣件。适用于标准轨距铁路直线及半径 $R \geqslant 300$ m 的曲线地段，与 50，60 kg/m 钢轨相连接。

随着高速、重载铁路运输的发展，对于重型和特重型轨道，弹条Ⅰ型扣件已显能力不足，主要表现在以下方面：

① 弹条的扣压力不足和弹程偏小。弹条的扣压力和弹程的乘积，是衡量弹条性能优劣的重要指标，直接影响弹条扣压力的稳定性和防松能力。弹条有效扣压力的减小，致使防爬能力降低。

② 弹条设计安全强度储备不足，不能适应重载需要，弹条损坏较多。

③ 在曲线地段，当弹条松动时扣件沿混凝土枕挡肩上滑，引起挡肩破损和轨距扩大。

（三）弹条Ⅱ型扣件

弹条Ⅱ型扣件除弹条采用新材料重新设计外，其余部件与弹条Ⅰ型扣件通用，仍为带挡肩、有螺栓扣件。在原使用弹条Ⅰ型扣件地段，可用弹条Ⅱ型扣件弹条更换原Ⅰ型扣件弹条。

设计参数：单个弹条扣压力不小于 10 kN，弹程（即弹条变形量）不小于 10 mm，分别比Ⅰ型扣件提高约 30%；组装扣件承受横向疲劳荷载 7 t，在荷载循环 200 万次后，各部件不得损坏。主要技术性能见表4-12。

表 4-12　我国各类轨枕扣件技术性能

扣件性能 ＼ 扣件名称	70 扣板型	弹条Ⅰ型	弹条Ⅰ型调高	大秦线分开式	弹条Ⅱ型	弹条Ⅲ型
单个弹条初始扣压力/kN	7.8	8.9	8.2	8.9	≥10	≥11
弹条变形量/mm	刚性	8	9	8	10	13
纵向防爬阻力/(kN·m^{-1})	12.5	14.3	13.1	14.3	16	17.6
扣压节点垂直静刚度/(kN·m^{-1})	110～150	90～120	90～120	60～80	60～80	60～80
调轨距量/mm	0～+16	−4～+8	−4～+8	−12～+8	−8～+12	−8～+14
调高量/mm	0	≤10	≤20	≤15	≤10	0
备　注		B 型弹条	A 型弹条	B 型弹条	Ⅱ型弹条	Ⅲ型弹条

为了提高弹条的强度和扣压力，选用了优质弹簧钢 60Si$_2$CrVA 作为Ⅱ型弹条的材料，屈服强度和抗拉强度分别提高了 42% 和 36%。在弹条优化设计的基础上，最后确定弹条的直径不变，与Ⅰ型扣件相同，仍为 13 mm。弹条Ⅱ型扣件具有扣压力大、强度安全储备大、残余变形小等优点。适用于Ⅱ型或Ⅲ型混凝土枕的 60 kg/m 钢轨线路。

轨距的调整仍用轨距挡板和挡板座的不同号码相互调配。

（四）弹条Ⅲ型扣件

弹条Ⅲ型扣件是无螺栓无挡肩扣件。无螺栓无挡肩扣件是世界各国轨枕扣件发展的趋势，特别适用于重载大运量、高密度的运输条件。

图 4-26 为弹条Ⅲ型扣件，它是由弹条、预埋铁座、绝缘轨距块和橡胶垫板组成。弹条Ⅲ

型扣件适用于标准轨距铁路直线或半径只>350 m 的曲线上，铺设 60 kg/m 钢轨和Ⅲ型无挡肩混凝土枕的无缝线路轨道。

弹条Ⅲ型扣件的主要技术性能指标见表 4-12。扣件抗横向水平力的能力为静态 100 kN、动态 70 kN（荷载循环 2.0×10^6 次）；预埋铁座抗拔力不小于 60 kN。

轨距的调整用不同号码的绝缘轨距块配置。绝缘轨距块的号码有 7-9 和 11-13 号两种。不同轨距调整量时绝缘轨距块号码配置见表 4-13。

弹条Ⅲ型扣件具有扣压力大、弹性好等优点，特别是取消了混凝土枕挡肩，从而消除了轨底在横向力作用下发生横移导致轨距扩大的可能性，因此保持轨距的能力很强，又由于取消了螺栓连接的方式，大大减小了扣件养护工作量。

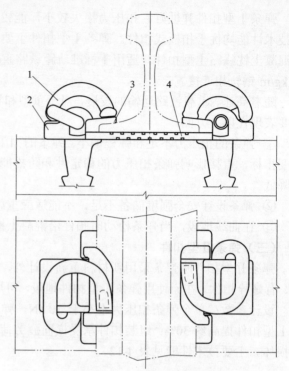

图 4-26　弹条Ⅲ型扣件

1—弹条；2—预埋铁座；3—绝缘轨距块；4—橡胶垫板

表 4-13　弹条Ⅲ型扣件不同轨距调整量时绝缘轨距块号码配置

轨距调整量	左股钢轨		右股钢轨	
	外侧	内侧	内侧	外侧
−8	13	7	7	13
−6	13	7	9	11
−4	11	9	9	11
−4	11	9	11	9
0	9	11	11	9
+2	7	13	11	9
+4	7	13	13	7

4.6　道　床

一、道床的功能及对材质的要求

（一）道床的功能

道床是轨道的重要组成部分，是轨道框架的基础，具有以下功能：

（1）承受来自轨枕的压力并均匀地传递到路基面上；

（2）提供轨道的纵、横向阻力，保持轨道的稳定；

（3）提供轨道弹性，减缓和吸收轮轨的冲击和振动；

（4）提供良好的排水性能，以提高路基的承载能力及减少基床病害；

（5）便于轨道养护维修作业，校正线路的平纵断面。

（二）道床材料

为适应上述道床功能，有砟道床以道砟为材料。道砟应具有以下性能：质地坚韧，有弹性，不易压碎和捣碎；排水性能好，吸水性差；不易风化，不易被风吹动或被水冲走。

用作道砟的材料主要有：碎石、天然级配卵石、筛选卵石、粗砂、中砂及熔炉矿渣等；选用何种道砟材料，应根据铁路运量、机车车辆轴重、行车速度，结合成本和就地取材等条件来决定。我国铁路干线上基本使用碎石道砟，在次要线路上才使用卵石道砟、炉渣道砟。下面仅介绍碎石道砟的技术要求。

我国现行的碎石道砟技术条件是 1990 年开始执行的，标准号为 TB2 140—90。技术条件包含以下三方面的内容。

（1）道砟的分级。碎石道砟根据材料性能及参数指标将道砟分为一级和二级，后在《京沪高速铁路设计暂规》中制定了特级碎石道砟材质标准。碎石道砟的技术参数有：反映道砟材质的材质参数，如抗磨耗、抗冲击、抗压碎、渗水、抗风化、抗大气腐蚀等材料指标参数，为道砟材质的分级提供了依据；反映道砟加工质量的质量参数，如道砟粒径、级配、颗粒形状、表面状态、清洁度等加工指标。表 4-14 列出了道砟材质的分级指标。对于特重型轨道、隧道内轨道及宽轨枕轨道，应使用一级道砟，重型轨道力求使用一级道砟，其他轨道使用二级道砟。

表 4-14 道砟材质分级指标

性 能		特级道砟	一级道砟	二级道砟
抗磨耗抗冲击性能	① 洛杉矶磨耗率 LAA/%	LAA≤20	LAA<27	27≤LAA<32
	② 标准集料冲击韧度 IP	1P>100	1P>95	80<1P≤95
	③ 石料耐磨硬度系数 K 干磨	K 干磨>18	K 干磨>18	17<K 干磨≤18
抗压碎性能	① 标准集料压碎率 CA/%	CA<8	CA<9	9≤CA<14
	② 道砟集料压碎率 CB/%	CB<18	CB<18	18≤CB<22
渗水性能	① 渗透系数 Pm/（cm·s^{-1}×10^{-6}）	Pm>4.5	Pm>4.5	3<Pm≤4.5
	② 石粉试模件抗压强度 σ/MPa	σ<0.4	σ<0.4	0.4≤σ<0.55
	③ 石粉液限 LL/%	LL>20	LL>20	20≥LL>16
	④ 石粉塑限 PL/%	PL>11	PL>11	11≥PL>9
抗大气腐蚀破坏性能	硫酸钠溶液浸泡损失率/%	<10		
稳定性能	① 密度/（g·cm^{-3}）	>2.55		
	② 体积密度/（g·cm^{-3}）	>2.50		
软弱颗粒	饱水单轴抗压强度/MPa	≤20	软弱颗粒含量小于10%（质量比）	

（2）道砟纵配。碎石道砟属于散粒体，其级配是指道砟中颗粒的分布。道砟粒径的级配对道床的物理力学性能、养护维修工作量有重要影响。现行标准考虑了道砟的级配要求，可保证道砟产品有最佳的颗粒组成。宽级配道砟由于道砟平均粒径的减小，大、小颗粒的相互配合以及道砟颗粒之间的填满，使得道砟有更好的强度和稳定性，也有利于道床作业。现行道砟级配标准见表 4-15，级配曲线如图 4-27 所示。

表 4-15　道砟级配标准

方孔筛孔边长/mm	16	25	35.5	45	56	63
过筛质量百分比/%	0～5	5～15	25～40	55～75	92～97	97～100

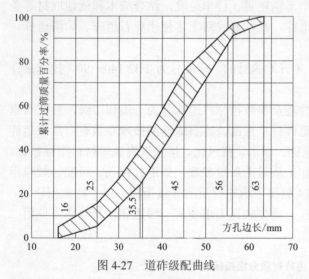

图 4-27　道砟级配曲线

（3）道砟颗粒形状及清洁度。道砟的形状及表面状态对道床的性能有重要影响。一般而言，棱角分明、表面粗糙的颗粒，集料具有较高的强度和稳定性。近于立方体的颗粒，比扁平、长条形颗粒有较高的抗破碎、抗变形、抗粉化能力，一般用针状指数和片状指数来控制长条形和扁平颗粒的含量。凡长度大于该颗粒平均粒径 1.8 倍的称为针状颗粒；厚度小于平均粒径 0.6 倍的称为片状颗粒。我国道砟标准规定，针状指数和片状指数均不大于 50%。

道砟中的土团、粉末或其他杂质对道床的承载能力是有害的，必须控制其数量。土团是指那些泡水后出现软化且丧失其强度的颗粒。粉末会脏污道床，加速道床的板结，影响道床的排水。标准规定黏土团及其他杂质含量的质量百分率不能大于 0.5%；粒径 0.1 mm 以下的粉末含量质量百分率不能大于 1%。

二、道床断面

道床断面包括道床厚度、顶面宽度和边坡坡度三个主要特征。图 4-28 为直线地段道床横断面示意图。

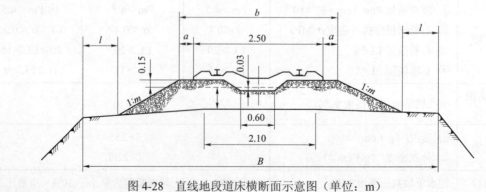

图 4-28　直线地段道床横断面示意图（单位：m）

（一）道床厚度

道床厚度是指直线上钢轨或曲线上内轨中轴线下轨枕底面至路基顶面的距离。

道床的厚度与以下因素有关：道床弹性、道床脏污增长率、垫砟层的承载能力、路基面的承载能力。道床弹性是由相互接触的道砟颗粒之间的弹性变形所引起的，通常情况下道床弹性与道床厚度成正比，并随道砟颗粒粒径的增大、道床空隙比的增加而增加。但是松散状态下的道床，在荷载作用下所产生的变形主要是结构变形，卸载后结构变形不能恢复，故新铺、清筛或作业后尚未密实的道床，尽管在列车荷载作用下变形很大，也并不能说明这种道砟有好的弹性。道床厚度减薄，导致道床弹性变差，其减振吸振的性能变差，在运营条件相同的情况下，道床粉碎、脏污加速，导致日常维修工作量加大，清筛周期缩短，因而足够的道床厚度是控制道床脏污增长率、维持一定的维修工作量和道床清筛周期所必需的；当道床厚度较小时，会在碎石与砂垫层的接触面上形成类似枕底的凹形滞水槽，这是由于碎石层太薄，轨枕荷载没有得到充分扩散，致使分布到垫砟层表面的压应力超过了垫砟层的承载能力，枕下部分的垫砟层表面应力最大，因而逐渐下沉，并形成排水能力差的滞水层。路基面的工作应力主要决定于道床厚度，增加道床厚度是降低路基面应力的主要手段。道床厚度根据运营条件、轨道类型、路基土质选用。

（二）道床顶面宽度

道床顶面宽度与轨枕长度和道床肩宽有关。轨枕长度基本上是固定的，因此道床顶面宽度主要决定于道床肩宽。道床宽出轨枕两端的部分，称为道床肩宽。适当的肩宽可保持道床的稳定，并提供一定的横向阻力。一般情况下，道床肩宽在 450～500 mm 已能满足要求，再宽则作用不大。

我国铁路规定：单线铁路正线碎石道床顶面宽度如表 4-16 所示，双线碎石道床顶面宽度应分别按单线设计。无缝线路半径小于 800 m、非无缝线路半径小于 600 m 的曲线地段，曲线外侧碎石道床顶面宽度尚应增加 0.10 m。

表 4-16　单线碎石道床顶面宽度

轨道类型	路段旅客列车设计行车速度/（km·h^{-1}）	道床顶面宽度/m		道床边坡坡度值
		无缝线路	非无缝线路	
特重型	≤140	3.30	3.10	1:1.75
重型	≤140	3.30	3.10	1:1.75
重型、次重型	≤120	3.30	3.00	1:1.75
中型	≤100	—	3.00	1:1.75
轻型	≤80	—	2.90	1:1.50

（三）道床边坡坡度

道床边坡坡度大小对保证道床的坚固稳定，有着十分重要的意义。道床边坡的稳定取决于道砟材料的内摩擦角与黏聚力，也与道床肩宽有一定的联系。理论计算及实践结果表明，道砟材料的内摩擦角越大，黏聚力越高，边坡的稳定性就越高。同样的，增大肩宽可以容许采用较陡的边坡，而减小肩宽则必须采用较缓的边坡。例如，肩宽 20 cm、边坡坡度 1:2，在保证边坡稳定性方面，与肩宽 35 cm、坡度 1:1.75 和肩宽 45 cm、坡度 1:1.5 具有相同的效果。

在肩部承载能力相同的情况下，一般趋于采用较大的肩宽和较陡的边坡，因为这样可以减小路基面的宽度。但过陡的边坡也不适宜，因为边坡坡角受到散粒体自然坡角的限制和列车振动的影响；国内外的运营实践表明：边坡坡度 1:1.5 不能长期保持稳定，因此我国铁路规定，正线区间道床边坡坡度均为 1:1.75（见表 4-16）。

三、道床的变形

道床作为散粒体结构，本身具有弹性、塑性，在外荷载作用下将产生弹性、塑性变形；荷载消失后，弹性变形部分得以恢复，而塑性变形部分则成为永久变形，或称残余变形。道床的残余变形主要有两方面的原因：一是在荷载作用下道砟颗粒的相互错位和重新排列所引起的结构变形；二是由于颗粒破碎、粉化所形成的颗粒变形，在列车重复荷载作用下，每次荷载作用所产生的微小残余变形会逐渐积累，最终导致整个轨道的下沉。研究和实践表明，在路基稳定和无水害的情况下，轨面的残余下沉和不均匀下沉主要取决于道床，由此说明道床变形是轨道变形的主要来源。

道床的下沉是道床塑性变形随荷载作用而逐渐累积的过程。对下沉的规律，各国铁路都进行了许多研究，如美国、日本、苏联等。各国资料显示：道床下沉与通过总重的关系曲线基本相似，如图 4-29 所示。

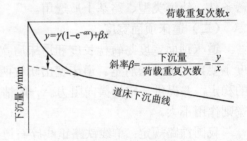

图 4-29 道床下沉曲线

道床的下沉大体可分为初期急剧下沉和后期缓慢下沉两个阶段：初期急剧下沉阶段是道床密实阶段，道床在列车荷载的作用下，道砟首先产生压实，道床碎石大小颗粒相互交错，重新排列其位置，孔隙率减小。也有一些道砟棱角被磨碎，使道床纵、横断面发生变化。这个阶段道床下沉量的大小和持续时间与道砟材质、粒径、级配、捣固和夯拍的密实状况、轴重等有关，一般在数百万吨通过总重之内即可完成。后期缓慢下沉阶段是道床正常工作阶段，这时道床仍有少量下沉，主要是由于枕底道砟挤入轨枕盒和轨枕头、道砟磨损及破碎、边坡溜塌，从而破坏了道床极限平衡状态，这个阶段的下沉量与运量之间有直接关系。这一阶段时间的长短是衡量道床稳定性高低的指标，也是确定道床养护维修的重要依据。

道床下沉量与各种影响因素之间的关系可以用道床下沉曲线来表示。日本试验的道床下沉曲线数学表达式为：

$$y = \gamma(1 - e^{-\alpha x}) + \beta x \tag{4-7}$$

式中　y——道床下沉量（mm）；

　　　x——荷载重复作用次数，$x = M \cdot t$，M 为年运量（Mt），t 为时间（年）；

　　　α——系数；

　　　β——系数；

　　　γ——初期下沉当量，它是后期下沉部分的延长线与纵坐标的交点，一般为 2.5～5 mm。

这个公式分为前后两项。第一项表示道床初期急剧下沉阶段，即压实过程，其中 γ 表示初期下沉当量，也就是初始密实状态，γ 值越小，表示道床捣固和夯拍质量越好，对线路下沉显然是有利的。a 表示道床的压实性能，a 值越大，表示完成第一阶段的过程越短；第二项 βx 表示道床后期缓慢下沉阶段，即道床压实终结后道床的稳固性。β 表示压实终结之后道床稳定性能的下沉系数，在运营过程中，道床残余变形的积累主要取决于 β 值的大小。β 值越小，道床越稳定，沉陷越慢，β 值的大小与道床压力、道床振动加速度和道床脏污程度有关。

4.7　线路爬行及曲线加强

一、线路爬行及其防止

列车运行时产生纵向水平力，使钢轨沿着轨枕或轨道框架沿着道床顶面纵向移动，这种现象称为线路爬行。使钢轨产生爬行的纵向水平力称为爬行力。

一般情况下，钢轨爬行是沿着列车运行方向的。当轨枕扣件扣压力不足，扣件阻力小于轨枕下道床纵向阻力时，则钢轨沿轨枕顶面爬行；如果扣件阻力大，而道床纵向阻力小，则钢轨——轨枕框架（简称轨道框架）就沿着道床顶面爬行。

影响线路爬行的因素有：

（1）长大下坡、进站地段，列车减速、限速、制动地段；

（2）运量大，爬行量也大，爬行方向与列车运行方向一致；

（3）列车轴重大、速度高，则沿着运行方向爬行也大；

（4）线路状态不良，扣件松弛，道床松散，爬行加大。

线路爬行时引起钢轨轨缝的挤严或拉大，轨枕歪斜，间距不一致，加剧线路的动力不平顺，增加了维修工作量。如果是在无缝线路、道岔前后、桥梁两端处的线路爬行，会产生更加严重的后果。

为了防止线路爬行，必须提高线路的纵向阻力：一是提高扣件阻力，采用弹性扣件，加大扭矩，防止螺栓松动，保持一定的扣压力；二是加强道床的捣固、夯实，以提高轨枕下道床的纵向阻力。在正常情况下，混凝土枕线路的每根轨枕下，道床的纵向阻力应大于 10 kN。

对于木枕道钉扣件、混凝土枕扣板式扣件，一股轨下的扣件阻力分别为 500 N、4 000 N（扭矩为 80 N·m），都比道床纵向阻力小，因此，必须采取补充措施，加强钢轨的锁定，防止钢轨沿轨枕面爬行。这些补充措施就是设置防爬设备。防爬设备有两种：一种是弹簧防爬器；另一种是穿销式防爬器。我国广泛应用穿销式防爬器。

穿销式防爬器由轨卡、挡板和穿销等组成（如图 4-30），挡板紧贴在轨枕侧面，通过穿销使轨卡紧紧地卡在轨底。这样，当钢轨爬行时，带动防爬器一起前进，而挡板又贴靠轨枕，因此又带动轨枕一起爬行，发挥了穿销防爬器的防爬作用。一个防爬器的阻力为 15 000 N，而一根木枕或Ⅰ型混凝土枕下道床阻力只有 7 000～10 000 N，发挥不了防爬器的阻力作用，因

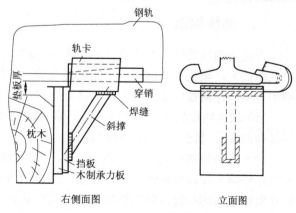

图 4-30　防爬器

此，在线路上使用时，要在 3～5 根轨枕之间安装防爬木撑（或石撑），将轨枕连成整体，充分发挥防爬作用，我们把防爬器和木撑组成一起称为防爬设备。

左、右两股标准轨下安装防爬器的数量，可参见《铁路线路修理规则》（表 4-17）。

表 4-17　正线防爬器安装数量和方式

线路及运营特征	安装方向	非制动地段/对		制动地段/对	
		25 m 钢轨	12.5 m 钢轨	25 m 钢轨	12.5 m 钢轨
复线单方向运行线路	顺向/逆向	6/2	3/1	8/2	4/1
单线两方向运量接近	顺向/逆向	4/4	2/2	6/4	3/2
单线两方向运量显著不同	运量大/运量小	6/2	3/1	8/2	4/1
	运量小/运量大	—	—	4/6	2/3

在复线、道岔区的防爬器分正向（又称顺向）防爬器和反向（逆向）防爬器两种。所谓正向防爬器是指阻止列车向运行方向爬行的防爬器，反之为反向防爬器。

从上面分析可知，不是所有的线路都要安装防爬设备，而只对扣件阻力不足的线路地段安装防爬器，具体使用条件如下：

（1）木枕线路正线及到发线，应根据运量情况参照表 4-17 安装防爬设备。其他站线、道岔，应根据爬行情况适当安排防爬设备。对驼峰线路、有正规列车通过的道岔、绝缘接头、桥梁前后各 75 m 地段，应增加防爬设备数量。

（2）混凝土枕线路使用弹条 I 型扣件时，可以不安装防爬设备。使用其他扣件时，对线路坡度大于 6‰的地段、制动地段、驼峰线路、有正规列车通过的道岔、绝缘接头、桥梁（明桥面）前后各 75 m 地段，可根据具体情况安装防爬设备，数量可比木枕线路适当减少。

（3）在碎石道床地段，单方向锁定为一对穿销式防爬器和三对支撑；双方向锁定为两对穿销式防爬器和三对支撑组成，对砂石道床和卵石道床可比照碎石道床，每组防爬器增加一对支撑。

（4）防爬设备应安装在钢轨中部，不宜安装在接头附近两根轨枕处，支撑应安装在轨底下。不使用大型养路机械的线路，支撑可安装在距轨底边净距为 350 mm 的道心处。

（5）在混凝土枕上装防爬器时，为了与混凝土枕斜面贴靠，需加斜形承力板装在防爬器的挡板与混凝土枕斜面之间。

二、曲线加强

在线路曲线地段，尤其是小半径曲线地段，列车通过时，横向水平力比直线段大，可导致轨距扩大，轨道框架横移，平面位置歪曲，轨枕挡肩损坏，养护维修工作量增加。因此，必须对小半径曲线段予以加强，加强办法有：

（1）增加轨枕配置，提高轨道框架横向稳定性。对于混凝土枕轨道及≤800 m 的曲线（包括缓和曲线），每公里增加轨枕根数见表 4-8。

（2）安装轨撑或轨距杆（图 4-31），提高钢轨水平方向的稳定性，防止轨距扩大。轨撑安装在钢轨外侧以顶住轨头下颏和轨腰，防止钢轨外倾。轨距杆是一端扣住外轨轨底，另一端扣住里轨轨底的拉杆，防止钢轨位移，保持轨距。实践证明，轨撑、轨距拉杆都是比较有效地防止轨距扩大、车轮脱轨的重要手段。

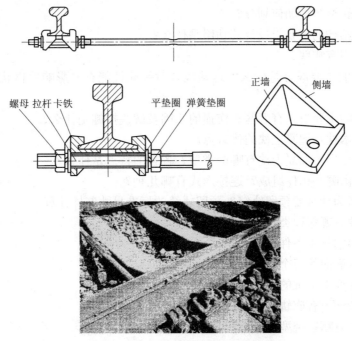

图 4-31　曲线上安装的轨撑和轨距杆

表 4-18 为木枕线路正线半径 $R \leq 800$ m 和站线半径 $R \leq 450$ m 的曲线轨道需要安装的轨距杆或轨撑的数量。

对于半径 $R \leq 350$ m 的曲线和道岔导曲线，可根据需要安装轨距杆和轨撑两种加强设备。

铺混凝土枕的线路，在行驶电力机车的区段，且在半径 $R \leq 600$ m 的曲线上，其他区段 $R \leq 350$ m 的曲线，可根据需要比照表 4-18 安装轨距杆或轨撑，或采用保持轨距能力较强的弹性扣件。

轨距杆有普通轨距杆和绝缘轨距杆两种，在有轨道电路的线路上，应当采用绝缘轨距杆。

（3）堆高曲线外侧砟肩石砟，以增加曲线道床横向阻力，也是曲线加强的一项有效措施。

表 4-18　轨距杆或轨撑安装数量

曲线半径/m	轨距杆/根		轨撑/对	
	25 m 钢轨	12.5 m 钢轨	25 m 钢轨	12.5 m 钢轨
$R \leq 350$	10	5	14	7
$350 < R \leq 450$	10	5	10	5
$450 < R \leq 600$	6～10	3～5	6～10	3～5
$600 < R \leq 800$	根据需要安装			

 复习思考题

1. 运营条件主要由哪些参数来描述？与轨道类型选择有何关系？

2. 我国正线轨道类型如何划分？

3. 有砟轨道结构的主要组成及其功用是什么？

4. 钢轨的类型有哪些？

5. 钢轨材质的主要成分是什么？这些成分对钢轨性能有何影响？钢轨机械性能用哪些指标来衡量？

6. 钢轨伤损的主要形式有哪些？伤损的原因及解决措施是什么？

7. 比较一下木枕及混凝土枕的优缺点。

8. 目前我国使用的混凝土枕有哪些类型？各自的特点是什么？

9. 钢轨接头由哪些扣件组成？连接形式有哪几种？

10. 普通轨道为什么要预留轨缝？预留轨缝的标准尺寸怎样计算？

11. 中间扣件有哪些种类？其特点是什么？

12. 道砟材料的技术条件有哪些？

13. 碎石道床断面的三个特征是什么？

14. 碎石道床变形下沉的阶段和特点是什么？

15. 总结比较一下有砟轨道与无砟轨道的特点。

16. 无砟轨道有哪些类型？其结构特点是什么？

17. 轨道爬行的原因、危害及防止措施有哪些？

18. 如何进行线路防爬和曲线加强？

5

无 砟 轨 道

项目描述

　　无砟轨道是由混凝土或沥青混合料等取代散粒道砟道床而组成的轨道结构形式，具有轨道平顺性高、刚度均匀性好、轨道几何形位保持持久、维修工作量显著减少等特点，因此在世界各国铁路建设中得到广泛的应用。近年来，随着我国客运专线的发展，无砟轨道成为我国轨道结构的发展趋势。本章介绍了国内外无砟轨道结构的发展，主要介绍了日本、德国的板式、双块式无砟轨道的结构特点、我国无砟轨道结构的形式、无砟轨道的扣件系统，以及无砟轨道过渡段的结构形式等。

5.1　概　　述

　　国外高速铁路的运行经验和试验研究表明，在列车速度达到 300 km/h 时，有砟轨道仍能保证列车的安全运行，法国、日本和德国的高速铁路都有有砟轨道线路。道砟能为线路提供一定的弹性，吸收轮轨的冲击振动，而且其表面具有良好的吸收噪声作用。但其不足之处是在列车荷载反复作用下，轨道的残余变形积累很快，且沿轨道纵向不均匀分布，从而导致轨道高低不平顺，影响旅客乘坐的舒适性，增大轨道维修养护工作量。法国的高速铁路为客运专线，列车的轴重较轻，车辆状态良好，所以对轨道的破坏相对较小；而德国为客货混运线路，货车的轴重较大，对线路的破坏也相对较为严重，而高速铁路又要求线路具有良好的几何状态，所以德国也在寻求结构较为稳定的无砟轨道结构用于客货混运的高速线路。

　　城市轨道交通线路昼间运行繁忙，一般只能在晚间对线路进行维修养护，而且要求线路能满足昼间列车不间断运行的条件。为了减小轨道的维修养护，延长维修周期，同时避免清筛有砟轨道的道砟对环境产生的污染，所以一般在地下和高架线路都采用无砟轨道结构。

　　为了轨道的稳定性和耐久性，实现少维修的目的，宜发展无砟轨道结构。世界各国铁路在基础坚固的隧道内、高架结构和桥梁上成功采用了无砟轨道。用混凝土板体基础取代了传统轨道中的轨枕和道床，板体基础下是由聚合物或水泥沥青混合物灌注的特制垫层。这样，轨下基础既有足够的强度和稳定性，又有一定的弹性，残余变形的积累甚小，轨道结构得以加强，实现了轨道少维修的目的。

　　无砟轨道类型较多，常见的有整体道床轨道、弹性支撑轨道、长枕埋入式轨道、板式轨道等结构形式。而整体道床又分为支撑块式整体道床、整体浇筑式整体道床、弹性整体道床等；弹性支撑轨道又分短轨枕式、长轨枕式及双头轨枕式；长枕埋入式轨道又分普通钢筋长枕埋入式、预应力钢筋长枕埋入式及双头轨枕埋入式；板式轨道又分为普通钢筋混凝土板式轨道、预应力混凝土板式轨道、防振板式轨道以及浮置板轨道。

与有砟轨道相比较，无砟轨道具有如下优点：

（1）轨道稳定性好，平顺性好，舒适性好；

（2）养护维修工作量少，可较好地保持轨道的几何形位，使用寿命长；

（3）整洁、美观，利于环保。

因此，无砟轨道适合于在高速铁路和城市轨道交通中应用。但无砟轨道的缺点是造价较高，施工较复杂，要求扣件的性能也较高，所以在采用无砟轨道时要充分进行技术和经济比较。

日本是发展无砟轨道较早、较快的国家。早在1923年日本就在室兰线伏古别隧道内铺设了混凝土整体道床轨道，之后至20世纪60年代，日本无砟轨道主要是在隧道内铺设短木枕和混凝土支撑块式整体道床。为适应高速铁路对少维修轨道的需要，自20世纪60年代起，日本研发了A型板式无砟轨道，并成功地应用于山阳、东北、上越等新干线上，且东北、上越新干线上板式轨道占线路延长的90%以上。日本较早在土质路基上试铺无砟轨道，设计有专门应用于土质路基的RA型板式轨道。为配合板式轨道的应用，日本还专门研制了直接型系列无砟轨道专用扣件。

德国是使用无砟轨道较多的国家。为适应高速行车的需要，德国铁路一直致力于无砟轨道的研发与试铺，以期逐步取代有砟轨道。1959年，德国在希埃恩坦和汉斯坦堡隧道内首次试铺了板式无砟轨道，此后，于1967年，德国又在厄尔达车站及班堡—福尔海区间等地铺设了多处板式无砟轨道。但德国最终发展的还是长枕埋入式无砟轨道。1972年，在Rheda车站上试铺了Rheda型长枕埋入式无砟轨道。经试用表明，该无砟轨道维修量小、运营效果良好，因此确定为以后发展的主型轨道。Rheda轨道经过数次结构上的修改与完善，发展出了适合于隧道内、桥上及土质路基上的各种Rheda轨道系列。埋入的轨枕也从早期的3孔预应力混凝土枕发展至4孔、5孔预应力混凝土枕，再发展至Rheda HST和Rheda 2000型的双头轨枕，并以Rheda 2000型轨道作为主型无砟轨道；柏林—汉诺威和法兰克福—科隆两条高速铁路上铺设无砟轨道的长度分别为70%和100%。

无砟轨道在我国也已得到大量的推广应用，早在1934年和1939年，我国就在东北牡图线北老岭隧道和沈丹线福晋岭隧道内铺设了长木枕和短木枕式混凝土整体道床轨道。从1958年开始至1980年，我国铁路在无砟轨道等新型轨下基础的研制及推广应用中，经过了研发试铺期、筛选定型期及扩大推广期，在成昆线、北京地铁、皖赣线的隧道和许多车站上研发试铺了大量的整体道床轨道、普通钢筋混凝土板式轨道等多种结构形式：这期间确定了我国无砟轨道的主要形式为整体道床，并且建议了隧道内整体道床的定型图。进入20世纪90年代，为适应我国铁路客运专线和高速运输的需要，经过对国外无砟轨道技术的引进和消化，又在隧道内和特大桥上铺设了长枕埋入式轨道、板式轨道和弹性支撑轨道，取得了较好的效果。此外，在地铁的高减振地段，还积极引进和采用了浮置板轨道。

2004年以来，在我国客运专线建设中，采用了多种类型的无砟轨道结构，如京津客运专线采用博格板；武广客运专线采用Rheda2000；郑西客运专线采用旭普林轨道结构；还有多条线路采用了日本的板式轨道；我国台湾省高速铁路也采用日本的板式轨道。在城市轨道交通建设中，也是采用无砟轨道结构为主，主要类型有长枕埋入式、短支撑块式、浮置板、弹性支撑块等轨道结构。

5.2 国外铁路无砟轨道结构

目前,世界铁路无砟轨道结构主要是以日本和德国的高速铁路无砟轨道为代表,世界各国采用的无砟轨道结构类型较多,本节介绍主要几种类型的无砟轨道结构。

一、日本板式无砟轨道

日本板式无砟轨道的标准定型有普通 A 板、框架型、土质路基上的 RA 型及特殊减震区段的减震 G 型等。其中,A 型板式轨道作为基本轨道结构推广应用。

(一) A 型板式轨道

为了适应高速行车的需要,解决线路维修的困难,以及由于山阳、东北、上越等新干线桥隧工程结构占全线的比例非常大,从 20 世纪 60 年代中期以来,日本铁路成功地研制开发了无砟板式轨道。20 世纪 70 年代在山阳新干线(大阪—冈山段)试铺了 8 km(双线),到 1997 年 10 月完工的北陆新干线(高崎—长野段)铺设的 155 km(双线),日本板式轨道累计铺设已达 2 400 km。东北、上越新干线板式轨道分别占全线延长公里的 90% 和 93%。目前,已标准定型并作为基本轨道结构推广应用,如图 5-1 所示。

图 5-1 日本 A 型板式轨道

A 型板式轨道是由钢轨、扣件、轨道板、水泥沥青砂浆垫层、混凝土基床和凸形混凝土台柱构成,如图 5-2 所示。A 型板式轨道的特点是在混凝土基床与轨道板之间铺有一层 50 mm 厚的乳化沥青水泥砂浆(CA 砂浆),作为全面支撑预制的钢筋混凝土轨道板的垫层,使轨道结构具有足够的强度和一定的弹性。

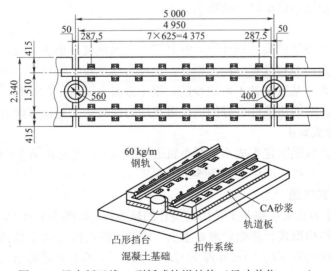

图 5-2 日本新干线 A 型板式轨道结构(尺寸单位:mm)

1. 轨道板

轨道板是把来自钢轨和扣件的轮载均匀地传给水泥沥青砂浆垫层，并且把轨道纵向荷载和横向荷载传递给混凝土凸形挡台。板式轨道的结构设计，是把水泥沥青砂浆作为弹性垫层，并把钢轨和轨道板作为弹性支撑上的叠合梁处理的，或者采用把钢轨作为梁，轨道板作为平板的有限元法处理。

轨道板的外形分为承轨槽式和铁垫板式两种。承轨槽式用于隧道内直线地段，而铁垫板式用于高架结构和曲线地段。新干线用轨道板沿钢轨纵向长为 4 950 mm，宽为 2 340 mm，轨下截面厚度为 160 mm，两端和中间截面厚度为 200 mm；板中预埋了钢轨扣件的螺栓套管，位置要求十分准确。

2. 沥青水泥砂浆填充层

在轨道板与混凝土基床之间填充的乳化沥青水泥砂浆垫层（CA 砂浆或 CAM），相当于有砟轨道的道砟层，以与枕下道砟层有同样弹性作用为宜，作为有此作用的材料，应以对列车走行的破坏影响极小，耐久性强，成本低廉为 CA 砂浆的开发原则。水泥灰浆虽具有强度高和耐久性长的优点，但弹性效果差；而乳化沥青的耐久性虽差，但具有黏性和富于弹性。因此，采用了将两者结合起来的 CA 砂浆，其材料是由特殊沥青乳剂、水、水泥和细集料拌合而成的半刚性体，这样，它不仅给轨道以适当的弹性，可填充轨道板与混凝土基床之间的间隙，还能同钢轨扣件一起，用以调整轨道高低不平顺部分。

CA 砂浆最大厚度为 40 mm，建造时 CA 砂浆的施工厚度为 50 mm±10 mm。在轮重的作用下，轨道板的中部挠度为 0.061 mm，该值即为 CA 砂浆垫层的受压变形。作为设计值用的 CA 砂浆的弹性系数采用 K_p=122.5 MPa，因而，CA 砂浆的压应力 σ_{ca28}=9.8 MPa。另外，要求轨道板与 CA 砂浆之间的摩擦系数至少为 0.35。

3. 混凝土凸形挡台

对于板式轨道，为把轨道的纵向荷载和横向荷载传给基础，在轨道两端的中间，设有直径为 400 mm、高为 200 mm 的混凝土凸形挡台，与混凝土基床灌注成为一个整体。轨道板与凸形挡台之间用 CA 砂浆填充。设置凸形挡台，有助于固定轨道板的纵向和横向位置，同时又可作为板式轨道铺设和整正时的基准点。

4. 混凝土基床

混凝土基床按弹性基础梁或板计算，并且在现场就地灌注而成。混凝土基床仅仅是在露天区间的曲线地段为调整和设置超高才修建，而在直线地段上则没有。但考虑到隧道超挖、回填碾压不够等因素，基床更是不可缺少的。至于混凝土基床下的结构，对地质不良的岩体应修建仰拱或底盘，对地质条件良好的地段可在均匀混凝土上直接修建混凝土基床。

（二）框架式板式轨道

日本为节省板式轨道的建设成本，减小轨道板的翘曲，在标准 A 型轨道板的基础上，研制出框架式轨道板，并推广应用，如图 5-3 所示。

（三）RA 型板式轨道

RA 型轨道板是为在土质路基上使用而设计的轨道板，如图 5-4 所示。考虑到土质路基沉降变形较大，板的结构形式和基础处理是重点。轨道板的结构与 A 型轨道板类似，沥青混凝土底座与轨道板之间仍采用约 50 mm 厚的 CA 砂浆层垫，CA 砂浆调节层的厚度视施工质量而定，最小为 40 mm，最大为 100 mm。为方便在基础沉降过大时进行 CA 砂浆填充等维修工作，轨道板做成小板，每块板上设 4～6 组扣件。基础处理时，在路基面上铺设 300 mm 厚的砾石层，之上用 200 mm 厚的沥青混凝土层代替普通钢筋混凝土，作为轨道板的基础。

图 5-3　日本框架式轨道板

（四）减振 G 型板式轨道

日本铁路部门在研究防止噪声和减轻振动的轨道形式方面做了大量研究，试制了 C、D 和 E 型三种防振轨道板轨道，已在东北铁路试验段上铺设。

C 型防振板式轨道（见图 5-5）采用普通钢筋混凝土轨道板，表面呈凹凸形。轨道板最厚处 320 mm，最薄处 170 mm，板重是日本 A 型板的 1.4 倍，约 7.7 t。板下铺有 1 层厚度为 25 mm 的橡胶垫层，其下设有一厚度为 40 mm 的 CA 砂浆层。具有明显地减轻振动的效果。图 5-6 所示为减振 G 型轨道板底橡胶垫层的厂内粘贴图片。

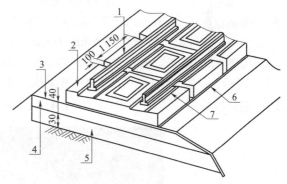

图 5-4　日本土质路基上 RA 型轨道板（单位：mm）

1—钢轨；2—RA 型钢筋混凝土轨道板；3—沥青板；

4—沥青混凝土层；5—砾石；6—水泥砂浆层；7—轨下垫层

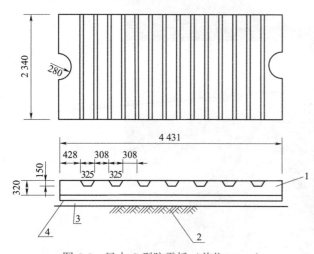

图 5-5　日本 C 型防震板（单位：mm）

1—C 型钢筋混凝土板；2—高架桥桥面；3—CA 砂浆；4—橡胶垫层

图 5-6　减振 G 型轨道板底橡胶垫层的厂内粘贴

D 型防振轨道板，在预应力混凝土轨道板底面涂 1 层环氧树脂，而后撒上尿烷树脂和热融性胶质粉末的混合物，经辗压后，形成厚度为 25 mm 并与轨道板粘合为一体的弹性垫层。该弹性垫层的弹性系数为 A 型板下 CA 砂浆层的 1/3。

E 型防振板式轨道由板和隔振部件组成，出厂后运至现场组成框架式结构。该轨道形式施工和更换方便，中间空隙还可放入石砟，起消声作用。

二、德国铁路无砟轨道

（一）博格板式轨道

联邦德国铁路部门长期从事无砟轨道的开发与研制。1959 年，在希埃恩坦隧道和汉斯坦堡隧道第一次试铺了板式无砟轨道，其主要特点是在仰拱或岩床上铺设一层厚为 50 mm 的垫层，在其上面铺放钢筋混凝土轨道板。1967 年，联邦德国铁路在厄尔达车站修建了板式无砟轨道试验段。这种板式轨道能适应 250 km/h 以上的高速列车，它共有四层能够承重的基础层，首先在路基面上填上一层厚为 15 cm 的水泥混合土，其上铺一层 20 cm 厚的 C80 混凝土，再在上面铺设厚度为 20 cm 的聚苯乙烯泡沫混凝土，然后是一层 22 cm 厚的 C350 连续配筋式混凝土板。这种板式轨道通过 3 800 万 t 运量后，轨道只有 4～5 mm 的均匀下沉，效果良好。

德国 MaxBogl 公司在 1996 年开始研发 FFBogl（博格）预制板板式轨道系统，如图 5-7（上）所示，我国京津城际客运专线就采用过博格板式无砟轨道。这种板式轨道其结构类似于日本的板式轨道，板的外形尺寸为 6 450 mm×2 550 mm×200 mm，是横向预应力的预制板，

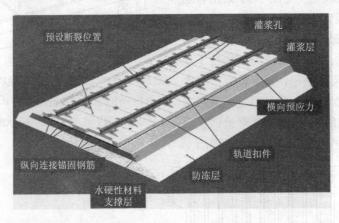

图 5-7　德国博格预制板板式轨道

为 C45 或 C55 钢纤维混凝土，纵向接头由螺栓连接。在路堤、路堑、隧道和桥梁上都可使用这种轨道结构，但在路堤上铺设这种轨道结构时，则必须要求路基完成初始沉降，并要求路基的残余下沉量在允许范围内。在隧道内和路堑上铺设这种轨道结构时，就没有路基下沉问题。为保护天气变化对路基的影响，在路基表面铺设有砾石保护层，以阻隔毛细作用。

预制板铺设时，接缝间距为 5 cm，以调整板的位置。板的位置调整完毕后，用螺栓将两块板的纵向钢筋连接起来，然后注浆，最后将注浆孔密封。两块板连接完毕后，在接缝处用混凝土填实。在轨道板表面横向锯槽，以防板的热胀冷缩引起开裂。图 5-7（下）为德国博格预制板板式轨道实物照片。

（二）Rheda（雷达）型无砟轨道

Rheda 型轨道就是长枕埋入式轨道结构，是当前德国较为成功的一种无砟轨道，德国一直向国外推荐这种轨道结构用于高速铁路和城市轨道交通。1972 年，原联邦德国铁路在 Rheda 车站试铺了枕式无砟轨道，轨下基础是由整体混凝土枕和现浇钢筋混凝土板组合而成的。这种轨道是在路基面上先铺一层厚度为 15 cm 的水泥混合土，其上又铺有 20 cm 厚的聚苯乙烯泡沫混凝土层，主要起保温作用，但也能承重。在该层之上直接灌注厚度为 14 cm 的连续配筋式混凝土，再在其上放置 B70S 型混凝土枕，枕长 2.2 m，轨枕中设有四个横向预置孔，轨道纵向钢筋从孔中穿过，在两枕之间再绑扎横向钢筋，浇灌混凝土后，使之成为整体。整体式混凝土枕与现浇混凝土槽板之间留有 3～5 cm 的间隙用作调整水平，混凝土枕间隔和枕下部分填充 C250 混凝土。运营实践表明，试铺在 Rheda 车站的枕式无砟轨道，除调整钢轨扣件作业以外，几乎没有其他作业，维修工作量很少。这种无砟轨道经过不断改进和完善，现已把它标准定型为 Rheda 型无砟轨道，如图 5-8 所示。

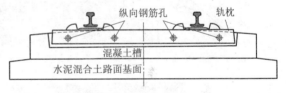

图 5-8　Rheda 型无砟轨道

此种轨道结构广泛应用于土质路基上、隧道内和高架桥上。在隧道内，混凝土道床槽板直接铺设在隧道基础上；在高架桥上道床板与桥面底座之间有一层隔离层，底座表面与道床板板底互设凹凸形榫槽，以控制道床板相对于梁面的位移。

为了使得轨枕与整体道床很好地结合，在 20 世纪 90 年代末，德国开发了 Rheda2000 型轨道结构，如图 5-9 所示。Rheda2000 型比 Rheda 型有较大的改进，Rheda2000 型是用三角形钢筋框架连接起来的两块支撑块，现场铺设时，三角形钢筋框架与道床的纵横向钢筋连成一体，从而使得轨枕与道床具有较好的整体性。图 5-10 是 Rheda2000 型无砟轨道实物照片。

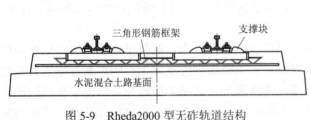

图 5-9　Rheda2000 型无砟轨道结构

图 5-10　Rheda2000 型无砟轨道

（三）旭普林（Züblin）无砟轨道

1974 年开发了旭普林无砟轨道，在科隆—法兰克福高速铁路上成功铺设了 21 km。该轨道结构是与 Rheda 型轨道结构类似的一种无砟轨道结构，都是在混凝土道床上铺设双块埋入式短枕无砟轨道，但采用的施工工艺不同。整个轨道系统从上至下由钢轨扣件系统、轨枕、混凝土承载板、水硬性承载层及防冻层（路基段）组成，如图 5-11 所示。旭普林双块式轨枕由两个普通配筋的混凝土块通过桁架钢筋连接而成，通过桁架钢筋以及两侧的附加钢筋与混凝土承载板浇筑在一起。如何将轨枕精确定位并保证混凝土结构的耐久性，是设计、施工中的核心问题。

Züblin 型无砟轨道研发初衷是寻求一种高度机械化的施工方法，以解决 Rheda 轨枕埋入式无砟轨道传统的手工施工带来的进度慢、成本高的问题，其施工效率可达 150～200 m/8 h。旭普林轨道与 Rheda 轨道的最大区别在于：施作方式上的不同——采用轨枕压入式的施工方法。这种方法有利于消除轨底气泡、加强轨枕与承载板的连接、精确定位轨道几何形位、减小因施工带来的轨道内应力和变形。

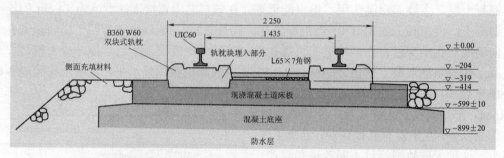

图 5-11　旭普林（Züblin）无砟轨道

（四）浮置板轨道

德国的浮置板轨道结构在世界上也是处于领先地位，浮置板轨道结构如图 5-12 所示。浮置板轨道结构的投资成本较其他轨道结构大，所以只用于一些有特殊减振要求的地段。目前，世界上浮置板轨道结构主要用于城市轨道交通。

浮置板轨道由钢轨、扣件、钢筋混凝土浮置板、弹性支座、混凝土底座组成。这种结构是将钢轨通过扣件固定在浮置板上，而浮置板置于可调的弹性支座上，隔振器有嵌入式和侧置式两种。板的两边也用弹性材料固定形成一弹性系统，其基本原理是在轨道和基础间插入一具有较高质量的固有频率远低于激振频率的减振器，大大减小了振动传入基础。隔振的装置可以是橡胶或钢弹簧，但钢弹簧支撑的浮置板轨道在减振性能和使用寿命上更优于橡胶支撑。浮置板轨道结构首先在德国汉堡的地铁中使用，因其优越的减振效果，以后又在科隆地铁、波恩至穆尔海姆、杜塞尔多夫轻轨上使用，在华盛顿、纽约、亚特兰大、多伦多、布鲁塞尔地铁中均有采用。我国在深圳地铁、北京城铁、南京地铁 1 号线以及上海明珠线二期均有使用。浮置板也因使用条件的不同有多种尺寸，并有预制和现浇之分。浮置板轨道与其他形式的轨道结构连接时可采用加密隔振器等办法，以增大浮置板轨道的支撑刚度。为保护钢轨不受大的额外剪力，在浮置板之间设剪力铰，剪力铰可传递垂直荷载，可保证相邻浮置板协同受力，接头变形基本一致。

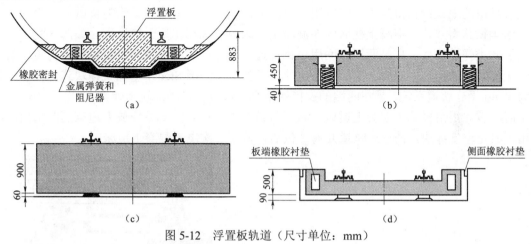

图 5-12　浮置板轨道（尺寸单位：mm）

（a）圆形隧道内钢弹簧浮置板轨道结构；（b）桥上钢弹簧浮置板轨道结构；

（c）橡胶浮置板轨道结构 1；（d）橡胶浮置板轨道结构 2

三、欧洲其他国家铁路和地区的无砟轨道

英国铁路从 1960 年开始研究无砟轨道，1996 年起开始试铺各种形式的板式无砟轨道。英国铁路的无砟轨道与日本新干线和德国铁路干线所铺设的板式轨道均不相同，它是用钢筋混凝土灌注成的无接缝连续的刚性道床板上直接支撑钢轨，在轨底与混凝土道床之间放置一条带状的连续橡胶垫层，以给轨道提供必要的弹性，采用 Pandrol 弹条扣件连接。这种轨道也称为 PACT 型无砟轨道，如图 5-13 所示，该类型轨道具有投资较低、维修费用少、噪声小、稳定性强等特点，适宜在隧道内和高架桥上使用，但由于轨道板与其基础是刚性连接，故要求基础必须坚实、不变形，一旦混凝土道床损坏，修复很困难。

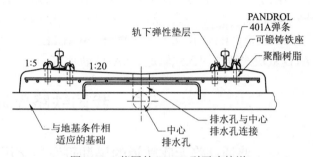

图 5-13　英国的 PACT 型无砟轨道

为了提高轨道结构的弹性，在法英之间的英吉利海峡隧道内铺设了弹性支撑块式无砟轨道（LVT——Low Vibration Track）。这种弹性靴套支撑块式低振动混凝土无砟轨道是采用两块独立的混凝土支撑块，块下加设弹性垫层。支撑块的下部和周边加设橡胶靴套，当支撑块

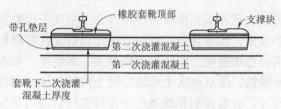

图 5-14 弹性支撑块式轨道结构

的高低、水平和轨距调整完毕以后，就地灌注道床混凝土将支撑块连同橡胶靴套包裹起来而构成的弹性支撑块式无砟轨道，如图 5-14 所示。这种轨道结构的特点是块下弹性垫层可提供轨道垂向弹性，橡胶靴套则可提供轨道纵向和横向的必要弹性。

这种无砟轨道在瑞士、丹麦、葡萄牙、比利时、委内瑞拉等国铁路均得到了应用和发展，我国安康线（西安—安康）18 km 长的秦岭隧道内也使用了这种轨道结构；在哥本哈根、亚特兰大等城市的地铁内也得到了推广应用。我国城市轨道交通也铺设了此类轨道。

法国铁路将双块式混凝土枕嵌固在混凝土道床内的 Stedef 型无砟轨道，如图 5-15 所示，也属于此类弹性轨枕，只是两短枕间用一钢杆连接。法国的高速铁路以有砟轨道为主，所以对于无砟轨道的研究也较少。瑞士铁路也使用了类似于法国 Stedef 型的支撑块式无砟轨道，称为 Walo 无砟轨道系统，是在两端的支撑块下套上橡胶靴以增加轨道弹性，如图 5-16 所示。施工时，首先用滑模施工混凝土道床，然后将带有橡胶靴套的支撑块放人道床的凹槽内，用专用模具定位支撑块，调整好轨道几何形位后，再第二次浇筑混凝土道床。

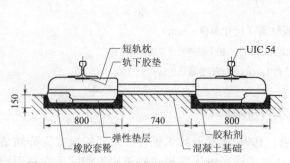

图 5-15 Stedef 型无砟轨道（尺寸单位：mm）

图 5-16 Walo 无砟轨道系统

除了以上介绍的几种无砟轨道结构外，欧洲尚有多种类型的无砟轨道结构，但结构上大同小异。如荷兰的 BlokkenspoorNS 轨道、SONNEVILLE 弹性支撑块轨道、Heitkamp 长轨枕埋入式轨道、BTD 长枕埋入式轨道、WALTER 长枕埋入式轨道、GETRAC 长枕埋入式轨道、ATD 双块式轨枕埋入式轨道、SATO 轨道等。

5.3 我国铁路无砟轨道结构

一、普通铁路无砟轨道的早期研发与应用

20 世纪 50 年代末至 1984 年，我国在成昆线、京原线、京通线、南疆线等长度超过 1 km 的隧道内，累计铺设各种形式的整体道床达 300 km 以上。结构形式以混凝土支撑块式为主，其他形式为板式、沥青道床、整体灌注式等。应用范围在隧道内、大型客站、货物装卸线上，

而在正线上、路基上铺设较少。铁路桥上无砟轨道采用的结构形式为无砟无枕结构，如九江长江大桥的引桥。这些整体道床自运营以来，大多状态良好，充分体现了整体道床的优越性。

由于无砟轨道初期造价较高，线路下部基础的处理、轨道制造和施工的技术水平和管理水平相对较低，在个别地段出现了由于基础沉降引起轨道结构的损坏问题，导致在无砟轨道系统研究和推广应用方面的认识程度不一，在一定程度上延缓了无砟轨道的发展进程。

1985—1995 年，我国的无砟轨道的研究工作基本中断。

二、高速铁路无砟轨道的试验研究与小规模试铺

1995 年以来，我国参照国外的成功经验，在高速铁路无砟轨道的试验研究中，取得了较大的进步。目前，我国铁路无砟轨道结构的形式主要有三种：长枕埋入式、支撑块式和板式轨道。

（一）弹性支撑块式无砟轨道

为解决支撑块式整体道床轨道弹性的不足，在支撑块下增设橡胶垫板，并用弹性套靴包裹支撑块，提供轨道竖向和纵横向弹性，形成弹性支撑轨道。支撑块下橡胶垫板的刚度，可根据不同的运营条件和减振降噪要求，在较宽范围内进行调整。因此，弹性支撑轨道具有较广的适用范围，从城市地铁到客运专线和高速铁路，都有弹性支撑轨道成功的例子。

弹性支撑轨道由钢轨、扣件、短轨枕、橡胶包套、枕下胶垫、混凝土道床及混凝土底座等组成，短轨枕支撑在微孔（或泡沫）橡胶垫上，用橡胶包套把橡胶垫套在短轨枕上，用水泥砂浆将短轨枕连同橡胶包套与道床混凝土粘牢。

轨下胶垫及枕下胶垫为轨道提供了良好的垂向弹性，降低了道床应力，包套为轨道提供了良好的横向弹性，因此，轨道具有较好的减振降噪效果、北京地铁东四十条站试铺了这种轨道，现场测试车辆簧下振动加速度值，较一般地段整体道床减少30%左右，与有砟轨道相比，减振降噪效果可达6～8 dB。但包套的材质与混凝土道床的连接以及更换技术等还需要进一步研究。

弹性短轨枕轨道已广泛地在美国（华盛顿、巴尔的摩、亚特兰大、费城等城市地下铁道）、英国（英吉利海峡隧道）、德国、法国、意大利、日本和我国（秦岭隧道、广州地铁）等普通铁路和地铁隧道中铺设使用。

图 5-17 是我国弹性支撑轨道的断面图，图 5-18 是有关弹性支撑块的构造详图。短轨枕为 600 mm×300 mm×220 mm 左右的 C50 级普通钢筋混凝土预制件。橡胶包套的作用主要是缓解列车横向冲击荷载，包套厚 7 mm，尺寸要求严格，与短枕接触的四周侧面设有沟槽，枕底接触面无沟槽。包套静刚度约为 140～160 kN/mm，使用寿命约 30 年，可维修或更换。

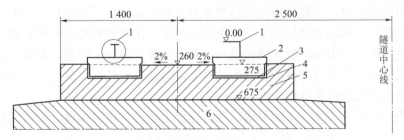

图 5-17　我国秦岭隧道内弹性支撑块轨道断面图（单位：mm）

1—钢轨及扣件；2—短轨枕；3—枕下胶垫；4—橡胶包套；5—混凝土道床；6—混凝土底座

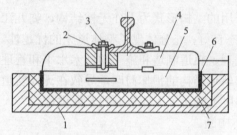

图 5-18　弹性支撑块短轨枕细部构造

1—基础混凝土；2—扣件；3—螺栓；4—轨枕块；
5—泡沫橡胶垫；6—橡胶套；7—水泥砂浆

枕下采用 12 mm 厚微孔（或泡沫）橡胶垫，胶垫上、下表面可设置沟槽，以满足规定的胶垫刚度要求。对于列车速度较高或减振降噪要求不高的地段，为减小短轨枕的位移，枕下胶垫的刚度宜稍高一些，如秦岭隧道内定为 95～110 kN/mm。对于列车速度较低且减振要求较高的地段，枕下胶垫刚度可尽量降低，如广州地铁定为 20～30 kN/mm。

混凝土道床断面尺寸约为 2 400 mm×300 mm，用 C30 级混凝土浇筑，按构造和工程经验配筋，可采用与普通混凝土支撑块式无砟轨道相同的配筋。

（二）长轨枕埋入式无砟轨道

我国铁路长轨枕埋入式无砟轨道类似于德国的 Rheda 型无砟轨道，该类型轨道主要是由整体式混凝土枕和现场灌注的混凝土道床组成，它包括钢轨及其扣件、穿孔混凝土枕、混凝土道床和混凝土底座。为保证轨枕与混凝土道床连接牢固，在轨枕侧面设有预留孔穴，穿入纵向钢筋，以加强两者的连接。这种轨道结构耐久、可靠，几何形位不易变动，维修工作量小，达到了轨道少维修的目的。

混凝土道床板是由穿孔混凝土枕和凹槽形混凝土道床板组成。一个道床板单元可设置 7～8 根穿孔轨枕，轨枕间距为 600 mm。在穿孔轨枕之间的道床板顶面上设有 2%～3%的人字排水坡。图 5-19 为我国地铁采用的长枕埋入式轨道结构。

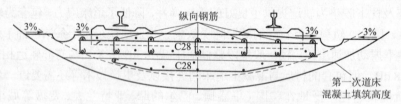

图 5-19　地铁长枕埋入式轨道结构

（三）板式轨道

新型板式轨道是用混凝土轨道板和水泥沥青砂浆替换以前有砟轨道的轨枕和道砟，一般是铺设在具有坚固基础的隧道内和高架桥上，将在工厂精心制作的预制钢筋混凝土板运至铺设现场，轨道板的高低和方向等经调整后，再向板下灌注作为缓冲材料的水泥沥青砂浆（CA 砂浆），通过 CA 砂浆垫层来全面支撑轨道板的整个底面。当由地基和结构物的变形或沉陷而引起板式轨道的变形时，一般可用钢轨扣件来调整轨向和高低，当扣件调整不能满足要求而必须作较大调整时，可用千斤顶等工具将轨道板抬起，在轨道板与 CA 砂浆垫层之间再次灌注填充材料进行维修。因而，板式轨道是一种具有坚固、耐久、平稳、变形小、维修少的无砟轨道。板式轨道适用在高架桥和隧道等结构上，但建设费较高，列车运行时噪声大，改线困难，对下部结构的急剧变形适应困难。

此外，为满足板式轨道施工的要求，在轨道板上还设有定位螺母、起吊螺母、砂浆注入孔等功能。

对于板式轨道，为把轨道纵向荷载和横向荷载传给基础，以及为厂控制轨道板的纵横向移动，在轨道板两端的中间混凝土基床上，设置了半径为 250 mm、高为 250 mm 的混凝上凸形挡台。

混凝土基床作为轨道板的基础，它的作用，一是为了与隧道超挖问填和仰拱之间能用混凝土施工；二是为了能获得厚度均匀的水泥沥青砂浆垫层，以使轨道弹性均衡；三是为了设置曲线超高。至于混凝土基床的厚度，应视隧道围岩类别，一般为 200～300 mm；在高架桥上，考虑到梁的挠曲及混凝土凸台配合所需要的厚度，以 200 mm 为宜。

水泥沥青砂浆是由乳化沥青、水泥、砂、水及外加剂经拌合而成的混合物，作为轨道板全面支撑的垫层，应具有足够的强度和必要的弹性，以及施工的可行性和保养的可维修性。CA 砂浆的厚度采用 50 mm。

板式轨道用钢轨扣件，除应满足一般扣件具备的性能以外，还要有较强的轨道几何形位调整能力，以及为减小轮轨系统的动力作用和为减振降噪提供必要的良好弹性。

（四）无砟轨道的小规模试铺

近十年来，我国在理论研究与室内模型试验的基础上，最终选定在国外高速铁路上应用较为成熟的长枕埋入式和板式无砟轨道结构，并分别在秦沈客运专线综合试验段的沙河、狗河以及双何特大桥上铺设。为完善两种无砟轨道的施工工艺，在赣龙枫树排隧道、渝怀线鱼嘴 2 号隧道内分别试铺了板式和长枕埋入式无砟轨道。如表 5-1 所示。

表 5-1　无砟轨道小规模试铺概况

试铺段		无砟轨道结构形式	铺设长度/m	备　注
秦沈线	沙河桥	轨枕埋入式	692	直线、24 m 简支箱梁
	狗河桥	板式	741	
	双河桥	板式	740	
赣龙线	枫树排隧道	板式	719	
遂渝线	鱼嘴 2 号隧道	轨枕埋入式	710	

图 5-20 所示为秦沈线狗河桥板式轨道，图 5-21 所示为沙河桥长枕埋入式轨道。

图 5-20　秦沈线狗河桥板式轨道　　　　图 5-21　秦沈线沙河桥长枕埋入式

（五）无砟轨道结构的自主研发与成区段应用

为研发无砟轨道成套技术，积累成区段铺设无砟轨道的经验，2004 年底，铁道部决定在遂渝线建立无砟轨道综合试验段。试验段全长 12.837 km，其中路基长 5.38 km，隧道 4 座长 6.98 km，桥梁 3 座长 260.72 m，道岔 8 组；试验段内铺设了多种无砟轨道结构形式，包括双块式、板式（单元、连续）和轨枕埋入式（岔区）。

遂渝线无砟轨道试验段取得的主要成果包括：

① 首次在正线路基上、岔区、主跨 168 m 的连续钢构桥上铺设无砟轨道；

② 研发了双块式、单元板式（平板、框架板）、纵连板式、岔区轨枕埋入式无砟轨道；图 5-22 所示为遂渝线双块式（左）无砟轨道和框架式（右）板式无砟轨道。

③ 针对客运专线 ZPW—2000 轨道电路，试验研究了多种无砟轨道绝缘措施，基本掌握了轨道电路传输特性的影响因素和技术处理对策；

④ 不同形式无砟轨道的规模制造和施工水平有较大提高。

图 5-22　遂渝线双块式和框架板式无砟轨道

通过研究与创新，形成了具有自主知识产权的客运专线无砟轨道结构，包括：CRTS Ⅰ 型双块式和板式（武广）、CRTS Ⅱ 型双块式和板式（京津城际）、岔区长枕埋入式及岔区轨道板式等无砟轨道。

（1）CRTS Ⅰ 型板式无砟轨道（单元板式无砟轨道）是将工厂化预制的高精度轨道板铺设在浇筑好的底座上，其空间状态精调到位后，将水泥乳化沥青砂浆灌注在板下约 50 mm 的间隙内，从而构成板下全面支撑的结构。CRTS Ⅰ 型轨道板是在引进、吸收日本新干线板式轨道技术的基础上，自主研发出来的，所以轨道板的结构与日本的板式轨道大致相同，也分为普通型和框架型，标准轨道板长度为 4 962 mm，厚度 190 mm。如图 5-23 所示。

（2）CRTS Ⅱ 型板式无砟轨道（纵连板式无砟轨道）是一种预制板式无砟轨道，轨道板的制造是 Ⅱ 型无砟轨道系统技术的关键，制造工艺与传统混凝土制品存在较大差异，通过消化、吸收博格公司转让技术资料，中国中铁对轨道板的制造工艺（尤其针对关键、特殊工序）进行了系统的试验和研究，通过试制试验、小批量试生产及大批量正式生产三个阶段的摸索和总结，全面实现轨道板制造工艺的国产化。同时，经过大量的试验、研制、选购等工作和科技攻关活动，基本实现了工装设备的国产化，逐步形成完整的制造工艺及生产组织的管理体系。如图 5-24 所示。

CRTS Ⅱ 型无砟轨道板包括标准板、特殊板和补偿板，标准板长 6 450 mm、宽 2 550 mm、厚 200 mm，混凝土的设计强度为 C55，每块板混凝土用量 3.45 m³，板重约 8.6 t，特殊板和补偿板依据具体设计确定。轨道板横向配置 60 根 ϕ10 预应力钢筋，纵向配置 6 根 ϕ20 精轧螺纹钢筋，用于轨道板的纵向连接，在纵、横向钢筋的上、下层分别配置一层钢筋网片，所有钢筋交叉点均做绝缘处理。

图 5-23　武广客专 CRTS I 型板式无砟轨道

图 5-24　京津城际 CRTS II 型板式无砟轨道

（3）双块式无砟轨道主要是由双块式轨枕、现浇混凝土道床板和下部支撑体系组成。我国的双块式无砟轨道结构分为 CRTS I 型和 CRTS II 型两种。两种类型无砟轨道的主要区别，在于施工工艺的不同。CRTS I 型双块式无砟轨道施工方法有机组法、排架法、轨排框架法，与德国的 Rheda（雷达）型无砟轨道施工工艺相近。CRTS II 型双块式无砟轨道施工时，先在现场浇筑道床板混凝土，然后利用测设好的支脚将现场组长的小轨排（轨排长度一般为 3.5 m）嵌入到新浇筑的混凝土中，成型后拆除轨枕固定架，与德国的旭普林（Züblin）无砟轨道施工工艺接近。如图 5-25、图 5-26 所示。

图 5-25　京沪高速 CRTS II 型双块式无砟轨道

图 5-26　武广客专 CRTS 型双块式无砟轨道京

5.4　无砟轨道扣件

在轨道结构部件中，扣件的类型最多，以适应不同的要求。事实上，对有砟轨道和无砟轨道扣件性能的要求在许多方面基本一致，而且有些类型扣件在有砟轨道和无砟轨道结构中都有使用。无砟轨道基础刚度较大，且不能像有砟轨道那样可进行起道拨道，因此对扣件提出了更高的要求。要求扣件必须有足够的扣压力，以确保钢轨与道床的可靠连接；具有一定的弹性，以缓冲列车荷载的冲击；具有一定的调整量，以调整高低、水平、方向和轨距。对无砟轨道扣件的具体要求有如下：

（1）应具有较大的调整轨道几何形位的能力。轨道在使用过程中出现的轨距、方向、高低等几何形位的改变一般只能通过扣件来调整。如高架桥上的无砟轨道，由于预应力混凝土梁的徐变上拱，调整轨面高低的能力就更为重要，如上海轨道交通高架线路，使用扣件的高低调整量为+40 mm，轨距调整为±20 mm；在地下铁道，由于隧道的下沉，也需要扣件具有较大的调高能力。

（2）应具有较大的弹性。为使无砟轨道与有砟轨道具有相当的弹性，通常要求扣件节点刚度在 50 kN/mm 以下。在要求减振降噪的地段，更需要采用特殊的轨道结构和高弹性扣件，如采用浮置板结构或进一步降低轨道结构的刚度。

（3）用于桥上和高架桥上的无砟轨道的扣件，其阻力应控制在一定范围内，以减小桥梁伸缩力和挠曲力对无缝线路长钢轨纵向力的影响。

（4）要求扣件具有良好的绝缘性能，结构简单，制造和维修方便，造价尽可能低廉。

一、国外无砟轨道主要扣件类型

为适应板式轨道与钢轨连接的需要。日本开发了专用的板式轨道扣件。此类扣件在混凝土基础上预埋紧固螺栓基座，通过紧固螺栓和弹片来固定钢轨，绝缘轨距块兼作绝缘和轨距调整之用。这种扣件与有砟轨道混凝土轨枕上的扣件没有区别，其结构简单、造价低、使用方便，有较强的抗横向力能力，但调整量较小。

Pandrol 扣件也可以归入这一类型。其为无螺栓无挡肩扣件。预埋在混凝土基础中的铸铁挡肩承受横向力，用 Pandrol 弹条扣压钢轨，用尼龙绝缘块作绝缘部件并保持轨距，这种扣件在城市轨道交通中也常用。

日本新干线板式轨道使用 60 kg/m 焊接长钢轨轨道。钢轨扣件是唯一能传递行驶列车的横向力和给轨道板以垂向弹性的同时，还能简单整整轨向和高低的轨道组成部件。日本新干线板式轨道所用的扣件主要有直结 4 型［图 5-27a）]和直结 5 型［图 5-27b）]两种。直结 4 型用于不漏水的隧道直线地段，而直结 5 型用于露天区间的直线和曲线地段及隧道的曲线地段。实际上，直结 5 型为分开式扣件。

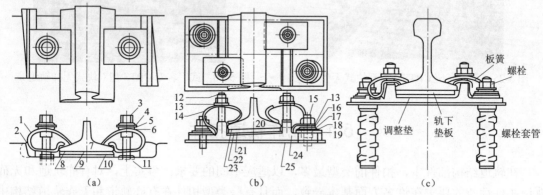

图 5-27　板式轨道使用的扣件系统

（a）直结 4 型（带承轨槽）；（b）直结 5 型（带铁垫板）；（c）直结 5 型扣件立面图

1—弹片；2—楔形铁座；3—扣件螺栓；4—平垫圈（A）；5—绝缘套；6—平垫圈（B）；7—60 kg 钢轨；8—铁垫片；9—轨下胶垫；

10—可调衬垫；11—埋栓；12—扣件螺栓；13—平垫圈（A）；14—主弹片；15—T 形螺栓；16—弹簧垫圈；17—圈（B）；

18—绝缘套；19—盖板；20—60 kg/m 钢轨；21—铁垫片；22—轨下胶垫；23—可调衬垫；24—A 型铁垫板；25—绝缘垫板

日本在长期的实践，以及发展无砟道床技术上不可避免地探讨如何加快施工速度及如何解决轨道系统下沉后的间隙调整问题中，总结出了"充填式垫板"技术及"高度调整块"技术。其基本方式是在需要调整高度的部位，首先铺放"袋子"，待轨道高度等调节完毕后向袋子里注浆，大约 1～2 h 固化后达到设计要求强度，以弥补轨道板与轨底之间的间隙。这种方法在日本的板式轨道和城市轨道的铺轨中，以及调节地基沉降引起的间隙中得到广泛应用。

欧洲铁路无砟轨道扣件的类型较多，但通常也分为一般弹性扣件和高弹性扣件。一般弹性扣件使用 Pandrol 扣件，在轨下铺设一橡胶垫层，有砟轨道一般都用此类扣件。但对于减振要求较高的地段，用两块铁垫板，在两块铁垫板之间再设置一层弹性垫层，以提高钢轨支点弹性。图 5-28 是 Pandrol 公司开发的双块铁垫板 Fastclip（快速）弹性扣件，铁垫板下再设一橡胶垫（但一般铁垫板下橡胶垫层的刚度要大于轨下橡胶垫层的刚度）。图 5-29 是国外无砟轨道常用扣件。

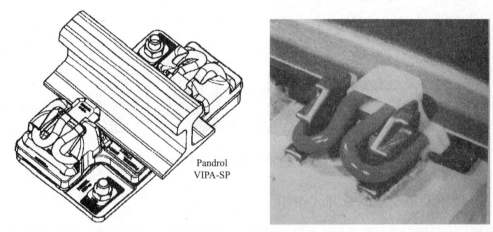

Pandrol
VIPA-SP

图 5-28　Pandrol 公司开发的 Pandrol Fastclip 扣件

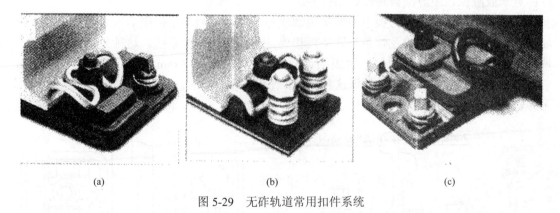

(a)　　　　　　　　　　(b)　　　　　　　　　　(c)

图 5-29　无砟轨道常用扣件系统

（a）Vossloh 公司 DEF14 扣件系统；（b）Vossloh 公司 System366 扣件系统；（c）带铁垫板的 Pandrol 扣件系统

德国铁路无砟轨道扣件系统 Vossloh300 型扣件多用于 Rheda 型整体灌筑无砟轨道。它在垂直方向可进行+26 mm/−4 mm 的调节，特殊情况可调节 56 mm 高度；水平方向可进行±5 mm 的调节。其弹性垫层的刚度 k=20～25 kN/mm。这样，当 20 t 轴重作用在无砟轨道上时，轨道静态下沉约为 1～5 mm。但 Vossloh300 型扣件的塑料套管易损坏；弹条扣压力受螺栓扭矩影响；高度调节时因钢轨倾斜会影响轨距，如图 5-30 所示。

瑞典铁路公司开发的 ALTERNATIVE—I 扣件，如图 5-31 所示，属于中等弹性扣件，其板下胶垫与铁垫板黏结在一起，其静刚度为 8～30 kN/mm。目前我国铁路和城市轨道交通无砟轨道线路上也使用此类扣件。Lord 扣件与 ALTERNATIVE—I 扣件相类似，也是将轨下胶垫与铁垫板黏结在一起，其低刚度扣件的垂向刚度为 10～16 kN/mm，而中刚度的垂向刚度为 17～52 kN/mm。我国铁路客运专线的扣件设计要求静刚度为 20～30 kN/mm，动静刚度比小于等于 1.5。

图 5-30 德国 Vossloh300 扣件

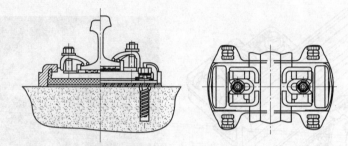

图 5-31 ALTERNATIVE—I 弹性扣件

二、城市轨道交通的分开式扣件

我国城市轨道交通采用的扣件类型也较多，主要分为地面、高架和地下不同轨道结构扣件；有一般减振、中等减振和弹性扣件等。

分开式扣件的铁垫板与板下弹性垫用螺栓与预埋在混凝土基础中的尼龙套管相连，钢轨通过轨下垫板，连接螺栓及弹条与铁垫板相连，构成二阶弹性系统。这种扣件弹性较好，且调整量较大。如 DTI 型扣件，轨距的调整量为–12 mm～+8 mm，高低调整量为–5 mm～+10 mm，北京地铁一、二期均采用这种扣件，使用情况良好。目前在城市轨道交通高架桥上，无砟轨道使用的分开式无挡肩扣件主要有 WJ—2 型（图 5-32）和 WJ—4 型（图 5-33）；地下

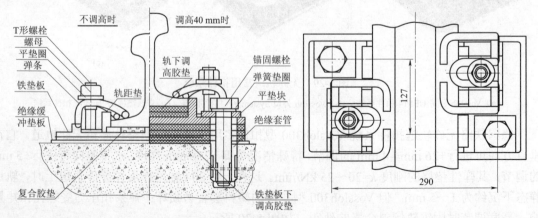

图 5-32 WJ—2 型弹性扣件（尺寸单位：mm）

铁道采用 DTⅢ型（图 5-34）、SD—1 型（图 5-35）和 DTⅢ2 型（图 5-36）扣件。这些扣件都采用铁垫板，有些扣件的弹性主要靠轨下胶垫提供，有些铁垫板下垫层也提供部分弹性。

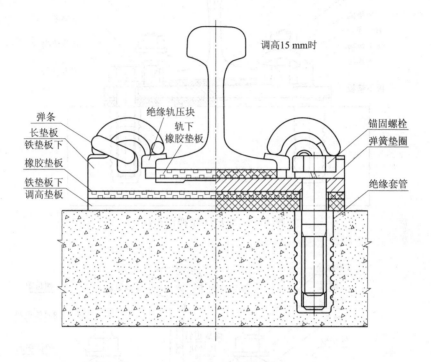

图 5-33　WJ—2 型弹性扣件

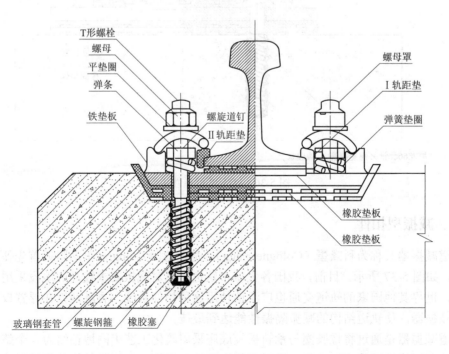

图 5-34　DTⅢ型弹性扣件

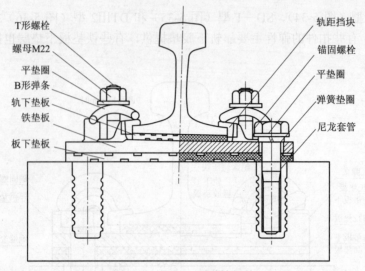

图 5-35　SD—1 型弹性扣件

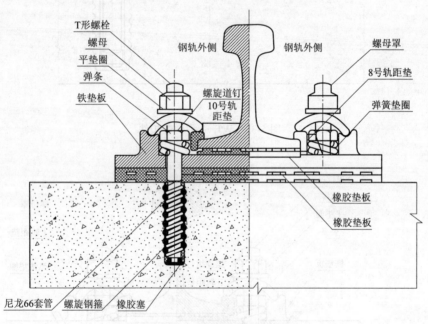

图 5-36　DTⅢ2 型弹性扣件

三、减振型扣件

　　轨道减振器又称为科隆蛋（Cologne—egg），是在德国 Cologne 车站附近首先使用这一弹性扣件，如图 5-37 所示。目前，我国各大城市轨道交通对减振要求较高的地段采用这种轨道减振器，世界其他国家的轨道交通也广泛地使用这种扣件系统。香港西铁在浮置板下采用此种轨道减振器，使轨道结构的减振隔振性能达到最佳。

　　轨道减振器是通过将橡胶圈与承轨板及底座采用硫化工艺牢固地粘结为一个整体，使该扣件充分利用橡胶圈的剪切变形，同时选择合理的动静比，使轨道结构获得较低的垂向整体刚度（8～15 kN/mm），但仍能提供较高的横向刚度，以保证轨道的横向稳定性。使用轨道减振器的轨道结构减振效果，较一般扣件高 5 dB 左右。轨道减振器扣件扣压力大，具有较强的保持轨距的能力，轨距调整量可达到+8 mm、–12 mm，绝缘性能良好，造价相对较低，施工维修方便。但受橡胶老化性能的影响，其减振效果降低。

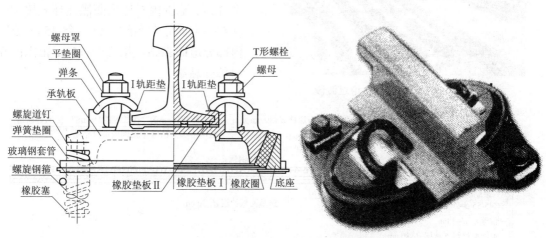

图 5-37　Cologne—egg 弹性扣件系统

　　Vanguard 轨道减振器是英国 Pandrol 公司开发的一种新型减振扣件，通过采用弹性楔形支撑块支撑在钢轨轨头下侧，从而使钢轨轨底离开轨座，而楔形支撑块则由固定在轨下基础的侧板托架支撑定位，该扣件系统既可用于有砟轨道，也可用于无砟轨道。Vanguard 轨道系统的每个扣件节点由一个铸铁底座、两个铸铁侧板托架、两个铸铁楔形固定件、两个橡胶楔形钢轨支撑块、一个轨下安全支撑橡胶垫和两个弹簧夹片组成。正常情况下，安全支撑橡胶垫不与钢轨接触，这样可以有效地限制荷载引起的过量变形。Vanguard 扣件结构简单，稳定性有保证，易于安装，养护维修方便。扣件节点垂直动刚度可以达到 6 kN/mm，减振效果良好。通过调整铁垫板及楔形支撑块，扣件调高量和轨距调整量可以分别达到 36 mm 和 51 mm。

5.5　无砟轨道过渡段

　　为减小不同线路结构之间线路刚度的突变，需要在无砟轨道与有砟轨道、路基与桥涵、路基与隧道及路堤与路堑的连接处设置过渡段，以实现过渡段范围内线路刚度的渐变过渡。

一、无砟轨道与有砟轨道之间的过渡

　　无砟轨道的整体刚度大于有砟轨道，为减缓列车通过两种轨道连接处时由于刚度突变引起的动力不平顺，需要用过渡段予以缓解。通常要求过渡段轨面变形的弯折角控制在不大于2.0‰，过渡段长度约为 20～35 m。一般的处理原则是增大有砟轨道一侧刚度，降低无砟轨道一侧刚度。国内目前已采用的是在无砟轨道与有砟轨道的连接处设置两根 50 kg/m 辅助轨，以加强过渡段轨道的垂向抗弯刚度，同时在相邻一定长度的无砟轨道板底部增设一层弹性垫层（微孔橡胶垫层），以减小两种轨道结构的刚度差。如图 5-38 所示。

图 5-38 设置辅助轨的轨道过渡段

图 5-39 为路基上的德国 FFBogl（博格）板式轨道与有砟轨道过渡段的设置，从图中可知，板式轨道的水硬性承载层向有砟轨道端延长 10 m，并在有砟轨道第一个 15 m 范围内对道床面灌注环氧树脂胶粘剂使道砟完全黏结，第二个 15 m 范围内部分道砟黏结，第三个 15 m 范围内砟肩部分黏结。

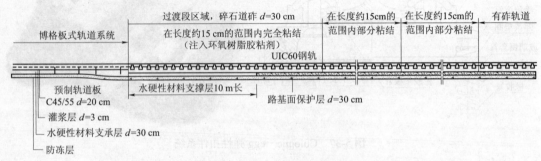

图 5-39 德国 FFBogl 预制板板式轨道在路基上与有砟轨道过渡段的设置

二、路桥过渡段

对于不同长度的桥梁，无砟轨道过渡段的形式略有不同。图 5-40 和图 5-41 分别为德国铁路长度大于 25 m 的桥梁和长度小于等于 25 m 的桥梁与路基的过渡段。从图中可知，在路桥过渡段桥梁侧以 1:1 的坡度填筑混凝土，并在楔形底端铺设通长的渗水管，然后以每层小于 0.3 m 的层厚填筑 E_{v2} 大于 45 MPa（E_{v2} 为路基的静态变形模量）的填料，长度为底部大于 3 m，上部大于 20 m。为了避免横向排水，长桥上带有限位块的轨道板彼此分开，缝隙为 100 mm，在运渡段由排水管集中将桥上的水排出。

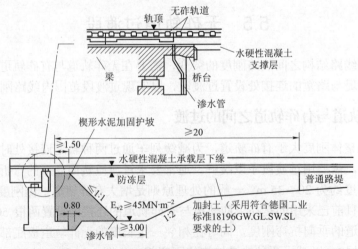

图 5-40 德国铁路长桥过渡段（尺寸单位：m）

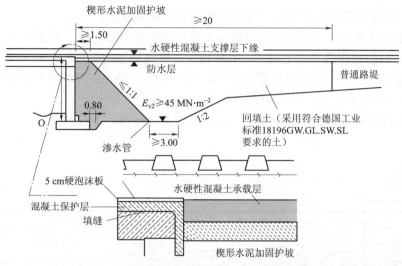

图 5-41　德国铁路短桥过渡段（尺寸单位：m）

我国最新颁布的《京沪高速铁路设计暂行规定》中，规定了路桥过渡段的级配碎石填筑技术，压实标准为 K_{30} 大于等于 150 MPa/m，路基动态变形模量 E_{vd} 大于等于 50 MPa，孔隙率小于 28%。实测分析表明，在严格按照要求施工工艺施工并严格检验的条件下，级配碎石过渡段能满足列车的运行要求。

三、路隧过渡段

路隧过渡段分为隧道内为无砟轨道、路基上为有砟轨道过渡和隧道内外均为无砟轨道过渡。前者需要考虑线路和基础都设置过渡装置，后者只需考虑基础间过渡。图 5-42 是韩国高速铁路上隧道内无砟轨道与路基上有砟轨道的过渡段，从图 5-42 中可知，该路隧过渡段长度接近 60 m。线路上部铺设 20 m 长辅助轨，伸入隧道内 5 m。洞外有砟轨道侧 33.6 m 范围内道床碎石按照不同密实度捣固，形成不同刚度梯度，无砟轨道的素混凝土基础延伸到有砟轨道约 60 m 长度范围内，形成刚度渐变过渡。

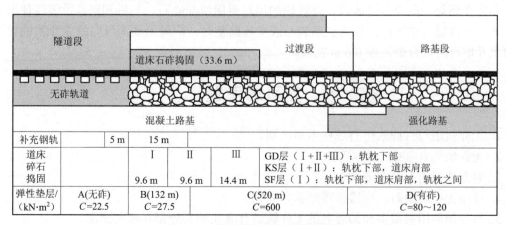

图 5-42　韩国高速铁路路隧过渡段

图 5-43 为德国无砟轨道路隧过渡段，在隧道出口处铺设 5 cm 的硬泡沫板，从隧道出口

按照 5.75% 的坡度填筑楔形水泥土，逐步向普通填筑路基过渡。

我国技术条件规定，为保证过渡段轨道末端支撑层的可靠连接，自无砟轨道起点至洞内 25 m 范围内，对回填层进行凿毛处理，并应预埋与底座连接的钢筋。

无砟轨道自洞内第一块轨道板开始的 5 块轨道板粘贴 20 mm 厚微孔橡胶层，有砟轨道过渡段采用长度为 2.6 m 轨枕，并用配套弹性分开式扣件。

由于隧道与桥梁基础变形差异不大，隧道与桥梁过渡时，下部基础可考虑采用直接过渡方法。

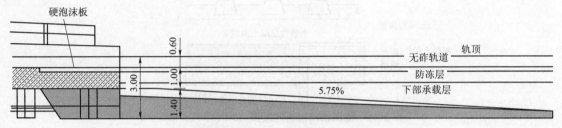

图 5-43　德国高速铁路路隧过渡段（尺寸单位：mm）

四、道岔区与区间无砟轨道过渡段

目前我国道岔区的轨下胶垫刚度较大，为 100～150 kN/mm，而区间无砟轨道线路的轨下胶垫刚度为 30～50 kN/mm。在我国铁路道岔区轨下胶垫刚度难以降低的情况下，必须设置轨道刚度过渡段。

道岔区与区间无砟轨道过渡的主要问题在于降低道岔区的基础刚度，较好的方法是采用硫化弹性基板，在道岔区分别设置不同刚度的高弹性基板是解决道岔区减振、限位的良好途径。

五、路堤与路堑过渡段

当路堤与路堑连接处为坚硬岩石时，路堑一侧原地面纵向开挖台阶，台阶高度 0.6 m 左右，并应在路堤一侧设置过渡段，过渡段的填料要用级配碎石，与桥和路基过渡段使用的填料一致。当路堤与路堑连接处为软质岩石或土质路堑时，应顺原地面纵向挖成 1:2 的坡面。坡面上开挖台阶，台阶高度 0.6 m 左右。

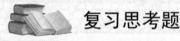 复习思考题

1. 无砟轨道与有砟轨道有哪些本质区别？

2. 无砟轨道有哪些主要类型？

3. 对无砟轨道有哪些要求？

4. 使用无砟轨道时，应遵循哪些基本原则？

5. 目前国外用得最多和最著名的无砟轨道有哪几种？分别在哪些国家？

6. 哪些无砟轨道结构适用于高速铁路，哪些适用于城市轨道交通，哪些无砟轨道具有较好隔振性能？

7. 目前我国在城市轨道交通中应用得较多的无砟轨道结构有哪几种？

8. 对无砟轨道扣件的要求有哪几点？

9. 目前国外无砟轨道使用的扣件主要有哪几种类型？国内无砟轨道使用的扣件主要有哪几种类型？

10. 设置无砟轨道与有砟轨道过渡段的目的是什么？

6

轨道几何形位

　　轨道几何形位指的是轨道各部分的几何形状、相对位置和基本尺寸。轨道几何形位正确与否，对行车安全、旅客乘坐的舒适度以及轨道设备的使用寿命和养护维修费用等都有极重要的影响。本章详细介绍了直线轨道和曲线轨道的构造特点。直线轨道包括轨距、水平、高低、方向、轨底坡的含义、标准、允许误差、量取方法等。曲线轨道的构造是重点，主要有轨矩加宽的原则、标准、方法；外轨超高的计算、允许值、欠超高和过超高的允许值；缓和曲线的作用、线型、长度计算；缩短轨的配置及曲线整正的有关内容。

　　从平面上看，轨道由直线和曲线组成。一般在直线和圆曲线之间有一条曲率逐渐变化的缓和曲线相连。轨道的方向必须正确，直线的部分应保持笔直，曲线部分应具有相应的圆顺度。从横断面上看，轨道的两股钢轨之间应保持一定的距离，为保证机车车辆顺利地通过曲线，曲线轨距还应考虑加宽，具体的加宽值根据曲线的半径而定。在直线上，两股钢轨的顶面应置于同一水平面上；曲线上外轨顶面应高于内轨顶面，形成一定的超高，使车体重力的向心分力抵消其曲线运行的离心力。为保证有锥形踏面的车轮荷载作用下钢轨顶面受力均匀，轨道的两股钢轨均应向内倾斜铺设，形成适当的轨底坡。从纵断面上看，钢轨顶面应在纵向上保持一定的平顺度，为车辆平稳运行创造良好的条件。

　　轨道是机车车辆运行的基础，直接支撑机车车辆的车轮，并引导其前进。因而机车车辆走行部分的几何形位与轨道的几何形位之间应紧密配合。轨道几何形位的正确与否，对机车车辆的安全运行、乘客旅行的舒适度以及设备的使用寿命和养护费用起着决定性的作用。轨道几何形位的超限是引起机车车辆掉道、爬轨以及倾覆的直接因素。同时，轨道的几何形位因素直接影响机车车辆的横向和竖向加速度，并产生相应的惯性力。在高速铁路和快速铁路中，随着运行速度的提高，影响特别显著。

　　轨道不平顺是引起列车振动、轮轨作用力增大的主要根源，对列车平稳舒适和行车安全都有重要的影响，是轨道方面直接限制行车速度的主要因素。

　　轮轨相互作用的理论研究和国外高速铁路的实践证明，在高平顺的轨道上，高速列车的振动和轮轨间的动力作用都不大，行车安全和平稳舒适性都能够得到保证，轨道和车辆部件的寿命和维修周期也较长。反之，即使轨道、路基和桥梁结构在强度方面完全满足要求，而轨道平顺性不良时，在高速条件下各种轨道不平顺引起的车辆振动、轮轨噪声和轮轨动力作用将大幅度增加，使平稳、舒适、安全性严重恶化，甚至导致列车脱轨。

　　本章主要介绍直线和曲线轨道的几何形位，重点论述制定这些几何形位的理论、原则、方法和要求。有关道岔几何形位的内容将在道岔部分加以介绍。

6.1 机车车辆走行部分的构造

机车的走行部分由车体、轮对、轴箱、弹簧装置、转向架及其他部件组成。车辆的走行部分是转向架，它包括侧架、轴箱、弹性悬挂装置、制动装置、轮对及其他部件。

一、轮对

轮对是机车车辆走行部分的基本部件，由一根车轴和两个相同的车轮组成。车轮和车轴是用强大的压力组装在一起，并用轴键固定两轮的相互位置，轮和轴只能一起转动，绝不允许有任何松动现象发生，如图 6-1 所示。

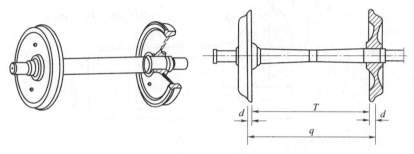

图 6-1 轮对

我国车辆上使用的车轮有整体轮和轮箍轮两种，目前绝大部分是整体轮，如图 6-1 所示。车箍轮由轮心和轮箍组成。轮箍的内径较轮心小 1/800～1/1 000，在装配时将轮箍加热至 300 ℃左右，使轮箍膨胀，内径扩大，然后用液压机将轮心压入轮箍，轮箍冷却后就会紧紧地压迫轮心，使两者牢固配合。

车轮和钢轨的接触面称为踏面。内燃机车和电力机车动轮的踏面外形尺寸与车辆轮踏面相同。车轮踏面有锥形踏面和磨耗型踏面两种形式，锥形踏面如图 6-2（a）所示。

锥形踏面的母线是直线，由 1:20 和 1:10 两段斜坡组成。其中，1:20 的一段是经常和钢轨顶面接触的部分，1:10 的一段只在小半径曲线上，轨距加宽很大时才与钢轨顶面接触。车轮踏面的主要部分做成 1:20 圆锥面后，可以减少横向水平力对车轮的影响，增加车辆行驶的平稳性。另外，在直线地段上行驶的车辆，当其偏向轨道一侧时，由于左右车轮滚动半径的不同，仍能返回到轨道中线。这样，虽然轮对的轨迹呈蛇形运动，但不会在车轮踏面上形成凹槽形磨耗，从而避免车轮通过道岔辙叉时发生剧烈的冲击和振动。上述优点均系与圆柱形踏面对比而言。

磨耗型踏面是当轮对运行一段时间后，踏面不再是锥形，而是具有一定圆弧的踏面。如图 6-2（b）所示。这种踏面具有轮轨磨耗小、接触应力低以及改善机车车辆转向性能等优点。

为防止车轮脱轨，在踏面内侧制成凸缘，如图 6-2 中左侧突起部分，称为轮缘。

图中，轮缘左侧竖直的一面称车轮内侧面，因在运行时，它在钢轨的内侧；踏面右侧的竖直面称车轮外侧面，车轮内侧面与外侧面之间的距离称车轮宽度（轮辋宽）。

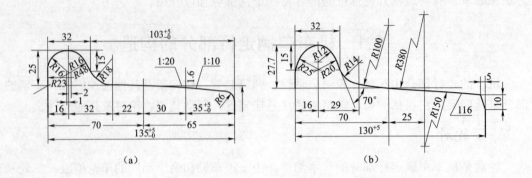

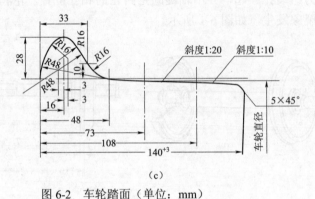

图 6-2 车轮踏面（单位：mm）

（a）锥形踏面；（b）磨耗型踏面；（c）车辆轮踏面

通过踏面上距车轮内侧面一定距离的一点，画一水平线，称踏面的测量线。由测量线至轮缘顶点的距离称轮缘高度。由测量线向下 10 mm 处量得的轮缘厚度，称车轮的轮缘厚度（d）。

轮对上左右两车轮内侧面之间的距离，称轮对的轮背内侧距离（T）。这个距离加上两个轮缘厚度称轮对宽度（q），如图 6-1 所示。轮对宽度可按下式计算：

$$q=T+2d \tag{6-1}$$

式中　T——轮对的轮背内侧距离（mm）；

　　　d——轮缘厚度（mm）；

　　　q——轮对宽度（mm）。

根据《铁路技术管理规程》（简称《技规》）规定，我国机车车辆轮对的主要尺寸如表 6-1 所示（表中数据未计车轴承载后挠曲对轮对宽度的影响）。

表 6-1　轮对几何尺寸　　　　　　　　　　　　　　　（单位：mm）

车轮	轮缘高度	轮缘厚度 d		轮背内侧距离 T			轮对宽度 q		
		最大（正常）	最小	最大	正常	最小	最大	正常	最小
车辆轮	25	34	22	1 356	1 353	1 350	1 424	1 421	1 394
机车轮	28	33	23	1 356	1 353	1 350	1 422	1 419	1 396

内燃机车、电力机车和车辆的轴箱装在车轮外侧轴颈上，车轴承载后中部向上挠曲，轮对宽度因此略有缩小。而蒸汽机车的轴箱装在车轮内侧轴颈上，车轴上承载后中部向下挠曲，轮对宽度略有增加。轮对宽度承载后的改变值随车辆的构造及荷重的大小而异，一般可取为 ± 2 mm。

二、转向架

为使车体顺利通过半径较小的曲线，可把全部车轴分别安装在几个车架上。为防止车轮由于轮对歪斜而陷落于轨道中间，通常将两个或三个轮对用一刚性构架安装在一起，称为转向架，如图 6-3 所示。车体放在转向架的心盘上，转向架可相对车体转动。一个转向架上的各个轮对则始终保持平行，不能相对转动。

由于转向架的用途不同，运行条件的差异，制造维修方法的制约和经济效益等具体因素的影响，对转向架的性能、结构、动力参数和采用的材料及工艺等要求就有差别，因而就有各种各样的转向架。我国目前客车转向架有 20 多种，货车转向架

图 6-3 转向架示意图

有 30 多种。转向架的分类方法有根据轴数分类，根据弹簧悬挂装置分类，根据垂向荷载传递方式分类，根据轮对支撑方式分类，根据制动装置分类和根据构架、侧架分类等。

按轴数分类有两轴转向架、三轴转向架和多轴转向架。一般转向架轴数是由车辆荷载确定，我国目前货车的最大轴重为 25 t。

三、机车车辆轴距

机车车辆的车架或转向架下的车轴数及排列形式，称为轴列式。如东风型内燃机车和韶山型$_1$电力机车，轴列式为 B_0—B_0（或 C_0—C_0），表示前后两转向架下各有三个牵引电机驱动的轮对。前进型蒸汽机车的轴列式为 1—5—1，表示车架下有五个动轮轴，前后各有导轮和从轮，分别安装在转向架上。

如图 6-4 所示，同一机车最前位和最后位的车轴中心间水平距离，称机车的全轴距。为使车体能顺利通过半径较小的曲线，可把全部车轴分别安装在几个车架或转向架上。同一车体最前位和最后位的车轴中心间水平距离，称为全轴距。同一车架或转向架上始终保持平行的最前位和最后位车轴中心间水平距离称固定轴距。车辆前后两走行部分上车体支撑间的距离称为车辆定距。固定轴距是机车车辆能否顺利通过小半径曲线的控制因素。为便于较长固定轴距的车体顺利通过小半径曲线，近年来，许多国家都发展了径向转向架技术。

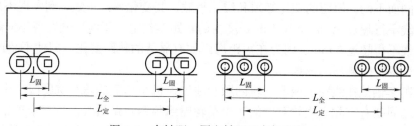

图 6-4 全轴距、固定轴距及车辆定距

6.2 轨道几何形位基本要素

轨道的几何形位按照静态和动态两种情况进行管理。静态几何形位是指线路无轮载作用时轨道的状态，由人工或轻型测量小车测量。动态几何形位是行车条件下的轨道状态，采用轨道检查车测量。一般情况下，同一地段的静态和动态几何形位往往有较大的差异，轨道状态越差，差异就越大。

保证轨道有正确的几何形位，是列车安全行驶的首要条件。在轨道不平顺一定的情况下，行车速度越高，车辆振动和轮轨作用力就越大。因此，高速铁路必须制定比常速铁路更为严格的轨道不平顺标准，对轨道不平顺的产生、发展变化的各个阶段，层层把关，全面进行控制，确保高速行车的舒适安全。

本节仅介绍轨道的静态几何形位，对轨道几何形位的具体限值，可参见《铁路线路修理规则》的内容。

一、轨距

轨距是钢轨顶面下 16 mm 范围内两股钢轨作用边之间的最小距离。因为轨道上的钢轨并不是竖直铺设，由于有一定的轨底坡，所以轨距应在钢轨顶面下某一规定距离处量取。我国《技规》规定，轨距测量部位在钢轨顶面下 16 mm 处，如图 6-5 所示。选择这一位置量取轨距，是因为钢轨头部的变形、磨损对轨距的影响都不大，也便于轨道维修工作的实施。

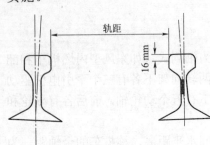

图 6-5　测量轨距示意图

由于历史原因，世界各国铁路采用各种不同的轨距标准，有标准轨距、宽轨距和窄轨距三种。标准轨距尺寸为 1 435 mm，目前，美国、加拿大、墨西哥、欧洲的大部分，以及亚洲、非洲的部分国家，均采用标准轨距。轨距宽于 1 435 mm 称为宽轨距，常用的有 1 524、1 600、1 670 mm，主要用于前苏联、印度及澳大利亚。轨距窄于 1 435 mm 称为窄轨距，有 1 067、1 000、762 mm。除少数国家采用 1 067 mm 和 1 000 mm 作干线轨距标准外，窄轨距主要用于工矿企业铁路。

我国铁路绝大多数为标准轨距，仅在云南省境内的滇越铁路（昆明至老街段）和少数地方铁路及厂矿企业铁路保留 1 000 mm 的窄轨距。台湾省铁路采用 1 067 mm 轨距。

轨距用道尺或其他工具（如轨道检查车、轨距水平小车）进行测量。其容许误差根据验收标准的不同而不同。轨距的变化必须和缓、平顺，其变化率：正线、到发线不应超过 2‰，站线和专用线不得超过 3‰，即在 1 m 长度内的轨距变化值，正线、到发线不应超过 2 mm，站线和专用线不得超过 3 mm。因为在短距离内如有显著的轨距变化，即使不超过容许误差，也会使机车车辆发生剧烈的摇摆。

为使机车车辆能在线路上两股钢轨间顺利通过，机车车辆的轮对宽度应小于轨距，因而钢轨与轮缘之间就有空隙。当轮对中的一个车轮轮缘与钢轨贴紧时，另一个车轮轮缘与钢轨之间的空隙称为游间 δ，如图 6-6 所示。其中，S 为轨距，q 为轮对宽度，δ 为游间。

$$\delta=S-q \qquad (6\text{-}2)$$

若 S_0 为标准轨距，q_0 为正常轮对宽度，则正常轮轨游间 δ_0：

$$\delta_0=S_0-q_0$$

轨距和轮对宽度都规定有容许的最大值和最小值。设 S_{max} 及 S_{min} 分别为最大及最小轨距，q_{max} 和 q_{min} 分别为最大及最小轮对宽度，则最大及最小游间分别为

$$\delta_{max}=S_{max}-q_{min}$$

$$\delta_{min}=S_{min}-q_{max}$$

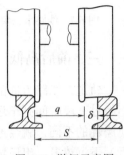

钢轨与轮缘间的游间是必要的，也是客观存在的。它对列车运行的平稳性和轨道的稳定性有重要的影响：如果游间太小，就会增加行车阻力和钢轨及车轮的磨损，甚至可能会楔住车轮、挤翻钢轨或导致爬轨，危及行车安全；如果游间过大，车辆行驶时蛇行运动的幅度越大，横向加速度越大，轮缘对钢轨的冲击角越大，作用于钢轨上的横向力也越大。行车速度越高，影响越严重。所以，为提高行车的平稳性和线路的稳固性，δ 应限制于一个最小的必要数值，特别是在高速铁路上。我国机车车辆轮轨游间 δ 最大值、正常值及最小值如表 6-2 所示。

图 6-6　游间示意图

表 6-2　轮轨游间表

车轮名称	δ_{max}	δ_0	δ_{min}
机车轮	45	16	11
车辆论	47	14	9

计算 δ 值时，没有把轮对宽度由于车轴挠曲而产生的变动（$\varepsilon=\pm2$ mm），以及轨距在列车通过时可能发生的弹性扩大（可取 2 mm）考虑在内。

根据我国现场测试和养护维修经验，认为减小直线轨距有利。改道时轨距按 1 434 mm 或 1 433 mm 控制，尽管轨头有少许侧磨发生，但达到轨距超限的时间得以延长，有利于提高行车的平稳性，延长维修周期。随着行车速度的日益提高，目前，世界上的一些国家正致力于通过试验研究的办法寻求游间 δ 的合理取值。

二、水平

水平指的是线路左、右两股钢轨顶面的相对高差。轨道上两股钢轨的顶面，在直线地段应保持同一水平，在曲线地段应满足外轨均匀和平顺超高的要求。这是为了使两股钢轨负担均匀，并保证车辆平稳行驶。

水平可用道尺或其他工具进行测量。不同的行车速度对水平误差的要求不同。《铁路线路修理规则》规定：两股钢轨顶面水平的容许偏差，正线及到发线不得大于 4 mm，其他站线不得大于 5 mm。水平的变化不能太大，在 1 m 距离内，变化不得超过 1 mm；否则，即使两股钢轨的水平误差不超过容许范围，也将会引起机车车辆的强烈振动。

实践中，有两种性质不同的钢轨水平误差对行车的危害程度也不相同。第一种称水平差，就是在一段相当长的距离内，一股钢轨的轨顶水平，始终较另一股高；另一种称三角坑，就

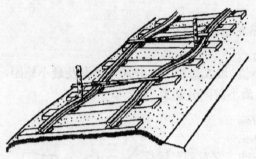

图 6-7　线路上三角坑的夸大示意图

是在一段不太长的距离内，先是左股钢轨高，后是右股钢轨高（或相反情况），而且两个最大水平误差点之间的距离不足 18 m，如图 6-7 所示。

一般情况下，超过允许标准的水平差，只是引起车辆的摇晃和两股钢轨的不均匀受力及磨耗。如果在延长不足 18 m 的距离内出现水平差超过 4 mm 的三角坑，就会出现车轮不能全部正常压紧钢轨的情况，在最不利的情况下甚至可以爬上钢轨，引起脱轨事故。因此，一旦发现必须立即予以消除。

三、前后高低

轨道沿线路方向的竖向平顺性，称前后高低。新铺或经过大修后的线路，即使轨面平顺，但经过一段时间列车运行后，由于路基状态、道床捣固坚实程度、扣件松紧、轨枕状态和钢轨磨耗的不同，就会产生不均匀下沉，造成轨面高低不平。在有些地方（往往在钢轨接头附近）下沉较多，出现坑洼，这种不平顺称为静态不平顺，如图 6-8 所示。有些地方，从表面上看轨面是平顺的，但实际上轨底与铁垫板或轨枕之间存在间隙（间隙超过 2 mm 时称为吊板），或轨枕与道砟之间存在空隙（空隙超过 2 mm 时称为空板或暗坑）。当列车通过时，这些地段的轨道下沉较大，也会产生不平顺，这种不平顺称为动态不平顺。随着高速铁路的发展，动态不平顺已受到广泛的关注。

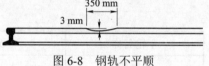

图 6-8　钢轨不平顺

轨道前后高低不平顺，危害甚大。当列车通过时，冲击动力增加，使道床变形加速，从而又进一步扩大不平顺，使机车车辆对轨道的破坏力增大。所以，对轨道来说，这是一个恶性循环过程。

不平顺的破坏作用与其长度成反比，与其深度成正比。一般来说，长度在 4 m 以下的不平顺，都会使机车车辆对轨道产生较大的破坏力，从而加速道床变形。例如在速度 250 km/h 时，对于同样的波深为 0.5 mm 时的波形磨耗，波长为 20 cm 时引起的最大振动冲击达 514 kN，约为波长 50 cm 时的 2.6 倍。因此，养路工区不允许这种不平顺存在。一旦发现，应在紧急补修中加以消灭。

长度在 100～300 mm 范围内的不平顺，主要起因是钢轨波浪形磨耗、焊接接头低塌或轨面擦伤等。车轮经过这些地方会产生冲击，行车速度越高，冲击越大。但是，对这种不平顺往往容易忽视，轨道检查车也不能完全反映出来。

轨道的前后高低用轨检车或轻型轨道不平顺检测小车测量。经过维修或大修的轨道要求目视平顺，前后高低用 10 m 弦测量时，最大矢度值不应超过 4 mm。

四、轨向

轨向是指轨道中心线在水平面上的平顺性，即轨道的中线位置，应和它的设计位置一致。但在机车车辆运行过程中，直线地段的轨道往往不再是一条理想的直线，而是一条由许多波浪形"曲线"组合而成的线段。每段曲线的长度大约在 10～20 m，肉眼一般不易看出。曲线轨道的受力状况比直线轨道更为复杂，变形也比较快。曲线轨道由于行车速度与实设超高不相适应，也由于车轮转向时，作用于钢轨上的附加横向力以及车轮进入或驶离缓和曲线时，对钢轨的横向和竖向冲击作用，使轨道变形进一步发展。反过来，曲线轨道的变形，将导致列车在曲线上的摇摆，增加作用于轨道上的横向力，使曲线轨道变形加剧。曲线轨道变形的结果，将使它不再是一条理想的圆曲线或曲率渐变的缓和曲线，而是一条有很多不同曲率半径圆弧组成的复曲线，形成严重的方向不平顺。

若直线不直、曲线方向错乱，必然会引起列车的蛇行运动。在行驶快速列车的线路上，轨道方向对行车的平稳性具有特别重要的意义。相对轨距来说，轨道方向往往是行车稳定性的控制性因素，只要方向偏差保持在容许范围之内，轨距变化对车辆振动的影响就不会很大。

在无缝线路地段，若轨道方向不良，到了高温季节，在一定条件下，会引起胀轨跑道，严重威胁行车安全。为了确保行车的平稳和安全，有必要定期检查轨道方向，并及时整正，使之恢复到原来的设计位置上来。轨道方向一般采用弦测法测量。《工务规则》规定：轨道直线方向必须目视平顺，用 10 m 弦量测，误差正线不超过 4 mm，站线及专用线不超过 5 mm。

五、轨底坡

车轮踏面和钢轨顶面主要接触部分是 1:20 的斜坡，为了使钢轨轴心受力，钢轨不应竖直铺设，而要适当地向内倾斜。如果钢轨保持竖直，车轮的压力将离开钢轨的中心线而偏向道心一侧，且略向外斜，其结果将使钢轨头部磨耗不均、腰部弯曲，在轨头与轨腰连接处发生纵裂，甚至折损。

钢轨底面对轨枕顶面的倾斜度，称为钢轨的轨底坡（也叫内倾度）。设置轨底坡的目的，是为了使车轮压力更集中于钢轨的中轴线，减少荷载的偏心距，降低轨腰应力。与此同时，还可减少钢轨头部由于接触应力而产生的塑性变形，因为在轨头中部，塑性变形的积累，要较两侧部分缓慢得多。

轨底坡一般与车轮踏面主要部分的斜度相同。在任何情况下，轨底坡不应大于 1:12，或小于 1:60。轨底坡是否正确，可从钢轨顶面上的光带位置判定。如果光带偏向内侧，说明轨底坡不足；如果偏向外侧，则说明轨底坡过大。在我国铁路上，过去轨底坡规定为 1:20，但在机车车辆的动力作用下，轨道被弹性挤开，轨枕产生挠曲和弹性压缩，加上垫板与轨枕不密贴，扣件的扣压力不足等因素的影响，实际轨底坡与原设轨底坡有较大的出入。另外，车轮踏面经过一段时间的磨耗后，原来 1:20 的部分也接近 1:40 的坡度。为此，从 1965 年起，把直线地段的轨底坡标准从 1:20 改为 1:40。

在曲线地段的外轨设有超高，轨枕处于倾斜状态。当其倾斜到一程度时，内股钢轨中心线将偏离垂直线而外倾，这种状态对钢轨的受力极为不利。因此，在曲线地段应视其外轨超高值而加大内轨轨底坡，以保证其不向轨道外方倾斜，其调整范围见表 6-3。

表 6-3 内股钢轨轨底坡调整范围

外轨超高/mm	轨枕面最大斜度	铁垫板或成轨槽倾斜度		
		0	1:20	1:40
0~75	1:20	1:20	0	1:40
80~125	1:12	1:12	1:30	1:17

6.3 曲线轨道轨距加宽

机车车辆进入曲线轨道时，仍然存在保持其原有行驶方向的惯性，只是受到外轨的引导作用方才沿着曲线轨道行驶。在小半径曲线，为使机车车辆顺利通过曲线而不致被楔住或挤开轨道，减小轮轨间的横向作用力，以减少轮轨磨耗，轨距要适当加宽。加宽轨距，系将曲线轨道内轨向曲线中心方向移动，曲线外轨的位置则保持与轨道中心半个轨距的距离不变。曲线轨距的加宽值与机车车辆转向架在曲线上的几何位置有关。

一、转向架的内接形式

由于轮轨之间存在一定间隙（简称游间），机车车辆的车架或转向架通过曲线轨道时，可以占有不同的几何位置，即可以有不同的内接形式。随着轨距大小的不同，机车车辆在曲线上可呈现以下四种内接形式：

（1）斜接。机车车辆车架或转向架的外侧最前位车轮轮缘与外轨作用边接触，内侧最后位车轮轮缘轮缘与内轨作用边接触，如图6-9（a）所示。

（2）自由内接。机车车辆车架的外侧最前位车轮轮缘与外轨作用边接触，其他各车轮轮缘无接触地在轨道上自由行驶，如图6-9（b）所示。

（3）楔形内接。机车车辆车架或转向架的最前位和最后位外侧车轮轮缘同时与外轨作用边接触，内侧中间车轮的轮缘与内轨作用边接触，如图6-9（c）所示。

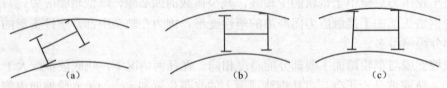

图6-9 机车车辆通过曲线的内接形式

（a）斜接；（b）自由内接；（c）楔形内接

（4）正常强制内接。为避免机车车辆以楔形内接形式通过曲线，对楔形内接所需轨距增加一半的游间，此时转向架在曲线上所处位置称为正常强制内接。

二、曲线轨距加宽的确定原则

机车车辆通过曲线的内接形式，随着轮轨游间大小而定。根据运营经验，以自由内接最为有利，但机车车辆的固定轴距长短不一，不能全部满足自由内接通过。为此，确定轨距加宽必须满足如下原则：

（1）保证占列车大多数的车辆能以自由内接的形式通过曲线；

（2）保证固定轴距较长的机车通过曲线时，不出现楔形内接，但允许以正常强制内接形式通过；

（3）保证车轮轮缘不掉道，即最大轨距不超过容许限度。

因此，确定轨距加宽的方法是首先根据车辆条件确定轨距加宽，再根据机车条件检算轨距加宽。

三、根据车辆条件确定轨距加宽

我国绝大部分的车辆转向架是两轴转向架。当两轴转向架以自由内接形式通过曲线时，前轴外侧车轮轮缘与外轨作用边接触，后轴占有曲线垂直半径的位置，如图 6-10 所示。由此，得自由内接通过时所需的轨距为：

$$S_{\mathrm{f}} = q_{\max} + f_0 \qquad\qquad (6\text{-}3)$$

式中 S_{f}——自由内接所需轨距；

$\quad q_{\max}$——最大轮对宽度；

$\quad f_0$——外矢距，其值为：

$$f_0 = \frac{L^2}{2R}$$

其中 L——转向架固定轴距；

$\quad R$——曲线半径。

以 S_0 表示直线轨距，则曲线轨距加宽值 e 应为：

$$e = S_{\mathrm{f}} - S_0$$

现以我国目前主型客车"202"型转向架为例计算。设 $R=350\,\mathrm{m}$，$L=2.4\,\mathrm{m}$，$q_{\max}=1\,424\,\mathrm{mm}$，则：

$$f_0 = \frac{L^2}{2R} = \frac{(2.4\times1\,000)^2}{2\times350\times1\,000} = 8.2\;(\mathrm{mm})$$

$$S_{\mathrm{f}} = q_{\max} + f_0 = 1\,424 + 8 = 1\,432\;(\mathrm{mm})$$

由以上计算可见，曲线半径为 350 m 及以上的曲线，轨距不需加宽。

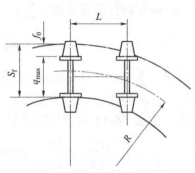

图 6-10　转向架自由内接

四、根据机车条件检算轨距加宽

在行驶的列车中，机车数量比车辆少得多，因此允许机车按较自由内接所需轨距为小的"正常强制内接"通过曲线。

图 6-11 所示为车轴没有横动量的四轴机车车架，在轨道中处于楔形内接状态。

车架处于楔形内接时的轨距 S_{w} 为：

$$S_{\mathrm{w}} = q_{\max} + f_0 - f_1 \qquad\qquad (6\text{-}4)$$

式中 $q_{\max}$——最大轮对宽度；

$\quad f_0$——前后两端车轴的外轮在外轨处所形成的矢距，其值为：

$$f_0 = \frac{L_{01}^2}{2R}$$

$$L_{01} = \frac{L_1 + L_2 + L_3}{2}$$

其中 L_1——第一轴至第二轴距离；

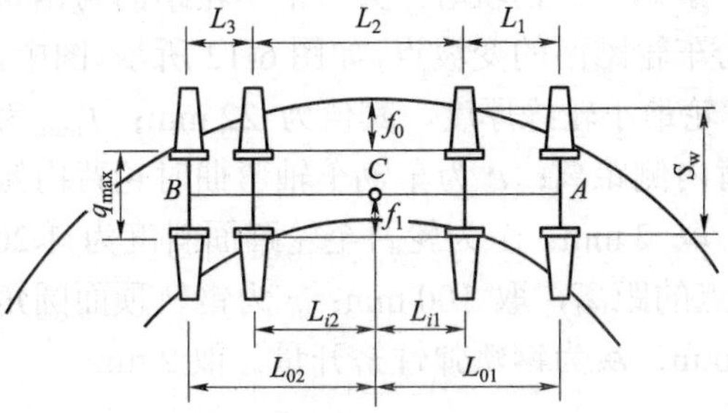

图 6-11　曲线轨距加宽计算图

L_2——第二轴至第三轴距离；

L_3——第三轴至第四轴距离；

f_1——中间两个车轴的内轮在内轨处形成的矢距，其值为：

$$f_1 = \frac{L_{i1}^2}{2R}$$

其中　L_{i1}^2——第二轴至曲线半径（与车架纵轴垂直的曲线半径）之间的距离，可由下式计算：

$$L_{i1} = L_{01} - L_1$$

当机车处于正常强制内接时，正常强制内接轨距 S'_W 为：

$$S'_W = S_W + \frac{1}{2}\delta_{min}$$

即

$$S'_W = q_{max} + f_0 - f_1 + \frac{1}{2}\delta_{min} \tag{6-5}$$

式中　δ_{min}——直线轨道的最小游间。

若车轴有总横动量的 $\sum\eta$，正常强制内接轨距 S'_W 为：

$$S'_W = q_{max} + f_0 - f_1 + \frac{1}{2}\delta_{min} - \sum\eta + \varepsilon \tag{6-6}$$

式中　$\sum\eta$——机车轮轴的总横动量；

　　　ε——轨距允许负误差。

由式（6-5）可算出前进型蒸汽机车通过 $R=256$ m 曲线时所需要的轨距如下：

$$f_0 = \frac{L_{01}^2}{2R} = \frac{3.2^2}{2\times256}\times1\,000 = 20\,（mm），\quad f_1 = \frac{L_{i1}^2}{2R} = \frac{1.6^2}{2\times256}\times1\,000 = 5.0\,（mm）$$

前进型蒸汽机车的总横动量为 11 mm，$\delta_{min}=11$ mm，$q_{max}=1\,422$ mm。将上述所有值代入式（6-5）中，得：

$$S'_W = q_{max} + f_0 - f_1 + \frac{1}{2}\delta_{min} + 2 = 1\,422 + 20 - 5 - 11 + \frac{1}{2}\times11 + 4 = 1\,435\,（mm）$$

计算结果与最小运营半径曲线所需的轨距相同。

五、曲线轨道的最大允许轨距

曲线轨道的最大轨距，应切实保障行车安全，不使其掉道。在最不利情况下，当轮对的一个车轮轮缘紧贴一股钢轨时，另一个车轮踏面与钢轨的接触点即为车轮踏面的变坡点，如图 6-12 所示。图中，d_{min} 为车辆车轮最小轮缘厚度，其值为 22 mm；T_{min} 为车轮最小轮背内侧距离；ε_r 为车辆车轴弯曲时轮背内侧距离减小量，取 2 mm；a 为轮背至轮踏面斜度为 1:20 与 1:10 变坡点的距离，取 100 mm；r 为钢轨顶面圆角宽度，取 12 mm；ε_S 为钢轨弹性挤开量，取 2 mm。

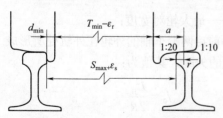

图 6-12　曲线轨道最大容许轨距

由此，曲线上容许最大轨距 S_{max}，由下式计算：

$$S_{max} = d_{min} + T_{min} - \varepsilon_r + a - r - \varepsilon_s \tag{6-7}$$

将上述采用的数值代入得：

$$S_{\max} = 22 + 1\,350 - 2 + 100 - 12 - 2 = 1\,456\,（mm）$$

因轨距的容许偏差不得超过 6 mm，所以曲线轨道最大容许轨距应为 1 450 mm，即最大允许加宽 15 mm。

《维规》规定：新建、改建及线路大修或成段更换轨枕地段，按表 6-4 规定的标准进行曲线轨距加宽。未按该标准调整前的线路可维持原标准。曲线轨距加宽递减率一般不得大于 1‰，特殊条件下不得大于 2‰。

表 6-4　曲线轨距加宽标准

曲线半径/m	轨距加宽/mm	轨距/mm
$R \geqslant 350$	0	1 435
$350 > R \geqslant 300$	5	1 440
$R < 300$	15	1 450

六、曲线轨距加宽递减

有加宽的曲线轨距与直线轨距间，应使轨距均匀递减。由加宽了的曲线轨距向直线轨距的过渡，按下列规定办理。

（1）曲线轨距加宽应在整个缓和曲线内递减。如无缓和曲线，则在直线上递减，递减率一般不得大于 1‰。如图 6-13 所示。

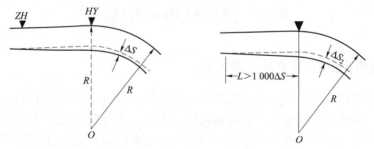

图 6-13　曲线轨距加宽递减

（2）复曲线应在正矢递减范围内，从较大轨距加宽向较小轨距加宽均匀递减。

"正矢递减范围"即半径变化点前后各 10 m 范围内，如复曲线的两曲线轨距加宽不相等，则应在半径变化点前后各 10 m 范围内，从较大轨距加宽向较小轨距加宽均匀递减，其递减率为 0.25‰～0.75‰，如图 6-14 所示。

（3）两曲线轨距加宽按 1‰递减，其终点间的直线长度应不短于 10 m。不足 10 m 时，如直线部分的两轨距加宽相等，则直线部分保留相等的加宽；如不相等，则直线部分从较大轨距加宽向较小轨距加宽均匀递减，如图 6-15。

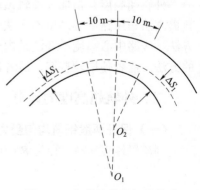

图 6-14　复曲线轨距加宽递减

在困难条件下,站线上的轨距加宽允许按 2‰ 递减。

(4)特殊条件下的轨距加宽递减,铁路局可根据具体情况规定,但不得大于 2‰。

"特殊条件下的轨距加宽递减"是指既有设备条件特殊。例如,反向曲线的夹直线很短或无夹直线,以及其他特殊条件下的轨距加宽递减。在未经改造前,不能按前三项的规定做轨距加宽递减,但也不得大于 2‰。

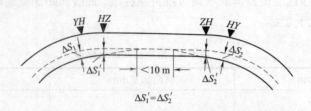

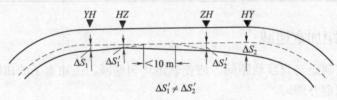

图 6-15　两曲线轨距加宽递减

6.4　曲线轨道外轨超高

一、外轨超高的作用及其设置方法

机车车辆在曲线上行驶时,由于惯性离心力作用,将机车车辆推向外股钢轨,加大了外股钢轨的压力,使旅客产生不适、货物移位等。因此,需要把曲线外轨适当抬高,使机车车辆的自身重力产生一个向心的水平分力,以抵消离心惯性力,达到内外两股钢轨受力均匀和垂直磨耗均匀等,满足旅客舒适感,提高线路的稳定性和安全性。

外轨超高度是指曲线外轨顶面与内轨顶面水平高度之差。在设置外轨超高时,主要有外轨提高法和线路中心高度不变法两种方法。外轨提高法是保持内轨标高不变而只抬高外轨的方法。线路中心高度不变法是内外轨分别各降低和抬高超高值一半而保证线路中心标高不变的方法。前者使用较普遍,后者仅在建筑限界受到限制时才采用。

二、外轨超高度的计算

(一)保证两股钢轨均匀受力条件的超高计算

列车以速度 v 沿半径为 R 的圆曲线运行时,产生离心力 F:

$$F = m\frac{v^2}{R} = \frac{G}{g}\frac{v^2}{R} \tag{6-8}$$

式中 G——车辆重力（kN）；

$\quad\quad v$——行车速度（m/s）；

$\quad\quad R$——曲线半径（m）；

$\quad\quad g$——重力加速度（9.8 m/s²）。

若将曲线轨道设置外轨超高 h 后，如图 6-16 所示，使车体的重力 G 与离心力 F 的合力 Q 恰好通过轨道中心，此时里外两股钢轨所受的垂直压力相等，钢轨的支撑反力 $E_1=E_2$。由图可以看出：$\tan\gamma=\dfrac{F}{G}\approx\dfrac{h}{S_1}$，则平衡离心力所需要的外轨超高为：

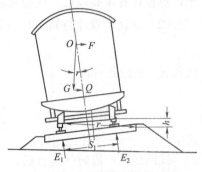

图 6-16 曲线外轨超高计算图

$$h=\frac{S_1 F}{G}=\frac{S_1}{G}\frac{G}{g}\frac{v^2}{R}=\frac{S_1}{g}\frac{v^2}{R} \tag{6-9}$$

当速度 v 以 km/h 计、半径 R 以 m 计、超高 h 以 mm 计，且将两股钢轨中心间的距离 $S_1=1\,500$ mm 代入上式：

$$h=\frac{1\,500\times\left(\dfrac{1}{3.6}\right)^2}{9.81}\frac{v^2}{R}=11.8\frac{v^2}{R}\,(\text{mm}) \tag{6-10}$$

上式是以速度为 v 通过曲线的车辆推导出来的超高计算式。实际上通过曲线的各次列车轻重不同，速度不一样，因此，式中的速度 v 应采用各次列车的平均速度 v_j，即：

$$h=11.8\frac{v_j^2}{R} \tag{6-11}$$

（二）平均速度的计算

计算平均速度 v_j 有下列几种方法：

（1）全面考虑每次列车的速度和重量来计算 v_j。

通过一个曲线的列车种类、列数、重量和速度各不相同，为了合理地设置超高，在实际计算时，必须综合各种因素，采用平均速度。在一般条件下，客车速度较高，列车重量较小；货车速度较低，列车重量较大。考虑列车重量计算出的超高，往往比不考虑列车重量计算出的超高要小，能使两股钢轨的垂直磨耗比较均匀。根据现场实践经验，在曲线上适当减小超高，外股钢轨的侧面磨耗能有不同程度的减轻，里股钢轨的飞边也能有所减小。故应按重量加权平均的方法计算平均速度，并依此计算设置超高，即：

$$v_j=\sqrt{\frac{\sum N_i G_i v_i^2}{\sum N_i G_i}} \tag{6-12}$$

式中 N_i——每昼夜通过的各类列车次数（列）；

$\quad\quad G_i$——列车总重。

式（6-12）中列车重量 G_j 对 v_j 影响较大，由此计算所得的平均速度适用于客货混运线路，因此，我国《铁路线路修理规则》规定，在确定曲线外轨超高时，平均速度按式（6-12）计算。

还应指出：按式（6-12）计算出的超高与实际列车受力状况存在差异。在现场使用时，按计算值设置超高以后，还应视轨道稳定以及钢轨磨耗等状况适当调整。

（2）在新线设计与施工时，采用的平均速度 v_j 由下式确定：

$$v_j = 0.8 v_{max} \qquad (6\text{-}13)$$

代入式（6-12），得：

$$h = 7.6 \frac{v_{max}^2}{R} \qquad (6\text{-}14)$$

式中 v_{max}——预计该地段最大行车速度，以 km/h 计。

线路经过一段时间运行后，应根据实际的行车速度调整超高。

按上式计算出的超高值，应取整为 5 mm 的整倍数，作为超高的计算值。

三、未被平衡的横向加速度、欠超高和过超高

一旦线路实设超高确定后，在运行过程中是不能随意改变的，而能使得列车通过曲线时的向心力等于离心力的列车速度只有一个，即平均速度。而在一昼夜中，通过曲线的列车进度有高有低，当实际列车速度大于或小于曲线的平均速度时，就会产生未被平衡的横向加速度。当列车的速度大于平均速度时，由于外轨超高的不足而产生未被平衡的离心加速度，同时使外轨加载，内轨减载。未被平衡的离心加速度为：

$$a = \frac{v^2}{R} - \frac{gh}{S_1} \qquad (6\text{-}15)$$

式中 $\dfrac{v^2}{R}$——离心加速度；

$\dfrac{gh}{S_1}$——由于外轨超高的存在而产生的重力加速度的向心加速度分量。

为了保证最高速度的旅客列车运行的平稳和安全以及旅客的舒适，必须把未被平衡的离心加速度控制在一个合适的范围内，即必须规定一个合理的未被平衡的离心加速度容许值 a_0。令 v_{max} 为最高行车速度（m/s），则 $\dfrac{v_{max}^2}{R} - \dfrac{gh}{S_1} \leqslant a_0$。将 $g = 9.8 \text{ m/s}^2$，$S_1 = 1\,500$ mm 及 v_{max} 以 km/h 为单位代入式（6-15），得：

$$\Delta h_q = 11.8 \frac{v_{max}^2}{R} - h \leqslant 153 a_0 \qquad (6\text{-}16)$$

显然，式（6-16）左侧第一项为与 v_{max} 相适应的外轨超高，第二项为与平均速度相适应轨超高，两者分别记为入 h_{max} 与 h_0，两者之差记为 Δh。在 $v_{max} > v_j$ 的情况下，Δh 为正值，称之为欠超高，以 Δh_q 表示。

当列车的速度小于平均速度，则情况正与上述相反。因超高过大而产生未被平衡的向心加速度和与此相应的过超高，即在 $v_{min} < v_j$ 的情况下，式（6-16）可以改写成为下式：

$$\Delta h_g = 11.8 \frac{v_{min}^2}{R} - h \leqslant 153 a_0 \qquad (6\text{-}17)$$

式中 v_{min}——最低行车速度（km/h）。

此时的超高差 Δh 为负值，称之为过超高，以 Δh_g 表示。

我国经过多次和大量的未被平衡加速度与舒适度关系的试验，规定 a_0 值在一般情况下取 0.4～0.5 m/s²，在特殊情况下取 0.6 m/s²，据此可算得 Δh_q 值为：

在一般情况下，Δh_q=61～76.5 mm；在特殊情况下，Δh_q=91.8 mm

我国《铁路线路修理规则》规定：未被平衡的欠超高一般不应大于 75 mm，困难情况下不得大于 90 mm；容许速度大于 120 km/h 线路的个别特殊情况下已设置 110 mm 欠超高可暂时保留，但应逐步改造。过超高不应大于 30 mm，困难情况下不大于 50 mm。

必须指出，随着我国铁路的提速和客运专线的修建，为提高旅客列车的舒适度，未被平衡欠超高的控制更加严格，我国铁路轨道设计规范规定曲线欠超高和过超高的允许值如表 6-5 所示。

表 6-5　曲线欠超高及欠超高与过超高之和的允许值　　　　　　　　　mm

列车速度/（km·h⁻¹）	欠超高允许值		欠超高与过超高之和的允许值	
	一般	困难	一般	困难
160＜v≤200	≤60	≤80	≤110	≤130
120＜v≤160	≤70	≤90	≤120	≤140
v≤120	≤75	≤90	≤125	≤140

【例 6-1】某单线区间曲线半径为 800 m，实设最高行车速度为 100 km/h，平均速度为 80 km/h，货物列车平均速度为 60 km/h，问需设置多少超高并进行检算？

$$h = 11.8\frac{v_j^2}{R} = 11.8 \times \frac{80^2}{800} = 94.4（mm），超高取整为 95 mm。$$

检算：

未被平衡欠超高 $\Delta h_q = 11.8\frac{v_{max}^2}{R} - h = 11.8 \times \frac{100^2}{800} - 95$

$= 147.5 - 95 = 52.5（mm）$

未被平衡过超高 $\Delta h_g = h - 11.8\frac{v_{min}^2}{R} = 95 - 11.8 \times \frac{60^2}{800}$

$= 95 - 53.1 = 41.9（mm）$

检算结果：Δh_q=52.5 mm＜75 mm

Δh_g=41.9 mm＜50 mm

符合规定要求。

故该曲线设置 95 mm 的超高值。

四、曲线轨道外轨超高最大值的规定

外轨超高最大值是指在曲线轨道上行驶的车辆在离心力、向心力、重力及风力的共同作用下不致向外倾覆（或向内倾覆）的最大超高值。下面讨论在欠超高的情况下外轨超高的最大值。如图 6-17 所示，这些力的合力 R 通过轨距中点 O 时，车辆处于绝对稳定的状态。

在欠超高的情况下，合力只要向外侧偏离 O 点一定距离，车辆在曲线轨道上抵抗向外侧倾覆的稳定程度，取决于偏心距 e 值的大小。为了衡量其稳定程度，通常由稳定系数 n 表示，并定为两股钢轨中线间距离的一半（即 $S_1/2$）与偏心距 e 的比值，即：

$$n = \frac{S_1}{2e} \tag{6-18}$$

当 $e=0$ 时，$n=\infty$，合力在轨道中心，车辆处于绝对稳定状态；

当 $e<\dfrac{S_1}{2}$ 时，$n>1$，合力在轨道中心与钢轨之间，车辆处于稳定状态；

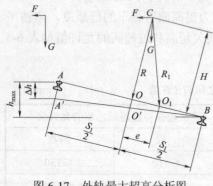

图 6-17　外轨最大超高分析图

当 $e=\dfrac{S_1}{2}$ 时，$n=1$，合力在钢轨中心，车辆处于临界状态；

当 $e>\dfrac{S_1}{2}$ 时，$n<1$，合力在轨道外侧，车辆处于不稳定状态，即丧失稳定而颠覆。

当列车以低速通过曲线或在曲线上停车时，所需要的超高为 0，保证车辆稳定的超高即为曲线曲线上容许设置的最大超高。设车辆的重心高度为 H，由图 6-17，得超高三角形 $\triangle BAA'$ 与三角形 $\triangle COO_1$ 相似，则：

$$\frac{h}{S_1} \leqslant \frac{e}{H} \tag{6-19}$$

将 $n=\dfrac{S_1}{2e}$ 代入上式得：

$$h \leqslant \frac{S_1^2}{2nH} \tag{6-20}$$

一般认为，保证列车稳定的安全值 $n=3$。我国货车货车重心到轨顶的高度 $H=2\,220$ mm，则：

$$h \leqslant \frac{1\,500^2}{2 \times 3 \times 2\,220} = 168.9\,(\text{mm})$$

另再考虑风力及车辆振动等不利因素，因此，我国《铁路线路修理规则》规定：实设最大超高，在在单线上不得大于 125 mm，在双线上不得大于 150 mm。

此规定的限值是实际设置超高的最大限度，不包括容许的水平误差。

客车重心至轨顶的高度 $H=2\,057.5$ mm，则：

$$h \leqslant \frac{1\,500^2}{2 \times 3 \times 2\,057.5} = 180.26\,(\text{mm})$$

京沪高速铁路上的最大超高采用 180 mm。

对于曲线上的最小超高，我国铁路上没有明确的规定，一般取至 5 mm。

五、曲线轨道上的超高限速

任何一条曲线轨道，均按一定的平均速度设置超高。在既定的超高条件下，通过该曲线的列车最高速度必定受到未被平衡的容许的欠超高的限制。

如为欠超高，列车通过曲线时的最高速度 $v_{\max}$，得：

$$11.8\frac{v_{max}^2}{R} - h = \Delta h_q$$

$$v_{max} = \sqrt{\frac{h + \Delta h_q}{11.8}}\sqrt{R} \qquad (6\text{-}21)$$

若 h=150 mm：

$$\Delta h_q = 75 \text{ mm 时，} v_{max} = 4.37\sqrt{R}$$

$$\Delta h_q = 90 \text{ mm 时，} v_{max} = 4.51\sqrt{R}$$

若 h=125 mm：

$$\Delta h_q = 75 \text{ mm 时，} v_{max} = 4.12\sqrt{R}$$

$$\Delta h_q = 90 \text{ mm 时，} v_{max} = 4.27\sqrt{R}$$

一般情况下，曲线上的限速按下式计算：

$$v_{max} = 4.3\sqrt{R} \qquad (6\text{-}22)$$

六、曲线轨道超高顺坡

我国《铁路线路修理规则》对曲线超高的顺坡有如下规定：

（1）曲线超高应在整个缓和曲线内顺完，容许速度大于 120 km/h 的线路，顺坡坡度一般不大于 1/（$10v_{max}$），其他线路不大于 1/（$9v_{max}$）；如缓和曲线长度不足，顺坡可延伸至直线上；如无缓和曲线，容许速度大于 120 km/h 的线路，在直线上顺坡坡度一般不大于 1/（$10v_{max}$），其他线路不大于 1/（$9v_{max}$）。容许速度大于 120 km/h 的线路，在直线上顺坡的超高不得大于 8 mm；其他线路，有缓和曲线时不得大于 15 mm，无缓和曲线时不得大于 25 mm。

在困难条件下，可适当加大顺坡坡度，但容许速度大于 120 km/h 的线路不得大于 1/（$8v_{max}$）；其他线路不得大于 1/（$7v_{max}$），当 1/（$7v_{max}$）大于 2‰时，按 2‰设置。

（2）复曲线应在正矢递减范围内，从较大超高向较小超高均匀顺坡，如图 6-18 所示。按规定用 20 m 弦量取曲线正矢，复曲线半径变化点前后各 10 m 点的正矢，各等于所在圆曲线的正矢，在这两点之间的正矢是递减的。故上述的"正矢递减范围"即半径变化点前后各 10 m 范围，如两超高不相等，则应在这 20 m 范围内，从较大超高向较小超高均匀顺坡。

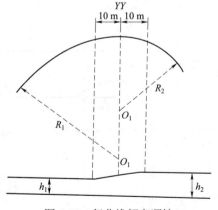

图 6-18　复曲线超高顺坡

（3）同向曲线两超高顺坡终点间的夹直线长度不应短于 25 m。容许速度不大于 120 km/h 的线路极个别情况下，不足 25 m 时，可在直线部分设置不短于 25 m 的相等超高段，如图 6-19 所示。困难条件下，可在直线部分从较大超高向较小超高均匀顺坡，如图 6-20 所示。

（4）反向曲线两超高顺坡终点间的夹直线长度不应短于 25 m，如图 6-21 所示。容许速度不大于 120 km/h 的线路极个别情况下，不足 25 m 时，正线上可不短于 20 m，站线上可不短于 10 m；困难条件下，可按不大于 1/（$7v_{max}$）顺坡。必要时，超高顺坡可延伸至圆曲线上，但圆曲线始终点的未被平衡欠超高，不得超过规定，如图 6-21 所示。

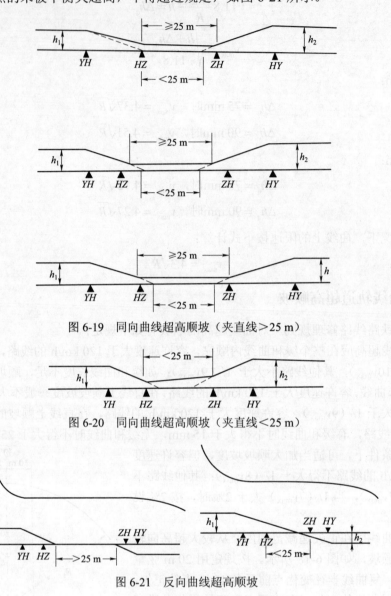

图 6-19　同向曲线超高顺坡（夹直线＞25 m）

图 6-20　同向曲线超高顺坡（夹直线＜25 m）

图 6-21　反向曲线超高顺坡

6.5　缓　和　曲　线

一、缓和曲线的作用及几何特征

机车车辆在曲线上运行时，出现了在直线上运行时所没有的力，如转向力、离心力及各种惯性力。当车辆由直线运行至曲线时，这些力，尤其是离心力的突然产生，使列车振动、行车不稳、旋客不舒适。为了避免离心力突然产生及突然消失，使离心力逐渐地增加或减少，就需要一段半径逐渐变化的曲线，把直线和圆曲线连接起来，我们称这段曲线为缓和曲线。

概括起来，缓和曲线具有以下几何特征：

（1）缓和曲线连接直线和半径为 R 的圆曲线，其曲率由零至 $1/R$ 逐渐变化。

（2）缓和曲线的外轨超高，由直线上的零逐渐至圆曲线的超高值，与圆曲线超高相连接；

（3）缓和曲线连接半径小于 350 m 的圆曲线时，在整个缓和曲线长度内，轨距加宽呈线性递增，由零至圆曲线加宽值。

二、常用缓和曲线

（一）对缓和曲线的线型要求

根据设置缓和曲线的目的，缓和曲线的线型应符合如下要求。

1. 平面形状

列车经过缓和曲线时，车体受到离心力 $F = m\dfrac{v^2}{\rho}$ 的作用，为了不使离心力突然产生和消失，应使缓和曲线始点处的离心力为零，亦即使缓和曲线始点处的曲率半径 $\rho \to \infty$；为使离心力不产生突变，应使缓和曲线终点处车体所受的离心力与圆曲线上的相同，亦即使缓和曲线终点处的曲率半径 $\rho = R$。

从缓和曲线始点至缓和曲线终点，其曲率半径 ρ 连续渐变。因此，缓和曲线在平面上应是一条曲率半径 ρ，由无穷大 ∞ 逐渐减小至半径 R 的一条变径曲线。

2. 立面形状

列车在缓和曲线上运行时，由于外轨设置超高，车体重力的水平分力构成向心力 $F_n = \dfrac{Gh}{S_1}$，为使向心力 F_n 不突然产生或突然消失，则外轨超高在缓和曲线始终点处的变化率皆应为零，而且在始终点间连续渐变。所以，缓和曲线在立面的形状应是一条 S 曲线，此 S 曲线在始点处与直线部分的外轨顶面相切，在终点处与圆曲线部分的外轨顶面相切。

由于既满足平面形状要求，又满足立面形状要求的缓和曲线，是一条高次空间曲线。在目前的轨道结构及养护条件下，很难保持曲线的正确位置。故在行车速度不高的线路上，着重考虑缓和曲线的平面形状，而放宽对其立面形状的要求，在立面上采用直线型外轨超高顺坡，如图 6-22（a）所示。直线型超高顺坡的缓和曲线，在始点 ZH 处 $\rho = \infty$，终点 HY 处 $\rho = R$，即可满足曲率与超高相配合的要求。

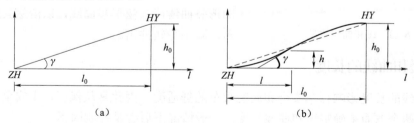

图 6-22 超高顺坡

另外，当行车速度较高时，为了消除列车对外轨的冲击作用，应采用曲线型超高顺坡，如图 6-22（b）所示。其几何特征是缓和曲线始点及终点处的超高顺坡倾角 $\gamma = 0$。

（二）常用缓和曲线的线型

当缓和曲线采用直线型超高顺坡时，其坡度为 i，缓和曲线始点至缓和曲线上任一点的

长度为 l，h 为相应的外轨超高，则在缓和曲线上任一点都存在如下关系：

$$l = \frac{h}{i} \tag{6-23}$$

因缓和曲线上任一点的外轨超高 $h = \frac{S_1 v^2}{g \rho}$

则

$$l = \frac{S_1 v^2}{gi} \frac{1}{\rho} = \frac{C}{\rho} = CK \tag{6-24}$$

式中　C——常用缓和曲线的特征常数，$C = \frac{S_1 v^2}{gi} = \rho l = R l_0$；

K——缓和曲线的曲率。

从式（6-24）可知，缓和曲线的长度 l 与其曲率 K 成正比，符合这一条件的曲线是放射螺旋线，如图 6-23 所示。放射螺旋线近似方程：

$$y = \frac{x^3}{6C}\left(1 + \frac{3x^4}{40C^2} + \cdots\right) \tag{6-25}$$

当只取第一项时，则方程为三次抛物线的线型，为：

$$y = \frac{x^3}{6C} \tag{6-26}$$

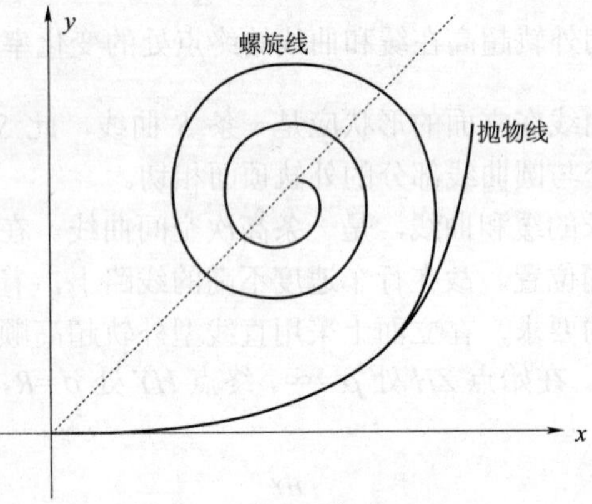

图 6-23　缓和曲线线型

在我国及英、美、日等客货共线的铁路上，当行车速度小于 160 km/h 时，广泛采用三次抛物线形缓和曲线。当列车以较高速度通过这种直线型超高顺坡的缓和曲线时，在缓和曲线始终点就会产生较强烈的摇晃和振动，不但影响列车运行的平稳性，也会大大降低旅客乘车的舒适，因此，高速铁路都要采用曲线型超高顺坡的缓和曲线，即高次缓和曲线。为了适应高速铁路的要求，可以适当采取一些措施来改善其始终点运行条件，如在其始终点各加圆形竖曲线或余弦形竖曲线，以消除其始终点的折角，减小轮轨冲击。

二、缓和曲线的长度

缓和曲线的长度影响行车安全和旅客乘车的舒适度，因此常从保证行车安全和保证旅客乘坐的舒适两个方面来确定缓和曲线长度，一般情况下后者是控制因素。

1. 按行车安全条件确定缓和曲线的长度

曲线外轨超高沿缓和曲线顺坡，因而内外轨不在一个平面上，缓和曲线上的轨道平面发生了扭曲，顺坡坡度越大，扭曲越厉害转向架的各个轮对，内侧车轮走在平面上，外侧车轮走在斜面上，如图 6-24 所示，但由于转向架的约束，各个车轮只能位于同一平面上，若后端轮对的内外两轮都紧贴轨面，前端轮对的外轮也紧贴轨面，则前轮对的内轮就会悬浮在轨面上，这个悬浮高度不应大于最小轮缘高度。为保证安全，应使车轮轮缘不爬越内轨顶面。设外轨超高顺坡坡度为 i，最大固定轴距为 L_{max}，则车轮离开内轨顶面的高度为 iL_{max}。当悬空高度大于轮缘最小高度 K_{min} 时，车轮就有脱轨的危险。因此必须保证：

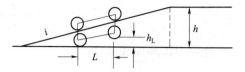

图 6-24　转向架在缓和曲线上示意图

$$iL_{max} \leqslant K_{min}$$
$$i \leqslant \frac{K_{min}}{L_{max}} \tag{6-27}$$

式中　i——外轨超高顺坡坡度。

根据我国多年的运营和养护经验，要保证车轮轮组不爬越内轨，直线型外轨超高顺坡坡度不宜不宜大于 $i_0 = 2‰$。则缓和曲线的最短长度由下式决定。缓和曲线长度 l_0 应为：

$$l_0 \geqslant \frac{h_0}{i_0} \tag{6-28}$$

式中　l_0——缓和曲线长；

　　　h_0——圆曲线外轨超高。

2. 按旅客舒适条件确定缓和曲线的长度

（1）外轮升高（或降低）速度的限制条件。列车在缓和曲线上运行时，沿外轨滚动的车轮逐渐升高（或逐渐降低）为满足旅客舒适条件，这个升高的速度不能超过一定数值，即应满足下式：

$$\mu = \frac{h_0}{t} = \frac{h_0 v_{max}}{l_0} \leqslant \mu_0 \tag{6-29}$$

式中　μ_0——为保证旅客舒适条件所允许的外轮升高速度（mm/s）；

　　　h_0——圆曲线外轨超高（mm）；

　　　t——车轮通过缓和曲线时所需要的时间，$t = l_0 / v_{max}$；

　　　v_{max}——通过曲线的最高行车速度（km/h）。

如果 l_0 用 m 作单位，v_{max} 用 km/h 作单位，则：

$$l_0 \geqslant \frac{h_0 v_{max}}{3.6 \mu_0} \tag{6-30}$$

我国根据长期运营实践，一般情况下，采用 $\mu_0 = 32$ mm/s；困难条件下，采用 $\mu_0 = 40$ mm/s。当 $\mu_0 = 32$ mm/s 时，代入式（6-30），得：

$$l_0 \geqslant \frac{h_0 v_{max}}{3.6 \times 32} \times 1\,000 = 8.68 h_0 v_{max} \quad （mm）$$

采用　　　　　　　　　$l_0 \geqslant 9 h_0 v_{max} \tag{6-31}$

当 $\mu_0 = 40$ mm/s 时，代入式（6-30），得：

$$l_0 \geqslant \frac{h_0 v_{max}}{3.6 \times 40} \times 1\,000 = 6.9 h_0 v_{max} \quad （mm）$$

采用　　　　　　　　　$l_0 \geqslant 7 h_0 v_{max} \tag{6-32}$

（2）未被平衡的离心加速度变化率的限制条件。对高速铁路的缓和曲线，还应考虑未被平衡的离心加速度变化率 γ 来确定缓和曲线长度，以保证舒适的要求。γ 的计算如下：

$$\gamma = \frac{a}{t} = \frac{a}{3.6l_0 / v_{max}} = \frac{av_{max}}{3.6l_0} \leqslant \gamma_0 \qquad (6\text{-}33)$$

由此，得缓和曲线长度

$$l_0 \geqslant \frac{av_{max}}{3.6\gamma_0} (m) \qquad (6\text{-}34)$$

式中　a——缓和曲线上未被平衡的离心加速度（m/s²）;

　　　v_{max}——缓和曲线上的最高行车速度（km/h）;

　　　γ——未被平衡的离心加速度变化率（m/s³）。

由于欠超高与未被平衡的离心加速度关系为 $\Delta h_q = 153a(mm)$，代入上式得：

$$l_0 \geqslant \frac{\Delta h_q v_{max}}{153 \times 3.6\gamma_0} (m) \qquad (6\text{-}35)$$

据铁道科学研究院研究，γ_0 的值一般取 0.29 m/s³，困难时取 0.34 m/s³。

3. 线路设计规范对缓和曲线长度的规定

式（6-35）所限制的条件，只对高速铁路缓和曲线的长度起作用。因此，在我国铁路上，客货混跑线路常以前两个条件进行讨论，在式（6-28）、式（6-31）计算出的值取较大者。对于开行快速列车的既有线，缓和曲线长度一般情况下应 $l_0 \geqslant 10h_0 v_{max}$，困难条件下 $l_0 \geqslant 8h_0 v_{max}$。若为高速铁路，则应考虑全部三个条件，计算取大者。计算结果取 10 m 的整倍数，长度不短于 20 m。

缓和曲线长度应根据曲线半径，路段旅客列车设计速度和地形条件按表 6-6 选用，有条件时，应采用较表 6-6 规定的更大值。

表 6-6　缓和曲线长度（m，$v \leqslant 160$ km/h）

路段旅客列车设计行车速度/（km·h⁻¹）		140		120		100		80	
	标准类型	一般	困难	一般	困难	一般	困难	一般	困难
曲线半径 /m	10 000	30	20	20	20	20	20	20	20
	8 000	40	20	30	20	20	20	20	20
	6 000	50	30	30	20	20	20	20	20
	5 000	60	40	40	30	20	20	20	20
	4 000	60	40	50	30	30	20	20	20
	3 000	70	50	50	40	40	20	20	20
	2 500	80	70	60	40	40	30	30	20
	2 000	90	80	60	50	50	40	30	20
	1 800	100	80	70	60	50	40	30	20
	1 600	110	100	70	60	50	40	40	20
	1 400	130	110	80	70	60	40	40	20
	1 200	150	130	90	80	60	50	40	30

路段旅客列车设计行车速度/（km·h⁻¹）		140		120		100		80	
标准类型		一般	困难	一般	困难	一般	困难	一般	困难
曲线半径/m	1 000	—	—	120	100	70	60	40	30
	800	—	—	150	130	80	70	50	40
	700	—	—	—	—	100	90	50	40
	600	—	—	—	—	120	100	60	50
	550	—	—	—	—	130	110	60	50
	500							60	60
	450							80	70
	400							90	80
	350	—	—	—	—	—	—	100	90

6.6 缩 短 轨

在曲线上，里股轨线比外股轨线短，若里外两股铺以同样长度的标准轨，则里股钢轨的接头势必较外股的接头超前，不能满足钢轨接头对接的要求。为了使里外股钢轨接头对接，必须在里股轨线的适当位置处铺缩短轨，为此需进行缩短轨计算。我国厂制缩短轨，对于 12.5 m 的标准轨，配有缩短量为 40 mm、80 mm 和 120 mm 三种缩短轨；对于 25 m 的标准轨，配有缩短量为 40 mm、80 mm 和 160 mm 三种缩短轨。选用缩短轨类型时，缩短轨的长度可参考下式确定：

$$L_0 < L\left(1 - \frac{S_1}{R}\right) \tag{6-36}$$

式中　L_0——标准缩短轨长度（m），按计算结果选用缩短量较小的缩短轨；

　　　L——标准钢轨长度，25 m 或 12.5 m；

　　　S_1——两股钢轨中心距离，一般用 1.5 m；

　　　R——曲线半径（m）。

另外，还可以根据半径 R，参照表 6-7 选用。

表 6-7　标准缩短轨选择参照表

曲线半径/m	25 m 钢轨		12.5 m 钢轨	
	缩短轨长/m	缩短量/mm	缩短轨长/m	缩短量/mm
4 000～1 000	24.96	40	12.46	40
	24.92	80		

曲线半径/m	25 m 钢轨		12.5 m 钢轨	
	缩短轨长/m	缩短量/mm	缩短轨长/m	缩短量/mm
800~500	24.92 24.84	80 160	12.46	40
450~250	24.84	160	12.42	80
200	—	—	12.38	120
附注	1. 按表列缩短量宜选用较小的一种。 2. 为了不影响接头质量，允许在曲线尾按实际情况插入个别相应的缩短轨			

由于线路上曲线的半径和长度不一，难以使曲线上每个接头均正好相对，因此，允许里外两股钢轨接头有少量相错。在正线及到发线上，相错量不大于 40 mm 加所用缩短轨缩短量的一半；在其他站线、次要线和使用非标准长度钢轨的线路上，相错量不大于 60 mm 加所用缩短轨缩短量的一半。

一、缩短量的计算

如图 6-25 所示，AB 和 $A'B'$ 分别为曲线轨道上外股轨线和内股轨线，内外轨线的长度差即为内轨的缩短量：

$$\Delta l = \int_{\varphi_1}^{\varphi_2} (\rho_1 - \rho_2) \mathrm{d}\varphi = \int_{\varphi_1}^{\varphi_2} S_1 \mathrm{d}\varphi = S_1 \varphi$$

式中　φ_1、φ_2——外轨线上 A、B 点的切线与曲线始切线的夹角；

　　　ρ_1、ρ_2——外轨线和内轨线的半径；

　　　S_1——内外轨中心线间的距离，一般取 1 500 mm。

对于圆曲线，当 A、B 两点分别为圆曲线的始点和终

点时，由于 $\varphi = \dfrac{l_c}{R}$，则整个圆曲线内轨缩短量为：

$$\Delta l_c = \frac{S_1 l_c}{R} \qquad (6\text{-}37)$$

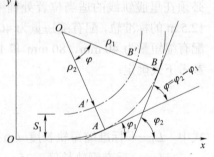

图 6-25　曲线缩短轨计算

式中　l_c，R——圆曲线的长度和半径。

对于常用缓和曲线，则有：

$$\varphi_1 = \frac{l_1^2}{2Rl_0}, \quad \varphi_2 = \frac{l_2^2}{2Rl_0}$$

$$\Delta l = S_1(\varphi_2 - \varphi_1) = \frac{S_1}{2Rl_0}(l_2^2 - l_1^2) \qquad (6\text{-}38)$$

式中　l_0——缓和曲线长度；

　　　l_1、l_2——缓和曲线起点至 A、B 点的距离。

当 A、B 两点分别为缓和曲线的始点和终点时，$l_1=0$，$l_2=l_0$，则整个缓和曲线内轨的缩短量为

$$\Delta l_0 = \frac{S_1 l_0}{2R} \tag{6-39}$$

整个曲线（包括圆曲线和两端缓和曲线）的总缩短量为：

$$\Delta l_z = 2\Delta l_0 + \Delta l_c = \frac{S_1 l_0}{2R} + \frac{S_1 l_c}{R} = \frac{S_1}{R}(l_0 + l_c) \tag{6-40}$$

二、缩短轨的数量及其配置原则

计算出整个曲线的总缩短量后，选用缩短量为 k 的缩短轨，即可求出整个曲线上所需的缩短轨根数 N：

$$N = \frac{\Delta l_z}{k} \tag{6-41}$$

显然，N 不能大于外轨线上铺设的标准轨根数 N_0，否则应改用缩短量更大的缩短轨。

确定采用哪一种缩短轨并计算出缩短轨根数后，还需要合理地配置缩短轨的位置，才能实现接头对接的目的。为此，必须逐根计算内、外轨接头的错开量，按规定的容许错开量，安排缩短轨。考虑到缓和曲线与圆曲线的缩短量计算不同，故需分段计算。每个接头累计缩短量计算如下：

（1）第一缓和曲线（ZH～HY）：将坐标原点置于 ZH 点，则任一接头处内轨累计缩短量为：

$$\Delta l = \frac{1\,500 l^2}{2R l_0} \quad (\text{mm}) \tag{6-42}$$

式中 l——第一缓和曲线上任一钢轨接头至缓和曲线起点（ZH）的距离（m）；

R——圆曲线半径（m）；

l_0——缓和曲线全长（m）。

（2）圆曲线（HY—YH）：坐标原点仍在 ZH 点，则任一接头处内轨累计缩短量为：

$$\Delta l = \frac{1\,500 l_0}{2R} + \frac{1\,500 l}{R} \quad (\text{mm}) \tag{6-43}$$

式中 l——圆曲线上钢轨接头距圆曲线起点（HY）的距离（m）。

（3）第二缓和曲线（YH～HZ）：将坐标原点置于缓和曲线终点（HZ），算出每个钢轨接头的内轨缩短量，再由总缩短量减去该值，则得该钢轨接头至缓和曲线起点的内轨累计缩短量为：

$$\Delta l = \Delta l_z - \frac{1\,500 l^2}{2R l_0} \quad (\text{mm}) \tag{6-44}$$

式中 Δl_z——曲线内轨总缩短量（m）；

l——第二缓和曲线上任一钢轨接头至 HZ 点的曲线长（m）。

这样，即可从曲线起点开始，计算每个接头对应的累计缩短量。当由于曲线内侧铺设缩短轨而产生的实际累计缩短量小于计算累计缩短量，且其差值大于所用缩短轨缩短量的一半时，就应在该处布置一根缩短轨。

每个接头计算累计缩短量与实际的累计缩短量之差即为接头错开量。

【例 6-2】已知某曲线，圆曲线半径 $R=600$ m，缓和曲线长 $l_0=100$ m，圆曲线长 $l_c=119.73$ m，铺设标准轨长 $L=25$ m，直线上最末一节钢轨进入曲线的长度为 5.5 m，轨缝 $\delta=8$ mm，试确定缩短轨的铺设位置。

【解】① 选配缩短轨类型

$$L_0 < L\left(1-\frac{S_1}{R}\right) = 25 \times \left(1-\frac{1.5}{600}\right) = 24.937\,5\text{（mm）}$$

选用 $L_0=24.92$ m（缩短量 $k=80$ mm）。

② 曲线内股钢轨的总缩短量 Δl_z

$$\Delta l_z = \frac{S_1}{R}(l_0 + l_c) = \frac{1\,500}{600} \times (100 + 119.73) = 549\text{（mm）}$$

③ 缩短轨的根数 N

$$N = \frac{\Delta l_z}{k} = \frac{549}{80} = 6.8\text{（根）}$$

采用 7 根。

外轨标准轨的根数 N_0（预留轨缝按 8 mm 计）为：

$$N_0 = \frac{119.73 + 2 \times 100}{25.008} = 12.79\text{（根）} > N$$

说明选配的缩短轨类型合适。

（4）缩短轨的布置

缩短轨的布置一般列表进行，如表 6-8 所示。表中"O"为标准轨，"×"为缩短轨，"+"表示内轨接头超前量，"−"表示内轨接头落后量。轨排编号系按公里顺序编定。缩短轨的布置如图 6-8 所示。

表 6-8　曲线缩短轨配置计算表

接头号数	由 ZH 或 HY 到接头处的长度 /m	缩短量计算/mm	判定是否铺缩短轨	钢轨类型	实际缩短量 /mm	接头错开量 /mm
一	二	三	四	五	六	七
1	至 ZH 5.5	$\frac{1\,500}{2 \times 600 \times 100} \times 5.5^2 = 0.012\,5 \times 5.5^2 = 0.38$	$0 < \frac{80}{2}$	O	0	+0.38
21	30.508	$0.012\,5 \times 30.508^2 = 11$	$11 < 40$	O	0	+11
32	55.516	$0.012\,5 \times 55.516^2 = 38$	$38 < 40$	O	0	+38
4	80.524	$0.012\,5 \times 80.524^2 = 80$	$80 > 40$	×	80	0
5	至 HY 5.532	$125 + \frac{1\,500 \times 5.532}{600} = 125 + 5.532 \times 2.5 = 138$	$138 - 80 > 40$	×	160	−22
6	30.540	$125 + 30.540 \times 2.5 = 201$	$201 - 160 > 40$	×	240	−39
7	55.548	$125 + 55.548 \times 2.5 = 264$	$264 - 240 < 40$	O	240	+24

接头号数	由 ZH 或 HY 到接头处的长度/m	缩短量计算/mm	判定是否铺缩短轨	钢轨类型	实际缩短量/mm	接头错开量/mm
8	80.556	$125 + 80.556 \times 2.5 = 326$	326–240>40	×	320	+6
9	105.564	$125 + 105.564 \times 2.5 = 389$	389–320>40	×	400	−11
0	至 HZ 89.158	$549 - 0.012\,5 \times 89.158^2 = 450$	450–400>40	×	480	−30
1	64.150	$549 - 0.012\,5 \times 64.150^2 = 498$	498–480<40	O	480	+18
12	39.142	$549 - 0.012\,5 \times 39.142^2 = 530$	530–480>40	×	560	−30
13	14.134	$549 - 0.012\,5 \times 14.134^2 = 547$	237–200<40	O	560	−13

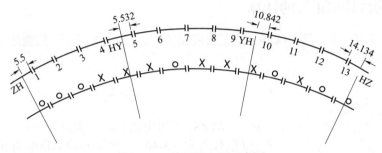

图 6-26 缩短轨布置示意图

6.7 曲线轨道方向整正

一、曲线轨道方向的检查及其圆顺标准

由于曲线轨道受机车车辆的冲击、推挤和摩擦比直线轨道大得多，所以曲线轨道方向的改变比直线轨道快，半径越小问题越大。曲线方向不良会加剧列车行驶时的摇摆，加速列车对轨道的破坏，严重时将危及行车安全。为了保持曲线轨道平面位置的正确和圆顺，必须对曲线方向及时整正。

整正曲线方向常用的方法有矢矩法、偏角法和绳正法。矢矩法和偏角法多用于线路改建和线路大修，绳正法则多在养护维修中应用。绳正法是利用正矢与曲线转角及正矢与拨量间的关系，算出曲线上各测点的拨量，将曲线方向拨圆顺。

绳正法检查曲线方向，是在曲线轨道上以外股轨线为基准线，每 10 m 设一个测点，将 20 m 长的弦线两端置于曲线测点上，拉紧并贴靠在外轨头内侧轨顶面下 16 mm 处，在弦线中点准确量出弦线至外轨头内侧的最小距离，称此距离为现场正矢。整正曲线要求各测点应达到的正矢，称为计划正矢。应使现场正矢与计划正矢之差不超过表 6-9 的标准，否则即为方向不良，应及时进行整正。

表6-9 曲线正矢容许偏差表

曲线半径 R /m	缓和曲线的正矢与计算正矢差/mm		圆曲线正矢连续差 /mm		圆曲线正矢最大最小值差 /mm	
	正线及到发线	其他站线	正线及到发线	其他站线	正线及到发线	其他站线
$R \leq 250$	7	8	14	16	21	24
$250 < R \leq 350$	6	7	12	14	18	21
$350 < R \leq 450$	5	6	10	12	15	18
$450 < R \leq 650$	4	5	8	10	12	15
$R > 650$	3	4	6	8	9	12

现将绳正法的基本原理及缓和曲线和圆曲线计划正矢和拨量的计算方法等分述如下。

二、圆曲线计划正矢的计算

圆曲线上各点（始、终点除外）的正矢应相等。如图6-27所示，圆曲线上任一点的正矢 f_c 可用下式求出：

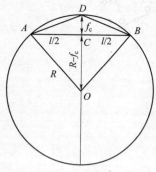

$$f_c = \frac{l^2}{8R} \qquad (6\text{-}45)$$

式中 l——测量正矢所用弦长，一般为 20 m。

若将 l 值代入式（3-46），且将 f_c 的单位取为 mm。则

$$f_c = \frac{20^2}{8R} \times 1\,000 = \frac{50\,000}{R} \text{（mm）} \qquad (6\text{-}46)$$

圆曲线正矢与曲线半径有关，一般由表6-10查取。

如图6-28所示，当圆曲线与直线直接相连时，由于测量弦线的一端伸入到直线内，故圆曲线始、终点（ZY，YZ）两侧测点的正矢与圆曲线内的各点不同。

图 6-27 圆曲线正矢计算

表6-10 圆曲线正矢

曲线半径 /m	正矢/mm		曲线半径 /m	正矢/mm	
	弦长 20/m 时	弦长 10/m 时		弦长 20/m 时	弦长 10/m 时
200	250	62	600	83	21
250	200	50	650	77	19
300	167	42	700	71	18
350	142	36	750	67	17
400	125	31	800	63	16
450	111	28	850	59	15
500	100	25	900	56	14
550	91	23	950	53	13

曲线半径/m	正矢/mm		曲线半径/m	正矢/mm	
	弦长 20/m 时	弦长 10/m 时		弦长 20/m 时	弦长 10/m 时
1 000	50	12	3 000	17	4
1 200	42	11	4 000	13	3
1 500	33	8	5 000	10	3
1 800	28	7	6 000	8	2
2 000	25	6	8 000	6	2
2 500	20	5	10 000	5	1

设：0、1 测点的正矢分别为 f_0、f_1。则：

$$f_0 = \frac{b^2}{2} f_c = \alpha_z f_c$$

$$f_1 = \left(1 - \frac{a^2}{2}\right) f_c = \alpha_c f_c \qquad (6-47)$$

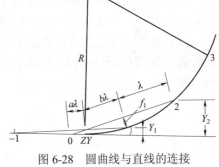

图 6-28　圆曲线与直线的连接

式中　α_z——直线一侧测点的正矢系数，$\alpha_z = \frac{b^2}{2}$；

　　　α_c——圆曲线一侧测点的正矢系数，$\alpha_c = 1 - \frac{a^2}{2}$。

当 $a = 0$、$b = 1$ 时，0 测点为圆曲线始点，此时，$f_0 = \frac{1}{2} f_c$，$f_1 = f_c$，即圆曲线始点位于测点时，其正矢为圆曲线正矢的二分之一。

当 a、b 为任一数值时，可分别计算正矢系数 α_z 和 α_c 或查圆曲线始终点正矢系数表，再用式（6-47）计算 f_0 和 f_1。

【例 6-3】圆曲线计划正矢 $f_c = 100$ mm，$a = 0.15$，$b = 0.85$，求：f_0 和 f_1。

$$\alpha_z = \frac{b^2}{2} = \frac{0.85^2}{2} = 0.361\,25$$

$$\alpha_c = 1 - \frac{a^2}{2} = 1 - \frac{0.15^2}{2} = 0.988\,75$$

$$f_0 = \alpha_z f_c = 0.361\,25 \times 100 = 36.13 \text{（mm）}$$

$$f_1 = \alpha_c f_c = 0.988\,75 \times 100 = 98.88 \text{（mm）}$$

三、缓和曲线上的正矢计算

1. 测点在缓和曲线始终点时的计划正矢的计算

图 6-29 所示为缓和曲线始点附近的一段，O 为缓和曲线的始点 ZH，O，1，2，…为正矢测点，其正矢分别为 f_0，f_1，f_2，…。以 λ 表示测点间的距离，为正矢弦长 L 的一半，y_1，y_2，y_3，…为各测点的切线支距。则近似为：

$$f_0 = \frac{y_1}{2}, \quad f_1 = \frac{y_2}{2}, \quad f_2 = \frac{y_1 + y_3}{2} - y_2, \cdots$$

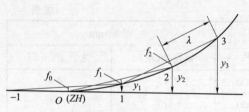

图 6-29 缓和曲线计划正矢计算图

对于常用缓和曲线，各点正矢可表示为：

$$f_0 = \frac{f_s}{6}, \quad f_1 = f_s, \quad f_2 = 2f_s, \quad f_3 = 3f_s, \cdots$$

$$(6-48)$$

式中 f_s——缓和曲线正矢递增率，当 n 为缓和曲线分段数时，则有 $f_s = \dfrac{f_c}{n}$

缓和曲线终点处的正矢为：

$$f_n = f_c - \frac{f_s}{6} \tag{6-49}$$

2. 测点不在缓和曲线始、终点时计划正矢的计算

由于圆曲线长度不都正好是 10 m 的整数倍，因此其中一端的缓和曲线的始、终点就不可能恰好在测点上，这样始终点左右相邻点的正矢要另作计算。

（1）缓和曲线始点左右邻点计划正矢的计算。如图 6-30 所示，设 0、1 两测点分别在 ZH 点两侧，与 ZH 点相距分别为 $a\lambda$，$b\lambda$。

则

$$f_0 = \frac{b^3}{6} f_s = \alpha_z f_s \tag{6-50}$$

$$f_1 = \left(b + \frac{a^3}{6} \right) f_s = \alpha_{H-1} f_s \tag{6-51}$$

式中 α_z——直线一侧测点的正矢系数 $\alpha_z = \dfrac{b^3}{6}$。

α_{H-1}——缓和曲线一侧测点的正矢系数 $\alpha_{H-1} = b + \dfrac{a^3}{6}$。

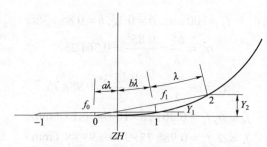

图 6-30 缓和曲线始点左右邻点计划正矢计算

当缓和曲线始点（ZH）位于 0 点时，此时 $a = 0, b = 1, \alpha_z = \dfrac{b^3}{6} = \dfrac{1}{6}, \alpha_{H-1} = b + \dfrac{a^3}{6} = 1$

则

$$f_0 = \alpha_z f_s = \frac{1}{6} f_s$$

$$f_1 = \alpha_{H-1} f_s = f_s$$

即当缓和曲线始点位于测点时，其正矢为缓和曲线正矢递变率的六分之一。

当缓和曲线始点不在测点时，其两侧测点的正矢，可通过计算正矢系数 α_z 和 α_{H-1} 或查缓和曲线始点、终点正矢系数表，再利用式（6-50）、式（6-51）求算 f_0 和 f_1 的值。

【例 6-4】 缓和曲线正矢递变率 $f_s = 30$ mm，0 测点和 1 测点距 ZH 点分别为 $a = 0.75$ 段，$b = 0.25$ 段，求 f_0 和 f_1。

解：

$$\alpha_z = \frac{b^3}{6} = \frac{0.25^3}{6} = 0.002\,6$$

$$\alpha_{H-1} = b + \frac{a^3}{6} = 0.25 + \frac{0.75^3}{6} = 0.320\,3$$

$$f_0 = \alpha_z f_s = 0.002\,6 \times 30 = 0.078\,（mm）$$

$$f_1 = \alpha_{H-1} f_s = 0.320\,3 \times 30 = 9.6\,（mm）$$

也可查表计算：当 $a = 0.75$，$b = 0.25$ 时，$\alpha_z = 0.002\,6$，$\alpha_{H-1} = 0.320\,3$，则：

$$f_0 = \alpha_z f_s = 0.002\,6 \times 30 = 0.078\,（mm）$$

$$f_1 = \alpha_{H-1} f_s = 0.320\,3 \times 30 = 9.6\,（mm）$$

（2）缓和曲线终点左右邻点计划正矢的计算。如图 6-31 所示，n 和 $n+1$ 为与缓圆点相邻的两个测点，距缓圆点分别为 $b\lambda$ 和 $a\lambda$。

$$f_n = f_c - \left(b + \frac{a^3}{6}\right)f_s = f_c - \alpha_{H-2}f_s \qquad （6-52）$$

$$f_{n+1} = f_c - \frac{b^3}{6}f_s = f_c - \alpha_c f_s \qquad （6-53）$$

式中　　α_{H-2}——与 HY（或 YH）点相邻的缓和曲线一侧测点的正矢系数，$\alpha_{H-2} = b + \frac{a^3}{6}$；

α_c——与 HY（或 YH）点相邻的圆曲线上测点的正矢系数，$\alpha_c = \frac{b^3}{6}$

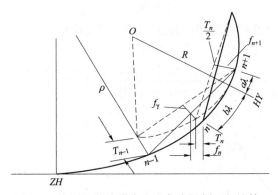

图 6-31　缓和曲线终点左右邻点计划正矢计算

当缓和曲线终点位于 n 时，$a = 1$，$b = 0$，则：

$$\alpha_{H-2} = b + \frac{a^3}{6} = \frac{1}{6}, \alpha_y = \frac{b^3}{6} = 0$$

故

$$f_n = f_c - \frac{1}{6} f_s$$

$$f_{n+1} = f_c$$

即当缓和曲线终点位于测点时，其正矢为圆曲线正矢减缓和曲线正矢递变率的六分之一。当 a、b 为任一值时，可分别计算正矢系数 α_{H-2} 和 α_c 或查缓和曲线始终点正矢系数表，再利用式（6-52）、式（6-53）求 f_n 和 f_{n+1}。

【例 6-5】 圆曲线计划正矢 $f_c = 90$ mm，缓和曲线正矢递变率为 30 mm，设 n 测点距 HY 点 0.75 段，$n+1$ 测点距 HY 点 0.25 段，求 f_n 和 f_{n+1}。

解： $\alpha_{H-2} = b + \dfrac{a^3}{6} = 0.75 + \dfrac{0.25^3}{6} = 0.752\,6$

$$\alpha_c = \frac{b^3}{6} = \frac{0.75^3}{6} = 0.070\,3$$

$$f_n = f_c - \alpha_{H-2} f_s = 90 - 0.752\,6 \times 30 = 67.422 \text{（mm）}$$

$$f_{n+1} = f_c - \alpha_y f_s = 90 - 0.070\,3 \times 30 = 87.891 \text{（mm）}$$

也可以查表计算：

由表 6-4，当 $a=0.25$，$b=0.75$ 时，$\alpha_{H-2}=0.752\,6$，$\alpha_y==0.070\,3$，则：

$$f_n = f_y - \alpha_{H-2} f_d = 90 - 0.752\,6 \times 30 = 67.422 \text{（mm）}$$

$$f_{n+1} = f_y - \alpha_y f_d = 90 - 0.070\,3 \times 30 = 87.891 \text{（mm）}$$

四、拨量的计算

要对已经错乱的曲线进行全面拨正，恢复曲线的圆顺度，必须计算出每一个测点上的拨量，图 6-32 中实线表示曲线拨动前的错乱位置，虚线表示拨后的正确位置。nn'' 称 n 点的渐伸线，以 E_n 表示，它与水平切线垂直，同样 $n'n''$ 称为 n' 点的渐伸线，以 E_n' 表示，也与水平切线相垂直。两渐伸线长度之差，即为 n 点的拨量，它等于：

$$e_n = E_n - E_n'$$

e_n 为正时，则表示曲线向外侧拨；反之，则表示向内侧拨。

曲线上各测点的渐伸线长度的计算方法如下：

图 6-33 中，0，1，2，3，…，n 点分别表示曲线上各个测点。相应的正矢为 f_0，f_1，f_2，…，f_n，相应的渐伸线长度为 E_0，E_1，E_2，…，E_n。则：

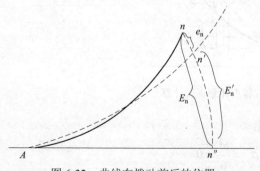

图 6-32　曲线在拨动前后的位置

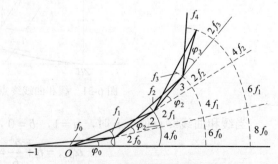

图 6-33　渐伸线长度计算图

$$E_1 = 2f_0$$
$$E_2 = 4f_0 + 2f_1 = 2(2f_0 + f_1)$$
$$E_3 = 6f_0 + 4f_1 + 2f_2 = 2(3f_0 + 2f_1 + f_2) \tag{6-54}$$
$$\cdots$$
$$E_n = 2[nf_0 + (n-1)f_1 + (n-2)f_2 + \cdots + f_{n-1}] = 2\sum_0^{n-1}\sum_0^{n-1} f$$

也就是说，n 点的渐伸线长度 E_n 等于到其前一点（n–1）为止的正矢累计的合计数的两倍。同样，可求得计划正矢为 f' 的曲线上 n' 点的渐伸线长度为：

$$E'_n = 2\sum_0^{n-1}\sum_0^{n-1} f'$$

由此得 n 点的拨量为：

$$e_n = E_n - E'_n = 2\sum_0^{n-1}\sum_0^{n-1}(f - f') = 2\sum_0^{n-1}\sum_0^{n-1} df \tag{6-55}$$

式中　df——各测点的实测正矢与计划正矢之差，称"正矢差"。

计算出各测点的拨量后，即可对曲线实施拨正。

五、各点拨量对前后各点曲线正矢的影响

由图 6-34 可知，当拨动曲线上任何一点（n）时，不仅本点的正矢发生变化，前后邻点（n–1）和（n+1）的正矢也跟着发生变化。

如果 n 点向外拨动 e_n（图中 nn'），而其他各点不动时，则 n 正矢增加 e_n 的同时，前后邻点的正矢将由于 n 点的拨动而相应减少 $e_n/2$。同理，如果（n–1）点及（n+1）点分别向外拨动 e_{n-1} 和 e_{n+1} 时，则 n 点的正矢也将相应减少 $\dfrac{e_{n-1} + e_{n+1}}{2}$。因此，当曲线上各测点均有拨量时，各测点的拨后正矢用下式计算：

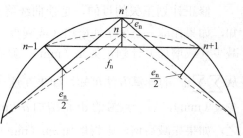

图 6-34　拨量对各点正矢的影响

$$f'_n = f_n + e_n - \frac{e_{n-1} + e_{n+1}}{2} \tag{6-56}$$

式中　f'_n——n 点拨正后的正矢；

　　　f_n——n 点拨正前的正矢；

　　　e_n——n 点的拨量，向外侧为正，内侧为负；

　　　e_{n-1}、e_{n+1}——n 点前后邻点的拨量。

六、计算拨量的限制条件

（1）保证曲线整正前后两端的切线方向不变。因为曲线两端切线的交角 I 等于曲线上所有测点连成的折线间折角 φ 的总和，即 $I = \sum \varphi_i$，又因为两相邻折线间折角 φ_i 为（参见图 6-34）：

$$\varphi_i \approx \sin \varphi_i = \frac{2f_i}{\lambda} \qquad (6\text{-}57)$$

式中 λ ——相邻测点间距离。

所以

$$I = \sum \varphi_i = \frac{2}{\lambda} \sum f_i \qquad (6\text{-}58)$$

上式指出，曲线两端直线的交角可用整个曲线上各测点正矢的总和乘以一个常数来表示。因此，保证曲线两端切线方向不变的条件是：实测正矢的总和必须等于计划正矢的总和，即 $\sum f = \sum f'$，或者 $\sum (f - f') = 0, \sum \mathrm{d}f = 0$。

（2）保证曲线整正前后始点、终点的位置不变。$\sum \mathrm{d}f = 0$ 这一限制条件，只能保证曲线两端的切线方向不变，如果要保证始、终点位置不变，还必须进一步使曲线终点的拨量为零，即应使 $\sum \sum \mathrm{d}f = 0$。

（3）保证曲线上某一控制点（如小桥、道口等）因受具体条件限制而不能拨动时的拨量等于零，即应使该点的拨量 $\sum \sum \mathrm{d}f = 0$。

七、计划正矢的进一步修正

满足 $\sum \mathrm{d}f = 0$ 或者 $\sum (f - f') = 0$ 限制条件的各点计划正矢，并不一定能满足曲线终点 $\sum \sum \mathrm{d}f = 0$ 的另一个限制条件，而且一般说来，总不能满足。在这种情况下，就必须对原来的计划正矢作进一步修正，使这一条件最后能够得到满足。

修正计划正矢的目的，是使曲线终点的拨量等于零（即 $\sum \sum \mathrm{d}f = 0$）。从 $\mathrm{d}f = f - f'$ 可知，如果在前一点号 i 处增加（或减少）计划正矢 a（mm），同时在相距 m 个点号的 $i+m$ 处减少（或增加）计划正矢 a（mm），则在整个曲线上，$\sum \mathrm{d}f = 0$ 的条件，依然保持不变。又从 $\sum \sum \mathrm{d}f'$ 的计算方法可知，如果在这一对点号上，计划正矢先增后减，前一点号的 $\mathrm{d}f$ 将减少 a（mm），后一点号的 $\mathrm{d}f$ 将增加 a（mm），结果曲线终点的 $\sum \sum \mathrm{d}f$ 将减少 ma（mm）。反之，如果先减后增，则将增加 ma（mm）。因此，如果曲线终点的 $\sum \sum \mathrm{d}f$ 为正值，修正计划时因先增后减；反之，则应先减后增。

如果曲线上某一点有不能拨动或仅能少量拨动的限制条件时，则应在满足曲线终点 $\sum \sum \mathrm{d}f$ 的前提下，对计划正矢再作进一步的修正。其方法是在该点之前的一段曲线上选取一对点号对计划正矢做 a（mm）的增减。控制点 $\sum \sum \mathrm{d}f$ 为正值时，计划正矢应先增后减；反之，则应先减后增。然后，再在该点之后的一段曲线上，选取另一对点号对计划正矢作 a（mm）的增减，但应先增后减或先减后增，要与前述的反其道而行之，并且两点的 ma 值必须完全相等，这样，才能保证曲线终点 $\sum \mathrm{d}f = 0$ 及 $\sum \sum \mathrm{d}f = 0$ 两个限制条件依然保持不变。

为使曲线保持最大可能的圆顺度，a 应尽可能地小，最好为 1 mm；m 应尽可能地大。如果一对点号不能满足要求，可取几对点号，使 $\sum ma$ 达到消灭曲线终点拨量不等于零的目的。

八、曲线整正的步骤与方法

曲线整正的步骤和方法如下：

（1）以曲线轨道外轨轨距线为基准线，缓和曲线始点为 0 号测点，每 10 m 设一测点，并依次编号，记录 HY 点、YH 点和 HZ 点离相邻测点的距离 A 和 B，然后用 20 m 长弦依次量取各点的实测正矢 f。

（2）根据曲线资料计算圆曲线计划正矢 f_c，缓和曲线的正矢递增率 f_s，从而确定除 ZH（即 0 点）、HY 的左右邻点，YH 的左右邻点和 HZ 的左右邻点以外各测点的计划正矢 f'。

（3）根据 A 和 B 的距离，应用查表或直接计算方法求得的修正系数，分别求取其他待定各点的计划正矢 f'。

（4）计算各测点的正矢差 $df = f - f'$。

（5）计算各测点的正矢差累计 $\sum df$，如果曲线终点的 $\sum df \neq 0$，应对计划正矢 f' 作适当修正，使 $\sum df = 0$ 这一条件能得到满足。

（6）计算各测点的正矢差累计的合计 $\sum\sum df$。如果曲线终点 $\sum\sum df \neq 0$，应选取一对或几对点号，对计划正矢作进一步修正，使 $\sum\sum df = 0$ 这一条件得到满足。

（7）如曲线上有其他限制条件时，应对计划正矢再作进一步修正，使这一条件也能得到满足。

（8）计算各点拨量 $e_n = 2\sum_0^{n-1}\sum_0^{n-1} df$，$e_n$ 为正值时向曲线外侧拨动，负值时向内侧拨动。

（9）应用式（3-57）检查各点的拨动正矢，验证整个计算过程是否正确无误。

（10）在每一测点的曲线外侧设置曲线标桩，根据计算所得的拨量仔细拨道。拨道时，应根据各段轨道的拨动方向，预先把轨缝调整好，使拨正后的轨缝符合规定标准。

【例 6-6】 曲线半径 R=600 mm，两端缓和曲线长 50 m，实测正矢见表 6-11 中第二栏，其他有关资料见表 6-11 中的备注栏。第 8 测点为小桥，不允许拨动曲线。

解： ① 计算计划正矢

缓和曲线段数：n=5；缓和曲线正矢点数：n_0=n+1=6（2～7 点）；

圆曲线正矢点数：n_C=8（8～15 点）；

计算圆曲线计划正矢：$f_c' = \dfrac{50\,000}{600} \approx 84$（mm）

正矢递增率：$f_s = \dfrac{f_c'}{n} = \dfrac{84}{5} = 16.8$（mm），取 f_s=17 mm

ZH 点正矢：$f_0 = \dfrac{f_s}{6} = \dfrac{16.8}{6} = 2.8 \approx 3$（mm）

HY 点正矢：$f_n' = f_c' - \dfrac{f_s}{6} = 84 - 3 = 81$（mm）

在安排缓和曲线计划正矢时，由于递增率取整为 17 mm，所以第 5 点和第 18 点计划正矢取 50 mm，而不取 51 mm，以保证计划正矢的总和与实测正矢的总和相等。当然，这 2 mm 也可在其他点调整。

② 正矢第一次修正

从表 6-11 第五栏可知，正矢差累计的正负值不等，如再累计，则必然会产生最后一点的拨量为–29 mm，所以必须将这–29 mm 消除。方法是在第 3 点和第 4 点计划正矢减去 1 mm，为保证调整后正矢总和与实测正矢总和相等，则在第 17 点和第 19 点计划正矢加上 1 mm，对于正矢差累计，就有（−1）×3+（−1）×4+1×17+1×19=29（mm），将原−29 mm 抵消。当然，正矢也可在任何点上调整，但要掌握调整正矢后，前后点的计划正矢不能相差太大，同时要保证正矢差累计后的正负值之和为零。

③ 正矢第二次修正

由于第 8 点是小桥，线路不能拨动，故必须保证该点拨量为零。第十一栏中，正矢差累计为 7 mm，必须将此 7 mm 消除，故需地第 8 点之前调整计划正矢，调整方法与第一次相同。

④ 拨量计算和拨后正矢

将正矢差累计的累计 $\sum\sum df'$ 乘以 2，得正矢全拨量，然后用式（6-56）进行校核，实际上拨后正矢即为第十三栏的计划正矢。

随着轨道检测技术的发展和大型养路机械化的逐步推广使用，曲线整正从测量正矢、计算计划正矢和拨量以及进行拨道都需在养路机械上通过正矢测量的装置、计算机的数据处理机拨道装置来完成。

表 6-11　绳正法整正曲线计算

测点号	实测正矢 f	计划正矢 f'	正矢差 df	正矢差累计 $\sum df$	第一次修正 正矢修正量 a	计划正矢 f'	正矢差 df	正矢差累计 $\sum df$	半拨量 $\sum\sum df'$	第二次修正 正矢修正量 a	计划正矢 f'	正矢差 df	正矢差累计 $\sum df$	半拨量 $\sum\sum df'$	全拨量 e	拨后正矢	备注
一	二	三	四	五	六	七	八	九	十一	十二	十三	十四	十五	十六	十七	十八	十九
1	0	0	0	0		0	0	0	0		0	0	0	0	0	0	
2	5	3	2	2		3	2	2	0	1	4	1	1	0	0	4	ZH
3	10	17	−7	−5	−1	16	−6	−4	2	1	17	−7	−6	1	2	17	
4	40	34	6	1	−1	33	7	3	−8		33	7	1	−5	−10	33	
5	45	50	−5	−4		50	−5	−2	1	−1	49	−4	−3	−4	−8	49	
6	75	67	8	4		67	8	6	−1		67	8	5	−7	−14	67	
7	77	81	−4	0		81	−4	2	5	−1	80	−3	2	−2	−4	80	HY
8	80	84	−4	−4		84	−4	−2	7		84	−4	−2	0	0	84	小桥
9	100	84	16	12		84	16	14	5		84	16	14	−2	−4	84	
10	70	84	−14	−2		84	−14	0	19		84	−14	0	12	24	84	
11	85	84	1	−1		84	1	1	19	−1	83	2	2	12	24	83	
12	89	84	5	4		84	5	6	20		84	5	7	14	28	84	
13	75	84	−9	−5		84	−9	−3	26		84	−9	−2	21	42	84	
14	96	84	12	7		84	12	9	23		84	12	10	19	38	84	
15	70	84	−14	−7		84	−14	−5	32		84	−14	−4	29	58	84	

续表

测点号	实测正矢 f	计划正矢 f'	正矢差 df	正矢差累计 $\sum df$	第一次修正					第二次修正					全拨量 e	拨后正矢	备注
					正矢修正量 a	计划正矢 f'	正矢差 df	正矢差累计 $\sum df$	半拨量 $\sum\sum df'$	正矢修正量 a	计划正矢 f'	正矢差 df	正矢差累计 $\sum df$	半拨量 $\sum\sum df'$			
16	73	81	−8	−15		81	−8	−13	27		81	−8	−12	25	50	81	YH
17	82	67	15	0	1	68	14	1	14		68	14	2	13	26	68	
18	43	50	−7	−7		50	−7	−6	15	1	51	−8	−6	15	30	51	
19	40	34	6	−1	1	35	5	−1	9		35	5	−1	9	18	35	
20	10	17	−7	−8		17	−7	−8			17	−7	−8		16	17	
21	11	3	8	0		3	8	0	0		3	8	0	0	0	3	HZ
22	0	0	0	0		0	0	0	0		0	0	0	0	0	0	
$\sum$	1 176	1 176	+79 −79	+30 −59		1 176	+78 −78	+44 −44			1 176	+78 −78	+44 −44			1 176	

复习思考题

1. 转向架由哪几部分组成？有什么作用？转向架分哪几类？何谓三大件转向架？

2. 轮对由哪几部分组成？轮踏面为什么要做成锥形？新车轮踏面锥度由哪两部分组成？试画轮对尺寸简图。

3. 何谓轨道结构的几何形位？具体指哪几项？

4. 轨距多少为窄轨铁路？多少为宽轨铁路？标准轨距铁路的轨距为多少（误差）？

5. 何谓轮轨游间？如何计算？

6. 三角坑对行车安全有什么危害？

7. 试述高低、方向、水平、轨距的定义。

8. 轨底坡的改变主要影响哪些方面？

9. 为何要在曲线轨道上加宽？

10. 机车车辆曲线通过时有哪几种内接方式？内接方式与列车速度有什么关系？

11. 掌握轨距加宽的确定原则及标准。

12. 允许的最大轨距为多少？根据什么原理确定？

13. 为什么要在曲线上设置超高？记住超高计算公式和列车平均速度计算公式。

14. 掌握欠超高、平衡超高、过超高的概念和与列车速度之间的关系。如何计算？

15. 我国铁路最大超高值根据什么原理确定？

16. 当曲线上超高设定后，如何计算最高的允许通过速度？与该曲线理论可通过的最高速度有何区别？

17. 在某一铁路线上，曲线半径为 600 m，列车通过该曲线时的平均速度为 66.7 km/h，该线路容许速度为 90 km/h，货物列车的平均速度为 45 km/h，问该曲线应设超高是多少？试检算之。

18. 某单线区间曲线半径为 1 000 m，实测最高行车速度为 110 km/h，平均速度为 85 km/h，货车平均速度为 60 km/h，问需设置多少超高？试检算之。

19. 已知曲线半径为 400 m，超高为 125 mm，允许最大未被平衡超高采用 75 mm，求该曲线最高允许速度。

20. 设置缓和曲线的目的是什么？

21. 目前我国常用的缓和曲线为几次抛物线？

22. 从哪两方面确定缓和曲线的长度？曲线超高顺坡与直线超高顺坡有哪些区别？

23. 已知某曲线超高为 50 mm，最高速度为 120 km/h，一般地段，求该曲线的缓和曲线长度。

24. 在曲线上设置缩短轨的目的？如何计算？

25. 已知资料：某曲线圆曲线半径 8 600 mm，缓和曲线长为 6 100 m，圆曲线长 119.23 m，铺设标准轨长度 25 m，预留轨缝为 8 mm，曲线起点至第一根钢轨进入曲线的长度为 5 m，进行缩短轨的配置。

26. 为什么要对曲线进行方向整正？在什么条件下要对曲线进行方向整正？

27. 怎样计算圆曲线上各测点的正矢？

28. 怎样计算缓和曲线上各测点的正矢？

29. 设某一曲线的圆曲线正矢为 50 mm，缓和曲线长为 50 m，试求缓和曲线各点的正矢。

无 缝 线 路

项目描述

　　无缝线路是铁路轨道现代化的一项重要技术措施，也是当前高速、重载铁路必需的条件。本章主要阐述温度应力式无缝线路。它以钢轨内存在巨大温度力为基本特征，控制温度力，锁定轨温是其关键。锁定轨温通过强度及稳定性计算加以确定，而结构设计与施工与养护，则以锁定轨温为基本依据。

　　本章从基本原理入手，阐述了温度力的分布规律，其结构设计是基本原理及有关计算的综合运用。在施工方面，对焊接工艺及铺设过程作了简要的叙述。由于各种原因造成锁定轨温过高或过低，须进行应力放散与调整工作。

7.1 概　　述

　　无缝线路是由标准长度的钢轨焊接而成的长钢轨线路，又称焊接长钢轨线路。它是当今轨道结构的一项重要新技术，世界各国竞相发展。

　　铁路轨道结构，长期以来一直是用标准长度的钢轨铺设的普通线路。这种线路的钢轨接头是其薄弱环节。由于接缝的存在，列车通过时发生冲击和振动，影响行车的平顺和旅客的舒适，并促使道床硬结溜坍，混凝土轨枕损坏，加速钢轨和连接零件的磨耗和伤损。接缝的存在也降低了钢轨和机车车辆的使用寿命，并增加了其养护维修费用。随着轴重、货运量和行车速度的不断增长，上述缺点会更加突出。

　　实践证明，无缝线路由于消灭了钢轨接头轨缝，因而具有行车平稳、机车车辆及轨道维修费用降低、设备使用寿命延长、适合于高速行车等优点，是铁路轨道现代化的一项重要技术措施，也是当前高速、重载铁路必需的条件。但是，现有的无缝线路在缓冲区尚存在轨缝，为了消除无缝线路缓冲区中钢轨接头的不良影响，充分发挥无缝线路的优越性，目前世界各国都在进行试验研究，尽量把无缝路的长轨条延长，即将轨条与轨条、轨条与道岔直接焊连起来，取消缓冲区，形成跨区间无缝线路。

一、世界铁路无缝线路的发展

　　无缝线路既是轨道结构技术进步的重要标志，也是当今世界高速、重载铁路和城市轨道交通轨道结构的最佳选择，它以无可争议的优越性，得到世界各国铁路的承认。1915 年，欧洲在有轨电车轨道上开始使用焊接长钢轨，焊接轨条长度约为 100～200 m。德国是最早采用无缝线路的国家，1926 年铺设了一条 120 m 长的试验轨道，1935 年又铺设了 1 km 长的一段试验轨道，并在 1945 年作出了无缝线路为标准线路的规定。至 1961 年，原联邦德国铁路无缝线路总延长达到了 29 000 km。20 世纪 80 年代，无缝线路里程达到了 73 900 km，占线路总里程的 85%，并有 79%的道岔焊成了无缝道岔，它是无缝线路发展最早和最快的国家。美国在 1933 年开始铺设无缝线路，至 1936 年，约铺设了 170 km 无缝线路，以后发展缓慢。至 1970 年，美国的无缝线路里程达 53 200 km，以后每年以 8 000 km 递增，至 20 世纪 80 年代，美国铁路无缝线路里程达 120 000 km，是全世界铺设无缝线路最多的国家。1935 年，苏联在莫斯科郊外的车站铺设了一段 600 m 长的无缝线路，由于前苏联大部分地区轨温变化幅度较大，最大轨温差达 119 ℃，所以，苏联的铁路有一部分铺设季节性放散应力式无缝线路，影响了无缝线路的发展，直到 1956 年才正式开始铺设无缝线路。法国也是无缝线路发展较早的国家，在 1949 年前后，法国进行了大量的铺设试验。至 1970 年，无缝线路总里程达 12 900 km，并以每年 660 km 速度递增。至 20 世纪 80 年代，无缝线路铺设里程达 22 000 km。日本在修建东海道新干线时采用 50 kg/m 钢轨的无缝线路，后来换铺成 60 kg/m 钢轨的无缝线路。

至 2002 年底，世界铁路路网长约为 130 万 km，无缝线路总长为 45.4 万 km。

自 1957 年我国开始在京门支线（北京）和真西支线（上海）铺设无缝线路以来，经过数十年的不懈努力，无缝线路里程得到较大增长。近几年来，无缝线路铺设里程每年达 1 000 km 以上。铺设无缝线路的技术也得到了较大提高，允许 60 kg/m 钢轨铺设无缝线路的最大轨温差达 108 ℃；最小曲线半径为 400 m，站线为 350 m；并在大桥上铺设了无缝线路。至 2003 年底，我国无缝线路总里程已达 39 880 km，占铁路营业里程的 45%。近几年来，我国铁路的无缝线路一直处于快速增长阶段。

二、无缝线路的类型

无缝线路结构按钢轨内部温度应力方式的不同，分为三种类型：温度应力式、定期放散应力式和自动放散应力式。目前，世界各国广泛采用温度应力式无缝线路。

在温度应力式无缝线路上，长轨条之间铺设 2～4 根普通轨或钢轨伸缩调节器构成缓冲区。长钢轨和普通钢轨之间采用普通钢轨接头，但采用高强度接头螺栓，以提高钢轨接头阻力。随着轨温的变化，在长钢轨两端一定长度范围内，长轨条克服钢轨接头阻力、扣件阻力和道床纵向阻力而伸缩，这一范围称为无缝线路伸缩区。每段无缝线路中间部分的自由伸缩则完全受到限制，随着轨温的变化，固定区钢轨不产生纵向伸缩而产生温度力，温度力的大小与轨温变化幅度和钢轨截面积成正比，而与钢轨长度无关。这种无缝线路铺设简单、养护方便，故得到了广泛应用，但由于钢轨要承受巨大的温度力，钢轨的强度和稳定性必须满足设计要求。

在自动放散应力式无缝线路上，长轨条两端设置伸缩调节器（又称伸缩接头）自动放散长钢轨中的温度力。这种形式的无缝线路主要用在高速铁路和桥梁（尤其是大跨度桥）上。20 世纪 70 年代前，法国、英国、比利时、瑞士等国铁路在温度应力式无缝线路上也使用小动程（105～180 mm）的钢轨伸缩调节器。近 10 年来，由于跨区间无缝线路的发展，在一般线路上不再使用这种小动程的钢轨伸缩器，但在大跨度桥梁和一些特殊地段仍需使用。目前日本仍然广泛使用伸缩调节器，在新干线上，每 1.5 km 长无缝线路设置带绝缘接头的伸缩调节器，在既有线上，隧道进出口、小半径曲线头尾也设置伸缩调节器。在路基上铺设的自动放散式无缝线路，除在焊接长轨条两端连接钢轨伸缩调节器外，还设有适合放散温度力的特殊扣件。苏联和我国东北地区曾试铺过这种无缝线路，但由于设备复杂，缺点很多，目前不再使用。

定期放散应力式无缝线路的结构形式与温度应力式相同，但缓冲区的钢轨不是标准轨，而是根据年轨温变化幅度大小设计一组一定长度的短钢轨，一般用于年轨温差很大的寒冷地区。放散温度力时，将长轨条的所有扣件松开，使它能自由伸缩，放散其内部的温度应力，并在一定的温度条件下重新将全部钢轨扣件扣紧。中国东北的寒冷地区（年轨温差大于100 ℃）和苏联都曾铺设过这种无缝线路，其做法是根据当地轨温变化条件，一般在冬季低温或夏季高温季节来临之前把钢轨内部的温度力放散。同时，用另一组长度的钢轨（冬季用较长的，夏季用较短的）来更换缓冲区的钢轨，调整长钢轨内部的钢轨温度力，以保证冬季低温时不拉断钢轨，夏季高温时不发生胀轨跑道。由于此种方法需要花费较多的人力和物力，工序繁杂，故也不再使用。

从理论上说，无缝线路的轨条长度可无限长，为了最大限度地减少钢轨普通接头，延长轨条长度，根据焊接长钢轨的长度不同，分为普通无缝线路、全区间无缝线路和跨区间无缝线路。普通无缝线路的轨条长度一般为 1～2 km，在两长轨条之间铺设 2～4 根 25 m 长的标准轨组成缓冲。虽然普通无缝线路的钢轨普通接头大大减少，但在缓冲区仍存在钢轨普通接头。近年来，我国铁路积极推广和铺设全区间无缝线路和跨区间无缝线路。全区间无缝线路是整个区间无钢轨普通接头，但与车站道岔仍用普通钢轨组成的缓冲区隔开。跨区间无缝线路是将连续几个区间的钢轨焊接起来，区间线路也与道岔焊接或用胶接接头，信号闭塞区间用胶接绝缘接头。至 2004 年 9 月底，上海铁路局已铺设完成上海至南京 303 km 长的一条跨区间无缝线路；至 2007 年底，沪昆线金华西至株洲间铺设了我国铁路最长的无缝线路，长度为 730.158 km。

三、无缝线路关键技术的发展趋势

无缝线路的发展经过了一段较长的时间。在这一过程中，无缝线路的各项技术得到了发展。一般无缝线路的轨条长度为 1～2 km，两长轨条之间有缓冲区，长轨条两端又有伸缩区，所以轨条长度为 1 km 的无缝线路，缓冲区和伸缩区的长度就要占 30%～40%。在这一区段，线路的维修养护工作与普通线路相差无几。我国近几年发展的跨区间无缝线路，则可大大减少伸缩区和缓冲区，从而减少线路的维修养护工作量。

钢轨是轨道结构的重要部件，随着铁路运量的增加、列车速度的提高和机车车辆轴重的增加，对钢轨也提出了更高的要求。提高钢轨质量的最终目标是延长使用寿命，并减少使用过程中的损伤。为此，世界各国都对钢轨的冶炼工艺技术和钢轨机械性能进行研究。目前，国际上通常采用合金钢轨，以提高钢轨的抗拉强度。我国主要干线上大量使用 U_{74} 和 $U_{71}Mn$ 钢种热轧钢轨，相应的抗拉强度分别为 784 MPa 和 882 MPa。这类钢轨在使用过程中表现出耐磨、耐压溃性能不足，产生剥离、掉块和波形磨耗。近几年来，我国铁路推广使用 $U_{71}V$（原称 PD_3）钢种钢轨，其抗拉强度达 980 MPa，淬火后其抗拉强度达 1 265 MPa，而且抗疲劳及耐磨性能明显提高。钢轨的强韧化，将是发展我国铁路无缝线路的长期目标。

钢轨焊接是无缝线路的关键技术。我国最早采用电弧焊，后来采用了铝热焊，继而又采用了气压焊和闪光接触焊，从而使钢轨接头的焊接质量不断提高。在 20 世纪 60 年代铺设无缝线路初期，在工厂主要采用气压焊，现场采用铝热焊。实践证明，闪光接触焊接头的强度高、质量稳定、效率高、成本低，焊接接头的疲劳强度也较高，是目前普遍采用的一种有效可行的焊接方法。铝热焊设备简单，便于携带和移动，适用于施工现场使用。法国的拉伊台克铝热焊质量也较高。近几年，我国积极引进和应用现场移动闪光接触焊，大大地提高了钢轨接头的焊接质量，为我国大力发展跨区间无缝线路提供了设备和技术保障。目前，我国在工厂主要采用闪光接触焊，现场采用小型气压焊或铝热焊。长轨条的焊接方式有两种，建立固定焊接工厂，在工厂里把定尺钢轨连续焊接成长钢轨（我国一般焊接成 200～500 m），然后用运轨专用列车将长钢轨运到线路上，再焊接成设计长度的单元轨条（约 1 000～200 m）；用移动闪光接触焊或铝热焊在线路上，再把单元轨条进行焊连。

钢轨胶接绝缘接头也是铺设跨区间无缝线路的关键技术之一，世界上一些工业发达的国家，大力发展和推广使用胶接绝缘接头。美国3M公司的胶接绝缘接头质量最优，其用于132RE钢轨的胶接绝缘接头整体剪切强度达 2 948.4 kN，钢轨与夹板的相对位移不超过 0.25 mm。日本铁路研究开发的一种以变性橡胶环氧树脂为主要成分的 60 kg/m 钢轨胶接绝缘接头，其整体剪切强度达 1 800 kN。俄罗斯铁路研制的钢轨胶接绝缘接头，整体剪切试验值为 2 900 kN，并广泛用于跨区间无缝线路上。目前，胶接绝缘接头根据胶粘剂材料和制作工艺不同，有两种钢轨绝缘胶接接头：一种为热胶钢轨胶接绝缘接头，其强度及韧性高，但只能采用工厂化生产；另一种为常温固化胶钢轨胶接绝缘接头，其产生工艺简单，可在现场制作。

由于道岔部位结构复杂，轨道电路也较为复杂，而站内道岔与信号机之间距离较短，如采用缓冲区，则站内短轨太多，钢轨接头也就很多，影响列车速度的提高和增加线路的维修养护工作量，所以，世界各国铁路都十分重视区间线路长钢轨与道岔相互焊连问题。目前，一般采用道岔区钢轨直接与区间线路钢轨焊连或采用胶接绝缘接头两种方法。而区间线路长钢轨与道岔焊连的主要技术难点是无缝线路的纵向力造成道岔的纵向位移和增大道岔所受的附加纵向力，影响道岔区域轨道稳定性。此外，道岔所用的钢轨钢种与区间钢轨所用的钢种也不相同，造成两种不同钢种钢轨的焊连，技术要求较高。日本既有线与新干线有 3 万组道岔与无缝线路连成一体；德国有 11 万组无缝道岔；法国 TGV 东南线、大西洋线的可动心轨道岔用 UIC60A 钢轨组合制作，并与无缝线路的长轨条焊接。

7.2　无缝线路温度力计算

一、温度应力与温度力

一根不受任何限制而自由伸缩的钢轨，当轨温变化时，其伸缩量为：

$$\Delta L = \alpha \cdot L \cdot \Delta t \qquad (7-1)$$

式中　α——钢轨的线膨胀系数，取$\alpha = 11.8 \times 10^{-6}/℃$；

L——钢轨长度（m）；

Δt——轨温变化幅度（℃）。

钢轨铺设到线路上被锁定后，不能随轨温变化而自由伸缩，则在钢轨内将产生温度应力。根据胡克定律，钢轨内的温度应力为：

$$\sigma_t = E\varepsilon_t = E\frac{\Delta L}{L} = E\frac{\alpha L \Delta t}{L} = E\alpha\Delta t \qquad (7-2)$$

式中　E——钢的弹性模量，$E=21\times10^4$（MPa）；

　　　ε_t——钢的温度应变。

将 E、α 的值代入式（7-2），则：

$$\sigma_t = 21\times10^4\times11.8\times10^{-6}\times\Delta t = 2.5\Delta t \text{（MPa）} \qquad (7-3)$$

一根钢轨所受的温度力为：

$$P_t = \sigma_t F = 2.5\times100\times\Delta t\times F = 250\Delta t F \text{（N）} \qquad (7-4)$$

式中　F——钢轨断面积（cm^2）。

从式（7-3）可以得出如下结论：

（1）钢轨内部的温度应力，仅与轨温变化幅度呈正比例关系，而与钢轨长度无关。因此，在理论上钢轨可以任意加长，而不影响其内部的温度应力值，这是铺设无缝线路的理论依据。所以，控制长钢轨中温度力大小的关键是控制轨温的变化幅度 Δt。

（2）无缝线路轨道除承受机车车辆动荷载外，还要承受巨大的温度力。这是无缝线路非常重要的特点，也是无缝线路设计、施工及养护维修工作中必须考虑的一个特殊问题。

二、锁定轨温计算

无缝线路的锁定轨温，是长钢轨无温度力状态时的轨温。通常我们把铺设长轨节，其始终端落槽时的平均钢轨温度作为锁定轨温。

轨温变化幅度，为计算钢轨温度应力时的实测轨温与锁定轨温之差。实地测量轨温用 RT 型钢轨测温计。

影响轨温的因素比较复杂，它与气候变化、风力大小、日照程度、线路走向和测量部位等均有密切关系。轨温不完全与气温相同，实测资料表明，冬季两者相接近，夏季高温季节轨温比气温高，最大差值为 20 ℃。在设计时取最高轨温比气温高 20 ℃，最低轨温与气温相同。我国各地区的最高、最低轨温见表 7-1。

合理地选择锁定轨温，是无缝线路设计的核心，设计锁定轨温应按无缝线路的强度与稳定性要求进行计算确定。线路上的钢轨要受到轮轨作用力、爬行力、列车牵引和制动力、桥梁伸缩力等共同作用，再加上温度力，钢轨的强度要满足要求。对于钢轨受拉，钢轨的降温幅度由钢轨的抗拉强度控制；对于钢轨受压，一般是在达到屈服应力前，钢轨就失稳，所以一般钢轨的升温幅值是由轨道的稳定性控制。为了保证夏天无缝线路轨道的稳定性，一般考虑尽量用足钢轨的抗拉强度，使钢轨的升温幅度减小，所以我国铁路大部分地区的无缝线路锁定轨温都略高于中间轨温。

另外，锁定轨温不是一个确定的值，应有一个范围，在这个范围内的任一轨温锁定钢轨，都能满足长钢轨的强度和稳定性要求。设计锁定轨温记为 T_e，根据无缝线路的稳定性和强度求得允许温升 $[\Delta t_u]$ 和允许温降 $[\Delta t_d]$，再根据当地 30 年内的最高轨温 T_{max} 和最低轨温 T_{min}，如图 7-1 所示，则可得如下设计锁定轨温：

$$T_e = \frac{T_{max}+T_{min}}{2} + \frac{[\Delta t_d]-[\Delta t_u]}{2} \pm \Delta t_k \qquad (7-5)$$

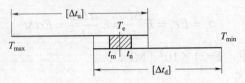

图 7-1 设计锁定轨温计算图

表 7-1 全国各地区最高、最低及中间轨温 ℃

地名	纬度	最高轨温	最低轨温	轨温差	地名	纬度	最高轨温	最低轨温	轨温差
北京	39°57′	62.6	−22.8	85.4	上海	31°10′	60.3	−12.1	72.4
天津	39°08′	65.0	−22.9	87.9	杭州	30°19′	62.1	−10.5	72.6
石家庄	38°04′	62.7	−26.5	89.2	福州	26°05′	59.8	−2.5	62.3
唐山	39°39′	63.3	−22.6	85.9	厦门	24°31′	58.5	−2.0	60.5
秦皇岛	39°51′	57.2	−22.2	79.4	南京	32°00′	63.0	−14.0	77.0
保定	38°50′	63.3	−23.7	87.0	苏州	31°18′	61.0	−12.0	73.0
邢台	37°04′	61.7	−22.4	84.1	徐州	34°17′	63.3	−18.9	82.2
邯郸	36°35′	62.5	−19.0	81.5	合肥	31°53′	61.0	−20.5	81.5
承德	40°58′	61.5	−23.0	84.5	蚌埠	32°56′	64.5	−19.4	83.9
张家口	40°50′	60.9	−26.2	87.1	济南	36°41′	62.5	−19.7	82.2
太原	37°48′	61.4	−29.5	90.9	青岛	36°04′	56.6	−20.5	77.1
阳泉	37°51′	60.2	−18.9	79.1	德州	37°26′	63.4	−27.0	90.4
大同	40°06′	58.0	−30.5	88.5	泰安	36°13′	60.8	−22.4	83.2
呼和浩特	40°49′	58.0	−36.2	94.2	兖州	35°34′	60.7	−18.6	79.3
包头	40°34′	59.5	−32.8	92.3	西安	34°18′	65.2	−20.6	85.8
新乡	35°19′	62.7	−21.3	84.0	兰州	36°03′	59.1	−23.3	82.4
郑州	34°43′	63.0	−17.9	80.9	酒泉	39°46′	58.4	−31.6	90.0
洛阳	34°41′	64.2	−20.0	84.2	西宁	36°35′	52.4	−26.6	79.0
开封	34°46′	63.0	−15.0	78.0	银川	38°31′	59.3	−30.6	89.9
许昌	34°01′	61.9	−17.4	79.3	乌鲁木齐	43°51′	60.7	−41.5	102.2
信阳	32°07′	61.0	−20.00	81.0	沈阳	41°46′	59.3	−33.1	92.4
武汉	30°38′	61.3	−17.3	78.6	丹东	40°03′	57.8	−31.9	89.7
岳阳	29°27′	59.0	−11.8	70.8	抚顺	41°50′	58.3	−35.2	93.5
长沙	28°15′	63.0	−9.5	72.5	锦州	41°08′	57.3	−24.2	81.5
衡阳	26°56′	61.3	−7.0	68.3	鞍山	41°07′	58.4	−30.4	88.8
韶关	24°48′	62.0	−4.3	66.3	大连	39°01′	56.1	−19.9	76.0
广州	23°08′	58.7	−0.3	59.0	长春	43°53′	59.5	−36.5	96.0

地名	纬度	最高轨温	最低轨温	轨温差	地名	纬度	最高轨温	最低轨温	轨温差
昆明	25°01′	52.3	−5.4	57.7	四平	43°11′	56.2	−38.7	94.9
贵阳	26°34′	59.5	−9.5	69.0	延吉	42°53′	60.3	−37.1	97.4
南宁	22°51′	60.4	−2.1	62.5	哈尔滨	45°45′	59.1	−41.4	100.5
桂林	25°20′	59.7	−5.0	64.7	牡丹江	44°35′	57.5	−45.2	102.7
成都	30°40′	60.1	−4.6	64.7	佳木斯	46°49′	56.4	−39.6	96.0
重庆	29°35′	64.0	−2.5	66.5	安达	46°24′	59.5	−44.3	103.8
西昌	27°53′	59.7	−6.0	65.7	齐齐哈尔	47°20′	57.5	−39.5	97.6
南昌	28°40′	60.6	−7.7	68.3	嫩江	49°10′	58.1	−47.3	105.4

式中　Δt_k——中和温度修正值，取 0 ℃～5 ℃。

设计锁定轨温上下限为：

$$t_m = T_e + (5\sim 6)℃；\quad t_n = T_e - (5\sim 6)℃ \tag{7-6}$$

求得的 t_m、t_n 必须满足以下条件：

$$T_{max} - t_n < [\Delta t_u]；\quad t_m - T_{min} < [\Delta t_d] \tag{7-7}$$

允许温升 $[\Delta t_u]$ 和允许温降 $[\Delta t_d]$ 的计算在本章第五节介绍。

长轨条始端或终端落槽时，分别测量两次轨温的平均值作为施工锁定轨温。如此时的轨温不在设计锁定轨温范围内，则必须进行应力放散或应力调整，并重新锁定钢轨。左右两股钢轨的施工锁定轨温差不得超过 5 ℃，曲线外股钢轨的锁定轨温不得高于内轨的锁定轨温。施工锁定轨温必须准确记入技术档案，作为工务部门对无缝线路维修养护的重要依据。

在线路运营过程中，长钢轨中的应力状态可能改变，所以实际锁定轨温也在变化，大多数情况下锁定轨温会发生下降，但也必须要求实际锁定轨温在设计锁定轨温范围内。在无缝线路运营过程中必须加以监测，以保证无缝线路的安全应用。

设计锁定轨温确定后，就可计算出最大温度压力和最大温度拉力。

最大温度压力：$P_{max} = 2.5\Delta t_{max} F$，最大升温幅值：$\Delta t_{max} = T_{max} - t_n$；

最大温度拉力：$P_{min} = 2.5\Delta t_{min} F$，最大降温幅值：$\Delta t_{min} = t_m - T_{min}$。

【例 7-1】上海地区，T_{max}=60.3 ℃，T_{min}= −12.1 ℃，选定 T_e=24 ℃，则 T_m=29 ℃；T_n=19 ℃。由此得：

$\Delta t_{max} = T_{max} - t_n$ =41.3 ℃，$\Delta t_{min} = t_m - T_{min}$ =41.1 ℃。对于 60 kg/m 钢轨，F=77.45 cm^2，则得最大温度压力为 $P_{max} = 2.5\Delta t_{max} F$ =793（kN），最大温度拉力为 $P_{min} = 2.5\Delta t_{min} F = -789$（kN）。

7.3　线路纵向阻力

轨温变化时，影响钢轨两端自由伸缩的原因是来自线路纵向阻力的抵抗，它包括接头阻力、扣件阻力及道床纵向阻力。

一、接头阻力

在钢轨接头处两钢轨端部有钢轨夹板通过螺栓拧紧，产生阻止钢轨伸缩变化的摩阻力称为接头扣件阻力，简称接头阻力。

接头阻力由钢轨与夹板间的摩阻力和螺栓抗剪力提供，为安全计，我国只考虑摩阻力。

摩阻力大小主要取决于接头螺栓拉力 P 和钢轨与夹板接触面之间的摩擦系数 f。接头螺栓拧紧后，螺栓产生拉力 P，它在上、下接触面上有分力，使接触面之间产生摩擦力 F 和正压力 N，N 和 F 的合力称为全约束反力 R，即：

$$\overline{R} = \overline{F} + \overline{N}$$

式中 R——全约束反力；

  N——接触面上的正压力；

  F——接触面上的摩阻力，$F=fN$；

  f——摩擦系数，$f=\tan\phi$；

  ϕ——摩擦角。

由图 7-2 可知，全约束反力 R 与螺栓拉力 P 之间的关系为：

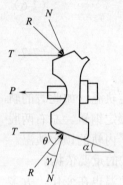

图 7-2 夹板受力图

$$R = \frac{P}{2\cos\theta} = \frac{P}{2\sin(\alpha + \phi)}$$

式中 P——一个螺栓被拧紧后产生的拉力（kN）；

  α——夹板接触面（或轨底顶面）的倾角，$\tan\alpha=i$；

  i——轨底顶面接触面斜率

  43、60 kg/m 钢轨 $i=1/3$

  50、75 kg/m 钢轨 $i=1/4$。

每个接触面间产生的摩阻力 F 为：

$$F = Nf = R\cos\varphi f = \frac{P\cos\varphi}{2\sin(\alpha + \varphi)}f$$

接头的两块夹板与钢轨有 4 个接触面，一个螺栓所对应的 4 个接触面上产生的摩阻力 S 为：

$$S = 4F = \frac{2P\cos\varphi}{\sin(\alpha + \varphi)}f \tag{7-8}$$

接头一端有三个螺栓，因此，总接头阻力应为：

$$R_j = \frac{6f\cos\varphi}{\sin(\alpha + \varphi)}P \tag{7-9}$$

螺栓拉力 P 决定于拧紧螺母的扭矩，扭矩 T 与 P 的关系用经验公式表示：

$$T=KDP \tag{7-10}$$

式中 T——接头螺栓扭矩（N·m）；

  P——螺栓拉力（kN）；

  D——螺栓螺杆部分的直径（mm）；

  K——扭矩系数，$K=0.18\sim0.23$。

扭矩系数 K 与螺栓结构、加工状况、螺栓的保养及涂油情况有关。螺栓保养得好，K 值愈小，在其他条件相同的情况下，较小的扭矩可以得到较大的接头阻力。

式 7-9 为静态情况下的接头阻力。在线路动载作用下，阻力要下降，下降的大小与列车运行情况、轨道状态及接头扭矩有关，因此，在式中应考虑动载影响。把式（7-10）代入式（7-9），并考虑动载影响系数 K_1，式（7-9）可改写为：

$$R_{\mathrm{j}} = \frac{6f\cos\varphi}{K_1\sin(\alpha+\varphi)}\frac{T}{KD} \quad (\mathrm{kN}) \tag{7-11}$$

式中 K_1——动载影响系数，K_1=1.0～1.3；

43、50 kg/m 钢轨 $T\leqslant 600\,\mathrm{N\cdot m}$ 时，K_1=1.2；

$T>600\,\mathrm{N\cdot m}$ 时，K_1=1.1；

60 kg/m 钢轨：$T\leqslant 600\,\mathrm{N\cdot m}$ 时，K_1=1.1；

$T>600\,\mathrm{N\cdot m}$ 时，K_1=1.0。

由式（7-11）可知，P_H 与 f、α、K、K_1、D 及 T 有关，尤其是摩擦系数 f，更受自然条件、行车情况及使用时间等因素的影响，波动较大，新轨、新夹板的 f=0.5～0.6，使用几年后，接触面被磨亮，f 下降，使 f=（0.18～0.2），从而使接头阻力下降很多。

考虑到大多数线路的情况，设计时采用 f 的偏低值 f=0.2；扭矩系数，一般情况为 K=0.21，对于 60 kg/m 钢轨的无缝线路，用优质螺栓并认真涂油，K=0.19。将有关参数代入式（7-11），得表 7-2 所示的接头阻力 R_{j} 的设计值。

列车通过钢轨接头时产生的振动，会使扭矩下降，接头阻力值降低。根据国内外资料，可降低到静力测定值的 40%～50%。所以，定期检查扭力矩，重新拧紧螺帽，保证接头阻力值在长期运营过程中保持不变，是一项十分重要的措施。《铁路线路修理规则》规定：无缝线路钢轨接头必须采用 10.9 级螺栓，扭矩应保持在 700～900 N·m。

表 7-2 螺栓扭矩与接头阻力的关系

条件 ＼ $T/(\mathrm{N\cdot m})$ ＼ $R_{\mathrm{j}}/\mathrm{kN}$	300	400	500	600	700	800	900	1 000
43 kg/m 钢轨 8.8 级 ϕ22 mm 螺栓	140	180	220	250				
50 kg/m 钢轨 10.9 级 ϕ24 mm 螺栓	150	200	250	300	370	430	490	
60 kg/m 钢轨 10.9 级 ϕ24 mm 螺栓	130	180	230	280	340 (390)	400 (450)	460 (510)	(570)

二、扣件阻力

中间扣件阻力是指中间扣件及防爬设备抵抗钢轨沿轨枕面移动的阻力。为了防止钢轨爬行，要求中间扣件阻力要大于轨枕底面的道床纵向阻力。

中间扣件阻力由钢轨与沿轨枕垫板面间的摩阻力和扣件与轨底顶面之间的摩阻力所组成，摩阻力的大小决定于扣件扣压力的大小和摩阻系数的情况。一般每套扣件的阻力 P_K 应为：

$$P_K = 2(\mu_1+\mu_2)P$$

式中　P_K——扣件阻力（kN）；

　　　P——钢轨一侧扣件对钢轨的扣压力（kN）；

　　　μ_1——钢轨与扣件之间的摩擦系数；

　　　μ_2——钢轨与垫板之间的摩擦系数。

根据铁道部科学研究院的试验，如果采用橡胶垫板的混凝土枕，不论是扣板式扣件或弹条Ⅰ型扣件，$\mu_1+\mu_2=0.8$。

扣压力 P 的大小与螺栓拉力 $P_拉$ 的大小有关。以扣板式扣件为例，如图 7-3 所示，可以求得：

$$P=\frac{b}{a+b}P_拉$$

式中　$P_拉$——螺栓拉力；

　　　a、b——扣板反力作用点至螺栓中心的距离。

因此，扣件摩阻力 P_K 的表达式为：

$$P_K=2(\mu_2+\mu_1)\frac{b}{a+b}P_拉 \tag{7-12}$$

实际扣件阻力随钢轨位移的增加而增大，如图 7-4 所示。考虑到扣件部件磨损导致扣压力下降，当考虑一个维修周期内垫板压缩及扣件磨损按 1 mm 计算，扣件阻力如表 7-3 所列。

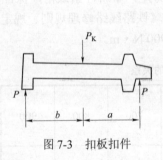

图 7-3　扣板扣件

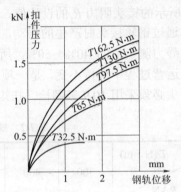

图 7-4　扣件阻力与位移关系

表 7-3　扣件阻力表

扣件类型 \ 每组扣件阻力 P/N \ 扭矩 T'	初始状态		垫板压缩 1 mm		以往计算采用值/N	建议一股钢轨每套扣件阻力/N	
	70～80 N·m	140～150 N·m	70～80 N·m	140～150 N·m		T'=80 N·m	T'=140～150 N·m
弹条Ⅰ型	11 900	21 900	9 030	11 600		9 000	11 500
70 型	12 500	19 000	4 220	6 750	3 000	4 000	6 500
67 型	10 100	18 000	6 230	9 800	5 500	5 500	9 000
K 型	7 500	15 000			7 500	7 500	7 500
道钉混合式扣件	500				4	500	
防爬器	16 000				20 000	15 000	

此外,列车通过时的振动会使螺帽松动,扭矩下降,导致扣件阻力下降。为此,《铁路线路修理规则》规定:扣板扣件扭矩应保持在 $80\sim140\,\mathrm{N\cdot m}$;弹条扣件的弹条中部前端下颏应靠贴轨距挡板或扭矩保持在 $80\sim150\,\mathrm{N\cdot m}$。

三、道床纵向阻力

道床纵向阻力是指道床抵抗轨道框架纵向位移的阻力。一般以每根轨枕的阻力,或每延长毫米表示。它是抵抗钢轨伸缩、防止线路不均匀爬行的重要参数。

道床抵抗轨道框架纵向位移的阻力,由轨枕与道床之间的摩阻力和轨枕盒内道砟抗剪力组成。其大小通过试验测得,图 7-5 是单根轨枕在正常轨道条件下的道床纵向阻力与位移关系的曲线。由图可以看出,道床纵向阻力值随位移的增加而增大,当位移达到一定值后,轨枕盒内的道砟颗粒之间的结合被破坏,在此情况下,即使位移再增加,阻力也不再增大。在正常的轨道条件下混凝土枕位移在 2 mm 以内,木枕位移在 $1\sim2$ mm 以内,道床纵向阻力呈斜线增长,表明道床处于弹性工作范围。位移超过该界值后,纵向阻力的增长趋缓,道床临近破坏阶段。

从理论上讲,道床处于弹性工作范围时,一旦撤销外力,轨道框架应恢复原位,但实际上,卸载后轨道框架留有一定的残余变形(如图 7-6 所示,此例卸载后的残余变形为 0.71 mm)。

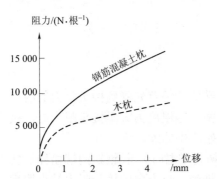

图 7-5　道床纵向阻力与轨枕位移的关系曲线

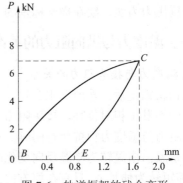

图 7-6　轨道框架的残余变形

如果轨道框架的位移超过了道床的弹性范围,轨道便产生爬行,易造成钢轨纵向力的不均匀分布,危及轨道的稳定性。因此,在无缝线路的设计计算中,纵向道床阻力应以轨枕位移 2 mm 为依据。道床纵向阻力值见表 7-4。

表 7-4　道床纵向阻力表

道床特征	单根轨枕道床的纵向阻力/N	一股钢轨下单位道床纵向阻力/(N·mm⁻¹)	
		1 840 根轨枕/km	1 760 根轨枕/km
木枕线路	7 000	6.4	6.1
混凝土枕线路	10 000	9.1	8.7

表列数据是根据单根轨枕试验测得的。如果采用整个轨道框架实验,据国外资料介绍,纵向阻力将比单根轨枕的实测结果大得多,对混凝土枕轨道,平均阻力可提高 80%。

道床纵向阻力还同道砟的材质粒径尺寸道床断面形状及道床的密实程度有关。我们在北京局保定公务段观测所得的数据见表 7-5。

清筛后道床纵向阻力下降，容易引起线路爬行。可见，作业后夯实道床增强阻力的工作非常重要。

表 7-5　线路清筛后道床纵向阻力的变化

作业项目	清筛前	筛边挖盒	方枕后	方枕后挖盒	综合捣固	筛后第三天	筛后第七天	筛后半个月	筛后一个月
纵向阻力/（N/根）	13 800	6 780	2 500	3 700	6 800	8 350	8 800	9 700	12 600
%	100	49.1	18.1	26.8	49.2	60.5	63.8	70.2	91.0

7.4　温度力纵向分布图

温度力沿长钢轨的纵向分布规律，常用温度力分布图表示。温度力分布图的横坐标轴表示长钢轨的长度，纵坐标轴表示钢轨内温度力值的大小。温度拉力为正，绘在横坐标轴的上方；温度压力为负，绘在横坐标轴的下方。

一、温度力与纵向阻力的关系

1. 温度力与接头阻力的关系

长钢轨锁定后，轨温发生变化，引起长钢轨两端的伸缩首先受到接头阻力的约束，钢轨与夹板间不发生相对位移，接头阻力与温度力相平衡。当温度力大于接头阻力时，接头提供最大的阻力与温度力相抗衡。同时，长钢轨两端开始产生伸缩。

当轨温由增温转为降温反向变化时（或由降温转为增温时），长钢轨两端由伸长转为缩短（或由缩短转为伸长），只有在原方向的接头阻力被抵消，反方向的接头阻力被克服后，才能实现。因而，必须克服双倍的接头阻力。

2. 温度力与道床纵向阻力的关系

轨温继续变化，接头阻力被克服后，长钢轨的伸缩又受到道床纵向阻力的约束，道床纵向阻力是随道床的长度而增加。当温度力克服接头阻力后的余量大于某段道床长度的纵向阻力时，道床提供的该段道床长度的纵向阻力与温度力抗衡，钢轨带动该段长度的轨枕一起伸缩，直至轨温变化幅度达到最大，此时温度力也达到最大，温度力克服接头阻力的余量也达到最大，提供与温度力抗衡的道床纵向阻力长度也达到最长，长钢轨两端带动轨枕一起伸缩的长度也达到最长。

当轨温反向变化时，长钢轨两端由伸长转为缩短（或由缩短转为伸长）。此时，道床的正向纵向阻力被抵消，反向纵向阻力被克服，也要克服双倍的道床纵向阻力后才能实现。

二、温度力分布图

温度力沿长钢轨的纵向分布不均匀，它不仅与轨温变化幅度和阻力有关，而且还与轨温变化过程有关。因而，温度力分布图有两种类型：一种为轨温单向变化时的温度力分布图，称为基本温度力图；另一种为轨温往复变化时的温度力分布图。

1. 轨温单向变化时的温度力分布图

轨温单向变化是指长钢轨锁定后，轨温从锁定轨温向增温（或向降温）一个方向变化。以轨温从锁定轨温向最低轨温方向降温变化时，绘制温度力分布图，如图 7-7 所示。

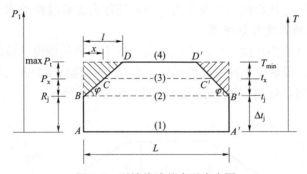

图 7-7 无缝线路基本温度力图

（1）当轨温为锁定轨温时，钢轨内部无温度力，在温度力图上则为 AA' 基线。

（2）轨温从锁定轨温下降，下降幅度等于Δt_j 时，在温度力图 7-7 上，温度力的分布为 $ABB'A'$ 线所示的矩形，此时：

$$P_t = R_j = 250F \cdot \Delta t_j \text{（N）} \tag{7-13}$$

则

$$\Delta t_j = \frac{R_j}{250F} \text{（℃）} \tag{7-14}$$

式中　Δt_j——温度力等于接头阻力时的轨温变化幅度（℃）。

（3）当轨温继续下降，下降幅度大于Δt_j时，此时，温度拉力大于接头阻力，道床纵向阻力将起抗衡温度拉力的作用，在距轨端长度为 x 的范围内，钢轨将带动轨枕一起缩短，发生轨枕位移，道床受挤压。这时，在钢轨两端除接头阻力外，还有 x 长度范围内的道床纵向阻力，共同起着平衡温度拉力的作用。在温度力图 7-7 上，温度力的分布为 $ABCC'B'A'$ 线所示的形状，根据温度力与阻力平衡的原则，这时长钢轨内最大温度力 P_x 为：

$$P_x = R_j + p \cdot x$$

（4）当轨温下降到 T_{min} 时，下降幅度达到最大 $\max\Delta t$，温度拉力也达到最大 $\max P_t$，x 达到其极限长度 l，在温度力图 7-7 上，温度力的分布为 $ABCDD'C'B'A'$ 线所示的形状，此时：

$$\max \Delta t = t_{sf} - T_{min} \tag{7-15}$$

$$\max P_t = 250F \cdot \max \Delta t \tag{7-16}$$

$$l = \frac{\max P_t - R_j}{p} \tag{7-17}$$

式中　$\max\Delta t$——最大降温幅度；

　　　t_{sf}——钢轨实际锁定轨温；

　　　$\max P_t$——最大温度拉力；

l——最低轨温时伸缩区的长度；

p——单位道床纵向阻力。

在长钢轨两端长度 l 范围内，钢轨受到接头阻力及道床纵向阻力的约束，同时产生一定的伸缩，称为无缝线路的伸缩区或呼吸区。

在长钢轨中部 DD' 范围内，钢轨的自由伸缩已全部被接头阻力及道床纵向阻力所约束，不能随轨温变化而伸缩，从而积聚为温度力，因而被称为无缝线路的固定区或稳定区。

2. 轨温往复变化的温度力分布图

轨温往复变化是指长钢轨锁定后，轨温已发生变化，再从增温（或降温）转为降温（或增温）往复发生变化。以轨温单向变化的最低轨温 $T_{\min}$ 时的温度力图为初始状态，向最高轨温 $T_{\max}$ 方向增温变化时，绘出温度力变化分布图，如图 7-8 所示。

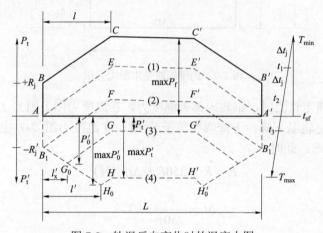

图 7-8　轨温反向变化时的温度力图

（1）轨温从最低轨温 $T_{\min}$ 回升，回升幅度等于 Δt_j 时，长钢轨内部的温度拉力均匀下降，长钢轨上任一点无新的纵向相对位移，全长范围内的温度力图线平行向下移动，温度拉力均匀减小 R_j，温度力在长钢轨内仍全部为拉力。在温度力图 7-8 上，温度力的分布变为 $AEE'A'$ 线所示的梯形。

（2）轨温继续回升，回升幅度等于 $\Delta 2t_j$ 时，全长范围内的温度力图线仍平行向下移动，固定区钢轨受到温度拉力（也可能受温度压力），而两端伸缩区内靠近接头处的钢轨受到温度压力。在温度力图上，温度力的分布变为 $AB_1FF'B_1'A'$ 线所示。

（3）轨温进一步回升，回升幅度大于 $2\Delta t_j$ 后。这时接头阻力已经用尽，道床纵向阻力开始起作用，而平衡由于轨温变化产生的温度力，只需要一部分长度的道床纵向阻力，所以在长钢轨两端伸缩区内都会有一个道床纵向阻力的变换点，如距轨端距离为 l_x' 处。在这一变换点的左侧，道床纵向阻力起阻止钢轨伸长的作用，因为它要克服双倍的道床纵向阻力，所以出现反方向的道床纵向阻力（$-p$）；而在另一侧，因为不需要动用道床纵向阻力（p），其阻力仍保持原方向不变（$+p$）；在两变换点中间范围内的温度力图线平行向下移动。在温度力图 7-8 上，温度力的分布变为 $AB_1G_0GG'G_0'B_1'A'$ 线所示。

温度压力峰值为：

$$P_0' = R_j + p \cdot l_x' \quad (\text{N}) \tag{7-18}$$

（4）当轨温回到 $T_{\max}$ 时，道床纵向阻力反向的长度增加到最长 l'，温度压力峰值增大到最大 $\max P_0'$，这对无缝线路的胀轨跑道会产生一定的影响。在温度力图 7-8 上，温度力分布变为 $AB_1H_0HH'H_0'B_1'A'$ 线所示。

得到峰位距长钢轨端的最大距离为：

$$l' = \frac{\max P_t' + p \cdot l - R_j}{2p} \ （\text{m}）\tag{7-19}$$

式中　l'——最高轨温时的伸缩区长度；

　　　$\max P_t'$——最大温度压力；

　　　$\max \Delta t'$——最大升温幅度。

最大压力峰值为：

$$\max P_0' = R_j + p \cdot l'\tag{7-20}$$

7.5　缓冲区的设置与轨缝计算

一、缓冲区的设置

在无缝线路上，铺设长钢轨的每根长度不尽相同，一般在 1 000～2 000 m 之间。这是因为受到线路上一些具体位置的限制，如对先铺设的长钢轨接头处、在小半径曲线处、大桥及道口处、闭塞分区绝缘接头处、车站道岔处等都需要中断，这些在设计阶段中必须予以考虑。

在两根长钢轨之间应设置缓冲区，缓冲区由 2～4 根标准长度的钢轨组成，其目的在于预留轨缝，便于放散应力，以及修理更换绝缘接头或道岔。

无缝线路上，缓冲区的布置如图 7-9 所示。

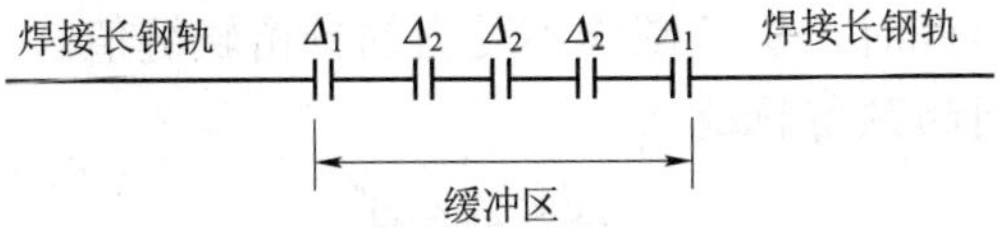

图 7-9　缓冲区

二、预留轨缝的计算

无缝线路缓冲区内的长钢轨与标准轨之间，以及标准轨与标准轨之间，在铺设时均应预留必要的轨缝 Δ，以保证轨温升至最高时，轨缝不会顶严，以免造成接头向上（或向旁）的支嘴；轨温降至最低时螺栓不会受力，以免造成拉弯（或拉断）螺栓。因此，必须先计算长钢轨伸缩区随轨温变化的伸缩量，以及标准轨随轨温变化的伸缩量，从而计算预留轨缝的大小。

（一）长钢轨一端的缩短量 λ_1

从图 7-10 的无缝线路温度力图可知，图中阴影部分表示长轨条克服接头和道床阻力后，释放部分温度力的变形面积，长轨条的伸长量就是由于这部分被释放温度力引起的，阴影部分的面积为 $\triangle ABC$，根据材料力学理论，可知长轨条一端的伸缩量为：

$$\lambda_1 = \frac{\triangle ABC}{EF} = \frac{rL_{\text{拉max}}^2}{2EF} = \frac{(\max P_t - R_j)^2}{2EFp}\tag{7-21}$$

（二）标准轨一端的缩短量λ_2

标准轨一端伸缩量λ_2的计算方法与λ_1的基本相同。但由于其长度较短，钢轨内部积聚的温度力最大只能为$R_j + \dfrac{1}{2}pL_0$，当轨温升至最高（或降至最低）时，大于阻力部分的温度力在标准轨两端将以伸缩的方式释放，如图7-11所示，标准轨一端伸缩量为图中阴影部分的面积除以EF，即：

$$\lambda_2 = \frac{\triangle BHGC}{EF} = \frac{1}{EF}\left[\frac{(\max P_t - R_j)L_0}{2} - \frac{pL_0^2}{8}\right] \tag{7-22}$$

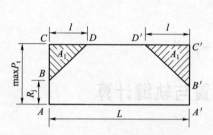

图7-10 长轨条伸缩量计算图

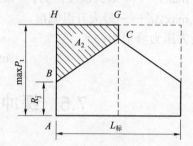

图7-11 标准轨伸缩量计算图

在用式（7-21）及式（7-22）计算λ_1与λ_2时，如计算伸长量用最大的温度压力$\max P_t'$代入公式，如计算缩短量用最大的温度拉力$\max P_t$代入公式即可。

（三）预留轨缝计算

预留轨缝Δ必须满足：

$$\Delta' < \Delta < \Delta'' \tag{7-23}$$

式中　Δ'——轨温升至最高时，保证轨缝不顶严的预留轨缝值；

　　　　Δ''——轨温降至最低时，保证螺栓不受力的预留轨缝值。

1. 长钢轨与标准轨间的预留轨缝Δ_1

$$\Delta_1' < \Delta_1 < \Delta_1'' \tag{7-24}$$

要保证轨温升至最高时轨缝不顶严，应有

$$\Delta_1' \geqslant \lambda_1' + \lambda_2' \tag{7-25}$$

要保证轨温降至最低时螺栓不受力，应有

$$\Delta_1'' \leqslant \delta_0 - (\lambda_1'' + \lambda_2'') \tag{7-26}$$

式中　λ_1'——轨温升至最高时，长钢轨一端的伸长量；

　　　　λ_2'——轨温升至最高时，标准轨一端的伸长量；

　　　　λ_1''——轨温降至最低时，长钢轨一端的缩短量；

　　　　λ_2''——轨温降至最低时，标准轨一端的缩短量；

　　　　δ_0——构造轨缝为18 mm。

2. 标准轨与标准轨之间的预留轨缝Δ_2

$$\Delta_2' < \Delta_2 < \Delta_2'' \tag{7-27}$$

要保证轨温升至最高时轨缝不顶严，应有：

$$\Delta_2' \geqslant 2\lambda_2' \tag{7-28}$$

要保证轨温降至最低时螺栓不受力，应有：

$$\Delta_2'' \leqslant \delta_0 - 2\lambda_2''$$ （7-29）

【例 7-2】北京地区铺设无缝线路，具体资料如下：

已知资料：

钢轨为 60 kg/m，缓冲区钢轨长 L_0=25 m，钢轨断面积 F=77.45 cm^2；

接头为 ϕ24 mm、10.9 级螺栓，6 孔夹板，接头阻力 R_f=460 kN；

轨枕为混凝土轨枕，每公里铺设 1 840 根/km，单位道床纵向阻力 p=91 N/cm；

北京地区最高轨温 T_{max}=62.6 ℃，最低轨温 T_{min}= −22.8 ℃；

锁定轨温 t_{sf}=25 ℃；

构造轨缝 δ_0=18 mm。

【解】预留轨缝计算：

1. 最大轨温变化幅度

$$\max \Delta t_{(升)}' = 62.6 - 25 = 37.6 （℃）$$

$$\max \Delta t_{(降)} = -22.8 - 25 = -47.8 （℃）$$

2. 最大温度力

$$\max P_{t(压)}' = 250 \times 77.45 \times 37.6 = 728\ 030 （N）$$

$$\max P_{t(拉)} = 250 \times 77.45 \times 47.8 = 925\ 528 （N）$$

3. 长钢轨一端的伸缩量

$$\lambda_1' = \frac{(728\ 030 - 460\ 000)^2}{2 \times 21 \times 10^4 \times 100 \times 77.45 \times 91} \times 10 = 2.4 （mm）$$

$$\lambda_1'' = \frac{(925\ 528 - 460\ 000)^2}{2 \times 21 \times 10^4 \times 100 \times 77.45 \times 91} \times 10 = 7.3 （mm）$$

4. 标准轨一端的伸缩量

$$\lambda_2' = \frac{1}{21 \times 10^4 \times 100 \times 77.45} \times \left[\frac{(728\ 030 - 460\ 000) \times 25}{2} \times 1\ 000 - \frac{91 \times 25^2 \times 100^2}{8} \times 10 \right]$$

$$= 2.1 - 0.4 = 1.7 （mm）$$

$$\lambda_2'' = \frac{1}{21 \times 10^4 \times 100 \times 77.45} \times \left[\frac{(925\ 528 - 460\ 000) \times 25}{2} \times 1\ 000 - \frac{91 \times 25^2 \times 100^2}{8} \times 10 \right]$$

$$= 3.6 - 0.4 = 3.2 （mm）$$

5. 长钢轨与标准轨之间的预留轨缝 Δ_1

$$\Delta_1' \geqslant 2.4 + 1.7 = 4.1 （mm）$$

$$\Delta_1'' \leqslant 18 - (7.3 + 3.2) = 7.5 （mm）$$

所以 　　　　　　　　　　　　　$4.1 < \Delta_1 < 7.5$

采取 Δ_1=6 mm

6. 标准国与标准轨之间的预留轨缝 Δ_2

$$\Delta_2' \geqslant 2 \times 1.7 = 3.4 （mm）$$

$$\Delta_2'' \leq 18-2\times 3.2=11.6（mm）$$

所以 $3.4 < \Delta_2 < 11.6$

采取 $\Delta_2 = 8\ mm$

7.6　无缝线路的稳定性

一、基本概念

无缝线路的稳定性是研究温度压力、道床横向阻力及轨道框架刚度之间的关系，其目的是在一定的道床横向阻力及轨道框架刚度条件下，计算温度压力必须限制在多大范围才能保证线路的稳定。设计无缝线路时，必须经过稳定性计算以确定锁定轨温；在养护维修时，依据稳定性计算来限制作业轨温及作业量。

夏季，无缝线路轨道框架受到温度压力，轨温不高，温度压力很小时，轨道保持原来状态。随着轨温的增高，温度压力的增大，轨道会在一些薄弱地段（钢轨有原始弯曲或道床横向阻力削弱处）出现较大的弯曲变形，这一现象称为无缝线路的胀轨。胀轨阶段，变形矢度 f 随温度压力的增大而逐渐增加；如果轨温减小，温度压力下降，变形矢度 f 会逐渐减小，直至恢复到无缝线路原始状态。当轨温增设到一定程度，温度压力达到某一临界力 P_K 时，轨温稍有升高或稍受外力干扰时，轨道弯曲变形就会显著增大，导致轨道完全破坏，这一现象称为无缝线路的跑道。因此，胀轨是无缝线路丧失稳定的过程，而跑道是丧失稳定的结果，跑道使钢轨形成塑性弯曲变形，轨枕破裂，石砟抛散。胀轨、跑道均危及行车安全，会使列车颠覆，造成严重后果。

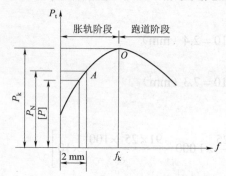

图 7-12　无缝线路胀轨跑道过程图

现行无缝线路的稳定计算方法，是把温度压力限制在小于 P_K 的 A 点，规定横向位移为 2 mm，以保证线路既不产生变形积累，又不致于过分限制温度压力，这样可适当扩大铺设无缝线路的轨温范围。将相应于使轨道产生 2 mm 横向位移的温度压力 P_N 除以安全系数 K 后得出的 $[P]$，即是保证无缝线路稳定的允许温度压力，如图 7-12 所示。

二、影响稳定性的因素

在无缝线路胀轨、跑道事故中，通过很多次的现场事故分析，发现并非温度压力过大所引起，而是在养护维修中破坏了无缝线路的稳定性因素所致。因此，我们在无缝线路养护维修中，必须充分保持轨道稳定方面的因素，以防止胀轨、跑道的事故发生。

1. 保持轨道稳定性的因素

（1）道床横向阻力。道床抵抗轨道框架横向位移的阻力称道床横向阻力。它是防止无缝线路胀轨、跑道，保证轨道稳定的主要因素。

道床横向阻力的大小与道砟材质、密实程度以及轨道框架重量等因素有关，并且随着道床肩宽与砟肩断面形状不同而异。根据试验证明：肩宽在 450～550 mm 时，横向阻力接近最高值；砟肩堆高，也可以提高横向阻力。

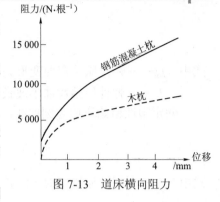

图 7-13 所示，为道床对每根轨枕横向阻力实测的数值。从图中可知，道床横向阻力随轨枕位移增大而增长；当位移达到某一定值时，道床横向阻力接近常数，最后道床受到破坏。无缝线路进行稳定性计算时，通常采用横向位移为 2 mm 时的道床横向阻力值。

（2）轨道框架刚度。轨道框架刚度 EJ 的大小，是表示轨道抵抗弯曲变形能力的大小。轨道框架刚度愈大，弯曲变形愈小，所以是保持轨道稳定的因素。

图 7-13　道床横向阻力

轨道框架刚度，在水平面内，等于两股钢轨的水平刚度及钢轨与轨枕节点间的阻矩之和。

轨道框架水平刚度 EJ 为：

$$EJ = \beta EJ_Y \tag{7-30}$$

式中　β——轨道框架换算系数，暂取 $\beta=2$；

　　　J_Y——钢轨对竖直轴的惯性矩。

2. 丧失稳定的因素

丧失稳定的主要因素是温度压力与轨道初始弯曲。由于温升引起的钢轨轴向温度压力是构成无缝线路稳定问题的根本原因，而初始弯曲是影响稳定的直接因素，胀轨跑道多发生在轨道的初始弯曲处。因而控制初始弯曲的大小，对保证轨道稳定有重要作用。

初始弯曲一般可分为弹性初始弯曲和塑性初始弯曲：塑性初始弯曲是钢轨在轧制、运输、焊接和铺设过程中形成的；弹性初始弯曲是在温度力和列车横向力的作用下产生的。现场调查表明，大量塑性初始弯曲矢度为 3~4 mm，测量的波长为 4~7 m 塑性初弯矢度约占总初弯矢度的 58.33%。

三、计算公式

轨道稳定性计算，一般可按能量法进行计算。

（一）计算前提条件

把整个轨道框架视为一根铺设在连续弹性均匀介质（道床）上的梁，在梁的两端作用了温度压力，其计算前提条件如下：

1. 轨道变形曲线

假定在温度压力作用下，轨道弯曲成各半波相同的多波变形曲线，并仅取半波作为计算对象，而且假定变形曲线为正弦曲线，其方程式为：

$$y_f = f \sin \frac{\pi x}{l} \tag{7-31}$$

式中　y_f——轨道横向变形量；

　　　f——变形曲线矢度；

　　　x——横坐标；

　　　l——变形曲线半波长。

2. 轨道原始弯曲线

假定弹性原始弯曲为半波正弦曲线，其方程式为：

$$y_{oe} = f_{oe} \sin\frac{\pi x}{l_0} \qquad (7\text{-}32)$$

式中 f_{oe}——弹性原始弯曲变形矢度；

l_0——弹性原始弯曲半波长。

假定塑性原始弯曲为圆曲线，其近似方程式可表达为：

$$y_{0p} = \frac{(l_0 - x)x}{2R_0} \qquad (7\text{-}33)$$

式中 l_0——塑性原始弯曲半波长，假定与弹性原始弯曲半波长相等；

R_0——塑性原始弯曲半径，$R_0 = \dfrac{l_0^2}{8f_{op}}$；

f_{op}——塑性原始弯曲矢度。

3. 对半径为 R 的圆曲线轨道

$$y_R = \frac{(l - x)x}{2R} \qquad (7\text{-}34)$$

考虑具有塑性原始弯曲的圆曲线，其合成曲率为：

$$\frac{1}{R_1} = \frac{1}{R_0} + \frac{1}{R}$$

根据前提条件，变形曲线的计算图式，如图7-14所示。

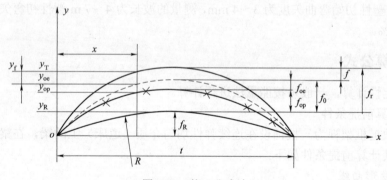

图 7-14 统一公式法

原始弯曲中，参数 f_{oe}、f_{op} 及 l_0 应采用现场测定值。但 f_{oe}、f_{op} 是指对一定的半波长 l_0 而言，而在稳定性计算公式推导过程中，假定 l_0 等于变形曲线长度 l，是一个无法事先确定的参数。通过现场调查，得到 $\dfrac{f_{oe}}{l_0^2}$ 和 $\dfrac{1}{R_0}$，经数理统计分析，给出一定的常量，从而求出 l_0 为任意值时的原始弯曲矢度。

通过现场资料分析，$l_0 = 4\,\text{m}$ 时，对混凝土轨枕 f_{op} 及 f_{oe} 均采用 3 mm；对木枕线路 f_{oe} 及 f_{op} 均采用 2.5 mm。

（二）计算公式

根据上述前提条件，按照静力平衡原理，采用能量法推导结果，得出 P 与 l 的计算式：

$$P = \frac{\beta E J_Y \pi^2 \dfrac{(f+f_{oe})}{l^2} + \dfrac{4}{\pi^3} Q l^2}{f + f_{oe} + \dfrac{4}{\pi^3 R_1} l^2}$$

（7-35）

$$l^2 = \frac{1}{Q}\left[\frac{\beta E J_Y \pi^2}{R_1} + \sqrt{\left(\frac{\beta E J_Y \pi^2}{R_1}\right)^2 + \beta E J_Y \pi^2 \frac{\pi^3}{4}(f+f_{oe})Q}\right]$$

（7-36）

式中，Q 称为等效道床阻力，以 N/cm 计。当 $f=2$ mm 时，其值见表 7-6。

表 7-6　等效道床阻力表

线路条件　　　　$Q/(N \cdot cm^{-1})$ 每公里轨枕数	碎石道床、木枕		碎石道床、混凝土枕	
	肩宽 30 cm	肩宽 40 cm	肩宽 30 cm	肩宽 40 cm
1 760	—	—	76	84
1 840	54	62	79	87
1 920	56	65	—	—

计算时，以 $l_0=4$ m 的弦测量，并换算曲率，代入式（7-36）求变形曲线的弦长 l。如果 l 与 $l_0=4$ m 有较大出入，再假设 $l=l_0$，并在弹性原始弯曲不变的条件下，按下式重新计算弹性原始弯曲矢度 f'_{oe}。

$$f'_{oe} = l^2 \frac{f_{oe}}{(400)^2}$$

（7-37）

再将 f'_{oe} 代入式（7-36）重新计算 l。如果求出的 l 与最后假定的 l_0 相差不大，遂不再修正，就可以将 f'_{oe} 及其相应的 l 值代入式（7-35）求取 P 值。

当取 $f=2$ mm 时，则求得的 P 以 P_N 代表，称为计算温度压力，为安全计，除以安全系数 K（暂定为 1.25），求得容许温度压力 $[P]$。

$$[P] = \frac{P_N}{K}$$

（7-38）

【例 7-3】50 kg/m 钢轨，混凝土轨枕 1 840 根/km，曲线半径 $R=900$ m，线路容许弯曲矢度 $f=0.2$ cm，$\beta=2$，$Q=87$ N/cm，$f_{oe}=f_{op}=0.3$ cm。求 $[P]$。

解：

（1）换算曲率 $\dfrac{1}{R_1'} = \dfrac{1}{R} + \dfrac{1}{R_0} = \dfrac{1}{900\,000} + \dfrac{8 \times 0.3}{400^2} = 2.61 \times 10^{-5}$（$cm^{-1}$）

（2）$\beta \pi^2 E J_Y = 2 \times 9.87 \times 21 \times 10^6 \times 377 = 15.63 \times 10^{10}$（$N \cdot cm^2$）

（3）$\dfrac{4}{\pi^3} = 0.129$

（4）$l^2 = \dfrac{1}{Q}\left[\dfrac{\beta \pi^2 E J_Y}{R_1} + \sqrt{\left(\dfrac{\beta \pi^2 E J_Y}{R_1}\right)^2 + \beta \pi^2 E J_Y \dfrac{\pi^3}{4}(f+f_{oe})Q}\right]$

$$= \frac{1}{87} \times \left[15.63 \times 2.61 \times 10^5 + \sqrt{(15.63 \times 2.61)^2 \times 10^{10} + \frac{15.63 \times 10^{10} \times 0.5 \times 87}{0.129}} \right]$$

$$= 15.09 \times 10^4 \ (\text{cm}^2)$$

所以 $l = 388.4$ cm

（5） $l = 388.4$ cm 与 400 cm 相差较大，再设 $l_0 = 388.4$ cm，重新计算 f'_{oe}：

$$f'_{oe} = l^2 \frac{f_{oe}}{400^2} = 15.09 \times 10^4 \times \frac{0.3}{400^2} = 0.283 \ (\text{cm})$$

将 $f'_{oe} = 0.283$ cm 代入式（7-36），求得 $l^2 = 14.94 \times 10^4$ cm^2

$l = 386.5$ cm，与再设的 $l_0 = 388.4$ cm 相近，遂不再修正。

（6）将 $l^2 = 14.94 \times 10^4$ cm^2，$f'_{oe} = 0.283$ cm 代入式（7-35），得：

$$P_N = \frac{\dfrac{15.63 \times 10^{10} \times (0.2 + 0.283)}{14.94 \times 10^4} + 0.129 \times 87 \times 14.94 \times 10^4}{0.2 + 0.283 + 0.129 \times 2.61 \times 10^{-5} \times 14.94 \times 10^4} = 2\,089\,850 \ (\text{N})$$

（7） $[P] = \dfrac{P_N}{K} = \dfrac{2\,089\,850}{1.25} = 1\,671\,880 \ (\text{N})$

7.7 无缝线路结构设计

这里的无缝线路设计包括路基上无缝线路设计（通常也称为普通无缝线路设计）和跨区间无缝线路设计。其实无论是路基上无缝线路还是跨区间无缝线路设计，核心问题都是要确定合适的锁定轨温，以保证无缝线路在强度和稳定性方面达到要求。跨区间无缝线路由区间无缝线路和无缝道岔组成。区间无缝线路的设计基本上与普通无缝线路相同，因此跨区间无毒线路的特殊性在于无缝道岔的设计。

一、设计基本要求及轨道结构标准

《铁路轨道设计规范》TB 10082—2005 列出了铺设无缝线路的一般规定：

（1）铺设无缝线路的桥、隧、路基等建筑物应坚实、稳定，刚度均衡，道床密实，达到相应的标准要求。

（2）I、II 级铁路采用 60 kg/m 及以上钢轨时，应按无缝线路设计；旅客列车设计行车运度为 200 km/h 时，应按跨区间无缝线路设计；采用 50 kg/m 钢轨时，宜按无缝线路设计。

（3）无缝线路长轨条及缓冲区钢轨的连接应采用接头夹板和高强度螺栓。

（4）铺设无缝线路的曲线半径不宜小于 400 m；在半径小于 400 m 的地段铺设无缝线时，应采取措施增大道床横向阻力，并进行特殊设计。

（5）在坡度大于或等于 12‰的连续长大坡道、制动坡段及行驶重载列车坡段铺设无缝线路时，应采取加强措施。

（6）桥上铺设无缝线路应按铁路桥上无缝线路设计的有关规定进行设计。

二、锁定轨温的计算

无缝线路设计的锁定轨温，是通过钢轨强度及线路稳定性计算的，在保证钢轨强度及线路稳定的条件下，应尽量使钢轨轨头、轨底应力相等而且加以选择确定。

1. 按强度条件确定容许的轨温变化幅度

无缝线路强度条件：主要是计算钢轨在机车动力、温度力及制动力作用下所产生的应力，并在满足钢轨强度条件下，求出钢轨容许的温度拉、压应力，再进一步转换为容许的轨温变化幅度加以控制，从而保证钢轨的强度条件。

为满足钢轨的强度条件，钢轨所承受的各种应力总和应不超过钢轨的容许应力，即

$$\sigma_d + \sigma_t + \sigma_c \leqslant [\sigma_s] \qquad (7\text{-}39)$$

式中　σ_d——钢轨承受的最大动弯应力；

　　　σ_t——温度应力；

　　　σ_c——钢轨承受的制动力，一般按 10 MPa；

　　　$[\sigma_s]$——钢轨容许应力，$[\sigma_s]$=365 MPa。

钢轨容许的降温幅度则为：

$$[\Delta t_d] = \frac{[\sigma_s] - \sigma_d - \sigma_c}{Ea} \qquad （7\text{-}40）$$

2. 按稳定条件确定容许的轨温变化幅度

无缝线路的稳定条件，是计算使线路产生的横向位移不超过 2 mm 的温度压力，考虑一定的安全系数，再求出容许温度压力，并把这个压力转换为容许的升温幅度加以控制，从而保证线路的稳定。容许的升温幅度：

$$[\Delta t_u] = \frac{[P]}{2E\alpha F} \qquad （7\text{-}41）$$

3. 中和温度的确定

中和温度如图 7-15 所示，计算

$$T_e = \frac{T_{max} + T_{min}}{2} + \frac{[\Delta t_d] - [\Delta t_u]}{2} \pm \Delta t_k \qquad （7\text{-}42）$$

式中　Δt_k——中和温度修正值，取 0 ℃～5 ℃。

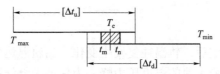

图 7-15　设计锁定轨温计算图

锁定轨温上下限为：

$$t_m = T_e + 5\ ℃；\quad t_n = T_e - 5\ ℃ \qquad （7\text{-}43）$$

求得的 t_m、t_n 必须满足以下条件：

$$T_{max} - t_n < [\Delta t_u]；\quad t_m - T_{min} < [\Delta t_d] \qquad （7\text{-}44）$$

三、伸缩区长度与防爬设备的布置

（一）伸缩区长度计算

无缝线路长钢轨两端伸缩区的长度，随轨温升降而变化，其最大伸缩长度为：

$$l_b = \frac{\max P_t - R_j}{p} \tag{7-45}$$

由于冬季的最大降温幅度较夏天最大升温幅度大，即 $\max \Delta t_{(降)} > \max \Delta t'_{(升)}$，因此最大伸缩区长度按 $\max \Delta t_{(降)}$ 计算确定。

而最大的温度力为温度拉力：

$$\max P_{t(拉)} = 250 \max \Delta t_{(降)} F \quad（N） \tag{7-46}$$

伸缩区的长度，一般为 50～100 m。

（二）防爬器的布置

在无缝线路的伸缩区和缓冲区内，为充分发挥道床纵向阻力的作用，并防止钢轨沿轨枕面伸缩移动，为此，要求扣件阻力大于道床纵向阻力。所以，应根据需要设置足够的防爬设备，即：

$$2P_a + nP_c \geqslant nR_s$$

$$\therefore n \leqslant \frac{2P_a}{R_s - P_c} \tag{7-47}$$

式中　　n——配置一对防爬器的轨枕根数；

　　　　P_a——一个防爬器提供的阻力；

　　　　P_c——一根轨枕上中间扣件提供的阻力；

　　　　R_s——一根轨枕提供的道床纵向阻力。

采用弹条 I、II、III 型扣件时，一般可不装防爬器。

在缓冲区，为了减少缓冲区标准轨的轨缝值，也可参照伸缩区的办法设置防爬设备。在制动地段及大坡道地段，也应按伸缩区布置。

四、缓冲区预留轨缝计算

在无缝线路缓冲区，长钢轨与缓冲区钢轨之间、缓冲区钢轨之间，均应根据需要预留必要的轨缝。有关预留轨缝的计算方法见第五节轨缝计算。

五、压力峰检算

无缝线路长钢轨铺设锁定后，轨温往复发生变化。当轨温达到最高时，在长钢轨两端伸缩区与固定区交界处，产生最大值的温度压力峰。为保证无缝线路的稳定性条件，最大的温度压力峰值必须小于按稳定条件求得的容许温度压力。即：

$$\max P'_{0(压)} \leqslant [P] \tag{7-48}$$

六、无缝线路长轨节的长度及布置

1. 普通无缝线路长轨条布置应符合下列规定：

（1）长轨条长度不应小于 200 m。

（2）下列地段宜单独布置长轨条，并在其两端设置缓冲区：

a. 站内线路；

b. 设有绝缘接头的每个自动闭塞区间；

c. 道岔与长轨条之间或两段长轨条之间；

d. 小半径曲线钢轨伤损严重的区段；

e. 其他特殊地段。

（3）长大隧道长轨条接头宜设在距隧道口内侧 50 m 处；隧道群的长轨条宜连续布置，每座隧道距离隧道口内侧 50 m 范围，应按伸缩区要求加强锁定。

2. 跨区间无缝线路和区间无缝线路的长轨条布置应满足：

（1）跨区间无缝线路长轨条长度不受限制，区间无缝线路的长轨条长度应以车站最外道岔间的距离减两个缓冲区长度计算。

（2）长轨条由若干单元轨节组成。区间内单元轨节长度宜为 1 000～2 000 m，最短不应小于 200 m；每组无缝道岔应按一个单元轨节计。

下列地段宜单独设计为一个或数个单元轨节：

a. 长大桥梁及两端线路护轨梭头范围内；

b. 长度超过 1 000 m 的隧道；

c. 大跨度连续梁的两端设置调节器时，单元轨节长度应与每联连续梁长度相同。

此外，缓冲区宜设置 2～4 对同类型钢轨，缓冲区和伸缩区不应设在宽度大于 4.5 m 的道口上；伸缩区设在桥上时，长轨条接头宜设在护轨梭头范围以外。单元轨节始、终端左右股钢轨接头相错量不应大于 100 mm。胶结绝缘钢轨长度不宜小于 12.5 m。

7.8　特殊地段的无缝线路

这里的特殊地段无缝线路是指桥上、长大隧道、小半径、寒冷地区等地段的无缝线路设计。有些特殊地段无缝线路的相关设计计算较为复杂，建议在熟练掌握前面无缝线路的知识后，再进行该部分内容的学习。这里仅从轨道的角度对设计的特殊性加以阐述。

一、桥上无缝线路

桥上铺设无缝线路的目的，是为了最大限度地提高桥上轨道结构的平顺性。

桥上铺设无缝线路与路基上铺设无缝线路有所不同，钢轨除受温度力作用外，还受桥上附加纵向力的作用。在此主要是指梁受温度变化而产生伸缩和受列车荷载作用产生挠曲变形。在明桥面上，梁的这种纵向变形将通过梁、轨之间的连接约束，使钢轨受到附加纵向力作用并产生伸缩。在有砟桥上，道床也会对梁、轨之间的相对位移产生约束作用。我们将因梁的伸缩而引起的钢轨纵向力称之为伸缩附加力；因梁的挠曲而引起的钢轨纵向力称之为挠曲附加力。这些力同时又反作用于梁跨和固定支座上，使桥墩台产生弹性变形，墩顶发生纵向位移。此外，如果桥上发生断轨，温度力和伸缩附加力就会得到释放，并通过梁、轨间的约束使墩台和固定支座受到断轨力的作用。所有这些可归结为梁、轨的相互作用。此外，附加力的大小不仅与钢轨扣紧的程度有关，还与梁跨、支座布置、桥跨数量以及桥梁处于无缝线路的部位（伸缩区或固定区）等因素有关。桥上无缝线路的设计，除了路基上设计的内容外，还应当确定钢轨扣件的扣紧方式,力求达到既能防止钢轨爬行和保证钢轨断缝不超过允许值,又能减少梁与钢轨之间相互作用的目的。

通过对梁、轨相互作用的分析,求得梁的位移分布、钢轨的位移分布和纵向力分布、墩台受力和墩顶位移,对钢轨和墩台进行强度和稳定性检算。

桥上无缝线路的设计,一般按跨度的不同分为两类:即中、小跨度(60 m 以下)桥上无缝线路的设计和大跨度(60 m 及以上)桥上无缝线路设计。中、小跨度桥多为简支梁,为减小梁、轨间相互作用力,一般采用降低扣件阻力的办法来处理。但扣件若是过低,可能会造成钢轨的爬行。若钢轨一旦在低温下折断,过低的扣件阻力会造成断缝过大,威胁行车安全。因此桥上无缝线路的设计,既要满足强度和稳定性要求,又要控制钢轨可能出现断缝的安全性,综合考虑、合理组合。一般中、小跨度桥,应将其上的无缝线路设计成固定区。

根据实验结论,目前无缝线路允许断缝值为:无砟桥 10 cm,有砟桥 8 cm。

大跨度桥梁因温度和列车荷载作用而产生的变形都比较大,为例改善梁、轨之间的受力状况,大跨度桥的活动端埭设钢轨伸缩调节器,对梁、轨之间的相互作用力进行调节。

不是所有位于桥上的无缝线路都要做单独设计,除小桥外,凡符合表 7-7 和表 7-8 条件的桥梁,只要按表中规定安装扣件,可不做单独设计。

表 7-7　桥上无缝线路不做单独设计的无砟桥桥长

年最大轨温差 /℃	钢轨类型 /（kg·m⁻¹）	允许铺设总长 /m	备　注
86～90	50	165	桥梁应位于无缝线路固定区,扣件不扣紧钢轨
	60	100	
<86	50	200	
	60	165	

表 7-8　桥上无缝线路不做单独设计的有砟桥限制条件

无缝线路区段	允许铺设跨度 /m	允许孔数	备　注
固定区	≤32	不限	扣件应保持扣紧状态,木枕应采用"K"式分开式扣件
伸缩区	≤32	≤5	
	≤16	不限	

二、小半径曲线上的无缝线路

根据《铁路线路设计规范》规定,无缝线路的曲线半径不得小于 400 m。因为在无缝线路曲线上除产生轴向温度力外,还在线路单位长度上产生径向分力等。曲线的无缝线路与直线上相比较,额外地承受了以下的力和变形:

(1)列车通过曲线时间,由于有未被平衡的超高而产生离心力或向心力,而且转向架通过曲线时也产生横向水平力。

(2)曲线上承受有纵向温度压力的径向分力如图 7-16 所示,温度力 P_t 的径向分力 P_r 为:

$$P_r = 2P_t \sin\frac{\alpha}{2}$$

$$\approx \frac{P_t l}{R}$$

（7-49）

式中　P_t——温度压力（N）；

　　　l——曲线截取长（mm），可取轨枕间距；

　　　R——曲线半点径（mm）；

　　　P_r——轨枕承受的附加径向外力（N）。

（3）夏季在轨温高于锁定轨温的曲线轨道，当轨温继续升高，轨道出现微小横移；当轨温下降时，轨道不能复原，仍有残余变形。这样，轨道反复变化，残余变形积累。

（4）曲线轨道发生胀轨跑道过程与直线不同，直线轨道是变形逐渐积累，臌曲突然发生；而曲线轨道变形不仅发生在局部，而且沿全长向外变形，在变形过程中释放温度力。

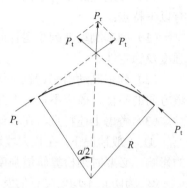

在曲线轨道上，存在温度力的径向分力和列车通过的横向水平力，这是造成曲线轨道稳定性差的重要原因。从式（7-49）中可以看出，随着半径 R 的减小，稳定性降低。

图 7-16　曲线上温度力的径向分力

曲线轨道残余变形的积累，降低了轨道的稳定性，因此在曲线轨道上，必须控制残余变形量。北京铁路局经过多年运营和理论分析，提出了 5 m 弦测量正矢 f，要求 $f \leqslant 9$ mm。

在曲线上铺设无缝线路，受到曲线半径的限制，多大半径的曲线允许铺设无缝线路，受到了下列两个条件的约束：

① 轨道的强度和温度条件，尤其是稳定性条件。

② 经济合理性。

曲线上的钢轨承受半径减少而磨耗量增大，使用寿命缩短。无缝线路投资大，但铺设后经济效益好，只有钢轨在使用年限内，能收回这额外投资，那么铺设无缝线路是合理的。所以各国在满足强度、稳定性的前提下，考虑经济合理性来确定铺设无缝线路的最小半径，例如：前苏联铺设无缝线路的最小半径为 350 m，英国、日本、400 m，美国为 500 m，我国过去定于 600 m，新规则提出为 400 m。

考虑到上述因素，在小半径曲线上设计、铺设、使用无缝线路时，要注意以下几点：

① 最小半径一般为 400 m，但要根据具体线路的运量，机车、轨道的变化，考虑到原轨道的磨耗情况来决定。

② 轨道结构要适当加强：钢轨不低于 50 kg/m，并尽量采用淬火轨或低合金耐磨轨，铺设每公里为 1 840 根的 J-2、S-2 型混凝土枕，道床外侧肩宽为 45 cm，并堆高 15 cm，内侧肩宽为 40 cm。

③ 一个小半径曲线，最好单独铺一根长轨，伸缩区最好设在直线上。

④ 为防止胀轨跑道、残余变形，用 5 m 弦长正矢时，正矢 $f \leqslant 9$ mm。

⑤ 合理设置轨距、超高等几何参数，采用曲线钢轨涂油，延长钢轨使用受命。

三、长大坡道上的无缝线路

在长大坡道上的无缝线路，由于列车制动产生制动力，造成轨道爬行，引起钢轨伸缩，改变了锁定轨温，从而影响轨道的强度及稳定。因此，在长大坡道上的无缝线路必须加强锁定，防止爬行。在凹形纵断面处，可能由于线路爬行而增加轴向压力，降低轨道的稳定性，所以应在此处设缓冲区。对在制动的长大坡道上的无缝线路进行强度检算时，应考虑制动力或压力的影响。

长大坡道线路多位于山区的双机或多机牵引地段，列车频繁制动，因此铺设无缝线路具有以下特点：

（1）列车制动使列车运行前方钢轨产生纵向压力，列车尾部产生推力，影响无缝线路的强度及稳定性。

（2）列车制动引起钢轨不均匀爬行，积蓄了压力，使原有锁定轨温发生变化，也带来轨道方向的不良、道床不均匀下沉等，更促使轨道稳定性与强度降低。

（3）考虑上述特点，在设计、运营中应注意：

① 一般情况下，在长大坡道上铺设无缝线路不受限制，但在铺设时必须充分考虑制动力的影响，必要时须检算轨道强度及稳定性。

② 为防止不均匀爬行的发生，必须加强防爬锁定，包括采用 S-2、J-2 型轨枕，按规定增加轨枕根数，采用弹条 I 型扣件，枕盒内道砟要充足、夯实。

③ 在长大坡道的变坡点，如果是凹形纵断面，为了防止不均匀爬行，长轨节应在凹形变坡点断开，设置缓冲区，缓冲区钢轨数量应比一般情况下增加 2 根；如果是凹形纵断面，应按规定设置曲线半径较大的竖曲线，以降低纵向压力的竖向分力。

加设观察桩，随时注意爬行状况，检查竖曲线半径的变化，防止不均匀爬行的积累而出现压力峰。

四、隧道内的无缝线路

在隧道地段上的无缝线路，由于隧道内的轨温变化比较小，洞口内外 50 m 范围内轨温变化比剧烈，而且一天之内的温差也较大。因此，在隧道长度为 1 000 m 及以上者，宜在隧道内单独铺设一段长轨，伸缩区设在隧道洞口内方，缓冲区尽量设在隧道洞口外。隧道长度小于 1 000 m 时，可不必单独铺设一段长轨，但应在隧道洞口内侧 50 m 范围内，按伸缩区设计加强线路锁定。为增强线路稳定，减少养护维修工作，隧道内应采用轨枕板或整体道床作为轨下基础。

在隧道内，普通线路的道床往往不足，接头病害严重，铺设了无缝线路能大大减少维修工作量，减轻工人的劳动强度。

隧道气温与轨温变化都比较小，根据哈尔滨局杜草隧道的实测表明，露天的年轨温变化为 –39 ℃～57 ℃，而隧道洞口内为 –20 ℃～26 ℃，隧道内为 –7 ℃～26 ℃，这样大大有利于铺设无缝线路。但隧道洞口附近每天轨温变化比较大，这又给铺设无缝线路特殊条件。为此，在长隧道内铺设无缝线路应注意：

（1）无缝线路固定区要设在轨温变化小的隧道内，伸缩区可以设在洞口轨温变化较大的过渡段（一般为 10～40 m），缓冲区设在隧道外。如果是隧道群，可以用一根长轨通过，但应该根据隧道内外的温差，在洞口里侧 50 m 范围内按伸缩区加强锁定。

（2）隧道内轨道结构应适当加强，当隧道长 $l \geqslant 300$ m 时，应比隧道外正线的轨枕数量增加。对于木枕增加 160 根，混凝土枕增加 80 根条件许可时，可采用宽枕或整体道床；钢轨应用耐腐蚀的合金钢。

（3）隧道内轨道道床薄弱，接头钢轨及轨枕损坏严重，应当在接头处采用枕下大胶垫或高弹性轨下胶垫，还应加强探伤检查。

五、寒冷地区的无缝线路

在我国，轨温差大于 90 ℃的地区统称为寒冷地区，在哈尔滨，最大年轨温差达 105 ℃。根据齐齐哈尔铁路分局的实测表明，最高轨温比最高气温高 16～17 ℃，而且轨温有滞后现象，时间为下午一时左右，持续时间只有 5 min 左右，而最低轨温要比最低气温低 1～2 ℃。也因为寒冷地区轨温差大，所以，在设计、使用时应注意以下几点：

（1）无缝线路温度力大，长轨节伸缩量大，因此根据情况不同，可采用定期放散温度应力式或温度应力。一般情况下，我国所有地区都可以铺设温度应力式无缝线路；接头的连接形式，在轨温差为 100 ℃的地区都可以用普通接头，但扭矩要达到 100 N·m。如果条件允许，也可用伸缩接头。

（2）为了提高轨道的强度和稳定性，应对轨道进行加强，包括采用高强度钢轨，每公里铺 1 840 根 J-2 或 S-2 型混凝土轨枕，采用弹条Ⅰ型或弹条Ⅰ型调高扣件，道床顶宽不少于 3.3 m，必须时堆高肩部，以提高横向阻力。

（3）路基、道床应处于完好状态，应彻底整治冻害和翻浆冒泥。

7.9 跨区间无缝线路

一、概述

（一）跨区间无缝线路发展简况

跨区间无缝线路是指轨条长度跨越区间，轨条与道岔直接连接的无缝线路。

根据无缝线路受力原理，理论上讲无缝线路的轨条长度可以无限长。目前在普通无缝线路上，由于各种原因，轨条长度一般在 1 500 m 左右。由于现有无缝线路仍存在着缓冲区，无缝线路的优越性没有得到充分发挥。以我国现有约 2 万多公里无缝线路为例，按每段无缝线路 4 根缓冲轨长约 100 m，则在这 2 万余公里的无缝线路中仍有 1 000 多公里为有缝线路，在这些地段每年养护维修工作量很大。同时，缓冲区的存在对无缝线路的受力状态也有不良的影响。随着高速重载运输的发展，要求必须强化轨道结构，全面提高线路的平顺性和整体性。为此要求把缓冲区消除，无缝线路轨条延长，甚或与道岔焊连成一体，我国称为跨区间无缝线路。跨区间无缝线路最大程度地减少了钢轨接头，实现了线路的无缝化，消除了缓冲区和伸缩区的影响，这是当代无缝线路的重要发展。

早在 20 世纪 70 年代，各发达国家的无缝线路就大力向跨区间超长方向发展。在一些温差较小的国家，有的铁路全线都铺设成无缓冲区的无缝线路。德国铁路在 1992 年就有 92.3%的轨道铺设了跨区间无缝线路，其中无缝道岔约有 10 万组。日本青函隧道在 12‰的坡道上所铺设的无缝线路长轨条长达 53.78 km。法国巴黎至里昂速度 300 km/h 的新干线，轨道采用了 60 kg/m 钢轨跨区间无缝线路。这些成就已成为 20 世纪轨道结构技术进步的突出标志。

到 1999 年末，我国已铺设无缝线路数量达 27 310 km，占正线总延长的 33.9%，并从理论和运用实践上积累了较成熟的经验。为了适应重载高速铁路运输的发展，从 1993 年开始，我国先后在京山、京广和大秦线上铺设了 4 处轨节长度为 20 km 的跨区间无缝线路试验段。京山、京广线试验段采用进口的 60 kg/m 全长淬火轨，大秦线铺设的 75 kg/m 轨采用了 TK-Ⅲ型混凝土枕和无螺栓新型扣件，为我国发展跨区间无缝线路提供了科学实践的依据。之后，各铁路局竞相铺设跨区间无缝线路，使其数量猛增。截至 2004 年底，各提速线上均铺设有跨区间无缝线路，最长的一段为 223.1 km。

（二）跨区间无缝线路的结构特点

跨区间无缝线路从本质上说与普通无缝线路没有什么区别，但其在结构、铺设、养护维修等方面也具有不同的特点，并将带来很多新的技术问题。

（1）用胶接绝缘接头替代了原有缓冲区的绝缘接头。整体性好、强度高、刚度大、绝缘性能好、寿命长、养护少的胶接绝缘接头的研制成功，是跨区间无缝线路得以发展的重要保证。对这种接接头的使用寿命要求应该达到与基本轨同步的水平。目前，美、日、俄、法等国胶接接头的质量水平较高。近年来，我国从国外引进胶接材料进行试验研究，提高了质量，能满足跨区间无缝线路的要求。同时，还要注意到胶接接头与焊接接头本质上还不一样，不能承受撕裂力，且缺少弹性，不能承受过大的弯曲和撞击。根据试验室试验表明，其疲劳强度低于焊接接头。所以，在运输和铺设过程中，要尽量避免发生剧烈撞击、摔打或弯曲等行为。

（2）跨区间无缝线路在现场的焊接和施工。跨区间无缝线路由于施工技术条件和运营条件所限，不可能在一个天窗时间内一次铺设完成（一次仅能铺设 1~3 km），只能把跨区间无缝线路分成若干单元轨条。通常把一次铺设的轨条长度叫单元轨条。道岔区及前后约 200 m 的线路作为一单元，对两单元间的焊接必须在线路上进行。而且要求每单元长轨在焊连后的锁定轨温相同，这就需要配备有较大拉伸能力的焊接设备或性能良好的拉伸机。由于跨区间无缝线路不是一次完成铺设，要使整个轨条温度力均匀，即锁定轨温一致。在铺设施工中，如何组织施工队伍，安排施工程序，使得铺设、焊接、放散应力、锁定等工作有序进行，且保证锁定轨温符合要求，就成为施工中的一个关键问题。

（3）跨区间无缝线路的维修养护方法。如前所述，跨区间无缝线路的基本原理与普通无缝线路一致，因此原有的普通无缝线路维修养护方法还适用。但现有的普通无缝线路存在缓冲区，如对无缝线路进行较长区段的破底清筛，或抽换轨枕作业，尤其进行大修作业或出现温度力不均匀等情况时，往往可以放散应力后作业。跨区间无缝线路实施起来就比较困难，这时作业的轨温条件可能就会控制得很严，同时应配备有快速切割、拉轨方便、焊接简便等相应的施工设备，便于处理各种应急情况。另外，在道岔区由于钢轨受力状态较为复杂，而道岔的各部件和各部位的尺寸要求也较严，在有温度力状态下如何作业尚没有经验。这些都有待进一步研究和实践总结。

（4）道岔区轨道受力情况。道岔区是两股轨道交叉一起，接头很多，转辙器的尖轨是可以自由活动的，辙叉是整体性的，而目前已经投入运营应用的可动心轨辙叉，情况又更复杂。当将道岔焊连成无缝道岔后，岔内钢轨温度力的分布，伸缩位移的大小、强度和稳定等问题，都有待进一步研究完善。

总的来说，需要建立一套跨区间无缝线路（包括道岔区在内）的设计、铺设施工、维修养护的方法和规则。

二、跨区间无缝线路的设计

跨区间无缝线路不论是在新线或在运营线结合大修铺设，其线路平纵面设计与普通无缝线路设计一样。

跨区间无缝线路与普通无缝线路不同的是轨条贯通整个区间或区段，其长轨条不可能一次铺成，为此将长轨条分成若干个单元轨条，然后分次焊接连接铺入。一般单元轨条含有胶接接头时，要把胶接接头设置在离单元轨条端 200 m 外。单元轨条长度多长为合理，需要进行设计。此外，还包括单元轨条的锁定轨温、轨条位移观测桩的设置、道岔区温度纵向力分布、轨道稳定和强度检算等内容。

（1）单元轨条长度设计。跨区间无缝线路长轨条长度的设计，与普通无缝线路不同，跨区间无缝线路长轨条长度的设计是一次铺入长度的设计，即单元铺设长度的设计。单元轨条长度的合理定量，就是单元铺设长度设计的主要内容。跨区间无缝线路单元轨条长度的设计，受施工天窗长短、线路平面条件、铺设技术、铺设方法、焊接技术、轨温变化状态、施工组织、人员素质等诸多因素的制约，同时要考虑到各路局的具体情况和铺设现场存在的问题来确定。按目前现有的技术能力，应以 2～2.5 km 为基数，争取 2.5～3.0 km。

（2）锁定轨温和单元轨条之间焊连温度的选择。跨区间无缝线路设计锁定轨温的确定，与普通无缝线路的设计方法和原则一致，一根轨条同一个设计中和轨温。但跨区间无缝线路是由在不同时间铺设的各单元轨条焊连成的，如何保证其全长内温度力均匀分布是一个关键。普通无缝线路考虑到铺设实际情况，一般铺设时锁定轨温容许有±5 ℃变化范围。如果强度和稳定得到保证，在特殊情况可适当放宽到±8 ℃，但这并不意味着一根轨条的锁定轨温可有这一范围变化。因此，跨区间无缝线路在各个单元轨条焊接时，从焊接时间上最好选择在设计中和轨温时间，且两相邻单元之间的锁定轨温差小于±5 ℃内来进行，并在焊接前后采用拉轨机将轨条应力调整均匀。其最终焊接必须选择在靠近中和轨温的温度下进行，并做好局部应力放散。

（3）爬行观测桩和标定轨长的设置。通过爬行观测桩和标定轨长的观察与换算，分析研究锁定轨温有无变化，钢轨纵向力的分布是否均衡，对跨区间无缝线路来说是十分重要的。

爬行观测桩，普通无缝线路通常设置 7 对。跨区间无缝线路以每一单元轨条长为一设桩单元，观测桩布置与普通无缝线路一样。道岔区单元轨条位移观测桩的布置为：单元轨条起点、每组道岔基本轨前焊点、尖轨限位器或尖轨跟端、辙岔前焊接点、道岔与道岔之间大于100 m 的设一对，单元轨条终点处各设一对，共计 6 对以上观测桩。

采用轨长标定法标定时，在普通无缝线路上为每 250 m 设标一处，而在跨区间无缝线路上应加密标定，可每 50 m 一处。如观测桩采取等距离设置，则两观测桩之间的锁定轨温改变，由轨长标定监控。实行观测桩、轨长标定双重控制，增加了监控的可靠度。

（4）无缝道岔单元轨条设计。无缝道岔单元轨条是把一组或几组道岔及其前后 50 m 以上的线路焊连成一个单元轨条，以便同时铺设（或放散）同时锁定，按同一锁定轨温管理。

无缝道岔单元是跨区间无缝线路很重要的单元，道岔单元中接头多，钢轨纵向力分布复杂，同时还会遇到不同材质的钢轨焊接问题，所以对无缝线路的接头焊连设计、岔内钢轨纵向力分布、强度和稳定性检算，是跨区间无缝线路设计的重要组成部分。

① 无缝道岔的接头焊连设计。目前，我国跨区间无缝线路焊接的道岔一般有两种类型：一种是 60 kg/m 轨 AT 尖轨可动心轨 12 号单开道岔；另一种是 60 kg/m 钢轨 AT 尖轨整铸锰钢辙叉 12 号单开道岔。无缝道岔直基本轨焊接，曲基本轨接头焊接或冻结。

② 无缝道岔钢轨纵向力分析、强度和稳定性检算等内容，见下面有关介绍。

三、无缝道岔

跨区间无缝线路中的道岔应当是没有任何轨缝的道岔，道岔中所有的钢轨接头都应焊接或胶接起来。道岔两端也需要与直股或与直股和侧股的无缝线路长轨条焊接在一起，这样的道岔称之为无缝道岔。

无缝道岔是跨区间无缝线路的一个重要组成部分，它与长轨条一样，要承受无缝线路温度力的作用。道岔中的钢轨不但承受巨大的温度力作用，而且里侧轨线两端受力状况不同，这种不平衡的温度力状态使无缝道岔中的钢轨受力与变形位移发生变化，是无缝道岔设计、铺设、维修养护中需要处理的核心问题。

（一）无缝道岔里轨伸缩位移

由于温度力的作用，无缝道岔的尖轨与可动心轨要发生纵向位移，尖轨或可动心轨尖端的伸缩位移为跟端处钢轨伸缩位移与自由伸缩长度之和，通常在尖轨尖端与可动心轨尖端钢轨伸缩位移最大。为了不影响转辙机械的搬动，钢轨的最大伸缩位移不能超过容许限值。

不同的道岔类型、不同的辙跟结构、不同的翼轨结构、直股与侧股的不同焊接情况、不同的岔枕类型等条件下，跟端处钢轨伸缩位移不同，但基本计算原理是相同的。

间隔铁辙跟结构将会把里轨温度力传递到基本轨。同钢轨接头阻力一样，辙跟摩阻力由钢轨与间隔铁间的摩阻力和螺栓的抗弯力或抗剪力提供，计算方法与接头阻力类似。辙跟若为限位器结构，则在轨温升高或降低的初始阶段，道岔里股钢轨将不会通过辙跟传递温度力，待辙跟处里股钢轨有了一定的伸缩位移（7～10 mm），限位器结构部件相互接触后才传递温度力，并且可传递很大的温度力，此时可认为辙跟处里股钢轨不再进一步产生伸缩位移。

道岔中由于岔枕长度不同、里外轨间距不同，钢轨在每一根岔枕处道床纵向阻力均是不相同的，岔枕单位长度的纵向阻力一般应通过实测获得。

当道岔钢轨扣件足够强固时，四轨线岔枕在里轨温度力的作用下将产生弯曲变形，其上的里轨将不会自由伸缩，岔枕的弯曲刚度则相当于钢轨的一种纵向阻力阻止其自由伸缩。对于直股与侧股均焊接的无缝道岔，里股钢轨均要承受无缝线路温度力，钢轨相对于岔枕发生纵向位移，通过扣件致使岔枕承受作用力。对于仅有直股焊接的无缝道岔，直股里轨承受无缝线路温度力作用；侧股里轨为普通线路，温度力较小，可忽略不计。

岔枕所承受里股钢轨所传递的温度力若大于扣件的推移阻力，则里股钢轨传递给岔枕的作用力将保持不变，等于里股钢轨的扣件推移阻力。

（二）无缝道岔基本轨附加温度力

无缝道岔基本轨焊接后，相当于无缝线路的固定区，在不受外力作用下不会发生伸缩位移；而道岔里股钢轨焊接后，相当于无缝线路的伸缩区，它将释放的温度力转换成伸缩位移。

由于构造原因，道岔基本轨通过岔枕、辙跟间隔铁等部件与里轨相连，参与里轨阻止在温度力作用下的伸缩位移，从而使道岔基本轨承受了道岔里轨传来的附加温度力。无缝道岔设计的一项重要内容，就是计算道岔外侧基本轨承受的附加温度力，把它与基本轨承受的初始温度力叠加，进而检算基本轨的强度以及道岔前二轨线地段的无缝线路稳定性。

计算中首先求得间隔铁结构及每一根岔枕传递于基本轨上的作用力，然后叠加基本轨下的道床阻力即可得到该处基本轨所承受的附加温度力。由于无缝道岔基本轨处于无缝线路的固定区，在道岔两端足够远的钢轨上无任何伸缩位移，当无缝道岔基本轨承受附加温度力后将产生伸缩位移，附加力造成的钢轨拉伸与压缩变形是相等的，即基本轨附加温度力图上拉力区面积与压力区面积相等，以保证道岔两端足够远处钢轨位置不变。采用与桥上无缝线路伸缩附加力计算类似的试算方法，按附加温度力的方向逐点叠加形成无缝道岔基本轨附加温度力图。图7-17即为一典型的固定辙叉无缝道岔基本轨附加温度力图。

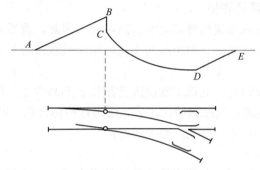

图 7-17　固定辙叉道岔基本轨附加温度力图

（三）无缝道岔检算

无缝道岔的检算包括钢轨强度检算和岔前线路稳定性检算两项内容。

在相对辙跟与可动心轨弹性可弯中心处的基本轨上出现附加温度力峰值，该处的钢轨应进行强度检算。若无缝道岔钢轨不能满足其强度条件时，应采取措施提高钢轨强度，尤其要保证基本轨焊接接头质量；若仍不能满足强度条件，应适当调整无缝道岔的锁定轨温。

岔前线路稳定性检算，可采用普通无缝线路稳定性计算公式进行计算。需要说明的是，由于岔前线路温度力并非均匀分布，因而需确定一个恰当的检算位置。一般取尖轨尖端前 4 m 处作为稳定性检算的位置。岔前线路若不能满足无缝线路稳定性要求，则需要采取提高无缝线路稳定性的措施，例如，保持道床饱满、密实及足够的道砟肩宽；在砟肩适当堆高石砟；按规定拧紧钢轨扣件等。在仍不能满足稳定性要求的条件下，可适当提高无缝道岔及区间线路的锁定轨温。

四、跨区间无缝线路的铺设和养护

（一）跨区间无缝线路的铺设

跨区间无缝线路的铺设，以单元轨条为一段依次分段焊连施工。焊连时保证锁定轨温不超限（在设计中和轨温范围）是关键。所以，根据施工作业轨温和施工条件，一般有两种施工方法，一种叫"连入法"，一种叫"插入法"。

1. 连入法

采用连入法施工时，是在一个天窗时间内把要铺设的单元轨条始端用焊接法上前一天铺设的单元轨条终端焊连，铺设时同时焊接同时放散，做到一步到位。也就是说，在认为锁定轨温相符的条件下，新轨引进换轨车龙门之后，换轨车边前进边进行长轨条的始端焊接。这种施工组织难度较大，一般适用于封闭线路铺设和轨温变化不大，与锁定轨温相同的条件。

2. 插入法

是在一个天窗内，与铺设普通无缝线路一样，在两单元轨条之间设一根缓冲轨（长度不短于 6 m）。而在另一个天窗时间取出缓冲轨，插入经计算确定的轨长放散应力，然后进行最终焊接。第二次焊接作业，可以选在正在铺设新轨区间或相邻区间铺设新单元轨条时的同一个天窗内来进行。作业地点间隔以相互施工不发生影响，最好不小于三个单元轨条长。这种施工方法原则上可以在任意轨温下铺设，施工难度较小，容易做到温度力均匀，符合设计中和轨温要求。

（二）跨区间无缝线路的养护

跨区间无缝线路的基本原理与普通无缝线路相同，因此，普通无缝线路的一切养护维修办法，都适用于跨区间无缝线路。但跨区间无缝线路因其轨条特长，也有一些不同于普通无缝线路的特点。

跨区间无缝线路一经锁定，其锁定状况因其超长而不易改变。例如，锁定轨温不准、轴向力分布不均匀时，只能进行局部调整，几乎无法进行整体放散。因此，"锁定轨温要准"对跨区间无缝线路来说格外重要。为此，必须做好：

1. 跟踪监控

大修换轨时，工务段要派遣分管无缝线路的技术人员，对施工中锁定轨温的设置实行跟踪监控。施工单位确定的锁定轨温的依据是否可靠；新轨的入槽轨温和落槽轨温的测定是否准确、适时；低温拉伸时，其拉伸温差和拉伸量的核定是否无误，拉伸是否均匀等等，都要认真监视、检查和记录。

2. 严格验收

工程验交时，有关记录锁定轨温的资料，必须齐全，同时要一一查对核实，如有疑问必须核查清楚。

3. 最终复核

工程验交后，工务段要对验交区段的轨长标定进行一次取标测量，去掉可疑点，算出各分段的锁定轨温值。而后将跟踪监控、交验资料和取标测算三方面的情况进行一次最终核查，将查定的锁定轨温作为日后管理的依据。

4. 日常监测

在日常管理中，要对爬行观测桩和轨长标定的设标点进行定期观测，并互相核对。如发现两观测桩之间有位移，则进一步对两观测桩之间的设标点进行取标测量，详查发生位移的实际段落所在。核定后进行局部应力调整，使之均匀。

7.10 无缝线路的铺设

无缝线路是先在焊轨厂内把钢厂提供的不钻孔、不淬火、25 m 长的标准轨，用气压焊或接触焊焊接成 200～500 m 的长轨条，然后用长轨专用运轨列车将长轨条运至铺设现场，再用铝热焊或小型气压焊在工地将各段长轨条焊接成设计长度；铺设时，用换轨小车将旧轨拆下换上新轨，在锁定轨温范围内进行锁定，成为一段无缝线路。

一、长钢轨的焊接

焊接钢轨工作十分重要。它关系着无缝线路钢轨能否承受设计的温度力，关系着能否使无缝线路这一新技术得到广泛的应用和推广。现代焊接技术的发展，能使焊接接头的力学性能基本上和钢轨母材相同，这就有可能用焊接方法，把标准长度的钢轨焊接成一定长度的长钢轨。

目前，我国采用的焊接方法有铝热焊、接触焊与气压焊。铝热焊属铸焊，是在两轨端间浇注铁水，而将轨端铸连。接触焊与气压焊都是利用热能，将钢轨端部加热至塑性状态，再施加一定的推压力，使两轨端焊接成一个整体。对于焊接质量，要求焊接接着的物理力学性能基本上和钢轨母材相同或相近。

（一）接触焊

接触焊的原理，是将两根待焊的钢轨固定在接触焊机的两个相对夹钳内，如图 7-18 所示，向轨端通以强大的电流；根据电流热效应原理，电流通过电阻将产生热量；对接钢轨之间有巨大电阻，产生大量热能把轨端加热；当轨端被加热到塑性状态后，迅速予以挤压，使两轨端焊接成为一体。

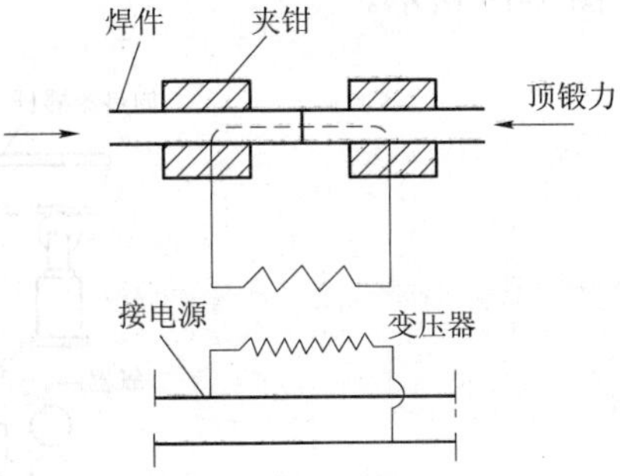

我国目前采用的接触焊焊接方法，其流水作业工序如下。

图 7-18 接触焊

1. 配轨

根据无缝线路设计图纸，编制配轨表。按配轨表的顺序和要求，丈量每根钢轨长度，依次配轨，并在自动流水作业线上，按顺序焊接钢轨。

2. 打磨除锈

钢轨两端的夹紧部位及两轨接触端面应进行打磨除锈，使之具有良好的接触导电性能。要求钢轨端部截面光洁，具有金属光泽。其与钢轨纵轴垂直面的最大偏差不大于 0.25 mm。

3. 焊接

焊接时两轨端通电加热，它包括断继预热和连续闪光两个阶段，前者使钢轨端部加热到一定的温度和深度，后者是进一步使轨端轨温均匀化和建立一层防止金属强烈氧化的保护层。当轨端加热到塑性状态后，焊接机能自动夹紧钢轨使轨端顶压，顶压力为 35～49 MPa，顶锻量为 7～15 mm，使轨端焊成整体。

4. 推平

钢轨焊接后，由于焊接时的顶压，使焊接轨端处凸出，当焊接处金属尚处于高温塑性状态时，用液压推除设备，把凸出部分推除。

5. 打磨焊缝

在轨端焊接处，除轨腰部分外均应符合原钢轨断面尺寸。因此，对焊缝应进行打磨，保证车轮通过时的平顺性。

6. 整细矫直

对焊接长钢轨要用矫直机矫直，要求用 1 m 直尺检查弯曲矢度，其值不超过 0.5 mm。

7. 超声波探伤

对焊缝用超声波探伤仪进行检查，探明是否有焊接缺陷，并做好检查记录。

8. 堆码

对焊接好的长轨条堆码到高站台上，以备吊装到运轨列车上。

（二）气压焊

气压焊的原理是利用气压焊机，采用气体（乙炔-氧）燃烧的火焰加热焊接钢轨轨端，当温度达到 1 200 ℃左右轨端呈塑性状态时，施加一定顶压力，把两轨端焊接成为一体。气压焊的焊接工艺与接触焊基本相同。

目前，我国广泛使用一种移动式的小型气压焊机，它适用于现场焊轨作业。小型气压焊机主要由压接机与加热器两大部分组成，另外配以气体流量控制箱、油泵、循环冷却水装置等设备。为了便于现场施工，采用瓶装氧气与瓶装液化石油气或瓶装乙炔作为热源燃料，如图 7-19 所示。

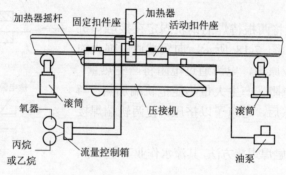

图 7-19　气压焊

1. 压接机

压接机的作用，为固定待焊接的两根钢轨轨端，并对焊接轨端施以 20～30 MPa 的顶压力。

压接机机身具有固定扣件座与活动扣件座各一个，分别将待焊接的钢轨两端固定在压接机上。通过液压缸活塞头，推动活动扣件座沿滑道滑动，使两轨端相互顶压。

液压缸为压接机的主要部件，其所能提供的设计顶压力为 3 000 kN。同时，还能提供现场焊接时移动待焊长轨条所需的拉力。

2. 加热器

加热器是对待焊的钢轨端部进行均匀加热的设备。须将待焊轨端加热到 1 200 ℃左右，呈塑性状态，才能进行顶压焊接。

加热器由两部分组成：

（1）气室管道。气室管道由无缝钢管焊接而成，管道壁焊有嘴条，其上布置火孔，围绕钢轨断面进行加热。

（2）水箱。水箱用以盛装循环冷却水。

加热器安装在压接机槽形基座上，通过操作杆使其在焊缝左右 15 mm 范围内摆动。

气室管道位于水箱内部，通过混合气室管道与加热焊炬（即喷枪）连接。高压氧气从焊炬中心孔喷出，使喷射孔周围造成负压，从而吸入可燃气体进入混合室形成热能，并通过加热器火孔喷出火焰。焊炬的进气管外接软管，通过操纵台与热源相连。操纵台装有流量计及调节阀，以控制氧气与可燃气的开放和关闭，调节气体流量，控制火焰大小。

移动式小型气压焊机，以采用氧-丙烷作为热源为宜，因为比较安全并便于转移。

（三）铝热焊

铝热焊是利用还原金属（铝）和氧化金属（氧化铁）、铁合金和铁丁屑按比例配制成的铝热焊剂，置于特制的坩埚中，用高温火柴点燃，引起强烈的化学反应来焊接钢轨。在反应过程中，铁的氧化物被铝还原成铁水，同时产生巨大的热量。由于铁水相对密度大，沉于坩埚底部，铝氧化成为氧化铝 Al_2O_3 浮于顶面，高温的钢水随即流入安装在轨缝上的砂型内，将轨端熔化，浇注金属本身又可以作为填充金属，将钢轨焊接起来。为获得优质铝热焊，可在焊剂中加入石墨粉，以调整含碳量，加入一些合金元素（锰、硅、钛等），以提高铝热焊的强度。

目前使用的焊接长钢轨铝热焊，广泛采用干模预热加速焊接新工艺，其特点是：

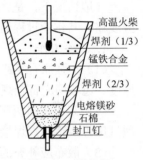

（1）液化石油气–氧气作燃料，使用特制预热器在轨顶预热，使各部分预热温度均匀，预热时间缩短。

（2）用 6 号石英砂、水玻璃、膨润土以 100:（8～10）:（4～5）的重量比，用混砂机混合制成砂型后烘干成预制干模。

（3）应用轨底浇注系统，高温钢水首先经轨底，使焊接的钢轨端面温度分布均匀一致，提高焊接质量。

图 7-20　铝热焊

这种新的焊接工艺过程如下：

① 焊接前的准备工作，包括检查干模及需用工具是否齐全良好；锯去有伤损裂纹的轨端和校直扭曲的轨端；抬高轨缝处轨面 1～2 mm，并保持轨缝在 12～16 mm 之间。

② 将预制干模安装在轨缝上，用卡具卡牢。

③ 在轨缝上方固定支架，使坩埚底距干模顶面 40～50 mm，出钢口正对干模浇口杯中心，然后按图 7-20 的顺序装填焊剂，随将坩埚转到干模以外，将预热器插入轨缝内。

④ 预热 3～5 min，使轨端温度均匀地上升到 850 ℃～1 000 ℃。

⑤ 预热完毕后，将坩埚架转回到干模上方，点燃焊剂，要求在 6 min 内完成上述工作。

⑥ 引燃焊剂，待反应平静 3～4 s 后，打钉浇注。

⑦ 浇注完毕 1.5 min 后，打开干模，除去轨顶熔渣，铲去干模的浇口，但不得伤损母材。将轨顶及轨头两侧锤击平整，必要时进行打磨，最后检查焊接质量。

二、长轨条的运输

在焊轨厂用接触焊焊成的 200～500 m 长的轨条，用专用的运轨列车运往铺轨现场。我国使用的运轨列车由以下主要部分组成：

（1）牵引机车一台。

（2）带有滚轴设备的平板车若干辆，每辆车上有上、下两层各 16 个滚轴，轨条放在滚轴上，最外侧的滚轴设有轮缘，以防轨条向外移动。

（3）操作车三辆，前两辆为过渡车，车上设有连接台、分轨挡板、坡形滑道、滚轴、升降轮等；最后一辆是导向卸轨车，它有两层，上层为工作室，下层为卸车导向系统。

在运输中，由于长轨条的刚度较小，只把置于滚轴上的长轨条中部加以锁定。列车通过曲线钢轨弯曲时，长轨条可向两端伸缩，并不影响转向架的转动，列车可按正常速度运行。仅在通过半径小于 600 m 的曲线时，为保证行车安全，需要限速 45 km/h 内运行。

列车到达工地卸轨时，用钢丝绳的一端钩住导向卸轨车出轨口的长轨条端部，另一端通过掌形轨卡固定在线路钢轨上，列车以 3～5 km/h 的速度前进，从而把长轨条卸到线路枕端两侧。在卸车过程中，用轨端连接器依次连接长轨条，使之连续卸轨。

列车回收旧轨的方法与卸轨方法类似，列车以 3～5 km/h 的速度倒退，通过坡形铲轨小车，直接把连接一定长度的两条旧轨同时铲到列车上，然后运回基地。

每列运轨列车一次能装运约 4 km 线路的钢轨。

三、长钢轨的铺设

一般情况下，是在线路进行大修后，经过列车一定时期的碾压，线路已稳定，再换铺无缝线路。其作业过程简述如下：

1. 准备工作

（1）加强原有线路。换铺无缝线路前，应先拨正线路方向；补充均匀石砟，道床的肩宽、厚度、边坡均应符合规定标准；道床全面进行捣固，整好大平；平整路基、整治路基病害等。

（2）卸在线路两侧的长轨条，要先串动对准更换线路钢轨起点位置，然后将长轨条用小型气压焊或铝热焊焊接成具有设计长度的焊接长钢轨。

（3）散布应补充的扣件、防爬器、缓冲轨，做好埋设位移观测桩的准备工作。

列车慢行后，混凝土轨枕线路，每隔一根轨枕松开一轨枕扣件，钢轨外侧扣板旋转 90°，内侧扣板取下；改换接头夹板上的螺栓方向，使全部螺帽在钢轨内侧，以免影响换轨工作。

2. 基本作业

线路封锁后，立即进行换铺钢轨作业。

（1）施工人员迅速拆开慢行中尚未拆开的全部扣件。

（2）用特别的换轨小车，把原来的普通钢轨更换成焊接长钢轨。由轨道车牵引两台换轨小车，第一台为换新轨小车，顺换轨方向，走在旧轨上，将新轨抬起，通过小车上的导向龙门，将新轨换入旧轨已被拆除的混凝土轨枕承轨台上。第二台为拆除旧轨小车，走在已入槽的新轨上，抬起已被拆除的旧轨，通过小车上的导向龙门及车后拨轨器，将旧轨收拢在道心。两辆小车相距 20 m，由轨道车以 3 km/h 的速度牵引前进。这样，被两辆小车抬起的新旧轨呈∞形，随小车前移而完成全部换轨作业，如图 7-21 所示。

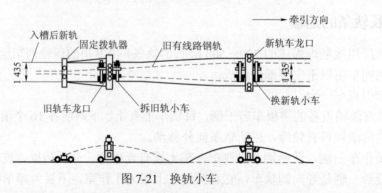

图 7-21 换轨小车

（3）新轨入槽后，随即全面锁定线路，正确测记锁定轨温，并在换轨终点做好钢轨合龙连接。钢轨合龙后，将换轨小车撤出换轨区间，开通线路。

3. 整修工作

线路开通后，应认真、及时地对线路进行整修工作，这对提高无缝线路的质量和增强稳定性十分重要。

（1）加强线路锁定。在线路开通、慢行列车通过后，对所有扣件及防爬器进行一次全面紧固，防止线路爬行。

（2）加强捣固整修。一般无缝线路铺设后，要经过两遍以上的全面整修，线路质量才能稳定。特别对原有接头处的坑洼不平和空吊板应加强整治。

（3）整正线路方向，做好直轨工作，保持轨道平顺。

（4）加强接头养护。对左右错牙、高低不平的焊缝，应根据情况进行打磨整修。

7.11 应力放散和应力调整

无缝线路铺设的最理想季节是在春秋季节，此时的轨温较易达到锁定轨温。但是随着我国铁路的发展，需要铺设大量的无缝线路，所以要在一年四季铺设无缝线路。夏季和冬季铺设无缝线路，施工锁定轨温不在设计锁定轨温范围；此外，无缝线路在运营过程中钢轨发生爬行，导致纵向温度力分布不均匀，甚至产生纵向温度力局部集中现象。为此，要对无缝线路进行应力放散和调整，以保证无缝线路纵向温度力的均匀和实际锁定轨温在设计锁定轨温范围内。

一、应力放散

无缝线路应力放散是指在锁定轨温不符合设计锁定轨温的线路，将该段线路的所有扣件松开，让长钢轨自由伸缩，使长轨条中的温度力得到彻底的释放，然后再在设计锁定轨温范围内，重新锁定线路。

放散应力的方法有温度控制放散法和长度控制放散法两种。一般温度控制法使用滚筒放散，长度放散法利用列车碾压放散。

滚筒放散法是先封锁线路，然后将钢轨扣件全部松开，拆除长轨条端部的接头夹板，在长轨条底部每隔 10～15 m 放置一滚筒，待钢轨自由伸缩达到放散量要求，确认钢轨处于无温度应力状态时，取下滚筒，锁定线路。一股钢轨放散完毕，再放散另一股钢轨的温度应力。确认放散应力工作完成后，恢复通车。滚筒放散法效果较好，但滚筒仍有一定的阻力（经测定，约为 70 N/m），目前也有用 2 块厚 30 mm 的聚四氟乙烯板代替滚筒，其阻力较小（约 20 N/m）。在施工时与撞轨法配合使用，温度应力放散效果更佳。

在行车密度较大的线路，为了不中断行车，采用列车碾压法放散无缝线路温度应力。使用此法时，需适当松开扣件和接头夹板，依靠列车的碾压和振动使钢轨中的温度力释放。当钢轨伸缩量达到规定数值后，再上紧扣件和接头夹板。在列车通过施工区时，要以 45 km/h 限速通过。钢轨放散长度以 140 mm 为宜。此法的钢轨伸缩量由原锁定轨温计算所得，原锁定轨温的精确与否，影响到长轨条中温度应力的充分放散，且连续松开扣件，不利于行车安全，通常不常采用这种放散应力的方法。

撞轨法需要在封锁线路的条件下进行。使用撞轨法放散长钢轨中温度力时，先松开扣件和接头夹板，用撞轨器顺应力放散方向撞击钢轨，迫使钢轨克服轨底摩擦力而放散温度应力。

撞轨点可以是在长钢轨端部，也可在长钢轨中部安装临时夹板进行撞轨。此法也经常与列车碾压法一起使用。

二、应力调整

无缝线路运营过程中，经常会出现在固定区纵向温度力分布不均匀现象，如不进行调整，则在局部区段就会出现温度力集中，影响无缝线路的安全运营，为此需进行应力调整。

应力调整不改变原锁定轨温。在应力调整时，将长轨条两端伸缩区的扣件上紧，夹板螺栓拧紧，将固定区的扣件部分或全部松开，用列车碾压法或滚筒法进行应力调整，使固定区钢轨的温度力均匀。应力调整完成后上紧扣件，锁定线路。

 复习思考题

1. 试述无缝线路与普通线路的差别及其优点。

2. 何谓普通无缝线路？何谓超长无缝线路？两者有何区别？

3. 解释温度应力式无缝线路和放散温度应力式无缝线路（定期放散和自动放散）。

4. 简述无缝线路的发展趋势。

5. 无缝线路中的温度应力大小与轨条长度有无关系？与温度变化幅度有无关系？轨温与气温有何区别？

6. 锁定轨温分哪三种？各种锁定轨温之间的关系如何？

7. 最大温度压力和最大温度拉力如何计算？

8. 钢轨接头阻力怎样计算？与螺栓的扭矩有何关系？扣件阻力起什么作用？

9. 采用轨枕横向位移值多大时的阻力值作为轨枕的横向阻力值？

10. 在钢轨中的纵向温度力由哪些力与其平衡？

11. 试述单向和反向轨温变化时的温度力变化。要使道床阻力反向，温度力的变化要多大？

12. 无缝线路的长轨条分哪几个区？温度应力峰值出现在哪一区？

13. 如锁定轨温小于平均轨温，是在钢轨受拉时出现温度应力峰值？还是在钢轨受拉时出现温度应力峰值？

14. 掌握温度应力峰值的计算和峰值位置的计算。

15. 为什么要设置缓冲区？钢轨的伸缩量如何计算？ 缓冲区轨缝设置的原则是什么？如何确定？

16. 无缝线路轨道结构从稳定到失稳要经过哪几个阶段？

17. 影响无缝线路的稳定性有哪些因素？哪些有利？哪些不利？从哪几方面着手，可提高无缝线路的稳定性？

18. 掌握用不等波长计算无缝线路的最小临界温度压力的方法。

19. 在普通无缝线路设计中，升温幅值与降温幅值各由什么因素决定？

20. 如何确定无缝线路的锁定轨温？轨条长度的布置要满足哪些要求？

21. 掌握普通无缝线路结构设计的方法和过程。

22. 试述桥上无缝线路、隧道内无缝线路与一般路基上无缝线路的区别。

23. 跨区间无缝线路与一般无缝线路有哪些区别？

24. 无缝道岔的温度力与区间无缝线路长轨条中的温度力主要差别在哪里？

25. 无缝线路的应力放散和应力调整有什么区别？有哪些应力放散的方法？如何计算应力放散量？

8

道　岔

项目描述

　　道岔是铁路轨道的一个重要组成部分。本章主要阐述单开道岔的构造、各部分的几何形位、道岔主要尺寸的计算、过岔速度及提高过岔速度的措施，同时对提速道岔和高速道岔的构造、主要尺寸也相应作了介绍。将最常用的 12 号单开道岔作较全面和系统的阐述分析，使学生具备单开道岔构造、主要尺寸和计算的基本知识和实际操作技能。

8.1　道岔的功用及类型

　　在铁路线路中，道岔是使机车车辆由一条线路转入或越过另一条线路的轨道连接设备，是铁路轨道的一个重要组成部分。根据用途和条件的不同，可以利用道岔把许多平行股道组合成各种不同形式的车站或车场，以满足铁路运输中的各种作业需要，它直接关系到铁路运输的效率和行车安全。由于道岔具有数量多、构造复杂、使用寿命短、限制列车速度、行车安全性低、养护维修投入大等特点，与曲线和接头并称为轨道的三大薄弱环节。

　　道岔的基本形式有三种：即线路的连接、交叉、连接与交叉的组合。常用的线路连接有各种类型的单式道岔和复式道岔；交叉有直角交叉和菱形交叉；连接与交叉的组合有交分道岔和交叉渡线等。

　　根据用途和平面形状，我国铁路上铺设和使用的标准型式的道岔有：普通单开道岔、单式对称道岔、三开道岔、交叉渡线和交分道岔。如图 8-1 所示。

　　目前，我国铁路上最常见的道岔类型是"普通单开道岔"，简称"单开道岔"，主线为直线方向，侧线由主线向左侧（称左开道岔）或右侧（称右开道岔）岔出，其数量占各类道岔总数的 90%以上。单开道岔构造相对简单，具有一定的代表性。了解和掌握这种道岔的基本特征，对各类道岔的设计、制造、铺设、养护均有十分重要的意义。

　　对称道岔是单开道岔的一种特殊形式，整个道岔对称于主线的中线或辙叉角的中分线，列车通过时无直向及侧向之分。它特别适宜铺设于驼峰线和三角线，并被使用于工业铁路线和城市轻轨线上。在美国和欧洲一些国家，还将对称道岔铺设在主要线路上。

　　三开道岔，又称复式异侧对称道岔，是复式道岔中较常用的一种形式。它相当于两组异侧顺接的单开道岔，但其长度却远比两组单开道岔的长度之和短。因此，常用于铁路轮渡桥头引线、驼峰编组场以及地形狭窄又有特殊需要的地段。三开道岔由一组转辙器、一组中间辙叉和两组同号数的后端辙叉所组成。该道岔构造比较复杂，维修较困难，运行条件较差，非十分困难时不轻易采用。

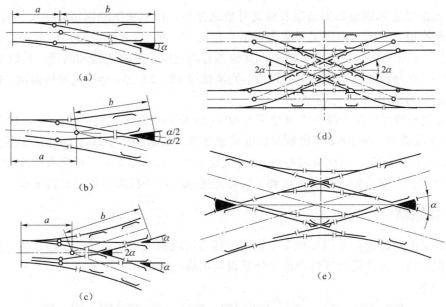

图 8-1　道岔类型

（a）普通单开道岔；（b）单式对称道岔；（c）三开道岔；（d）交叉渡线；（e）交分道岔

交分道岔有单式、复式之分。复式交分道岔相当于两组对向铺设的单开道岔，实现不平行股道的交叉，但具有道岔长度短，开通进路多及两个主要行车方向均为直线等优点，因而能节约用地、提高调车能力并改善列车运行条件。

交叉渡线由 4 组类型和号数相同的单开道岔和 1 组菱形交叉，以及连接钢轨组成，用于平行股道之间的连接，仅在个别特殊场合下使用。

8.2　单开道岔的构造

单开道岔是一种最常见的道岔，为便于分析理解，将几个基本概念作以下解释。

道岔始端（或称岔头）与道岔终端（或称岔尾）：尖轨尖端前基本轨轨缝中心处称道岔始端，而辙叉跟端轨缝中心处则称道岔终端。

左开道岔与右开道岔：站在岔头面向岔尾，凡侧线位于直线左方的称左开道岔，位于直线右方的称右开道岔。

顺向过岔与逆向过岔：列车通过道岔时，凡由道岔终端驶向道岔始端时，称顺向通过道岔；反之，由始端驶向终端时，称逆向通过道岔。

单开道岔由转辙器、连接部分、辙叉及护轨以及岔枕等组成，如图 8-2 所示。

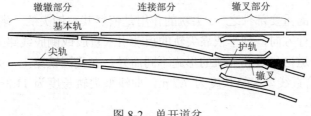

图 8-2　单开道岔

单开道岔以它的钢轨每米质量及辙叉号数来分类。目前我国的钢轨有 75、60、50 kg/m 等类型。标准道岔号数（用辙叉号数来表示）有 6、7、9、12、18、30、38 号等。其中，6、7 号仅用于厂矿企业内部铁路或驼峰下，其他各号则适用于铁路正线和站线，并以 9 号及 12 号最为常用。在侧线通过高速列车的地段，则需铺设 18、24、30 号等大号码道岔，世界上最大号码的道岔为法国的 65 号道岔。

目前，我国普通铁路干线上大量使用着 60 kg/m 钢轨混凝土岔枕固定形辙叉 12 号单开道岔（称为 92 改进型，在 1992 年研制的标准道岔基础上对结构作了改进），提速干线上大量使用着 60 kg/m 钢轨混凝土岔枕可动心轨 12 号提速道岔。该道岔是为适应既有线路提速改造的要求，自行设计、制造的，已基本达到了国际先进水平，是我国高速道岔的雏形。

一、转辙器

单开道岔的转辙器，是引导机车车辆沿主线方向或侧线方向行驶的线路设备，由两根基本轨、两根尖轨、各种连接零件及道岔转换设备组成。如图 8-3 所示。

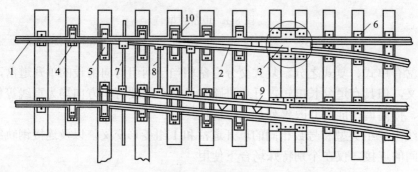

图 8-3　转辙器组成

1—基本轨；2—尖轨；3—跟端结构；4—辙前垫板；5—滑床板；6—辙后垫板；

7—拉杆；8—连接杆；9—顶铁；10—轨撑

（一）基本轨

基本轨是用一根 12.5 m 或 25.0 m 标准断面的普通钢轨制成，主股为直线，侧股按转辙器各部分的轨距在工厂事先弯折成规定的折线或采用曲线型。通常，道岔中不设轨底坡，为改善钢轨的受力条件，提速道岔中基本轨设有 1:40 的轨底坡。

基本轨除承受车轮的垂直压力外，还与尖轨共同承受车轮的横向水平力，并保持尖轨位置的稳定。为防止基本轨的横向移动，可在其外侧设置轨撑。为了增加钢轨表面硬度，提高耐磨性并保持与尖轨良好的密贴状态，基本轨头顶面一般还进行淬火处理。

（二）尖轨

尖轨是转辙器中的重要部件之一。尖轨的作用是依靠其被刨尖的一端与基本轨紧密贴靠，以正确引导车轮的运行方向，列车依靠尖轨的扳动引入直股或侧股线路上。

尖轨的长度随着道岔号数和尖轨的形式不同而异。在我国铁路上，9 号道岔的尖轨长度为 6.25 m，12 号道岔直线型尖轨长度为 7.7 m，曲线型尖轨长度为 11.3～11.5 m，18 号道岔的尖轨长度为 12.5 m。

1. 尖轨种类

（1）按平面形状分类

尖轨在平面上可分为直线型和曲线型，如图 8-4 和图 8-5 所示。

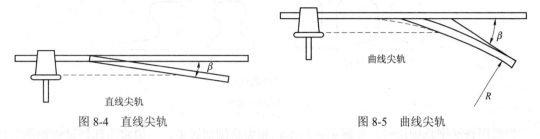

图 8-4 直线尖轨 图 8-5 曲线尖轨

直线尖轨工作边与基本轨工作边所成的夹角 β 称为转辙角，也是尖轨的冲击角。显然，冲击角愈大，车轮撞击尖轨的水平力和动能损失也愈大，不但增加了列车进入侧线时的摇晃，而且也限制了列车侧向通过道岔的速度。

我国铁路大部分 12 号及 12 号以下的道岔，均采用直线型尖轨。直线型尖轨制造简单，便于更换，尖轨前端的刨切较少，横向刚度大，尖轨的摆度和跟端轮缘槽较小，可用于左开或右开，但这种尖轨的转辙角较大，列车对尖轨的冲击力大，尖轨尖端易于磨耗和损伤。我国新设计的 12、18 号道岔直向尖轨为直线型，侧向尖轨为曲线型。这种尖轨导曲线半径大，列车进出侧线比较平稳，有利于机车车辆的高速通过。但曲线型尖轨制造比较复杂，前端刨切较多，并且左右开不能通用。

曲线型尖轨又分为切线型、半切线型、割线型和半割线型四种，我国铁路主要采用半切线型和半割线型曲线尖轨。无论采用何种形式的曲线尖轨，为便于制造和保证尖端的强度，都应将尖轨尖端钝化（将尖端部分适当取直），以延长其使用寿命。

常速道岔的尖轨平面形式可以采用直线型和曲线型，而高速道岔只采用曲线型尖轨。其中，又以半切线型和半割线型最为常用。对于这两种形式的曲线尖轨，国内外高速铁路道岔均有成功的经验，如我国的 60 kg / m 钢轨 12 号提速道岔、18 号、38 号高速道岔等，采用的均为半切线型尖轨。

（2）按断面形状分类

按其断面形状，尖轨可分为普通断面尖轨和特种断面尖轨两类。而特种断面尖轨又分为高型特种断面尖轨（GT 尖轨）和矮型特种断面尖轨（AT 尖轨）。

用普通断面钢轨制成的尖轨，一般在尖轨前端加补强板以增加其横向刚度。用特种断面钢轨制成的尖轨，其断面粗壮、整体性强、刚度大，稳定性比普通断面钢轨好。与基本轨高度相同的，称为高型特种断面；较矮者称为矮型特种断面，如图 8-6 所示。特种断面尖轨还有对称与不对称、设轨顶坡和不设轨顶坡之分。为便于在跟端与连接部分连接，特种断面尖轨跟部要加工成普通钢轨断面。我国已广泛推广使用矮型特种断面钢轨（简称 AT 型），取消了普通钢轨尖轨 6 mm 抬高量，减小了列车过岔时的垂直不平顺，有利于提高过岔速度，同时可采用高滑台扣住基本轨轨底，增加基本轨的稳定性和道岔整体性。

（3）按尖轨的贴靠方式分类

为使转辙器正确引导列车的行驶方向，尖轨尖端必须细薄，且与基本轨紧密贴合。从尖轨尖端开始，尖轨断面逐渐加宽，其非作用边一侧与基本轨作用边一侧应紧密贴合，保证直向尖轨作用边为一直线，侧向尖轨作用边与导曲线作用边为一圆曲线。尖轨与基本轨的贴靠方式通常有两种，即贴尖式与藏尖式。

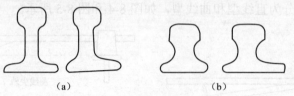

图 8-6　特种断面钢轨

（a）高型；（b）矮型

当采用普通钢轨刨切时，为避免对基本轨和尖轨刨切过多，一般将头部经过刨切的尖轨置于较基本轨高出 6 mm 的滑床板上，使尖轨叠盖在基本轨的轨底，形成贴尖式尖轨，如图 8-7 所示。基本轨轨颚不刨切，加工简单，备品方便。

当采用矮型特种断面钢轨加工尖轨时，一般在轨头下颚轨距线以下作 1:3 的斜切，使尖轨尖端藏于基本轨的轨距线之下，形成藏尖式结构。这样就保护了尖轨尖端不被车轮扎伤，并使尖轨在动荷载作用下保持良好的竖向稳定性，如图 8-8 所示。因基本轨轨颚需要刨切，要求基本轨与尖轨的刨切接触面良好，加工要求严格，并需备用曲、直基本轨。

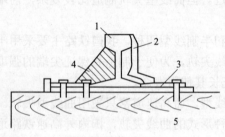

图 8-7　贴尖式尖轨

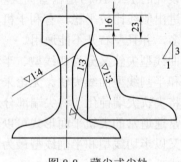

图 8-8　藏尖式尖轨

1—基本轨；2—尖轨；3—滑床板；4—轨撑；5—岔枕

2. 尖轨顶面纵坡

为保证尖轨具有承受车轮压力的足够强度，规定尖轨顶宽 50 mm 以上部分才能完全受力；在尖轨顶面宽 20 mm 以下部分，车轮荷载完全由基本轨承担；尖轨顶宽 20～50 mm 部分，为车轮荷载过渡段。为此，尖轨和基本轨之间应保持必要的轨顶面相对高差，对尖轨各个断面的高度都有具体的规定。

当用普通断面钢轨制作尖轨时，为了减少尖轨轨底的刨切量，将尖轨较基本轨抬高 6 mm，如图 8-9 所示。这时，尖轨尖端较基本轨顶面低 23 mm，可以避免具有最大垂直磨耗的车轮轮缘爬上尖轨。尖轨顶宽 20 mm 以下部分，完全由基本轨受力。在尖轨整断面往后的垂直刨切终点处，尖轨顶面完全高出基本轨顶面 6 mm。

当采用高型或矮型特种断面钢轨加工尖轨时，尖轨顶宽 50 mm 以后直到尖轨跟端，尖轨和基本轨是等高的，尖轨顶宽 20～50 mm 这一段为过渡段，尖轨尖端低于基本轨 23 mm，如图 8-10 所示。

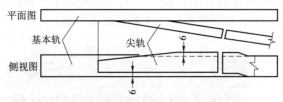

图 8-9 顶面高出基本轨的尖轨

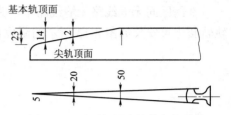

图 8-10 顶面与基本轨等高的尖轨

3. 尖轨跟端结构

尖轨与导曲线钢轨连接的一端称尖轨跟端。尖轨的跟端结构必须保证尖轨能根据不同的转辙要求,在平面上左右摆动,又要坚固稳定、制造简单、维修方便。我国的道岔主要采用间隔铁鱼尾板式和弹性可弯式跟端结构。

间隔铁鱼尾板式跟端结构,是用间隔铁保持基本轨与尖轨及连接部分钢轨的间隔尺寸,由跟端大垫板、间隔铁、跟端夹板、跟端轨撑、防爬卡铁及连接螺栓等组成,如图 8-11 所示。

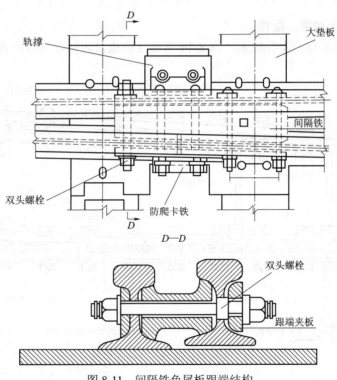

图 8-11 间隔铁鱼尾板跟端结构

间隔铁鱼尾板式跟端结构这种结构零件较少,尖轨振动灵活,但稳定性较差,容易出现病害。

在新设计的 60 kg/m 钢轨 12 号道岔及大号码道岔上采用了弹性可弯式尖轨跟部结构。弹性可弯式尖轨在跟端前 2～3 根轨枕处,将轨底削去一部分,使与轨头同宽,形成柔性部位,使尖轨具有能从一个位置扳动到另一位置足够的弹性,如图 8-12 所示。在靠近跟端的弹性可弯段的末端,用间隔铁与基本轨相连,以保持间距。此种构造形式适宜于矮型特种断面尖轨。我国铁路现行的 AT 型尖轨,即采用了这种构造,效果良好。

在跨区间无缝线路无缝线路中，为限制尖轨尖端的伸缩位移，在尖轨跟部的基本轨和尖轨轨腰上可安装如图8-13所示的限位器结构，将过大的温度力传递给外侧基本轨。

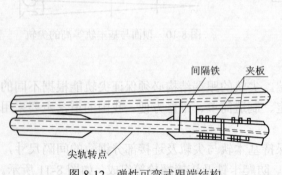

图 8-12　弹性可弯式跟端结构　　　　　　图 8-13　限位器结构

（三）转辙器上的零、配件

尖轨和转辙器部分的零件较多，图8-14为小号码道岔转辙器部分的各零件名称。

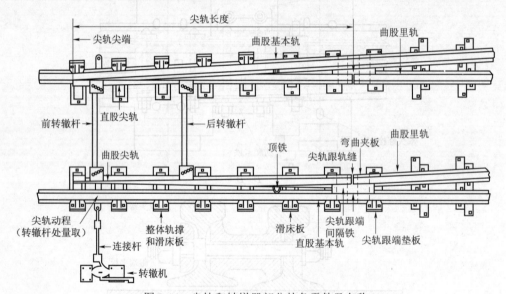

图 8-14　尖轨和转辙器部分的各零件及名称

1. 滑床板

在整个尖轨长度范围内的岔枕面上，有承托尖轨和基本轨的滑床板。滑床板有分开式和不分开式两类。不分开式用道钉将轨撑、滑床板直接与岔枕连接；分开式是轨撑由垂直螺栓先与滑床板连接，再用道钉或螺纹道钉将垫板与岔枕连接。尖轨放置于滑床板上，与滑床板间无扣件连接。

2. 轨撑

用以防止基本轨倾覆、扭转和纵横向移动的轨撑，安装在基本轨的外侧。它用螺栓与基本轨相连，并用两个螺栓与滑床板连接。轨撑有双墙式和单墙式之分，如图8-15所示。提速道岔中由于扣件扣压力足够大，未设轨撑。

图 8-15　轨撑形式

（a）双墙式轨撑；（b）单墙式轨撑；（c）单墙式轨撑

3. 顶铁

顶铁有多种形式，有用扁钢制成的半圆形顶铁、梯形顶铁，有圆钢制成的锥形顶铁等，如图 8-16 所示。

尖轨刨切部位紧贴基本轨，而在其他部位则依靠安装在尖轨外侧腹部的顶铁（一般安装 2～4 个），将尖轨承受的横向水平力传递给基本轨，以防止尖轨受力时弯曲，并保持尖轨与基本轨的正确位置。

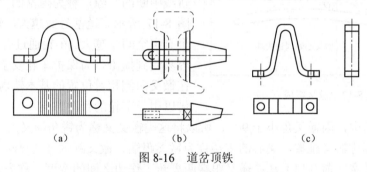

图 8-16　道岔顶铁

（a）圆形顶铁；（b）锥形顶铁；（c）75 型顶铁

4. 各种特殊形式的垫板

如铺设在尖轨之前的辙前垫板和之后的辙后垫板；铺设在尖轨尖端和尖轨跟端的通长垫板；为保持导曲线的正确位置而设置的支距垫板等。

5. 辙跟间隔铁

间隔铁又称钢砖，是保持尖轨跟端轮缘槽宽度和连接尖轨与导轨的设备。间隔铁为整块铸铁或铸钢，其长度取决于辙跟螺栓的数量。常用的有 4 孔和 5 孔。

6. 道岔拉杆和连接杆

道岔拉杆连接两根尖轨，并与转辙设备相连，以实现尖轨的摆动，故又叫转辙杆。连接杆为连接两根尖轨的杆件，其作用是加强尖轨间的连系，提高尖轨的稳定性。

连接杆的安装根数与尖轨长度有关，普通道岔一般装设 2～3 根，在大号码道岔上，由于尖轨较长，连接杆的根数还须相应增多。在有轨道电路的道岔上，连接杆中部必须有隔断电流的绝缘装置。此外，用扁钢制成的连接杆，还有防止尖轨跳动的作用。

7. 转辙机械

最常用的道岔转换设备的种类有机械式和电动式。若按操纵方式分类，则有集中式和非集中式两类。机械式转换设备可以为集中式和非集中式，电动式转换设备则为集中式。道岔转换设备必须具备转换（改变道岔开向）、锁闭（锁闭道岔，在转辙杆中心处尖轨与基本轨之间不允许有 4 mm 以上的间隔）和显示（显示道岔的正位或反位）三种功能。

二、辙叉及护轨

辙叉是使车轮从一股钢轨越过另一股钢轨的设备，它设置于道岔侧线钢轨与道岔主线钢轨相交处。辙叉由心轨、翼轨、护轨及连接零件组成。

（一）辙叉构造

叉心两个工作边的夹角称为辙叉角 α（道岔角）。叉心两个工作边延长线的交点称为辙叉理论中心（理论尖端）。由于制造工艺的原因，实际上的叉心尖端处有 6～10 mm 的宽度，此处称为心轨的实际尖端。

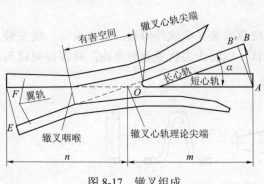

图 8-17　辙叉组成

辙叉翼轨由普通钢轨弯折刨切而成，翼轨与心轨之间保持一定宽度的轮缘槽，使列车轮缘能够顺利通过。两翼轨工作边相距最近处称为辙叉咽喉。从辙叉咽喉至心轨实际尖端之间，有一段轨线中断的空隙，称为道岔的"有害空间"，如图 8-17 所示。道岔号数越大，辙叉角越小，这个有害空间就越大。车轮通过有害空间时，叉心容易受到撞击。为保护车轮安全通过有害空间，在辙叉两侧相对位置的基本轨内侧设置了护轨，借以引导车轮的行驶方向。

在单开道岔中，因辙叉角小于 90°，所以将这类辙叉又称为锐角辙叉。

翼轨的始端称辙叉趾端，叉心的末端称为辙叉跟端。辙叉趾端处两翼轨工作边之间的宽度，称为辙叉趾宽（前开口）P_n；辙叉跟端两翼轨工作边之间的宽度，称为辙叉跟宽（后开口）P_m。从辙叉趾端到理论中心的距离，称为辙叉趾距 n；从辙叉跟端到理论中心的距离，称为辙叉跟距 m；从趾端到跟端沿一股轨道线量取的长度，称为辙叉全长。

我国常用的标准道岔的辙叉尺寸见表 8-1。

表 8-1　标准辙叉尺寸　　　　　　　　　　　　　　　　　mm

钢轨类型/ （kg·m⁻¹）	道岔号数	辙叉全长	辙叉趾距 n	辙叉跟距 m	辙叉前开口	辙叉后开口
75、60	18	12 600	2 851	9 749	258	441
75、60	12	5 927	2 127	3 800	177	317
50	12	4 557	1 849	2 708	154	225
60	9	4 309	1 538	2 771	171	308
50	9	3 588	1 538	2 050	171	228

（二）道岔号数

道岔号数是以辙叉号数 N 来表示的。辙叉号数越大，辙叉角越小。

辙叉号数 N 与辙叉角 α 的关系为：

$$N = \text{ctg}\,\alpha \qquad\qquad (8\text{-}1)$$

我国常用的几种道岔号数与辙叉角的对应关系，列于表 8-2 中。

表 8-2 道岔号数与辙叉角的关系

道岔号数	7	9	12	18	24	38
辙叉角	8°07′48″	6°20′25″	4°45′49″	3°10′47″	2°23′09″	1°30′26.8″

（三）辙叉类型

辙叉按其平面形式，可分为直线辙叉和曲线辙叉两类。直线辙叉的两股轨线均为直线，使用最为广泛，可用于左开道岔、右开道岔。曲线辙叉有一股轨线是曲线的及两股轨线都是曲线的两种，其优点是可加大道岔导曲线半径或缩短道岔全长，有利于提高侧向行车速度，但加工复杂，不能既可用于左开道岔，又可用于右开道岔。

辙叉按其构造类型，可分为固定型辙叉和可动型辙叉两类。固定型辙叉适用于直向过岔速度较低的单开道岔；可动型辙叉消除了有害空间，因而适用于过岔速度较高的单开道岔。

单开道岔的固定型直线辙叉，又分为高锰钢整铸式辙叉和钢轨组合式辙叉两种。

1. 高锰钢整铸式辙叉

高锰钢整铸式辙叉是用高锰钢浇铸而成的翼轨与心轨构成整体的辙叉，如图 8-18、图 8-20 所示。高锰钢是一种含锰、碳元素较高的合金钢（含锰约为 12.5%、含碳约为 1.2%），具有较高的强度和良好的冲击韧性。经热处理后，在冲击荷载作用下，会很快产生硬化，使表面具有良好的耐磨性能。同时，由于翼轨与心轨同时浇铸，整体性和稳定性较好，可以不设辙叉垫板而直接铺设在岔枕上。这种辙叉还具有使用寿命长、养护维修方便的优点。

2. 钢轨组合式辙叉

钢轨组合式辙叉是用普通钢轨及其他零件经刨切拼装而成。它由长心轨、短心轨、翼轨、间隔铁、辙叉垫板及其他连接零件组成，如图 8-19、图 8-21 所示。辙叉心是由长心轨、短心轨拼装而成，长心轨应铺设在正线或运量较大的线路方向上。为尽可能保持长心轨断面的完整，而将短心轨的头部和底部刨去一部分，使短心轨轨底叠盖在长心轨轨底上，以保持辙叉心的坚固、稳定。这种辙叉取材容易，无特殊工艺要求，加工制造方便。但辙叉各部分之间连系很差，零件较多，养护维修工作量大，使用寿命短。

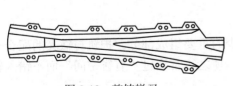

图 8-18 整铸辙叉

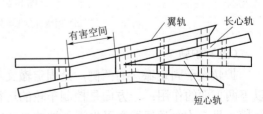

图 8-19 组合辙叉

目前在我国铁路主要干线上，已广泛采用高锰钢整铸式辙叉代替原来的钢轨组合式辙叉。

图 8-20 整铸辙叉实物图

图 8-21 组合辙叉实物图

（四）辙叉心纵坡

当车轮沿翼轨向叉心方向滚动时，由于车轮踏面是锥形的，车轮逐渐下降。当车轮离开翼轨完全滚到心轨后，又恢复到原来的高度，因此，产生了垂直不平顺。为了消除垂直不平顺，并防止心轨在其尖端断面过分削弱部分承受车轮荷载，采用了提高翼轨顶面和降低心轨前端顶面的做法，将翼轨顶面做成 1:20 的横坡。使翼轨和心轨顶面之间保持必要的相对高差。

对钢轨组合式辙叉，规定叉心顶宽为 40 mm 及其以上部分方能承受全部车轮压力，而在 30 mm 及其以下部分则完全不受压力。由于在工厂制作时堆焊翼轨有困难，因此，设计中未将翼轨顶面抬高，而只将心轨轨面降低，如图 8-22（a）所示。但对磨耗的辙叉进行焊修时，可将翼轨顶面焊高。

对高锰钢整铸式辙叉，规定叉心顶宽为 35 mm 及其以上部分承受全部车轮压力，而在 20 mm 及以下断面则完全不受压力，因此，将翼轨顶面从辙叉咽喉到叉心顶宽 35 mm 一段以堆焊法加高。为防止车轮撞击心轨尖端，应使该处叉心顶面低于翼轨顶面 35 mm 以上，如图 8-22（b）所示。

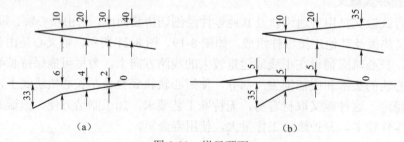

图 8-22 辙叉顶面

（a）钢轨组合式辙叉；（b）锰钢整铸式辙叉

（五）护轨

护轨设于固定辙叉的两侧，是固定辙叉不可缺少的重要组成部分。护轨与辙叉的配合有以下两方面的作用：一方面是控制车轮的运行方向，使之正常通过"有害空间"而不错入轮缘槽；另一才面是保护辙叉尖端不被轮缘冲击撞伤。

护轨的防护范围，应包括辙叉咽喉至叉心顶宽 50 mm 的一段长度，并要求有适当的富余度。辙叉护轨由中间平直段、两端缓冲段和开口段组成，如图 8-23 所示。护轨平直段是实际起着防护作用的部分，缓冲段及开口段起着将轨轮平顺地引入护轨平直段的作用。缓冲段的冲击角应与列车允许的通过速度相配合，其末端轮缘槽宽度为 68 mm。

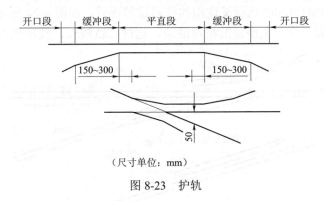

（尺寸单位：mm）

图 8-23　护轨

开口段的长度一般采用 100～150 mm。开口段外端的轮缘槽宽度一般采用 90 mm，可采取斜切轨头的办法得到。

护轨一般采用与线路同类型钢轨制造，也有轧制或铸造的特种断面护轨。采用普通钢轨制成的护轨，其轨头工作边侧面应进行表面淬火。

护轨类型主要有钢轨间隔铁型、H 型和槽型三种。钢轨间隔铁型是用间隔铁、螺栓等零件与主轨连接。所用间隔铁为可调整宽度的双螺栓型间隔铁，以便在护轨侧面磨耗达到限度时，可以调整轮缘槽的宽度。

我国标准的 9、12 及 18 号单开道岔的护轨，全长分别为 3.6～3.9 m、4.5～4.6 m 和 7.4～7.5 m。

（六）可动辙叉

可动辙叉是指辙叉个别部件可以移动，以保证列车过岔时轨线的连续，消除了固定辙叉上存在的有害空间，并可取消护轨，同时辙叉在纵断面上的几何不平顺也可以大大减少，从而显著地降低了辙叉部位的轮轨相互作用力，提高运行的平稳性，延长辙叉的使用寿命。长期的运营实践表明，可动心轨辙叉的使用寿命为同型号高锰钢整铸辙叉的 6～9 倍，养护维修工作量减少 40%，大大减少了机车车辆通过时的冲击力，提高了过岔容许速度及旅行舒适度。可动辙叉有三种形式：可动心轨式辙叉、可动翼轨式辙叉和其他消灭有害空间的辙叉形式。

1. 可动心轨式辙叉

可动心轨式辙叉，即心轨可动，翼轨固定。这种辙叉结构的优点是列车作用于心轨的横向力能直接传递给翼轨，保证了辙叉的横向稳定性。由于心轨的转换与转辙器同步，不会在误认进路时发生脱轨事故，故能保证行车安全；缺点是制造比较复杂，并较固定式辙叉长。

可动心轨式辙叉包括两根翼轨、长心轨、短心轨、转换设备及各种连接零件。包括钢轨组合型可动心轨辙叉及锰钢型可动心轨辙叉两大类。

心轨跟端有铰接式和弹性可弯式两种。铰接式心轨跟端通过高强度螺栓固定在翼轨上的间隔铁能保证心轨与翼轨的相对位置，并传递水平力。这种辙叉便于制造，转换力较小，可以保持原有固定式辙叉的长度。铺设这种可动心轨辙叉时，不致引起车站平面的变动。因此，尤其适用于既有线站场的技术改造。但是在辙叉范围内出现活接头，不如弹性可弯式结构稳妥、可靠。

弹性可弯式跟端结构有两种形式,即心轨的一肢跟端为弹性可弯式,另一端为活动铰接式;或是心轨的两肢均为弹性可弯式。前一种结构不仅连接可靠,而且构造简单,辙叉转换力也较小,我国研制的可动心轨辙叉选用的就是这种形式,如图8-24所示。后一种结构在转换时长短心轨接合面上将产生少量的相对滑动,这种心轨较长,且转换力要求较大。

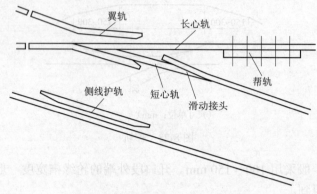

图 8-24　弹性可弯式可动心轨辙叉

2. 可动翼轨式辙叉

可动翼轨式辙叉,心轨固定,翼轨可动,又可分为单侧翼轨可动和双侧翼轨可动两种形式。这种辙叉可以设计成与既有固定式辙叉互换的尺寸,铺设时可以避免引起站场平面的变动,同时又满足了消灭有害空间的要求;缺点是可动翼轨的横向稳定性较差,翼轨的固定装置结构复杂,一般很少使用。

3. 其他消灭有害空间的辙叉形式

如德国的UIC60型钢轨道岔,就是用滑动的滑块填塞辙叉轮缘槽。

虽然世界各国使用的道岔类型很多,但可动心轨辙叉道岔,工作稳定可靠,机车车辆对辙叉的附加冲击力及机车摇摆显著降低,养护工作量减少,使用寿命延长,并且改善了旅客列车过岔时的舒适度,所以是当前世界铁路首选的辙叉类型。可动心轨辙叉在国外铁路使用较多,我国主要提速干线上也大量使用CHN60轨12号可动心轨道岔,18号以上的道岔也都是可动心轨道岔。如图8-25所示。

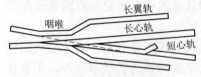

图 8-25　可动心轨式提速道岔

该道岔采用长翼轨结构,心轨末端与翼轨间采用间隔铁及高强度螺栓连接,长心轨跟端为弹性可弯式,短心轨跟端为滑动端。直向不设护轨,侧向因防止心轨侧面磨耗影响直股密贴设置有防磨护轨。长短心轨均用AT轨制造,长心轨第一牵引点在轨底下部设有转换凸缘。翼轨用60 kg/m普通钢轨制造,对应长心轨转换凸缘部位,翼轨内侧需进行刨切,为此在外侧轨腰上设有补强板,下部设有桥板来保证翼轨强度。提速道岔为我国主要干线普遍提速做出了巨大贡献。

三、连接部分

在单开道岔中,连接部分是转辙器和辙叉之间的连接线路。它包括直股连接线和曲股连接线两部分,直股连接线与区间直线线路的构造基本相同,曲股连接线又称为导曲线,导曲线的平面形式可以是圆曲线、缓和曲线或变曲率曲线。目前，我国铁路上铺设的道岔导曲线多为圆曲线，尖轨为曲线型时，尖轨本身就是导曲线的一部分。导曲线由于长度及限界的限制，一般不设超高和轨底坡。但在构造及限界许可的条件下，设置少量的超高，对防止反超高的出现，保持轨距，减少列车摇晃等，还是有利的。《铁路线路修理规则》规定，导曲线可根据需要设置 6 mm 的超高，并在导曲线范围内设不大于 2‰顺坡。为防止导曲线钢轨在动荷载作用下的外倾及轨距扩大，可在导曲线两股钢轨外侧成对地安设一定数量的轨撑或轨距拉杆。还可同区间线路一样设置一定数量的防爬器及防爬木撑，以减少钢轨的爬行。

连接部分一般配置 8 根钢轨，直股连接线 4 根，曲股连接线 4 根。配轨时要考虑轨道电路绝缘接头的位置和满足对接接头的要求，并尽量采用 12.5 m 或 25 m 长的标准轨。连接部分使用的短轨，一般不短于 6.25 m，在困难的情况下，不短于 4.5 m。

我国标准的 9、12、18 号道岔连接部分的配轨如图 8-26 所示，尺寸如表 8-3 所示。

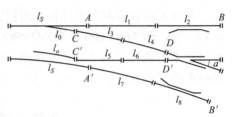

图 8-26　道岔连接部分

表 8-3　标准道岔的配轨尺寸　　　　　　　　　　　　　mm

N	9	12	18	N	9	12	18
l_1	5 324	11 791	10 226	l_5	6 836	12 500	16 574
l_2	11 000	12 500	18 750	l_6	9 500	9 385	12 500
l_3	6 894	12 500	16 930	l_7	5 210	11 708	10 713
l_4	9 500	9 426	12 500	l_8	11 000	12 500	18 750

四、岔枕

在我国铁路上，岔枕有木岔枕和混凝土岔枕两类。

木岔枕断面和普通木枕基本相同，长度分为12级，其中最短的为2.60 m，最长的为4.80 m，级差为 0.20 m，采用螺纹道钉与垫板连接。

钢筋混凝土岔枕最长者为 4.90 m，最短为 2.60 m，级差为 0.10 m。混凝土岔枕与Ⅲ型混凝土枕具有相当的支撑面积，采用无挡肩形式，岔枕顶面平直，岔枕中还预埋有塑料套管，依靠扣件摩擦及旋入套管中的道钉承受横向荷载，按 $\phi 7$ mm 配筋。岔枕应严格按设计图进行铺设。

岔枕应严格按设计图进行铺设。单开道岔的岔枕布置规定如下：

1. 在转辙部分和连接部分，岔枕应垂直于直股线路；

2. 在辙叉部分，岔枕应垂直于辙叉角平分线；

3. 两部分岔枕方向的扭转过渡，应在辙叉趾前 3～5 根岔枕前完成，如图 8-27 所示。

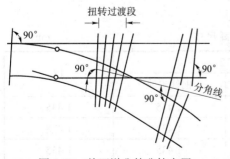

图 8-27　单开道岔的岔枕布置

岔枕的间距，在转辙器部分按直线上股计量，在导曲线及转向过渡段按直线下股计量，在辙叉部分按角平分线计量。

为改善列车直向过岔时的运行条件，提速道岔中所有的岔枕均按垂直于直股方向布置，间距均匀一致，均为 600 mm。

为使道岔的轨下基础具有均匀的刚性，岔枕的间距应尽可能保持一致。转辙器和辙叉范围内的岔枕间距，通常采用（1～0.9）倍区间线路的枕木间距。设置转辙杆的一孔，其间距应当适当增大。道岔钢轨接头处的岔枕间距应与区间线路同类型钢轨接头处间距保持一致，并使轨缝位于间距的中心。

岔枕长度在道岔各个部位差别很大。岔枕端部伸出工作边的距离 M，应与区间线路基本保持一致，即 $M=(2\,600-1\,435)/2=582.5$ mm。按 M 值要求计算出的岔枕长度各不相等，为减少道岔上出现过多的岔枕长度级别，需要集中若干长度相近者为一组，误差不应超过岔枕标准级差的二分之一。

8.3　单开道岔的几何尺寸

一、道岔各部分轨距

直线轨道的轨距为 1 435 mm，曲线轨道应根据曲线半径、运行速度及机车车辆的通过条件等因素来决定。

单开道岔中，需要考虑轨距加宽的部位有：基本轨前接头处轨距 S_1、尖轨尖端轨距 S_0、尖轨跟端直股及侧股轨距 S_h、导曲线中部轨距 S_C、导曲线终点轨距 S。

道岔各部位的轨距，按机车车辆以正常强制内接条件加一定的余量，计算公式为：

$$S = q_{max} + (f_0 - f_i) + \frac{1}{2}\delta_{min} - \sum\eta \qquad (8-2)$$

式中　q_{max} ——最大轮对宽度；

　　　f_0 ——外轮与外轨线形成的矢距；

　　　f_i ——内轮与内轨线形成的矢距；

　　　δ_{min} ——轮轨间的最小游间；

　　　$\sum\eta$ ——机车车辆轮轴的可能横动量之和。

根据对我国铁路上使用的各种机车车辆的检算，我国铁路标准道岔上各部位的轨距见表8-4。

表 8-4　标准道岔部分的轨距尺寸　　　　　　　　　　　　　　　　　　　mm

	9	12		18
		直线尖轨	曲线尖轨	
S_1	1 435	1 435	1 435	1 435
S_0	1 450	1 445	1 437	1 438
S_h	1 439	1 439	1 435	1 435
S_C	1 450	1 445	1 435	1 435

道岔各部分的轨距加宽，应有适当的递减距离，以保证行车的平稳性。对直线尖轨道岔，尖轨尖端的轨距加宽，按不大于 6‰ 的递减率向尖轨外方递减。尖轨尖端与尖轨跟端轨距的差数，在尖轨全长范围内均匀递减。尖轨跟端直向轨距加宽，向辙叉方向递减，距离为 1.5 m。导曲线中部轨距加宽的递减距离，向至导曲线起点为 3 m，至导曲线终点 4 m。

我国新设计的道岔中，如提速道岔，除尖轨尖端宽 2 mm 处因刨切引起的轨距构造加宽外，其余部分轨距均为标准轨距 1 435 mm。

道岔各部分的轨距应符合标准规定，如有误差，不论是正线、到发线、站线或专用线，一律不得超过 +3 mm、−2 mm，有控制锁的尖轨尖端不超过 1 mm，较一般轨道有更严格的要求。同时，还需要考虑到道岔轨距在列车作用下将有 2 mm 的弹性扩张，由此可以计算出道岔各部分的最小、正常和最大轨距值。

二、转辙器几何尺寸

道岔转辙器上需要确定的几何尺寸主要有最小轮缘槽 t_{min} 和尖轨动程 d_0。

1. **尖轨的最小轮缘槽宽度 t_{min}**

（1）曲线尖轨

当列车直向通过曲线尖轨道岔时，应保证在最不利条件下，即具有最小宽度的轮对一侧车轮轮缘紧贴直股尖轨时，另一侧车轮轮缘能顺利通过而不冲击曲线尖轨的非工作边，如图 8-28 所示。此时，曲线尖轨在其最突出处的最小轮缘槽，较其他任何一点的轮缘槽为小，称曲线尖轨的最小轮缘槽 t_{min}。要保证轮对顺利通过该轮缘槽，而不以轮对的轮缘槽撞击尖轨的非工作边，轮缘槽的宽度应取以下最不利组合时的数值：

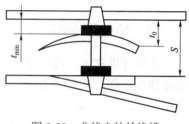

图 8-28　曲线尖轨轮缘槽

$$t_{min} \geqslant (S + \varepsilon_1 + \varepsilon_2) - (T_{min} + d_{min}) \tag{8-3}$$

式中　S ——标准轨距 1 435 mm；

　　　ε_1 ——在荷载作用下轨距的弹性挤开量，一般采用 2 mm；

　　　ε_2 ——道岔轨距容许误差的正值（+3 mm）；

　　　T_{min} ——轮对的最小内侧距，车辆钢轮 T_{min}=1 350 mm；

　　　d_{min} ——轮缘的最薄厚度，车辆钢轮 d_{min}=22 mm。

以提速道岔为例，采用车辆轮，代入具体值，求得：

$$t_{min} \geqslant 1\,435 + 2 + 3 - (1\,350 + 22) = 68 （mm）$$

我国实际采用的 $t_{min} \geqslant 68$ mm。同时，t_{min} 也是控制曲线尖轨长度的因素之一，为缩短尖轨长度，不宜规定过宽，根据经验，t_{min} 可减少至 65 mm。

（2）直线尖轨

直线尖轨的最小轮缘槽宽度为 $t_{min} = t_0$，发生在尖轨跟端，尖轨跟端轮缘槽 t_0 应不小于 74 mm。这时跟端支距 $y_g = t_0 + b$，如图 8-29 所示。b 为尖轨跟端钢轨头部的宽度。取 b=70 mm 代入有关数据，可得尖轨跟端支距 $y_g = 144$ mm。

2. **尖轨动程 d_0**

尖轨动程为尖轨尖端非作用边与基本轨作用边之间的拉开距离，规定在距尖轨尖端

380 mm 的第一根连接杆中心处量取。尖轨动程应保证尖轨扳开后,具有最小宽度的轮对对尖轨非作用边不发生侧向挤压,如图 8-29 所示。由于目前各种转辙机的动程业已定型,故尖轨的动程应与转辙机的动程配合。目前,大多数转辙机的标准动程为 152 mm,因此《铁路线路修理规则》规定:尖轨在第一连杆处的最小动程,直尖轨为 142 mm,曲尖轨为 152 mm,AT 型弹性可弯尖轨 12 号普通道岔为 180 mm,12 号提速道岔为 160 mm。其他型号道岔按标准图或设计图办理。可动心轨第一拉杆中心处的动程:12 号提速道岔为 117 mm,其他号码辙叉按标准图或设计图办理。

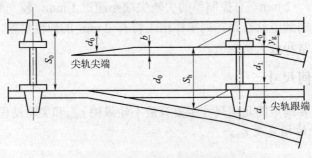

图 8-29　直线尖轨轮缘槽

三、导曲线支距

在单开道岔上,以直股基本轨作用边为横坐标轴,导曲线上各点距此轴的垂直距离,称为导曲线支距,如图 8-30 所示。它对正确设置导曲线并经常保持其圆顺度起着十分重要的作用。

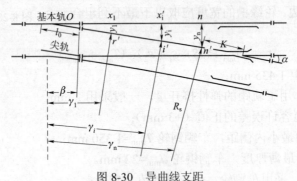

图 8-30　导曲线支距

常用单开道岔导曲线支距列于表 8-6 中。

计算导曲线支距有多种方法,下面以圆曲线型导曲线的曲线尖轨单开道岔为例,进行计算。取直股基本轨作用边正对尖轨跟端的 O 点为坐标原点,这时,导曲线始点的横坐标 x_0 和支距 y_0 分别为:

$$x_0 = 0, y_0 = y_g \tag{8-4}$$

导曲线终点的横坐标 x_n 和支距 y_n 分别为:

$$x_n = R(\sin \gamma_n - \sin \beta)$$
$$y_n = y_g + R(\cos \beta - \cos \gamma_n) \tag{8-5}$$

式中　R——导曲线外轨半径；

　　γ_n——导曲线终点 n 所对应的偏角；

　　β——转辙角。

令导曲线上各支距点 i 的横坐标为 x_i，通常点间距为 2 m，则其相应的支距 y_i 为：

$$y_i = y_0 + R(\cos\beta - \cos\gamma_i) \qquad (8-6)$$

式中的 γ_i 可用以下近似公式求得：

$$R\sin\gamma_i = R\sin\beta + x_i \qquad \sin\gamma_i = \sin\beta + \frac{x_i}{R}$$

$$\gamma_i = \arcsin\left(\sin\beta + \frac{x_i}{R}\right) \qquad (8-7)$$

显然，在导曲线终点 $\gamma_n = \alpha$（辙叉角）

计算时，可按表 8-5 的公式进行。

表 8-5　导曲线各点支距 y_i 的计算公式

x_i	x_i/R	$\sin\gamma_i = \sin\beta + x_i/R$	$\cos\gamma_i$	$\cos\beta - \cos\gamma_i$	$R(\cos\beta - \cos\gamma_i)$	$y_i = y_0 + R(\cos\beta - \cos\gamma_i)$

最后计算所得的 y_n，可用下式进行校核：

$$y_n = S - K\sin\alpha \qquad (8-8)$$

式中　K——导曲线后插直线长。

表 8-6　常用单开道岔导曲线支距表　　　　　　　　　　　　　mm

岔号	轨型	设计年度	导曲线横距/m													终	终
			2 m	4 m	6 m	8 m	10 m	12 m	14 m	16 m	18 m	20 m	22 m	24 m	26 m		
18	75 60 50	87 84 89	177	222	271	326	385	450	519	594	674	758	848	942	1 042	1 147	27 578	1 233
	60	96 提速型	311	401	502	615	739	875	1 022	1 181						14 363	1 211
	75 60	86 AT 型	208	280	364	459	566	684	814	955	1 107					17 416	1 222
	50	88	144	187	243	311	390	482	587	703	831	972	1 124			21 280	1 229
	60、50 43、38	81、75 62、57	144	188	243	311	391	483	587	703	831	972	1 124			21 280	1 229
	50	88	154	212	293	397	522	670	840	1 032						15 650	1 208
	50 43 38	75 62 57	144	201	281	382	506	652	820	1 011						15 793	1 201

四、辙叉及护轨部分的间隔尺寸

（一）固定辙叉及护轨

固定辙叉及护轨需要确定的几何形位主要是辙叉咽喉轮缘槽 t_1、查照间隔 D_1 及 D_2、护轨轮缘槽 t_g、翼轨轮缘槽 t_w 和有害空间 l_H。

1. 辙叉咽喉轮缘槽 t_1

辙叉咽喉轮缘槽宽度，应保证在最不利条件下，即轮对一侧车轮轮缘紧贴基本轨时，另一侧车轮轮缘能够顺利通过而不冲击翼轨咽喉弯折点，如图 8-31 所示。其计算式如下：

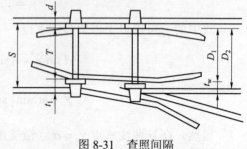

$$t_1 \geq S_{max} - (T_{min} + d_{min}) \qquad (8\text{-}9)$$

考虑到道岔轨距容许最大误差为 3 mm，轮对车轴弯曲后，内侧距减少 2 mm，则：

图 8-31　查照间隔

$$t_1 \geq 1\,435 + 3 - (1\,350 + 22 - 2) = 68\text{（mm）}$$

2. 查照间隔 D_1 及 D_2

（1）护轨作用边至心轨作用边的查照间隔 D_1

此间隔应保证车轮轮对在最不利条件下，最大轮对一侧轮缘受护轨的引导，而另一侧轮缘不冲击叉心或滚入另一线。由图 8-32 可知，计算式为：

$$D_1 \geq (T_{max} + d_{max}) \qquad (8\text{-}10)$$

考虑到车轴弯曲使轮背内侧距增大 2 mm，代入具体值，取（$T+d$）较车辆轮更大的机车轮为计算标准，得：

$$D_1 \geq (1\,356 + 2) + 33 = 1\,391\text{（mm）}$$

（2）护轨作用边至翼轨作用边的查照间隔 D_2

这一距离应保证车轮轮对在最不利条件下，不被翼轨和护轨卡住。由图 8-32 可知，计算式为：

$$D_2 \leq T_{min} \qquad (8\text{-}11)$$

代入具体值，取较机车轮更小的车辆轮为计算标准，并考虑车轴弯曲后使轮背内侧距减小 2 mm，得：

$$D_2 \leq 1\,350 - 2 = 1\,348\text{（mm）}$$

D_1 和 D_2 是保证机车车辆的轮对在最不利情况下安全通过辙叉的两个重要尺寸，也是铺设和维修道岔必须严格遵守的标准。一方面要使 $D_1 \geq 1\,391$ mm，但也不可过大，否则会形成护轨槽宽过小或轨距过大的现象，使得 1 348 值反而超过限度，因此，D_1 值保持在 1 391～1 394 mm 之间；另一方面还要使 $D_2 \leq 1\,348$ mm，但也不能过小，否则会出现护轨槽宽过大或轨距过小的情况，使车轮轮缘通过时有撞伤辙叉尖的危险，因此，D_2 值应保持在 1 346～1 348 mm 之间。

显然，D_1 只能有正误差，不能有负误差，容许变化范围为 1 391～1 394 mm。同样，D_2 只能有负误差，不能有正误差，容许变化范围为 1 346～1 348 mm。D_1（1 391 mm）和 D_2

（1 348 mm）（简称91、48）是既相互矛盾又相互制约、共居于同一体中的两个尺寸，必须经常检查并保持规定的数值，对确保行车安全和延长辙叉使用寿命都有重要意义。在检查辙叉中部轨距时，应同时仔细检查91、48。道尺应放在辙叉心轨顶面宽为30～50 mm 范围内。

3. 护轨轮缘槽宽 t_{g1}

护轨轮缘槽宽 t_{g1} 如图8-32所示，应确保 D_1 不超出规定的容许范围，即：

$$t_{g1} \geqslant S - D_1 - 2 \tag{8-12}$$

式中　2 mm 为护轨侧面磨耗限度。

将有关数据代入上式，得：

$$t_{g1} \geqslant 1\ 435 - 1\ 391 - 2 = 42\ （mm）$$

《铁路线路修理规则》规定：护轨平直段轮缘槽标准宽度为 42 mm，容许误差为+3 mm、−1 mm。

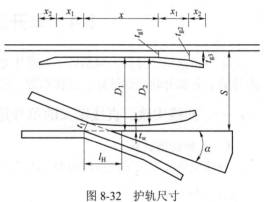

两端缓冲段末端轮缘槽，应与辙叉咽喉轮缘槽有相同的通过条件，即 $t_{g2}=68$ mm。缓冲段外端的开口段终端轮缘槽 t_{g3} 采用 90 mm。

护轨平直部分长 x，相当于辙叉咽喉起至叉心顶宽 50 mm 处止，外加两侧各100～300 mm。缓冲段长 x_1，按两端轮缘槽宽计算确定，开口段长 $x_2=150$ mm。

图8-32　护轨尺寸

4. 辙叉翼轨平直段轮缘槽 t_w

根据图8-32，为使具有最小轮背内侧距的轮对自由通过辙叉翼轨的平直段，应有：

$$t_w \geqslant S - t_{g1} - D_2 \tag{8-13}$$

式中，各符号意义如前。

将有关数据代入上式，得：

$$t_w \geqslant 1\ 435 - 42 - 1\ 348 = 45\ （mm）$$

我国铁路定型道岔 t_w 值采用 46 mm，考虑了制造公差。《铁路线路修理规则》规定，辙叉心轨尖端至辙叉心轨宽 50 mm 断面处轮缘槽标准宽度为 46 mm，容许误差为+3、−1 mm。

同理，为引导车轮轮缘进入辙叉轮缘槽，翼轨在对应心轨宽 50 mm 断面后弯折成缓冲段，缓冲段外端设开口段，其长度、轮缘槽宽度均与护轨相同。

5. 有害空间 l_H

从辙叉咽喉至实际尖端之间的距离，称辙叉的有害空间，其长度 l_H 按下式计算：

$$l_H = \frac{t_1 + b_1}{\sin \alpha} \tag{8-14}$$

式中，b_1 为叉心实际尖端宽度。由于 α 很小，可近似地取 $\dfrac{1}{\sin \alpha} \approx \dfrac{1}{\tan \alpha} = \operatorname{ctg} \alpha = N$，故上式可写成：

$$l_H \approx (t_1 + b_1)N \tag{8-15}$$

取 $t_1=68$ mm，$b_1=10$ mm，则9号、12号及18号道岔的有害空间分别为702 mm、936 mm

及 1 404 mm。

（二）可动心轨辙叉及护轨

可动心轨辙叉的主要间隔尺寸有辙叉咽喉轮缘槽与翼轨端部轮缘槽。可动心轨辙叉与固定式辙叉不同，其咽喉宽度不能用最小轮背距和最小轮缘厚度进行计算，而应根据转辙机的参数决定。现有电动转辙机的动程为 152 mm，调整密贴的调整杆的轴套摆渡最小可达 90 mm，因此，可动心轨辙叉咽喉的理论宽度 t_1 不应小于 90 mm，并不大于 152 mm。现已使用的 CHN60 轨 12 号可动心轨辙叉中，该值采用 120 mm。翼轨端部的轮缘槽宽度 t_2 不应小于固定式辙叉咽喉（68 mm），一般采用 $t_2 > 90$ mm。若可动心轨辙叉中设置防磨护轨，护轨轮缘槽应确保心轨不发生侧面磨耗，以保持心轨与翼轨密贴。

8.4 单开道岔的总布置图

单开道岔总图计算，包括以下几项主要内容：道岔主要尺寸计算、配轨计算、导曲线支距计算、各部分轨距的计算、岔枕布置、绘制道岔布置总图、提出材料数量表。

一、曲线尖轨、直线辙叉的单开道岔计算

（一）转辙器计算

曲线尖轨大多采用圆曲线线型。其形式很多，其中以半切线型最为常用，如图 8-33 所示。

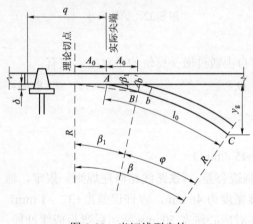

图 8-33 半切线型尖轨

半切线型尖轨，曲线的理论起点与基本轨相切，为避免尖轨尖端过于单薄，从尖轨顶宽为 b' 处（通常为 20～40 mm）开始，将曲线改为直线，并在顶宽 3～5 mm 处再作一斜边。这种曲线尖轨比较牢固，加工也较为简单，侧向行车速度优于直线尖轨，是我国目前大号码道岔的标准尖轨形式。

曲线尖轨转辙器的主要尺寸包括：曲线尖轨长度 l_0、直尖轨长 l_0'、基本轨前端长 q、基本轨后端长 q'、曲线尖轨半径 R、尖轨尖端角 β_1、尖轨转辙角 β、尖轨跟端支距 y_g。

设侧股轨道中心线的半径为 R_0，则尖轨工作边的曲率半径 $R = R_0 + 717.5$ mm。

尖轨尖端角为曲尖轨或导曲线（直线尖轨）工作边的曲线实际起点的半径与垂直线的夹角，又叫始转辙角。由图 8-33 可得：

$$\beta_1 = \arccos \frac{R - b_1}{R} \tag{8-16}$$

曲线尖轨理论起点至实际尖端之间的距离 A_0 为：

$$A_0 = R \tan \frac{\beta_1}{2} \tag{8-17}$$

为使两组道岔对接时，道岔侧线的理论顶点能设置在道岔前端接头处，尖轨尖端前部基

本轨的长度 q 应不小于 $A_0 - \dfrac{\delta}{2}$（δ 为基本轨端部轨缝）。同时，q 值还应满足轨距递变的限值，即 $q \geqslant \dfrac{S_0 - S}{i}$。$S_0$ 为尖轨尖端的轨距值，S 为正常轨距值，i 为容许的轨距递变率，不应大于 6‰，q 值的长短还应考虑岔枕的布置。我国在 9 号和 12 号标准道岔上，在满足岔枕合理布置的前提下，统一采用 $q=2\,646$ mm。

然后计算曲线尖轨的长度。尖轨跟部工作边的切线与基本轨工作边的夹角为 β，称转辙角，其值为：

$$\beta = \arccos \frac{R - y_g}{R} \qquad (8\text{-}18)$$

由图 8-33 可知，曲线尖轨的长度为：

$$l_0 = AB + BC = A_0 + \frac{\pi}{180} R(\beta - \beta_1) \qquad (8\text{-}19)$$

曲线尖轨扳开后，与基本轨之间所形成的最小轮缘槽的位置不在尖轨的跟部，而在尖轨中部的某个位置上，如图 8-34 所示，这个宽度应满足最小轮缘槽宽的要求。因此，所算得的尖轨长度还应根据曲线尖轨扳开时所形成轮缘槽的宽度来进行调整。这时，可变更尖轨跟端支距 y_g，重新计算 l_0，并校核轮缘槽宽度，直至符合要求。最小轮缘槽的计算公式见式 (8-22)。

设尖轨跟端支距为 y_g，尖轨转辙杆安装在离尖轨尖端 x_0 处，尖轨的动程为 d_0。尖轨扳开后，尖轨突出处距尖轨理论起点的距离为 x，这时该处尖轨工作边与基本轨工作边之间的距离为 T，根据图 8-34 所示，利用曲边三角形的关系，有公式：

$$T = \frac{x^2}{2R} = \frac{d_0(l_0 + q - x)}{l_0 - x_0} - b \qquad (8\text{-}20)$$

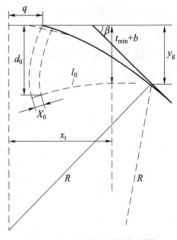

图 8-34 曲线尖轨轮缘槽

令 $\mathrm{d}T/\mathrm{d}x=0$，则可得到尖轨最突出处距尖轨理论起点的距离 x_t 为：

$$x_t = \frac{d_0 R}{l_0 - x_0} \qquad (8\text{-}21)$$

因此，尖轨非工作边与基本轨工作边之间的轮缘槽宽为：

$$t_{\min} = \frac{x_t^2}{2R} + \frac{d_0(l_0 + q - x_t)}{l_0 - x_0} \qquad (8\text{-}22)$$

尖轨的长度还与跟部的构造有关。如尖轨跟部为间隔铁式，则 l_0 可按公式（8-19）计算。如果是弹性可弯式跟部结构，则按公式求得的尖轨长度还需要增加 $1.0 \sim 2.0$ m，作为尖轨跟部的固定部分。

转辙器的另一根尖轨为直尖轨。直尖轨的尖端和跟部应与曲尖轨的尖端和跟部对齐。这样，直尖轨长 l_0' 为：

$$l_0' = A_0 + R(\sin\beta - \sin\beta_1) \qquad (8\text{-}23)$$

基本轨后端长 q' 主要取决于尖轨跟端连接结构、岔枕布置及配轨要求。

60 kg/m 钢轨 12 号提速单开道岔的转辙器中的基本参数如下：

R=350 717.5 mm，A_0=2 728 mm，q=2 916 mm，y_g=311 mm，l_0=138 800 mm，l_0'=13 880 mm。尖轨尖端轨距加宽值为 2 mm，导曲线理论起点离尖轨实际尖端为 886 mm，导曲线实际起点离尖轨实际尖端为 298 mm。

（二）锐角辙叉的主要尺寸

锐角辙叉主要尺寸包括趾距（辙叉理论尖端到趾端的距离）n、跟距（辙叉理论尖端到跟端的距离）m、辙叉全长 $n+m$。n 及 m 的长度应根据给定的钢轨类型、辙叉角或辙叉号数进行计算。首先，根据辙叉的构造要求，计算辙叉的最小长度；再按岔枕的布置及护轨长度的要求来进行校核和调整；最后，确定其实际长度。我国铁路标准的 9、12 及 18 号道岔直线辙叉的长度见表 8-1。新设计的 50 kg/m、60 kg/m 钢轨 12 号锰钢固定式辙叉的 n=2 123 mm，m=3 800 mm。

（三）道岔主要尺寸计算

半切线形尖轨、直线辙叉单开道岔的主要尺寸，如图 8-35 所示。图中，各符号的意义如下：

道岔号数 N 或辙叉角 a，轨距 S，轨缝 δ，转辙角 β，尖轨长 l_0、l_0'，尖轨跟端支距 y_g，基本轨前端长 q，辙叉趾距 n，辙叉跟距 m；导曲线外轨半径 R、导曲线后插直线长 K。

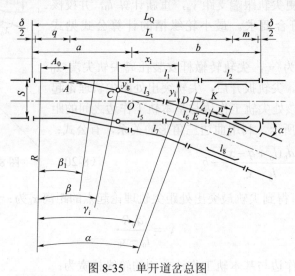

图 8-35 单开道岔总图

O 点为道岔直股中心线和侧股中心线的交点，又称道岔中心。

需要计算的尺寸如下：

道岔前长 a（道岔前轨缝中心到道岔中心的距离），道岔后长 b（道岔中心到道岔后端轨缝中心的距离）；

道岔理论全长 L_t（尖轨理论尖端至辙叉理论尖端的距离）；

道岔实际全长 L_Q（道岔前后轨缝中心的距离）；

导曲线后插直线长 K（当 R 已知时），或导曲线外轨半径 R（当 K 已知时）。

导曲线后插入直线段是为了减少车辆对辙叉的撞击，避免车轮与辙叉前接头相撞，并使辙叉两侧的护轨完全铺设在直线上，一般要求 K 为 2～4 m，最短不得小于辙叉趾距加上夹板长度之半，即 $K_{\min} \geqslant n + l_h/2$。

为求得道岔的有关数据，将导曲线外股工作边投影到直股中心线上，得：

$$L_t = R\sin\alpha + K\cos\alpha - A_0 \qquad (8\text{-}24)$$

再把它投影到直股中线的垂直线上，得：

$$S = y_g + R(\cos\beta - \cos\alpha) + K\sin\alpha \qquad (8\text{-}25)$$

得道岔各主要尺寸的计算公式为：

$$K = \frac{S - R(\cos\beta - \cos\alpha) - y_g}{\sin\alpha} \qquad (8\text{-}26)$$

或者

$$R = \frac{S - K\sin\alpha - y_g}{\cos\beta - \cos\alpha} \qquad (8\text{-}27)$$

$$L_Q = q + L_t + m + \delta \qquad (8\text{-}28)$$

$$b = \frac{S}{2\tan\dfrac{\alpha}{2}} + m + \frac{\delta}{2} \qquad (8\text{-}29)$$

$$a = L_Q - b \qquad (8\text{-}30)$$

【**例 8-1**】60 kg/m 钢轨 12 号曲线尖轨、固定式辙叉提速道岔，混凝土岔枕。$N=12$，$R=350\,717.5$ mm，基本轨长=16 592 mm，$n=2\,038$ mm，$m=3\,954$ mm，曲线尖轨长 $l_0=13\,880$ mm，直尖轨长 $l_0'=13\,880$ mm，基本轨前端长 $q=2\,916$ mm，$S=1\,435$ mm，$y_g=311$ mm，$\delta=8$ mm，导曲线实际起点距尖轨实际尖端 298 mm，详见图 8-36，试求道岔前长 a、道岔后长 b、道岔理论长 L_t、道岔实际长 L_Q 和导曲线后插直线长 K。

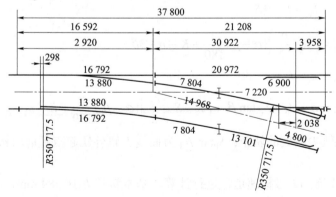

图 8-36　12 号平面主要尺寸固定式辙叉提速道岔

有关计算结果如下：

　　　　$\beta = 2°24'47''$，$\cos\beta = 0.999\,113\,2$

　　　　$\alpha = 4°45'49''$，$\cos\alpha = 0.996\,545\,80$，$\sin\alpha = 0.083\,044\,95$

　　　　$\tan\dfrac{\alpha}{2} = 0.041\,593\,1$

$$K = \frac{S - R(\cos\beta - \cos\alpha) - y_g}{\sin\alpha}$$

$$= \frac{1435 - 350\,717.5 \times (0.999\,911\,32 - 0.996\,545\,80)}{0.083\,044\,95} = 2\,692 \ (\text{mm})$$

$$L_t = R\sin\alpha + K\cos\alpha - A_0$$

$$= 350\,717.5 \times 0.083\,044\,95 - 886 + 2\,692 \times 0.996\,545\,80 = 30\,922 \ (\text{mm})$$

$$L_Q = q + L_t + m + \delta = 2\,916 + 30\,922 + 3\,954 + 8 = 3\,780 \ (\text{mm})$$

$$b = \frac{S}{2\tan\dfrac{\alpha}{2}} + m + \frac{\delta}{2} = \frac{1435}{2 \times 0.041\,594\,31} + 3\,954 + 4 = 21\,208 \ (\text{mm})$$

$$a = L_Q - b = 37\,800 - 21\,208 = 16\,592 \ (\text{mm})$$

（四）配轨计算

一组单开道岔，除转辙器、辙叉及护轨外，一般 8 根连接轨，分 4 股，每股 2 根。其中，2 股为直线，另 2 股为曲线。所谓配轨，就是计算这 8 根钢轨的长度并确定其接头的位置。

配轨计算时应考虑如下一些原则：

① 转辙器及辙叉的左右基本轨长度应尽可能一致，以减少基本轨备件的数量，并有利于左、右开道岔的互换；

② 连接部分的钢轨不宜过短，小号道岔一般不小于 4.5 m，大号道岔不小于 6.25 m；

③ 配轨时应保证接头对接，并尽量使岔枕布置不发生困难，同时要考虑安装轨道电路绝缘接头的可能性；

④ 充分利用整轨、缩短轨、整轨的整分数倍的短轨，做到少锯切、少废弃，选用钢轨利用率较高的方案。

单开道岔配轨计算公式（参见图 8-35）为：

$$\begin{aligned}
&l_1 + l_2 = L_Q - l_j - 3\delta \\
&l_3 + l_4 = \left(R + \frac{b_0}{2}\right)(\alpha - \beta)\frac{\pi}{180} + K - n - 3\delta \\
&l_5 + l_6 = L_t - l_0 - n - 3\delta \\
&l_7 + l_8 = q + A_0 - S_0\tan\beta_1 + \left(R - S - \frac{b_0}{2}\right)(\alpha - \beta_1)\frac{\pi}{180} + K + m - 2\delta - l_j
\end{aligned} \tag{8-31}$$

式中，S_0 为尖轨尖端处的轨距；$S_0\tan\beta_1$ 为曲线尖轨外轨起点超前内轨起点的距离；l_j 为基本轨的长度。

仍对 60 kg/m 钢轨 12 号提速道岔进行计算，基本轨长 $l_j = 16\,584$ mm，其他数据采用以上的计算结果。

$$l_1 + l_2 = 37\,800 - 16\,584 - 3 \times 8 = 21\,192 \ (\text{mm})$$

取 $\qquad l_1 = 7\,770$ mm，$l_2 = 13\,422$ mm

$$l_3 + l_4 = (350\,717.5 + 35) \times (2.350\,555) \times 0.017\,453\,29 + 2\,692 - 2\,038 - 3 \times 8 = 15\,024 \ (\text{mm})$$

取 $\qquad l_3 = 7\,804$ mm，$l_4 = 7\,220$ mm

$$l_5 + l_6 = 30\,922 - 13\,880 - 2\,038 - 3 \times 8 = 14\,980 \ \text{(mm)}$$

取　　　　　　　$l_5 = 7\,770 \ \text{mm}$，$l_6 = 7\,210 \ \text{mm}$

$$l_7 + l_8 = 2\,916 + 298 - 1\,437 \times 0.000\,337 + (350\,717.5 - 1\,435 - 35) \times$$

$$4.760\,234 \times 0.017\,453\,29 + 2\,692 + 3\,954 - 2 \times 8 - 16\,584 = 22\,271 \ \text{(mm)}$$

取　　　　　　　$l_7 = 7\,804 \ \text{mm}$，$l_8 = 14\,467 \ \text{mm}$

（五）导曲线支距

导曲线支距计算已在前边作了介绍，并可以用表 8-5 的格式进行。

现仍对 60 kg/m 钢轨 12 号提速道岔进行计算。已知的参数为：

$$\beta = 2°24'47''，\quad \alpha = 4°45'49''，\quad y_g = 311 \ \text{mm}$$

支距计算起点为：$x_0 = 0, y_0 = y_g = 311 \ \text{mm}$

支距计算终点坐标为：

$$x_n = R(\sin\alpha - \sin\beta) = 350\,717.5 \times (0.083\,044\,95 - 0.042\,104\,7) = 14\,358 \ \text{(mm)}$$

$$y_n = S - K\sin\alpha = 1\,435 - 2\,692 \times 0.083\,044\,95 = 1\,211 \ \text{(mm)}$$

其余各点支距可按公式和表 8-5 计算。

二、直线尖轨转辙器的计算

在我国铁路上大量使用着直线尖轨。直线尖轨、直线辙叉与上述的曲线尖轨、直线辙叉单开道岔的计算方法和步骤基本一致。在计算时，需考虑如下一些特点：

（1）两根尖轨都是直线形的，因此冲击角、始转辙角和转辙角都是一样的，同时尖轨也比较短；

（2）尖轨的根部结构通常采用鱼尾板和间隔铁板式，尖轨非工作边与基本轨工作边之间的最小距离发生在尖轨辙跟处；

（3）一般在导曲线前设置插直线 k，以减小车轮对尖轨辙跟的冲击，当导曲线半径 $R \geqslant$ 150 m 时，允许将导曲线起点设于尖轨跟端处，这时 $k = 0$；

（4）侧股线路的轨距加宽，要比曲线尖轨的大。

三、可动心轨辙叉的计算

可动心轨是由特种尖轨钢轨制成的，长心轨为弹性可弯曲的，短心轨的一端与长心轨连接，另一端为铰接式滑动接头，与连接钢轨相连。为保证辙叉部位的心轨保持直线，设置了两根转辙杆。两根转辙杆之间的心轨在转换过程中不发生弯折。从正位转换成反位时，长心轨发生弯折，承受一定的横向弯曲应力。

可动心轨的主要参数有：心轨转换过程中不发生弯折的长度 l_1，弹性肢长 l_2，转辙机必须的扳动力 P，心轨角 β，第一、第二转辙杆处的心轨动程 t_1 和 t_2 等，如图 8-37 所示。

在计算这些参数时，心轨 l_1 段可看作为绝对刚体，l_2 段为弹性可弯的一端固定的梁，在第一、第二转辙杆处作用有 P_1 和 P_2 的力。根据这样的力学模型，便可得到这些参数的系列计算公式。但是上述参数都是相互关联的未知量，无法直接计算出来。实用的工程方法是先假定某几个值，计算其他的量，从而得到一系列曲线。在此曲线上查找合适的数据，同时考虑构造上的要求及岔枕的布置，最后定出合理的参数。

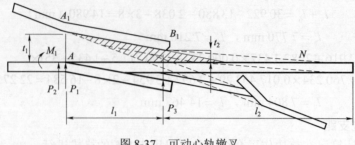

图 8-37 可动心轨辙叉

如果可动心轨只设一根转辙杆，其参数的选择主要取决于转辙设备的动程、功率的大小、心轨截面及可弯部分在心轨转换时的弯曲应力值。通常可根据经验，参照转辙器部分尖轨的转换条件进行选定。

心轨实际尖端至弹性可弯曲中心的一段（图 8-37 中的 AN）为心轨摆动部分。心轨摆动部分的长短与转辙机的扳动力及摆度、心轨危险截面的弯曲应力等因素有关。心轨摆动部分的长度加长，对上述各项指标有利。现有的 60 kg/m 钢轨 12 号可动心轨辙叉，心轨摆动部分的长度取 6.041 m。

由于可动心轨辙叉不能采用固定式辙叉的趾端接头，因此，可动心轨辙叉的最小趾距不能按结构计算的方法确定，而只能按趾端的稳定性、道岔配轨、岔枕布置等因素确定。现已使用的 60 kg/m 钢轨 12 号可动心轨辙叉，辙叉趾距为 2 548 mm。

辙叉跟距是指辙叉轨距线交点至辙叉跟端的距离。当辙跟不设置伸缩接头时，辙叉跟距指轨距线交点至心轨跟端间的距离，这时

$$m_{\min} \geqslant L + l_1 - \frac{t_1}{2\sin\frac{\alpha}{2}} \tag{8-32}$$

式中　L——长心轨的尖端到可弯中心的距离；

　　l_1——心轨可弯中心到辙叉跟端的距离，此值不应小于 2 m；

　　t_1——心轨尖端处的咽喉宽。

在 60 kg/m 钢轨 12 号可动心轨辙叉中，辙叉跟距为 5 861 mm。

8.5　列车通过道岔的速度

列车通过道岔的过岔速度包括直向通过速度和侧向通过速度。道岔的过岔速度是控制线路行车速度的重要因素之一。道岔容许通过速度取决于道岔构件的强度及平面形式两个方面，这些是保证列车安全平稳运行和旅行舒适度所必不可少的条件。

一、侧向过岔速度

列车侧向通过道岔的速度，包括转辙器、导曲线、辙叉和护轨以及道岔后连接线路（附带曲线）这四个部分的通过速度。其中，每一部分的通过速度都影响整个道岔的通过速度。

关于辙叉，按目前结构形式从强度条件分析，它的容许通过速度大于导曲线的容许通过速度，因此，辙叉不是控制道岔侧向通过速度的关键部位。

关于岔后连接线路部分，因其半径都大于导曲线半径，且设有不大于 15 mm 的超高，所以，岔后连接线路也不是控制道岔侧向通过速度的关键部位。

因此，侧向通过速度主要由转辙器和导曲线这两个部位的通过速度来决定。

（一）影响道岔侧向通过速度的因素

影响侧向过岔速度的因素很多，主要限制因素是由于导曲线一般不设超高及缓和曲线，且半径较小，列车未被平衡的离心加速度较大。

机车车辆由直线进入道岔侧线时，在开始迫使车辆改变运行方向的瞬间，将必然发生车辆与钢轨的撞击。此时，车体中的一部分动能，将转变为对钢轨的挤压和机车车辆走行部分横向弹性变形的势能，即动能损失。动能损失过大，将影响旅行舒适度和道岔结构的稳定。降低其使用寿命，因此，动能损失必须限制在容许范围之内。

（二）基本参数的确定

道岔转辙器和导曲线的通过速度，主要受以下三个基本参数的制约：动能损失 ω；未被平衡的离心加速度 a；未被平衡的离心加速度增量 ψ；

本节就上述三个基本参数，简介道岔转辙器和导曲线的平面形式与侧向通过速度的关系，并从这些关系中确定允许侧向过岔速度。

1. 动能损失 ω

假定撞击前后车体质量为常量，并近似地把车体视为一个作用于冲击部位的质点，同时略去道岔被冲击后的弹性变形，那么车辆与钢轨撞击时的动能损失可用下式表示：

$$\omega = v^2 \sin^2 \beta' \tag{8-33}$$

式中 v——列车运行速度；

　　β'——车轮轮缘对尖轨的冲击角。

车辆与直线尖轨和曲线尖轨撞击时，其动能损失的表达式稍有不同。

① 车辆逆向进入直线尖轨转辙器时，由于冲击角 β' 与尖轨平面转辙角 β 相等，即 $\beta' = \beta$，如图 8-38 所示，故动能损失为：

$$\omega = v^2 \sin^2 \beta$$

为了防止列车过岔时轮轨冲击的动能损失过大，考虑到行车平稳、旅客舒适、道岔结构稳定和道岔部件使用寿命等因素，动能损失 ω 值必须限制在一个容许限度内。我国铁路在道岔设计中，动能损失的容许值 ω_0 定为 $0.65 \text{ km}^2/\text{h}^2$。按上述理论，可得道岔侧向容许速度为：

$$v = \frac{\sqrt{\omega_0}}{\sin \beta} = \frac{\sqrt{0.65}}{\sin \beta} = \frac{0.806}{\sin \beta} \tag{8-34}$$

② 车辆自直线撞击圆曲线型尖轨时，轮缘与钢轨之间的游间 δ 与曲线半径 R、冲击角 β' 之间的关系由图 8-39 可知

$$\delta = R(1 - \cos \beta') = 2R \sin^2 \frac{\beta'}{2}$$

由于式中 β' 很小，可近似认为：

$$\sin^2 \frac{\beta'}{2} \approx \frac{1}{4} \sin^2 \beta'$$

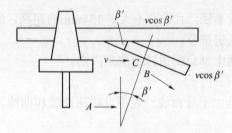

图 8-38　直线尖轨冲击角

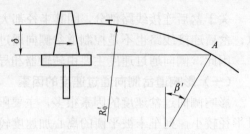

图 8-39　曲线尖轨冲击角

代入上式得：

$$\sin \beta' = \sqrt{\frac{2\delta}{R}}$$

动能损失为：

$$\omega = \frac{2\delta}{R} v^2 \qquad (8-35)$$

式中的 δ 值：8～12 号普通道岔 $\delta = 54$ mm；

18 号普通道岔 $\delta = 50$ mm；

AT 弹性可弯尖轨 12 号道岔 $\delta = 50$ mm。

动能损失 ω 必须限制在容许值 $\omega_0 = 0.65$ km²/h² 之内，于是得：

$$v = \sqrt{\frac{\omega_0 R}{2\delta}} \qquad (8-36)$$

8～12 号普通道岔导曲线容许速度计算式为：

$$v = 2.453\sqrt{R} \qquad (8-37)$$

18 号普通道岔和 AT 弹性可弯尖轨 12 号道岔导曲线容许速度计算式为：

$$v = 2.550\sqrt{R} \qquad (8-38)$$

2. 未被平衡的离心加速度 a

道岔的导曲线部分一般不设超高，因此，当列车在导曲线上运行时，因无超高或超高不足，必然产生未被平衡的离心加速度 a，这种情况必须予以足够的估计。

导曲线不设超高时，未被平衡的离心加速度：

$$a = \frac{v^2}{R} \quad (\text{m/s}^2) \qquad (8-39)$$

为了保证列车侧向行驶平稳和满足旅客舒适度的要求，a 必须小于容许值 a_0。由于《铁路线路修理规则》规定，曲线未被平衡欠超高一般应不大于 75 mm，相当于 $a = 0.5$ m/s²，因此取 $a_0 = 0.5$ m/s²。将 $a = v^2/R$ 中的速度单位由 km/h 换算为 m/s 后，则：

$$v = 2.546\sqrt{R} \qquad (8-40)$$

如在大号码道岔上适当放宽限制，取 $a_0 = 0.6$ m/s²，则：

$$v = 2.789\sqrt{R} \qquad (8-41)$$

3. 未被平衡离心加速度增量 ψ

当列车由直线进入曲线时，未被平衡的离心加速度是渐变的，由此而产生未被平衡的离心加速度增量。设未被平衡离心加速度的变化是在车辆的全轴距长度内完成的，则未被平衡离心加速度的增量 ψ 可用下面的近似公式计算：

$$\psi \approx \frac{v^3}{3.6^3 RL} \qquad (8\text{-}42)$$

式中　L——车辆全轴距，$L=18$ m。

为满足旅客舒适度的要求，未被平衡离心加速度的增量 ψ 限制在 0.5 m/s³ 以内，则：

$$v \approx 7.488 \sqrt[3]{R} \qquad (8\text{-}43)$$

（三）道岔侧向容许通过速度

从上述情况可以看出，在上述三个参数中，未被平衡离心加速度和未被平衡离心加速度的增量都不是主要控制因素。因此，常用道岔侧向通过速度应按动能损失这一参数得出的公式进行计算。对于单开道岔侧向最高容许通过速度（km/h），《铁路线路修理规则》的规定见表 8-7。

表 8-7　侧向过岔最高速度　　　　　　　　　　km/h

尖轨类型	道 岔 号 数						
	8	9	10	11	12	18	30
普通钢轨尖轨	25	30	35	40	45	80	
AT 弹性可弯尖轨					50	80	140

（四）提高道岔侧向通过速度的措施

根据以上分析，增大导曲线半径，减小车轮对道岔各部位的冲击角，是提高侧向通过速度的重要途径。此外，加强道岔结构，也有利于提高侧向通过速度。

（1）在有条件的站场，采用大号码道岔，以增大导曲线半径。这是提高侧向过岔速度的最有效办法，但大号码道岔全长较长，影响站场长度。

（2）在直向和侧向两个方向的列车密度及速度相接近时，采用对称（双开）道岔。在道岔号数相同的条件下，对称道岔的导曲线半径是单开道岔的两倍左右，辙叉角和转辙角也减少一半，因而可提高侧向通过速度 30%～40%。

（3）采用曲线尖轨、曲线辙叉，以减少转辙角，增大导曲线半径。

（4）采用变曲率的导曲线，可以减小车轮进入曲线时的冲击角，降低轮轨撞击时的动能损失。

（5）适当增加直尖轨长度，合理确定侧线轨距加宽，适当选择护轨和翼轨的缓冲段，减小缓冲角，以减缓车轮对侧向各部位的冲击。

（6）加强道岔维修，提高道岔的平顺性和稳定性。

二、直向过岔速度

（一）影响直向过岔速度的因素

1. 道岔平面冲击角的影响

当列车逆岔（从岔前方向入岔）直向过岔时，车轮轮缘将与辙叉上护轨缓冲段作用边碰撞；而当顺岔（从岔后方向）直向过岔时，则将与护轨另一缓冲段作用边碰撞，如图 8-40 所示。

同护轨一样，翼轨缓冲段上也存在冲击角。这样，在道岔直向过岔速度问题上，就会产生与护轨相类似的问题，如图 8-41 所示。

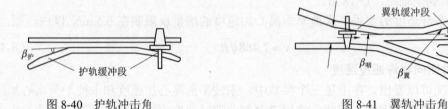

图 8-40 护轨冲击角   图 8-41 翼轨冲击角

在一般辙叉设计中，直向和侧向翼轨多作成对称的形式，冲击角采用与护轨相同的数值。

当列车逆向通过辙叉，轮对一侧车轮靠近基本轨运行时，另一侧的车轮则必然发生轮缘对翼轨的冲击，其冲击角与道岔号数有关，一般常见的道岔上，其值较其他几个冲击角大，是一个起控制直向过岔速度的重要因素。例如，我国现有的标准 12 号固定辙叉道岔上，翼轨从辙叉咽喉至叉心尖端上的冲击角 β_w 可采用下式计算：

$$\sin \beta_w = \frac{t_1 - t_2}{Nt_1} = \frac{68 - 46}{12 \times 68} = 0.027\,0$$

式中　t_1——辙叉咽喉宽；

　　　t_2——辙叉轮缘槽宽；

　　　Nt_1——辙叉咽喉至辙叉理论交点间的距离。

护轨及翼轨冲击角是限制固定辙叉道岔直向通过速度的主要因素之一。

2. 道岔立面几何不平顺的影响

车轮通过辙叉由翼轨滚向心轨时，车轮逐渐离开翼轨，锥形和磨耗形踏面车轮随接触点的外移而逐渐下降。当车轮滚上心轨后，车轮又逐渐恢复到原水平面；反向运行也相同，车轮通过辙叉必须克服这种垂直几何不平顺，引起车体的振动和摇摆。

车轮由基本轨过渡到尖轨时，锥形踏面车轮也会出现会先降低随后升高的现象，轮犹如在高低不平顺的轨面上行驶，产生附加动力作用，限制着过岔速度的提高。

结构不平顺是限制可动心轨道岔直向过岔速度的主要因素之一。

（二）直向过岔速度的范围

目前虽没有简便而成熟的直向通过速度计算方法，不过根据我国的运营实践并结合一定理论分析，依据道岔的结构状况，将直向通过速度限制为同等级区间线路容许速度的 80%～90%。

车辆直向通过道岔时，虽然不存在未被平衡离心加速度和加速度变化率的问题，但仍然有车轮对护轨和翼轨的撞击问题：作为辅助性的理论分析，也要控制轮轨撞击时的动能损失，限制不同条件下供比较用的动能损失 ω 不超过容许限值 ω_0'。由于列车直向过岔时，不存在迫使其改变运动方向的问题，因而参与撞击的列车质量较侧向过岔时小得多。我国目前暂时规定 $\omega_0' = 9\ \mathrm{km^2/h^2}$。

另外，要保证直向过岔时车轮不爬轨，这主要是指辙叉咽喉至叉心尖端的翼轨部分。要达到这一点，应取 $v\sin\beta$ 不超过某一容许限值 ω_0''。这一数值在我国取为 3 km/h。

（三）道岔直向容许通过速度

对于单开道岔直向最高容许通过速度（km/h），《铁路线路修理规则》的规定见表 8-8。

表 8-8　直向过岔最高速度　　　　km/h

钢轨	尖轨类型	辙叉类型	道岔号数			
			9	12	18	30
43 kg/m	普通钢轨尖轨	高锰钢整铸	85	95	—	
50 kg/m	普通钢轨尖轨	高锰钢整铸	90	110	120	
50 kg/m	AT 弹性可弯尖轨	高锰钢整铸		120		
50 kg/m	AT 弹性可弯尖轨	可动心轨		160		
60 kg/m	普通钢轨尖轨	高锰钢整铸	100	110		
60 kg/m	AT 弹性可弯尖轨	高锰钢整铸		120		
60 kg/m	AT 弹性可弯尖轨	高锰钢整铸（提速道岔）	140	160	—	
60 kg/m	AT 弹性可弯尖轨	可动心轨	—	160 200	160	200

注：1996 年研制的 60 kg/m 可动心轨辙叉提速道岔直向过岔速度为 160 km/h，1998 年后研制的 60 kg/m 可动心轨辙叉提速道岔直向过岔速度为 200 km/h。

（四）提高直向过岔速度的途径

提高直向过岔速度的根本途径是道岔部件采用新型结构和新材料，使结构不断强化。其次，道岔的平面及构造要采用合理的形式及尺寸，以消除或减少影响直向过岔速度的因素。

（1）转辙器部分可采用特种断面尖轨代替普通断面钢轨，采用弹性可弯式固定型尖轨跟部结构，增强尖轨跟部的稳定性，避免道岔直线方向上不必要的轨距加宽。将尖轨及基本轨进行淬火，增强耐磨性。

（2）采用活动心轨型辙叉代替固定辙叉，保证列车过岔时线路连续，从根本上消灭有害空间。适当加长翼轨、护轨缓冲段长度，减小冲击角，或采用不等长护轨，以满足直向高速度的要求。

（3）为减少车辆直向过岔时车轮对护轨的冲击，可以使用弹性护轨。

（4）设置轨底坡，改善轮轨接触关系；采用混凝土岔枕代替木枕，增加道岔的稳定性；采用弹性扣件，钢轨及铁垫板下均设橡胶垫层，基本轨采用双侧弹性扣压结构，增加道岔弹性；消除道岔中钢轨接头，采用无缝线路技术。

（5）优化尖轨及辙叉顶面降低值、固定辙叉顶面横坡，改变固定辙叉中翼轨平直段的防护范围，减小翼轨冲击角。

（6）优化大号码道岔中牵引点数量及位置，尽可能消除尖轨及可动心轨中的不足位移；采用减磨滑床台及滚轮结构，确保长大尖轨转换到位；优化外锁闭机构，使之能适应无缝道岔尖轨的伸缩。

8.6 提 速 道 岔

随着国民经济的发展，人民生活水平的提高，要求铁路提供快捷、方便、安全舒适的运输手段。因此，将繁忙干线旅客列车的运行速度提高到 160～200 km/h、货物列车提高到 80～100 km/h 就具有重要的意义。为适应速度的提高，铺设提速道岔为必不可少的措施。

我国自行设计制造的提速道岔为 CHN60 型 U71V 钢轨 12 号道岔，有高锰钢整铸辙叉和可动心轨辙叉两类，道岔基础主要为混凝土岔枕。转辙器部分的尖轨用 60AT 轨制作，跟部结构为弹性可弯式，外锁闭装置。尖轨和可动心轨为两点或三点分动牵引扳动，采用Ⅱ型或Ⅲ型扣件。实践证明，我国的提速道岔设计先进、制造精良，列车通过道岔时运行安全平稳，养护工作量小，已达到国际先进水平。

我国目前在主要干线上适应提速要求的提速道岔，优于现有普通道岔的特点主要在于：

（1）道岔各部位轨距均为 1 435 mm，各钢轨件均设置 1:40 的轨底坡，改善了道岔区的轮轨相互作用条件，提高了列车通过道岔区的平顺性。

（2）岔枕的布置均垂直于直股中心线，带钢岔枕的道岔全长范围内岔枕间距均为 600 mm。各类转换设备、密贴检查器以及外锁闭装置全部隐藏在钢岔枕内。不带钢岔枕的间距也作了调整，这样，提速道岔无论采用木岔枕或混凝土岔枕，均能保证留有足够的空间，便于捣固作业。

（3）尖轨用 60AT 轨制作，长度为 12.4～14.2 m，两尖轨间不设连接杆，采用分动转换方式，总扳动力低于转辙机的额定荷载。尖轨跟部设有限位器，既可控制尖轨爬行，又可起到释放和传递无缝道岔温度力的作用。

（4）可动心轨辙叉采用钢轨组合式，翼轨用 CHN60 钢轨或模锻特种断面轨制造。心轨用 60AT 轨制造。在心轨第一牵引点处的轨底下部采用热锻工艺锻出转换柄，转换杆通过翼轨底与转辙机连接。翼轨有长短两种类型，无缝道岔采用长翼轨型，普通道岔采用短翼轨型。为防止心轨侧磨，侧线设分开式护轨，用 CHN50 钢轨制作，护轨顶面高出基本轨顶面 12 mm。

（5）尖轨和可动心轨均设两个或三个牵引点，并安装外锁闭装置。尖轨上装有密贴检查器，对尖轨与基本轨的密贴进行监测。

（6）高锰钢整铸辙叉翼轨缓冲段冲角由 46′减缓至 34′，直向护轨缓冲段冲角由 50′减缓至 30′。这样就减小了冲击，有利于提高直向过岔速度。

（7）道岔各部分钢轨顶面均进行全长淬火。

（8）道岔直股钢轨全部采用焊接接头，与高锰钢整铸辙叉连接采用冻结或胶接接头，并开始使用可焊岔心。

（9）混凝土岔枕的承载能力：正弯矩为 23.6 kN·m，负弯矩为−17.7 kN·m，比Ⅲ型枕的承载能力分别提高 22.9%和 0.6%，岔枕顶面为无挡肩设计，长度为 2.6～4.8 m。

（10）除尖轨和可动心轨处外，无论是木岔枕还是混凝土岔枕，轨下及垫板下均没有弹性垫层。

混凝土岔枕上的 CHN60 钢轨 12 号提速道岔带钢岔枕的长翼轨可动心轨辙叉的简图，见图 5-23。

8.7 高 速 道 岔

随着国民经济的发展和人民生活水平的提高,发展高速铁路已势在必行。在高速铁路中,道岔有其特殊的要求。高速道岔在功能和结构上与常速道岔相比,虽没有原则上的区别,但它们的安全性和舒适性要求更高。近几年来,各国铁路根据高速运行时机车车辆与道岔相互作用的特点,对高速道岔的平纵断面、构造、制造工艺、道岔范围内的轨下基础及养护维修均进行了大量的研究,设计和制造出一系列适用于不同运行条件的高速道岔。

高速道岔分两类:一类是适用于直向高速行车的道岔。这类道岔不仅使用在新设计的高速线路上,以保证列车直向高速通过,并可用于由普通线路改建成为高速铁路的线路上,使车站平面布置变动减少。这类道岔一般为常用号码道岔,另一类是直向和侧向都能通过高速列车的大号码道岔。它们一般铺设在新建的高速线路上以及旧线改建时列车需要高速通过的部位。

图 8-42 为日本新干线铁道使用的 38 号道岔。

以下从平纵断面和构造方面,来介绍我国及国外高速道岔的主要特征。

(1)平纵断面方面

① 导曲线线形以圆曲线为主,也有少数采用变曲率曲线的,如法国用于渡线的 UIC60 轨 65 号道岔的导曲线采用单支三次抛物线,半径最大处位于导曲线终点(曲线形辙叉跟端),侧向容许通过 220 km/h。瑞士铁路在 UIC50 轨 25 号道岔中采用螺旋曲线。另外,英、意等国铁路也采用缓和曲线作导曲线;

图 8-42　日本高速铁路 38 号道岔

② 采用大半径的曲线形尖轨,从尖轨尖端到最大可能冲击断面的半径较导曲线部分大。尖轨与基本轨工作边在平面上多为切线形,这样可减小列车逆向进入道岔侧线时的冲角。

③ 各部位轨距小于常速道岔的轨距,减小游间,使机车车辆平顺通过。如法、德、前苏联的单开道岔轨距分别缩减 2~5 mm 不等。但我国新型的 CHN60 钢轨 12 号提速道岔,各部位均仍保持 1 435 mm 的标准轨距。

④ 根据车轮滚动面及辙叉外形尺寸及相互位置的分布情况,经数理统计分析,提出了优化的辙叉纵横断面。

⑤ 采用可动部件辙叉(如可动心轨、可动翼轨或其他可动部件),消灭有害空间。

⑥ 在大号码道岔中导曲线外轨设置超高。有些国家的道岔设置轨底坡或轨顶坡,以进一步改善列车舒适度。

⑦ 大号码道岔全长大大增加,法国的 65 号道岔全长为 209 m,德国的 42 号道岔全长为 154 m,瑞士的 28 号道岔全长为 100 m。

(2)构造方面

新型高速道岔在构造上采用了一系列加强措施,具体措施如下:

① 在基本轨与尖轨的贴靠部位,对基本轨轨距线以下的轨头下颚作 1:3 的刨切,以获得藏尖式结构。这种措施对确保逆向行车安全,防止尖轨尖端被轧伤,并使尖轨在动荷载作用

下，能保持良好的竖向稳定十分有效。在可动心轨辙叉中心，心轨与翼轨的贴靠部位同样采用这种结构形式，对心轨尖端也起到良好的保护作用。

②采用高度比基本轨矮的特种尖轨钢轨加工成尖轨，尖轨为弹性可弯式。尖轨跟部轧制成与普通轨相同的截面，与连接轨直接焊接相连。尖轨跟部有局部刨切的，也有不作刨切的，这样可以大大提高转辙器的稳定性和可靠性。

③大号码道岔的尖轨一般较长，为保证尖轨转换可靠及扳动到位，常使用多根转辙杆。如法国 UIC60 轨 65 号道岔，尖轨长为 57.50 m，采用 6 根转辙杆。德国 UIC60 轨 26.5 道岔，尖轨长为 31.740 m，采用 4 根转辙杆。在长尖轨下设置了尖轨扳动时的减摩擦装置。

④采用特种断面的护轨钢轨。护轨轨面高于基本轨，这样可增加护轨与车轮的接触面，更有效地引导车轮，减少心轨磨耗。

⑤焊接道岔部位的接头，能提高高速列车过岔时的走行平稳性。

⑥在道岔范围内使用新型轨下基础，以便与区间线路的轨下基础类型一致。

近年来，我国已自主研制出新型高速道岔，在秦沈客运专线上铺设了 CHN60 轨的 18 号和 38 号高速道岔，其主要参数如表 8-9 和表 8-10 所示。

表 8-9 CHN60 轨 18 号和 38 号高速道岔的主要参数

道岔号数	导曲线形式及参数	道岔全长/m	道岔前长/m	道岔后长/m	尖轨长度/m	辙叉长度/m
18	圆曲线，半径 1 000 m	69	31.729	37.271	22.01	18.596
38	半径 3 300 m 的圆曲线加三次抛物线	136.2	48.771	87.429	37.6	29.392

表 8-10 CHN60 轨 18 号和 38 号高速道岔的主要参数

道岔号数	长心轨长/m	侧向护轨长/m	拉杆数量/根	通过速度/（km·h⁻¹） 直向	侧向
18	13.675	7.5	3+2	250	80
38	23.875	10	6+3	250	140

18 号和 38 号道岔主要结构特征为：

①钢轨件全部采用 CHN60U71V 钢轨制造。道岔设 1:40 轨底坡（尖轨、心轨、翼轨设 1:40 轨顶坡）。

②采用Ⅲ型弹条扣件。轨下基础为钢筋混凝土轨枕。岔枕间距按 600 mm 设置（设置电务拉杆处岔枕间距为 650 mm）。

③尖轨为藏尖式结构。尖轨竖切区段工作边和非工作边均采用 1:4 斜坡。尖轨设置限位器，18 号道岔设一个，允许伸缩量为 10 mm；38 号道岔设两个，允许伸缩量为 7 mm。滑床台为减摩式，下设弹片弹性扣压基本轨内侧轨底。在滑床台上还设有斥离尖轨防跳限位装置。

④心轨为组合式。心轨与翼轨密贴段为藏尖式结构，利用心轨的藏尖来防止心轨的跳动，同时在翼轨的轨腰上加装一个卡铁压住心轨的轨底，以加大心轨防跳安全系数。长、短心轨跟部为弹性可弯（部分轨底刨切），短心轨跟端采用斜接头与岔根尖轨连接。

⑤ 翼轨采用 60AT 轨锻压成型，其平直段长度为 530 mm，两端与 CHN60 钢轨焊接。翼轨跟端与心轨采用三块间隔铁，通过高强度螺栓连接。

⑥ 道岔侧股设 H 形护轨，采用 CHN50 轨制造。护轨顶面高出基本轨顶面 12 mm，护轨冲击角 18 号道岔为 $29'17''$、38 号道岔为 $20'16''$。

⑦ 均采用分动钩形外锁闭装置，未设密贴检查器。转换设备安装在混凝土岔枕上。

⑧ 道岔绝缘接头为胶结结构，钢轨件全部焊接，道岔始端、终端与区间钢轨焊连构成跨区间无缝线路。

 复习思考题

1. 掌握单开道岔的组成部分及其功用。

2. 单开道岔如何区分左右开、顺逆向、始终点。

3. 单开道岔中的尖轨有几种类型？它与基本轨的贴靠形式有几种？各有何特点？

4. 尖轨跟端的结构、特点及要求有哪些？

5. 说明转辙器部分各个零件的名称、构造特征、作用及左右开、直侧股的区别。

6. 尖轨顶面纵坡如何规定？

7. 单开道岔中的辙叉有几种类型？分析比较其优缺点及适用条件，详细指出一组辙叉的各部名称。

8. 辙叉号码的表示方法及意义。说明辙叉号码及辙叉角的关系，在现场如何鉴别道岔号码？道岔号码在使用上有何规定？

9. 辙叉纵断面如何规定？

10. 辙叉中的护轨有何用途，说明其平面特征及各部名称，逐个指明辙叉护轨的零件构造特点。

11. 单开道岔导曲线的构造有何特点？导曲线为什么不设超高？其半径与岔号有何关系？

12. 单开道岔中，需要考虑轨距加宽的部位有哪些？

13. 掌握转辙器部分轮缘槽宽度的计算方法及其规定。

14. 掌握尖轨动程的意义、量取方法及其规定。

15. 掌握辙叉及护轨部分的间隔尺寸及其规定。

16. 什么是有害空间？其长度应如何计算。

17. 掌握查照间隔 D_1、D_2 的意义及 91、48 的规定。

18. 掌握直线尖轨、单开道岔的主要尺寸。

19. 掌握曲线尖轨、单开道岔的主要尺寸。

20. 单开道岔总布置图有何用途？图中应标明哪些主要内容和数据？

21. 单开道岔中的岔枕布置及间距尺寸有何要求？

22. 分析比较木岔枕与混凝土岔枕的优缺点。

23. 木岔枕与混凝土岔枕的构造尺寸及技术要求有哪些？道岔扣件有何区别。

24. 影响过岔速度的因素及提高过岔速度的途径是什么？

25. 单开道岔侧向和直向过岔最高速度如何规定？

9 轨 道 施 工

项目描述

轨道施工是指将轨道安放在已完成并达到设计强度的路基、桥梁、隧道等建筑物上的工作。本章主要阐述有砟轨道的施工、无砟轨道的施工、道岔的施工以及一次性铺设无缝线路的施工等内容。对于有砟轨道施工，主要介绍轨排的组装、运输及铺设、道砟的铺设及整正。对于无砟轨道，主要介绍目前我国客运专线采用的日本板式轨道、德国博格板，以及两种双块式无砟轨道的施工技术。通过对轨道施工的介绍，使学生初步了解轨道施工的相关知识。

轨道施工是指将轨道安放在已完成并达到设计强度的路基、桥梁、隧道等建筑物上的工作。轨道施工能否如期完成，直接影响铁路交付运营的期限，对加快工程进度、降低工程成本以及发展铁路所经过地区的国民经济都具有十分重要的意义。

轨道施工按其性质，可分为正常铺轨和临时铺轨。正常铺轨是在正常条件下，把正式轨道铺设在已完工的永久性路基及桥隧建筑物上；临时铺轨是为了满足工程运输的需要临时铺设的轨道，在工程竣工后予以拆除。

按照铺轨方向可分为单向铺轨和多向铺轨。单向铺轨是由线路起点一端循序向前铺轨至线路终点；多向铺轨是在工期紧迫和运输条件许可的情况下，全线分段、同时铺轨，即从两端或更多方向开展。

按照铺轨方法，可分为人工铺轨和机械铺轨两种。人工铺轨是先将轨料运到铺轨现场，再由人力进行铺设，它主要适用于铺轨工程量小的便线、专用线、既有线局部平面改建和城市轨道交通，较为经济；机械铺轨是将基地组装好的轨排，用轨排列车运到铺轨前方，再用铺轨机械铺设于线路上，并予以逐节连接。由于机械铺轨工效高、质量好，降低了劳动强度，避免了材料的散失、浪费，所以，机械铺轨是目前铁路建设中采用的主要铺轨方法，其主要适用于铺轨工程量大的轨道铺设。随着我国铁路技术的发展，现在的铺轨作业也包括长钢轨的铺设，也就是将厂制的长钢轨一次铺设到已经整修好的线路上，再进行钢轨焊接和锁定，构成无缝线路。

按照轨道结构不同，轨道施工包括有砟轨道施工和无砟轨道施工。

轨道铺设施工时应严格按照现行铁路轨道施工规范的规定进行，并达到铁路轨道工程质量验收标准的要求。同时，应积极采用先进、安全、可靠的新技术、新工艺和新材料。

9.1 有砟轨道施工

一、铺轨准备工作

铺轨工程是一项时间紧、任务重、劳动强度大的多工种联合作业。在铺轨中，各个环节是互相衔接、互相影响的，只有抓住主要带动一般，才能组织好不间断的施工。除此以外，还必须事先做好以下各项铺轨前的准备工作，以使铺轨工程能顺利进行。

（一）施工调查及编制实施性施工组织设计

铺轨前应做好施工调查，主要内容包括：复核经批准施工设计文件，收集与轨道施工有关工程的竣工资料及变更设计文件；了解与铺轨有关工程的施工进度，核查路基、桥梁等工程有关资料及工程外观，核实铺轨进度计划；调查道砟运输条件，提出铺砟方案；调查道口附近地形、地貌和车辆通行情况，并提出维持道路交通的临时措施；调查沿线水源、电源情况，落实用水、用电计划；按铺轨计划进度，落实各种轨料来源；收集沿线的气象资料及轨温变化规律等有关情况。

铺轨前应根据设计文件要求及有关基础工程竣工资料，全线指导性施工组织设计规定的铺轨总工期，有关重点工程的施工方案以及施工单位自身的铺轨能力，编制实施性施工组织设计，对施工过程进行质量控制，对进度计划提出明确要求，并制定必要的作业指导书。实施性施工组织设计的主要内容包括：机构设置及劳动力组织；主要施工方法及施工安排；轨道部件用料计划及供料方式；铺架基地设置，沿线临时工程，通信及行车控制方案；生产及生活水、电供应方案；施工机械及检测设备调配计划；工程运输组织及机车车辆配置计划；安全、质量、工期保证及环境保护措施等。

（二）筹建铺轨基地

铺轨基地是新建铁路的一项临时性工程，是铺轨材料的装卸、存放、轨料加工以及轨排组装、列车编组、发送的场所，是铺轨工程的后方基地。对于铁路新线的建设而言，有时由于施工组织设计的需要，铺轨基地也兼做部分架梁的准备工作，如存梁等。在筹建时，必须全面考虑、统一规划，尽量与永久性工程相结合，做到投资少、占地少、上马快，作业方便，并使铺轨列车调度灵活，充分发挥基地的生产潜力。

1. 铺轨基地设置原则

（1）基地一般应在铺轨前 7～10 个月内开始筹建。

（2）基地一般选在铺轨起点附件的平坦开阔处，从既有站线出岔时，用联络线引进基地，不应将基地设置在低洼进水地带。为避免工程列车穿过既有站进入新线时与运营列车干扰，新铺线路和基地应尽量放在既有站的同侧。

（3）基地设施宜利用既有和新建的各项设备和当地的水源、电源以及运输道路等，减少临时工程，少占农田，并注意环境保护。

（4）基地供应半径应经济合理，同时考虑每条线的具体情况和工期缓急，一般用下列公式计算：

$$x = \sqrt{\frac{M}{a}} \tag{9-1}$$

式中　M——建厂费用，包括土石方、铺砟、安装费、施工房屋建厂设备折旧费等（元）；

x——经济供应半径（km）；

a——每 1 km 轨料与轨排单位运费差额（元）。

新线上一般铺轨基地的最大供应半径约为 200～300 km。

（5）通往基地联络线的坡度和平面曲线半径，应根据地形、运输量和作业程序确定。最大坡度不宜大于与其连接线路的限制坡度，并应按现行的有关规定设置安全设施。

（6）基地设置应根据地形和生产方式，使调车作业顺向，材料堆置合理，取送方便，并应使各种起重吊运机械移动距离最短。规模较大的基地，应修建消防通道；相邻料堆间，应根据作业需要，留有不小于 0.5 m 的距离。场内堆置物与轨道、走行线间应留有安全距离。

2. 基地平面布置

基地的布置，主要包括轨料存放场、轨排组装车间和轨排储备场三部分，这些场地内的料具应统一规划、合理安排，使轨排组装工作顺利进行。

（1）轨料存放场

布置轨料存放场时，应根据铺轨进度和铺轨基地距轨料来源的远近、运输状况来确定，一般应保证铺轨日进度的 10 倍左右或至少能满足一个区间的轨料。

场内轨料的堆放必须考虑经济原则，要尽量减少倒装、搬运的次数，要缩短运距以节约劳力。同时，还应该使各种轨料向组装车间运送方便，作业手续简化。

为了便于轨料的装卸、搬运，场内应备有必要的吊车设备及其行走道路和进料卸车的股道。

（2）轨排组装车间

布置轨排组装车间时，应按照进料→轨排组装→轨排装车的次序考虑。一般都设有进料线、组装作业线和装车线。进料线与装车线分设于组装线两侧，进料线连接轨料场，应便于运出轨排和回送空车。组装作业线的两旁放置组装用的机具设备，以便进行组装作业。

（3）轨排储备场

为了保证轨排的连续性生产与供应，必须具有轨排储备。轨排储备场的场地应平坦、坚实，以免底层轨排变形或轨排垛倾倒。场地大小视计划的铺轨日进度与组装能力而定，一般应储存铺设 2～3 d 所需的轨排。

储备场的布置要便于装卸，力求简化调车编组作业。一般储备场设有两台龙门吊，担负轨排的装卸。由于在储备场存放轨排，增加了不少倒运、装卸工作量，所以一般都由组装车间直接装车运往工地，仅在轨排供应紧张时，才从储备场补充；或者因工地架桥等原因停止铺轨时，才将轨排储存起来。

（4）其他设施的布置

除了上述三个主要部分外，基地内还应根据场地条件、每日生产进度、轨排组装方式以及轨料供应数量等布置调车走行股道、机车加水股道以及停放车辆的股道等。所有这些股道均应使调车作业走行距离短，通过道岔少，迅速方便。另外，为了满足基地作业需要，还应设置动力、照明、机械维修等设备，修建必要的生产和生活房屋。

（三）其他准备工作

1. 路基整修

铺轨前 15 d 应对已完工的路基进行全面检查，如果尚有过高或过低等凹凸不平、路面宽度不够等现象，必须进行整修，以符合设计要求。路基平面和纵、横断面的形状尺寸应符合设计要求。不同土质路基交界处按1%递减率做好顺坡，路基宽度如小于设计宽度的应予补够。

如果路堤欠填高度或路堑超挖深度不足 5 cm 时，可不作处理；超过 5 cm 时，应用同类土壤填补、夯实。如果路堤超填高度（路堤的超填高度必须是考虑沉落量后的高度，如果路基沉落量尚未完全沉落，则应定出施工坡度，在铺轨前整修好）或路堑欠挖深度不足 5 cm 时，可不作处理；超过 5 cm 时，应铲除。路基面上的草皮、树根和污垢杂物应彻底清除；整平坑洼及波浪起伏的路面。

2. 线路测量

轨道工程施工前应进行线路贯通测量。在铺轨前，应检查线路中桩以及临时线路标志的埋设情况。在铺轨前 1 个月，由施工单位从铺轨起点测设线路中桩。直线地段每隔 25 m、圆曲线上每隔 20 m、缓和曲线上每隔 10 m 一个桩。在曲线起讫点、缓圆点、曲中点、圆缓点、道口中心点、道岔中心及岔头、岔尾点、道砟厚度变更点等，均须加带钉的中桩。正式线路标志未埋设时，应埋设简易的临时里程标、曲线标、坡度标等标志。正线应按设计要求设置线路基桩。

3. 预铺道砟

铺轨前应按中线预铺道砟，并采用压强不小于 160 kPa 的机械碾压。双层道床按底砟厚度铺足，单层道床铺设厚度以 15～20 cm 为宜，并将顶面整平，中间拉槽，中间凹槽宽宜为60 cm。在道砟来源困难时，可在每股钢轨下预铺厚度 15～20 cm、宽度不小于 80 cm 的砟带。客运专线有砟轨道施工，通常采用 Titan423 型或其他型号摊铺机进行底砟摊铺，并用超声波传感器从路基两侧钢钎和钢弦来确定铺底砟的厚度，严格要求摊铺底砟厚度为 15 cm，单线顶宽 4.0 m，底宽 4.5 m；双线顶宽 8.8 m，底宽 9.6 m。

桥梁及顶面高于路肩的涵洞两端各 30 m 范围内，预铺道砟面应高于桥台挡砟墙或涵顶高不小于 5 cm，并做好临时砟面顺坡。桥上的预铺道砟面应高出盖板，并应与两端桥头的道床面取平。部分预铺道砟，可视架桥机性能预铺在梁上，随梁就位，同时应在桥头预备道砟。

二、轨排组装

轨排组装是在铺轨基地，将钢轨、轨枕用连接零件连成轨排，然后运到铺轨工地进行铺设，是机械化铺轨的重要组成部分。为了保证基地组装轨排的质量，防止组装中发生差错，组装时必须仔细地按照事先编制的轨排组装作业计划表进行。计划表主要内容包括：轨排编号及铺设里程，钢轨类型、长度和曲线内股缩短轨缩短量，相对钢轨接头相错量，轨枕类型、数量和间距布置，扣件号码或每块垫板道钉数，曲线半径、转向和轨距加宽值，以及其他特殊要求的说明。轨排生产计划表应及时根据实际铺设里程进行调整。

轨排组装的作业方式可分为活动工作台和固定工作台两种，活动工作台作业方式组装轨排又分为单线往复式和双线循环式两种。作业方式不同，使用的机具设备和作业线的布置也不同。因此，在轨排组装前，应根据具体情况确定作业方式。

我国在 20 世纪 50 年代初期，一直采用木枕和 43 kg/m 的 12.5 m 长钢轨，设计出固定工作台式和双线循环式两种轨排组装生产线。60 年代中期，25 m 长钢轨和混凝土轨枕普遍使用后轨排组装的劳动强度骤增。为减轻劳动强度，各种新型轨排组装机械和机具相继出现。到70 年代初，研制出机械化程度较高的单线往复式组装生产线，目前已得到广泛运用。

（一）轨排组装作业方式

1. 活动工作台作业方式

（1）单线往复式

单线往复式轨排组装作业生产线（图 9-1）是我国目前新线及运营线使用最多的一种轨排组装生产线，其特点是作业线上采用了起落架，在起落架上完成各工序的作业内容。其作业过程为：将人员和所需机具按工序的先后固定在相应的工作台位上，用若干个可以移动的工作台组成流水作业线，依靠工作台往复移动传递轨排，按组装顺序流水作业，直到轨排组装完毕。

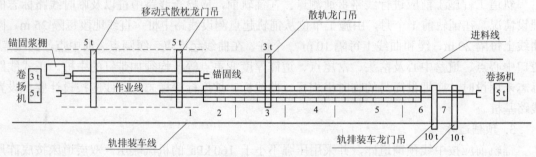

图 9-1　单线往复式轨排组装作业生产线

1—吊散轨枕区；2—硫黄锚固区；3—匀散轨枕区；4—吊散钢轨区；
5—上配件、紧固区；6—质量检查区；7—轨排装车区

在组装中，工作台的往复移动，由设在工作台两侧的起落架配合进行。每完成一个工序，工作台就前移一个台位，并由起落架将轨排顶起，工作台退回至原位，然后下降起落架，轨排即留在下一工序的工作台上。这样，每完成一个工序，工作台车就前后往复一次，起落架也相应升降一次，保证了轨排组装的连续性。

活动工作台由铁平车和钢轨连接而成。变换工序是由设在作业线一端的 3 t 卷扬机牵引活动工作台进行；起落架的升降由设在作业线另一端的 5 t 卷扬机控制。工作台应高出未升起时的起落架顶面 5 cm，以利工作台的移动。

单线往复式作业方式的作业线，布置在进料线和装车线之间，包括吊散钢轨、螺旋道钉硫黄锚固、匀散轨枕、吊散轨枕、上配件并紧固、质量检查及轨排装车 7 个工序。由于硫黄锚固工作量大，作业时间长，往往成为控制工序。为了平衡各工序间的作业时间，提高组装效率，在硫黄锚固工作台位一侧，另设长约 80 m 的硫黄锚固作业线相配合，并在锚固作业线的端部附近，备有粉碎硫黄的碾子、炒砂子及熬制硫黄锚固浆液的锅灶等，以及为不受气候影响而保证锚固作业顺利进行的工棚。

单线往复式作业方式，既节省拼装作业场地，也节省拼装所需设备和劳动力，有利于实现轨排组装全面机械化，这对地形狭小、场地受限制时较为适宜。

（2）双线循环式

双线循环式组装轨排的过程是：轨排组装分设在两条作业线上完成。在第一作业线上完成其规定的几道工序后，经横移坑横移到第二作业线上，继续作业，直到轨排组装完毕、装车。空的工作台经另一横移坑再横移到第一作业线上，继续循环作业，每一循环完成一个轨

排的组装。横移坑内有横移线路以及横移台车，横移时可用人力移动或卷扬机牵引。

双线循环式作业方式，可将各工序组成循环流水作业线，从而改善工作条件，提高工作效率，但该作业方式要求场地比较宽阔，因而受一定的限制。组装作业如图9-2所示。

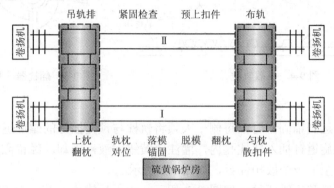

图9-2 双线循环式作业组装示意图

2. 固定工作台作业方式

固定工作台作业方式，是将组装作业线划分为若干个作业台位。作业时，各工序的人员和所需机具沿各个工作台位完成自己工序的作业后依次前移，而所组装的轨排则固定在工作台上不动，并在这一台位上完成全部工序。当沿作业线组装完第一层轨排后，又在第一层轨排上面继续依次组装第二层轨排。到第三层轨排后，人员再转移到另一条作业线的台位上，继续组装。如图9-3所示。

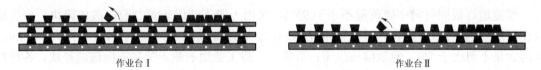

图9-3 固定工作台组装示意图

由于固定工作台作业方式所组装的轨排是固定不动的，仅仅是人员和机具沿工作台移动，所以作业线的布置比较简单，只需在组装作业线上划分一下固定工作台的台位，每一台位长约26 m，而台位的多少和作业线的长短，可根据铺轨任务量的大小和铺设日进度的需要来决定。

（二）轨排组装作业过程

下面以活动工作台作业方式中的单线往复式作业方式组装轨排为主，简要叙述轨排组装的作业过程。

1. 吊散轨枕

采用移动式散枕龙门架所配备的 3～5 t 电动葫芦吊散轨枕，每次自轨枕堆码场起吊 16 根轨枕。如移动式龙门架本身无动力时，可用卷扬机牵引或人力推动。若采用反锚作业进行组装，应将散开的轨枕翻面，使所有轨枕底面向上，此工序由人工用木棍配合撬棍撬拨，或用 U 形钢叉翻枕，如图9-4所示，或采用安装在锚固台前端的翻枕器，在移动台前进过程中进行翻枕。翻枕器翻转轨枕的转速要与移动小车的运行速度相匹配，以达到轨枕翻过去的间距刚好等于所需要的轨枕间距。翻枕器如图9-5所示。

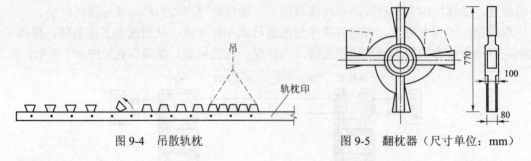

图 9-4 吊散轨枕　　　　　图 9-5 翻枕器（尺寸单位：mm）

2. 硫黄锚固

轨枕由散枕台运到锚固台时，每侧一人须将轨枕与预先插好的螺旋道钉上下对孔，然后抬高固定台，将螺旋道钉插入轨枕孔内，灌注硫黄锚固液，冷却。经锚固后，由翻转机翻转轨枕，由活动台运至下一个散扣件台，如图 9-6 所示。

锚固方法有正锚和反锚两种，如图 9-7 所示。由于反锚作业劳动效率高、质量好，在施工中得到了更为泛的应用。

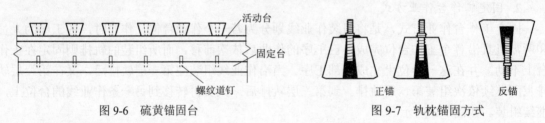

图 9-6 硫黄锚固台　　　　　图 9-7 轨枕锚固方式

螺旋道钉锚固材料中硫黄量不小于 95%，采用一般工业用硫黄制前应破成碎块，如受潮应在配制前干燥；水泥用普通硅酸盐水泥，如有结块，配制前应过筛；砂子粒径不得大于 2 mm，泥污含量不得大于 5%，配制前应烘干；石蜡为一般工业用石蜡，配制前应破成碎块；各种材料内不得混有杂物。

根据气候和材料技术条件，按下列规定的重量配合比范围，由试验选定各种材料用量：硫黄:水泥:砂子:石蜡=1:（0.3～0.6）:（1～1.5）:（0.01～0.03）。少量施工时，各种材料重量配合比可用：硫黄:水泥:砂子:石蜡=1:0.5:1.5:0.02，熔制锚固料时，按选定的配合比，称好各种材料的一次熔制量；先倒入砂子加热到 100～120 ℃时，将水泥倒入，加热到 130 ℃，最后加入硫黄和石蜡，继续捣拌加热到 160 ℃。熔浆由稀变稠成液胶状时，即可使用。火力要控制，火候不得过猛；熔制过程应不断搅拌；工地锚固道钉时，一般可用两个铁锅轮流熔制；每锅熔制量不宜大于 50 kg；熔制地点与锚固作业距离不宜过远。锚固浆温度不得高于 180 ℃；操作人员应在上风处，并应佩戴防护用品；熔制场地禁止堆放易燃品。

混凝土轨排组装质量的好坏，关键在于螺纹道钉的锚固。为保证锚固质量，锚固时可用锚固钢模固定道钉于混凝土枕预留孔中，然后灌入锚固浆液，经过 1 min 左右的冷却凝固，即可利用起落架脱模。其质量要求如下：

（1）螺纹道钉锚固抗拔力不得小于 60 kN。

（2）螺纹道钉偏离预留孔中心不得大于 2 mm，与承轨槽垂直，偏斜不得大于 2°。

（3）道钉圆台底应高出承轨槽面距离为弹条扣件 0～2 mm，扣板扣件 0～5 mm。

（4）灌注深度应比螺旋道钉插入深度多 20 mm 以上，如图 9-8 所示。

3. 匀散轨枕

轨枕翻正后，应立即在轨枕承轨槽两侧散布配件，匀散扣板、缓冲垫片、弹簧垫圈及螺帽等配件。散布前，应按零件类型整理堆好码。为便于匀散轨枕，调整轨枕间隔距离，在工作台两侧设有起落架，并将连接平车的钢轨改成槽钢，在槽钢上配置了匀枕小车。利用匀枕小车将大约 30 cm 间距的轨枕调为标准间距，同时放好轨底板，如图 9-9 所示。

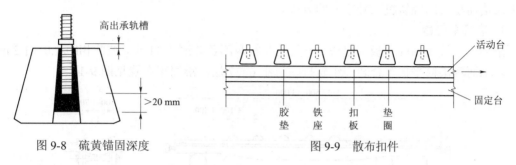

图 9-8　硫黄锚固深度　　　　图 9-9　散布扣件

4. 吊散钢轨

吊轨前应检查钢轨型号、长度是否与设计一致，并将钢轨长度正负误差值写在轨头，以便配对使用。吊轨利用 3～5 t 龙门吊一台及吊轨架一个来完成。按轨排计算表控制钢轨相错量，将钢轨吊到轨枕上相应的位置；然后，再通过轨枕道钉纵向中心线的钢轨内侧，用白油漆画小圆点作为固定轨枕的位置。

吊散钢轨时，为保持钢轨稳定，两端扶轨人员应用小撬棍插入钢轨螺栓孔内或拴缆绳牵行，不得用手直接扶持。吊车吊重走行的范围内禁止走人。

5. 上配件、紧固

以手工操作把配件放置于正确的位置上，将螺帽拧上，并用电动扳手或风动扳手拧紧螺栓。紧固前要测定扳手的扭矩，扣板式扣件应以 100～120 N·m 扭矩拧紧，弹条式Ⅰ型、Ⅱ扣件要求扭力矩达到 100～150 N·m，铺设在半径等于和小于 600 m 的曲线地段的弹条扣件，扭力矩要求达到 120～150 N·m。在作业线两侧应搭设工作台，以便操作，如图 9-10 所示。

6. 质量检查

轨排组装完后，应由质检员详细检查轨排是否按轨排生产作业表拼装、轨排成品质量是否符合要求，包括检查轨距、轨枕间隔、接头错开量、安装质量等。如果发现有不符合的地方，应加以修整，最后按轨排铺设计划对合格轨排用色泽醒目的油漆进行编号，并做生产记录。

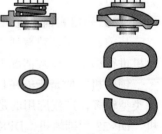

图 9-10　扣件组装图

7. 轨排装车

轨排装车是轨排拼装的最后一道工序，用 2 台 10 t 吊重、跨度 17 m 的电动葫芦龙门架，按铺设计划将编号的轨排逐排吊装在滚轮平车上，同时做好加固工作。装到车上的轨排应上下左右摆正对齐，不得歪斜。至此，一扇混凝土枕轨排组装完成，然后可以进行下轨排的组装循环。

三、轨排运输与铺设

（一）轨排运输

为了确保铺轨的速度，需要组织好从基地到铺轨前方的轨排运输。轨排运输车主要有滚筒车和平板车两类，通常是从铺轨基地运到铺轨现场采用平板车运输，而轨排在现场的喂送则采用滚筒车（即铺轨机二号车）的方式。

1. 滚筒车运输

滚筒车一般由 60 t 平板车组成，车面上左右两侧各装滚筒 11 个，彼此相距 1.0～1.2 m 装一个，由两辆滚筒平板车合装一组轨排，每组 6～7 层。滚筒车布置见图 9-11。

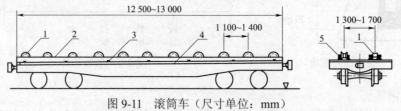

图 9-11　滚筒车（尺寸单位：mm）

1—滚轮；2—旧钢轨；3—垫梁扣件；4—车地板；5—垫梁

用滚筒车装运轨排，必须在滚筒上面安放拖船轨，以承受运输排垛的重量。为了避免轨排在运输过程中前后窜动，两辆平板车之间的车钩应设停止缓冲器，拖船轨的头部靠滚筒处设有止轮器。装载高度应保障行车和作业安全。

2. 平板车运输

用无滚筒平板车运送轨排时，每 6 扇轨排为一组，装在两个平板车上，7 组编一列。在换装站或铺轨现场各设两台 65 t 倒装龙门架，将轨排换装到有滚筒的平板车上，供铺轨机铺轨。轨排装车不得超载超限，上下层摆正，轨排对齐。平板车运输轨排优点较多，无需制造大量滚筒，减少拖船轨轨距杆止轮器数量，捆扎工作量减少，运输速度可达 30 km/h，节省人力和费用。

（二）悬臂式铺轨机铺设轨排

目前，我国新建普通铁路或采用换铺法进行长钢轨铺设中的轨排铺设作业，大多采用铺轨机进行施工，少数情况下也有采用龙门架进行的。

铺轨机一般是指能在自己所铺的轨道上进行作业的铺轨机械。我国铁路现在使用的铺轨机类型较多，广泛应用的是悬臂铺轨的铺轨机，常见的有：ZP-25 型铺轨机，PGX-30 型铺轨机，DP-28 型铺轨机，DPK-32 型铺轨机等。

铺轨机一般由车体、转向架、柴油发电机组、机臂、立柱、吊轨小车、扁担、起升与运行机构、轨排拖拉机构及驾驶室等组成。其外形如图 9-12 所示。

施工单位在轨排铺设时所采用的机械，应根据本单位现有的设备能力及工程的工期要求合理选用。悬臂式铺轨机有高臂和低臂之分，但它的作业形式基本一致。其轨排铺设作业程序如图 9-13 和图 9-14 所示。

1. 喂送轨排

轨排列车进入工地后，当前面轨排垛喂进铺轨机后，需要将后面的轨排垛依次移动到最前面的滚筒车或专用车上，这样才能保证作业的连续性。向前倒轨排垛的方式有两种：一是

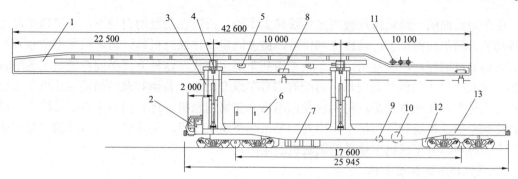

图 9-12　PG28 型铺轨机外形图（尺寸单位：mm）

1—机臂；2—驾驶室；3—立柱；4—横梁；5—摆头机构；6—电气系统；7—柴油发电机组；

8—吊轨小车；9—液压系统；10—轨排垛拖拉机构；11—吊轨运行机构；

12—牵引走行机构；13—车辆

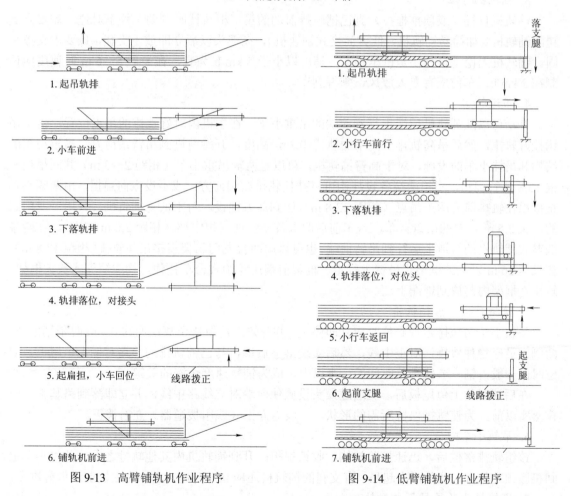

图 9-13　高臂铺轨机作业程序　　　　图 9-14　低臂铺轨机作业程序

拖拉方式。此种方式适用于使用滚筒列车。在铺轨机的后方选择一段较为平直的线路进行大拖拉作业。将滚筒列车最前面的一组轨排垛，用拖拉钩钩住第二层轨排的钢轨后端，用大小支架将 $\phi28\ \mathrm{mm}$ 钢丝绳支离平板车，将底板钩等专用机具固定于线路上，然后缓慢地拉动列车。由于最前面的一组轨排垛被固定在线路上不动，所以在滑靴的引导下，这组轨排垛便依此移动到前面的滚筒车上。轨排垛到位后，撤去固定轨排垛的机具，再由机车推动整列车向前送到铺轨机的尾部。二是用二号车或专用列车倒运方式。这种方式必须在铺轨工地配备两台起重量 65 t 以上的倒装龙门吊，再配有二号车或专用车。若倒装龙门吊能够让机车通过则可省去二号车。作业方式是：将两台龙门吊吊立在离铺轨机不远且较为平直的线路上，机车将轨排列车依次推送到龙门吊下，用龙门吊吊起整组轨排垛，倒装到装有滚筒的二号车或专用车上，再由二号车或机车推送到铺轨机的尾部。

2. 将轨排组拖拉进主机

首先，撤除捆扎轨排的松紧螺栓及轨排制动器，并在轨排底层导向轨前端上好导轨铁靴，挂好滑轮钢丝绳；然后，用铺轨机上的卷扬设备，将整组轨排（Ⅱ型混凝土枕 6 层、Ⅱ型混凝土枕 5 层）拖拉至铺轨机腹内。

3. 铺轨机对位

铺轨机自行（或顶推拖拉）到已铺轨排前端的第三根轨枕时制动，停下对位。需要立支腿的铺轨机（如简易铺轨机、低臂简支式铺轨机），在摆头以后立即放下支腿，按要求支撑牢固。铺轨机无论是自行还是机车推送，速度以小于 5 km/h 为宜，在最后 5～6 m 时速度应控制在 3 km/h，车前应有专人放风，掌握刹车。

4. 吊运轨排

开动可以从铺轨机后端走行到前端的吊重小车，在主机内对好轨排的吊点位置，落下吊钩挂好轨排，然后吊高轨排至离下面轨排 0.2 m 高度，开始前进到吊臂最前方。吊重小车的结构和吊挂小车的设施，对于高臂铺轨机，可以是两辆吊重小车（相距 2～3 m）共同吊住一根 13.8 m 长扁担，扁担两端各设挂钩可以挂住轨排送到前方；或不设纵向扁担，由两辆小车直接吊住轨排前后两个吊点（相距 13.8 m）送到前方铺设。对于低臂铺轨机，采用一龙门式的、长 2.5 m 左右的吊重台车，台车前后两端各吊住铁扁担中部（相距 2.0 m 左右），在两条低臂式铺轨机的轨道上运行到吊臂前端。也可以用两台龙门吊架直接吊住轨排（相距 13.8 m），在长达 26 m 以上的框架式吊臂上行走，框架前端用轮胎式台车托住，构成简支式长大框架，轨排在框架内落放到地面上。

5. 轨排对位，落铺轨排

吊轨小车吊轨排走行到位时应立即停止，并开始下落轨排至离地面约 0.3 m 时稍稍停住，两侧人员应稳住轨排，对正中线，然后缓缓落下后端，与已铺轨排的前端对位上鱼尾板。对位时间一般占铺一节轨排总时间的一半以上，成为铺轨速度快慢的关键。

在后端对位上鱼尾板后，可通过摆头设施使前端对立线路中线，并立即落到路基上。轨排落实以前，为使轨排保持所需的形状，一般需人工（或用拨道器）左右拨正。

6. 吊轨小车回位

该组轨排落位后，迅速摘除挂钩，收铁扁担，升到铺轨机内其他轨排之上，并将小车退回机腹预定位置，准备再次起吊。有支腿的铺轨机还应立即升起支腿，为主机前进做好准备。

7. 连接接头及吊铺第二排轨

铺轨机再次前进，驶入新铺轨排上，再次对位，继续铺设第二排轨，并重复以上工序，等一组轨排全部铺设完，立即翻倒托轨，拖入下一组轨排，再按上述工序铺设。当列车轨排铺设完了，立即用机车将空车拉回前方站，并及时发回基地，准备轨排运输工作；同时，将停在前方站的另一列轨排车送到铺轨前方继续作业。

8. 补上夹板螺栓

为了提高铺轨的速度，铺设轨节时仅上两个夹板螺栓，或使用了轨排接头连接器。铺轨列车通过后，应进行钢轨接头连接工作。此时拆除连接器，换上夹板，上好螺栓；若未使用连接器，则补足螺栓。

9. 粗拨线路，保证铺轨作业的进行

（三）龙门架铺设轨排

铺轨龙门架是铁路铺轨半机械化施工机具之一，它主要用于铺设钢筋混凝土轨排、在旧线拆换轨排以及轨排基地装卸工作等。

铺轨龙门架的特点是，机身不在自己铺设的轨道上行走，而在预先铺设于线路两侧的轨道上吊重和走行；它的缺点是体力劳动较强，占用人员较多，要求地面较宽，现在管理局的一些单位仍在使用。

铺轨龙门架由2～4个带有走行轮的框架式龙门架组成，每个龙门架的吊重有4 t和10 t两种。其中，有带运行机械和不带运行机械的两种形式，相互间用连接杆连接行动。龙门架的起重和运行依靠自带的发电机供电，发电机和拖拉用的卷扬机同放在一辆普通平板车上，挂在铺轨列车的后端，用电缆送电。铺25 m混凝土轨排时，一般用4台起重量4 t的龙门架或2台起重量为10 t的龙门架；铺25 m混凝土轨枕板轨排时，用3台起重量为10 t的龙门架；铺长轨排时，可根据轨排重量和龙门架的起重量适当配置多台龙门架一同使用。

铺轨时，应先铺设龙门架的走行轨道。目前铺设的方法主要是人力铺设和拖拉机拖框架式龙门轨；然后，将龙门架下到走行轨道上，并用滚筒车或托架车将轨排组运送到最前端，开动龙门架即可吊运轨排；把轨排运到铺设地点，降落轨排铺设在路基上。重复上述步骤，即可继续，如图9-15所示。

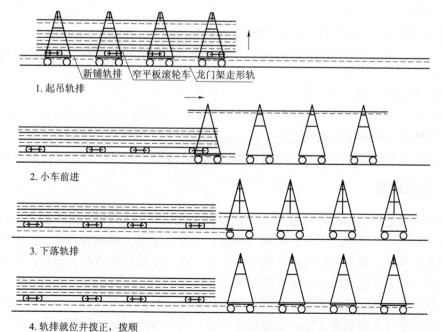

图9-15　龙门架铺轨机作业程序（龙门架在预铺轨道上的走行）

（四）轨排铺设的注意事项

（1）铺轨前预先铺设的砟带，左右高差不得大于 3 cm，砟带要按照线路中心桩铺设，不得偏斜。

（2）铺轨时，如果路基比较松软，在新铺轨排的前端，在落位前，砟带应稍加垫高，以防铺轨机前端下沉，造成连接小夹板的困难。如果路基特别松软，前支腿垫木应加长加宽，增加承压面积，提高承压力。

（3）拖拉指挥人员与驾驶调车指挥人员要密切配合，并明确拖拉速度，时时注意平板车上的作业情况。发现异常情况，及时停车。机车推送前进时，速度以小于 5 km/h 为宜，在最后 5～6 m 时，速度应控制在 3 km/h，并派有经验者放风，以防止发生意外。

（4）铺轨机及滚筒平车上的滚筒，应有专人负责维护注油，以减少拖拉时的摩擦阻力。

（5）在低于最佳铺轨轨温下限或高于最高允许铺轨轨温时不得安排铺轨；否则，在轨温恢复至铺轨轨温范围后，必须重新调整轨缝。预留轨缝按公式计算。

新铺的轨道，其预留的轨缝尺寸应当日检查，并将检查结果的总偏差量在继续铺轨时加以调整消除。

（6）轨排起吊和走行时要平稳，下落时不要左右倾斜，铺设时要注意中线及轨缝的控制。铺轨时轨道中线允许偏差为：普通轨枕 50 mm，宽枕 10 mm。

（7）轨排铺设完毕后，常常会出现因轨头不够方正而影响轨缝和对中的现象。有时，轨缝对齐后，中线又会出现偏差，造成下一节轨排无法铺设。因此，为了确保轨排铺设的质量，除了在铺设过程中加强质量监控外，还必须从一开始就保证轨头的方正。

影响轨头方正的因素有很多，如丈量不准、方尺不方、钢轨本身有硬弯、吊装运送轨排时两股钢轨错动等，但主要是前面两项，即丈量不准、方尺不方。通过强化对基地作业的质量管理，可以大大降低这类情况出现的概率，其方法有：

① 卸轨时严格防止摔弯。

② 拼装轨排前，应对轨长重新丈量核对，严格控制两股等长；对于存在着公差的标准轨，在选配时，可允许长度差不超过 3 mm，但在拼装下一轨排时，须将前一轨排的两股钢轨的长度差数补齐。

③ 制作准确的方尺，如铁质尺。

（8）安装螺栓时，要随时注意指挥信号，铺轨机行进前要迅速离开股道。后面补装螺栓，要随时注意轨排列车和铺轨机的动向，发现来车要迅速离开道心。禁止站在铺轨机和车辆底下作业。在线路上，禁止作业人员将工具和材料放在线路上休息，并随时注意行车安全。

四、上砟整道

上砟整道就是将道砟铺入轨道达到设计要求的道床断面，并使轨道各部分符合竣工验收技术标准的要求，主要包括采砟、运砟、卸砟、上砟、起道、整道等作业。上砟整道的工作量大，作业内容多，要求的标准高，而且多在有工程列车运行的情况下进行，干扰较大，因此必须严格按照上砟整道的有关规定组织施工。

上砟整道是和铺轨作业密切配合进行的，线路铺通后，大量工程列车通行，因此，线路铺轨后要抓紧进行上砟整道工作，迅速稳定线路，提高线路质量，以提高列车运行速度，保证行车安全，加快工程列车周转，加速铺轨施工。

（一）道砟的采备、装车和运输

道砟生产是上砟整道的一个重要环节，它涉及确定道砟来源、砟场分布以及片石的开采、道砟加工、装车、运输等问题，必须统筹考虑、合理安排，做到经济合理，质量符合要求。

1. 用砟量计算

上砟整道所需的道砟数量，可根据道床横断面计算，再加运输、卸砟、上砟时的损失和捣固后道床挤紧及沉落等原因，其增加率一般为 11.5%。

2. 砟场选择原则

新建铁路道砟来源有三种：一是利用邻近新线的营业线既有砟场；二是沿线零星采集；三是建立永久砟场或临时砟场。前两种砟源，在条件允许、经济上适宜时，必须优先选用，但常常不是新线道砟的主要来源。新建铁路所需道砟主要依靠自建永久砟场或临时砟场，其选择原则主要有：

（1）砟场的选择应考虑开采费用、施工难易程度以及运输的远近等。有条件时还应考虑配合生产片石等材料，以综合利用资源。

（2）建场前必须采集样品，试验其质量是否合乎道砟技术条件的要求。

（3）建场前必须进行钻探或挖探，计算其储量是否满足产量的要求。

（4）应考虑环保、防洪、排水、冬期施工以及有适当弃土场地等因素。

3. 道砟的采备

道砟采备可用人工或机械钻眼，爆破法开采片石，并用机械化或半自动机械化方法加工，其生产流程如图 9-16 所示。

4. 道砟装车与运输

根据设备情况，可因地制宜地选用高站台、棚架溜槽、活门漏斗和机械装车等方法。宜采用风动卸砟车运砟，常用的为 K13 型风动卸砟车，由走行部分、钢结构车体、漏斗

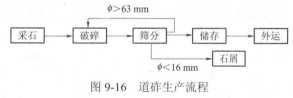

图 9-16　道砟生产流程

装置、启门传动装置以及工作室等组成。若无风动卸砟车，宜用敞车或改装的平车运砟。在砟场离线路较近的情况下，可用汽车运砟。

（二）卸砟

当运砟列车运行到铺砟现场后，即行卸砟。卸砟时应据列车装砟数与线路所需道砟数，先确定卸车地段，然后按设计要求将道砟分层均匀卸于线路两侧的路肩上和轨枕盒内。单层道床厚度不大于 25 cm 者，一次布卸完成；道床厚度大于 25 cm 者，按设计要求，分层卸砟，每两层砟之间应经过 5～10 对列车压实。目前，我国常用的卸砟方法有人工卸砟和 K13 型风动卸砟车卸砟两种方式。

1. 人工卸砟

当采用敞车运砟时，要用人工进行卸砟。当运砟列车到达卸车地段时，每辆车配备 4～8人，将车门逐一打开，列车以不大于 5 km/h 的速度行驶，边行边卸。在开启车门时，要严防伤人或人随石砟溜下。卸砟时要按需要量均匀地卸于线路两侧的路肩上，卸砟过多会增加倒运工作，且可能侵入限界，既浪费劳动力又不安全。卸完后要检查道砟是否侵入限界，轨面与轨头内侧是否有积砟，如有应及时清理，确保行车安全。

2. K13 型风动卸砟车卸砟

K13 型风动卸砟车车体下部的漏斗装置用以漏卸和散布道砟，它有四个外侧门和两个内侧门，通过启动传动装置，利用风压启闭不同的侧门，能使道砟按要求散布在轨道内外侧的不同部位。车内容砟量可达 36 m³，外侧门全开时，40～50 s 就能卸空一车。对运输干扰小，而且面砟均匀，劳动强度低，石砟也不侵入限界，为保证列车安全运行创造了良好条件。

卸砟列车一般由 15～20 辆风动卸砟车组成。装车时，严禁将直径大于 10 cm 的石块装入车内，冬季严禁将泥土和冰雪装入，以免石料冻结，堵塞车门。卸砟时由机车尾向后依次卸砟，每辆车卸完后，该车卸车人员即向后面发出卸车信号，最后一辆车卸完后，即可令司机恢复正常速度行车。

（三）整道

整道作业有机械整道与人工整道两种方法。机械整道与人工整道相比，既可减轻劳动强度，又可加快施工速度，提高作业质量，因此应尽可能采用机械整道。

1. 整道基本作业

无论是人工整道，还是机械整道，都需要做好以下几项工作：

（1）整正轨缝

整正轨缝前应按区间进行现场调查，将轨长、轨缝及接头相错量按钢轨编号逐一列表计算，作出全面的整正计划。施工前，将计划好的钢轨移动量及其移动方向写在相应的钢轨上，使之符合要求。轨缝整正工作量较大时，往往会牵动轨枕位置，使轨枕脱离捣实的道床，因此在轨缝整正后，应进行起道、放正轨枕及捣固等工作。为保证轨缝整正作业中不间断行车，须配备各种长度腰部有长孔的短轨头，以便夹板连接。

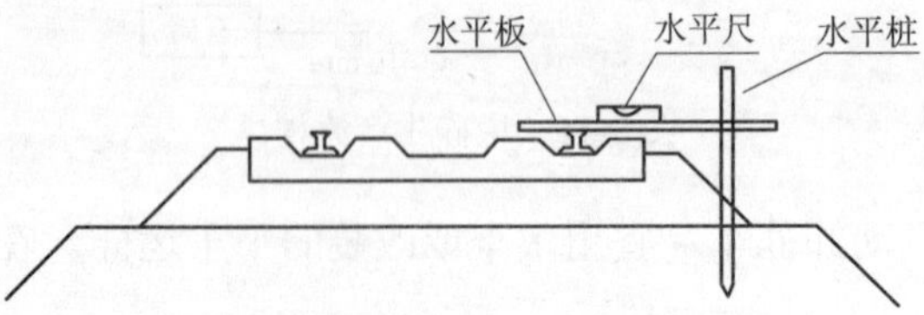

（2）起道

新线起道时，先选择一个标准股，在预先用水准仪测设好的水平桩外，按要求的高度起好，并按轨枕下串实道砟作为起道瞄视的基准点，如图 9-17 所示，每次至少起好两个基准点。人工起道图瞄视方法与检查轨顶纵向水平的方法相同。当标准股连续起平 30～40 m 后，

图 9-17 起道基准点设置

使轨枕中线与轨腰的间隔应相一致并垂直线路中心线。机械起道可用激光准直液压起拨道机，用激光准直仪控制轨顶高程。

起道后应将路肩处的道砟填入轨枕盒中，以便进行捣固。但应注意，在已起道与未起道的相接地段，应作成不大于 5‰的顺坡。在末次起道时，为防止道床沉落和轨顶高程不足，可将起道高度适当提高 3～5 mm。

（3）捣固

线路起道后必须进行捣固。人工捣固使用捣固镐，机械捣固可用液压捣固机，捣固范围：混凝土枕应在钢轨外侧 50 cm 和内侧 45 cm 范围内均匀捣固；木枕在钢轨两侧各 40 cm 范围内捣固道床，钢轨下应加强捣固。此外，对钢轨接头处和曲线外股，应加强捣实上述规定范围内的道床。

（4）拨道

新线拨道时，主要按经纬仪测设的中心桩进行，把钢轨及轨枕一起横移一定距离，使其

符合线路中心线的位置要求。为了不妨碍上砟整道工作，保护中线的准确位置，中线桩一般均自线路中心位置外移，与起道用的水平桩合并设置。人工拨道一般使用 6～8 个拨道器，均匀分布在两根钢轨的同侧，分布范围约 3.5～4 m，1 人指挥，其他人用拨道器用力拨道。机械拨道则可用激光准直仪直接控制起拨道机拨道。

2. 整道施工工艺

现以大型机械化整道机组（MDZ）施工为例说明，其整道施工流程如图 9-18 所示，线路上砟整道分 4～5 次完成。

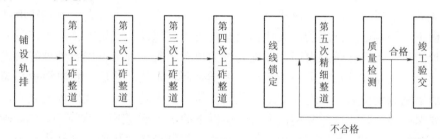

图 9-18　线路整道施工流程

第一次上砟整道：在铺设轨排后立即进行，风动卸砟车卸砟，上砟量为总上砟量的 40%，人工配合与小型捣固机具整道，起道量为 80～100 mm，目标是消除反超高、空吊板、三角坑等影响行车安全的隐患，保障工程列车的行车安全，同时保证枕底有一定厚度的道砟，为大型养路机械施工提供条件。

第二次上砟整道：上砟量为总上砟量的 40%，大型养路机械整道，起道量为 60～80 mm，目标是使线路初步平顺，初步稳定线路。

第三次上砟整道：上砟量为总上砟量的 10%，起道量为 60～80 mm，大型养路机械整道，目标是使轨道进一步抬高，曲线地段外股超高基本成形，线路基本平顺，道床基本稳定。

第四次上砟整道：上砟量为总上砟量的 10%，起道量为 30～50 mm，大型养路机械整道，目标是使轨面达到设计高程，线路平顺，道床稳定，使轨道几何尺寸和道床参数满足线路锁定的要求。

第五次精细整道：上砟整道在线路锁定后进行，为线路的最后一次上砟整道，属精细整道，起道量 20 mm 左右，目标是消除线路局部的少量不平顺/顷，使线路完全达到设计文件和验收规范的要求，直线平直、曲线圆顺。

机械化整道机组（MDZ）由起拨道抄平捣固车（如 08-32 型或 09-32 型）、配砟整形车（如 USP、SSP 或 SPZ 系列）、轨道动力稳定车（如 DGS62N 型或 WD320 型）组成。风动卸砟车将道砟卸在线路两侧，配砟整形车进行配砟整形，起拨道抄平捣团车进行起拨道捣固作业。起拨道捣固作业完毕后，立即采用动力稳定车进行动力稳定作业。

3. 轨道质量检测

线路经 4～5 次整道，全面地对线路进行检测，检测主要项目有轨面高程、中线偏位、轨道几何尺寸、道床参数、曲线外股超高、竖曲线等，所有检测项目均需达到最终稳定状态标准，否则需继续整道直至合格。轨道铺设精度静态检测一般采用轨检小车，动检测采用轨道检查车。

9.2 无砟轨道施工

无砟轨道是近年来大力发展的轨道结构形式，下面简要介绍几种常见无砟轨道的施工。

一、板式无砟轨道施工

（一）日本板式轨道

板式无砟轨道以日本新干线板式轨道和德国博格板式轨道为代表。板式轨道结构中的轨道板通常由工厂预制好运到现场，尺寸和质量均可得到保证，现场的施工工作量亦可大为减少。轨道板的预制应确保预应力筋、预埋套管的位置正确。现场首先要处理好轨道板基础。其后进行混凝土底座和凸形挡台的施工，其关键是测量定位。然后，将轨道板吊装、运输、铺设。轨道板精确定位后，可进行 CA 砂浆的浇筑。首先是 CA 砂浆模板的架立，既要保证密贴，又要保证浇筑时空气能顺利排出，每块板下的 CA 砂浆应一次筑完。CA 砂浆浇筑后24 h，强度达到 0.1 MPa 后方可拆模，然后支模浇筑凸形挡台树脂，同样也必须一次完成。接下来扣件组装和钢轨铺设，并进行精密调整，确保轨道几何形位符合设计要求。通常是先调一股钢轨的方向和轨面标高，再调另一股。精调后，扣件之间的轨底下按一定距离插入调整垫块，用于固定钢轨的精确位置，而钢轨扣件处于正常连接状态。在扣件与钢轨的间隙处插入充填式垫板注入袋，用胶枪或注射器注入充填树脂。当充填式垫板达到允许承载能力后（约 10 h），撤出调整垫块，进行轨道几何形位的精细检查。图 9-19 为桥上板式轨道的施工工艺框图。图 9-20（1）、（2）、（3）、（4）、（5）、（6）、（7）、（8）为板式轨道的主要施工工序图片。

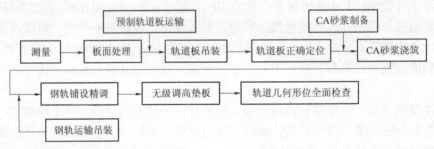

图 9-19　桥上板式轨道的施工框图

图 9-20（1）　混凝土底座与凸形挡台的施工

图 9-20（2）　临时轨道的铺设

图 9-20（3） 轨道板的运输

图 9-20（4） 轨道板的铺设

图 9-20（5） 轨道板状态的调整

图 9-20（6） CA 砂浆的灌注

图 9-20（7） 混凝土凸形挡台的灌注

图 9-20（8） 钢轨的铺设

（二）德国博格板式轨道

德国博格板式轨道系统是一种预制板式无砟轨道，根据博格板式轨道的结构可知其主要施工工序为：板的预制，防冻层施工，摊铺水硬性支撑层，轨道板铺设与粗定位，轨道板精细定位，CA 砂浆灌注，封填窄接缝，板间连接，封填宽接缝，长钢轨铺设等。

铺设前，要进行博格板的预制，博格板采用的是 C60 混凝土，板间纵向通过灌注完成后的张拉锁件连接。轨道板在工程预制过程中，待混凝土大部分收缩徐变完成后，采用数控磨床进行精磨。轨道板安设位置的精度在很大程度上决定了轨道的铺设精度。因此，板的预制就显得尤为重要。单块博格板的预制是在工厂中按照设计提供的逐块轨道板参数，通过预制坯板、存放、在轨道板专用的精密磨床上进行磨削，使轨道板尤其是承轨台的几何尺寸能够与轨道板在线路上安装的位置完全匹配，最后达到铺设高精度轨道系统的要求。

施工时，首先进行防冻层的施工，防冻层为级配碎石，用以阻止土质路基因冻融循环所引起的基床表层破坏。然后，进行水硬性支撑层的施工。水硬性支撑层采用的是 C15 素混凝土结构，组成材料有水泥、砂子、粉煤灰、减水剂和水等，按照一定的配合比进行拌合，然后运到现场，进行摊铺。摊铺有两种方法：一是滑膜摊铺，二是立模浇筑。在混凝土达到规定强度后，就可以进行轨道板的运输，然后用移动龙门吊进行轨道板的铺设。经过精确定位后，进行轨道板垫层纵、横边缘的窄缝的封填工作，然后进行 CA 砂浆的灌注，待达到一定强度后，接下来进行两块板间的连接，包括张拉锁的安装、连接张拉钢筋、浇筑封缝的混凝土，最后进行长钢轨的铺设。

图 9-21（1）、（2）、（3）、（4）、（5）、（6）、（7）、（8）为博格板式轨道的主要施工工序图片。

图 9-21（1） 摊铺水硬性支撑层

图 9-21（2） 轨道板打磨

图 9-21（3） 轨道板铺设

图 9-21（4） 轨道板精确定位

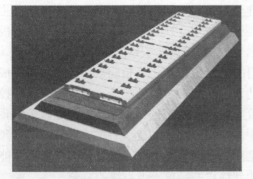

图 9-21（5） 板底填充 CA 砂浆

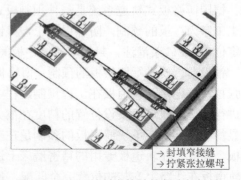

图 9-21（6） 填封窄接缝拧紧张拉螺母

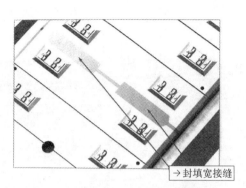

图 9-21（7） 填封宽接缝

图 9-21（8） 铺设长轨

图 9-21（9） 轨道竣工

二、双块式无砟轨道施工

双块式无砟轨道以德国 Rheda2000 型无砟轨道和 Zublin 型无砟轨道为代表。Rheda2000 型无砟轨道采用"自上至下"的施工方法，即先将预制的双块式轨枕组装成轨排，并调整好轨排的几何形位，然后以现场灌注混凝土方式，将混凝土浇入均匀、连续的钢筋混凝土道床内。其主要施工装备有滑模摊铺机、抓枕机、轨排粗调机、螺杆/螺旋调整器、混凝土灌注及振捣设备、专用铁路测量系统、全站仪等。图 9-22、图 9-23 为 Rheda2000 型无砟轨道的施工照片。

Zublin 型无砟轨道设计原理和方法与 Rheda2000 系统基本相同，最大的不同是施工方法。其采用德国 Zublin 公司开发的专用成套施工设备，用固定架替代钢轨支撑架，将轨排振动压入预先浇筑的混凝土中，如图 9-24、图 9-26 所示。其施工机械化程度高，施工进度快，施工不需要工具轨，且受环境条件影响小。Zublin 型无砟轨道主要施工装备有滑模摊铺机、混凝土巡回车、混凝土压实单元、轨枕安装单元、拆卸单元、轨枕装载单元、专用模板轨道、支脚、横梁、固定架、尾车等。图 9-25 为 Zublin 型无砟轨道轨枕固定架。轨枕固定架可一次固定 5 根轨枕，由轨枕安装单元将轨枕固定架下的 5 根轨枕嵌入到新浇筑的混凝土中。

图 9-22　Rheda2000 双块式轨枕的铺设

图 9-23　Rheda2000 无砟轨道竣工图

图 9-24　Zublin 型无砟轨道轨枕振动压入

图 9-25　Zublin 型无砟轨道轨枕固定架

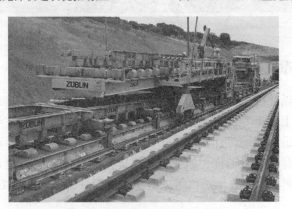

图 9-26　Zublin 型无砟轨道施工

三、长枕埋入式无砟轨道施工

在浇筑混凝土底座前，首先测量放基准线，浇筑混凝土底座采用滑模施工法，滑模机械沿基准线走行。在混凝土底座达到规定强度后，就可以开始上层的长枕埋入无砟轨道施工，其施工步骤框图如图 9-27 所示。德国 Rheda 型无砟轨道施工时不用轨排支架，而是每三根轨枕有一根轨枕头部有垂向调整螺栓，以此来调整轨面高度。图 9-28 为在混凝土底座上铺设长枕埋入式无砟轨道的施工照片。对于长枕埋入式轨道结构，在施工过程中需要注意轨枕横向孔穿筋后，注浆应饱满、密实；工具轨铺设后，精密调整轨面时，要逐根检查轨底与橡胶垫的密贴，防止因扣件组装不良而导致轨道的不平顺；加强轨枕与道床板混凝土接合面的结合，两者的接合面很容易因混凝土收缩、徐变而产生裂纹，故在轨枕四周与混凝土接触面上涂刷界面剂，以增强新老混凝土的接合性能，并用养护剂对浇筑的混凝土进行养生。

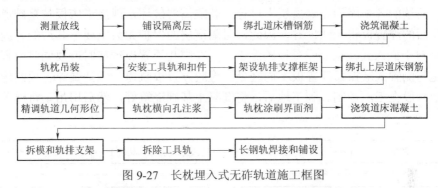

图 9-27　长枕埋入式无砟轨道施工框图

图 9-28　我国渝怀线鱼嘴 2 号隧道长枕埋入式

四、弹性支撑块式无砟轨道施工

弹性支撑块无砟轨道的施工，有不少步骤与长轨枕埋入式无砟轨道施工相类似，其施工框图见图 9-29。在支撑块运抵现场前，就将块下橡胶垫和橡胶套靴与支撑块组装好。但支撑块与长枕埋入式不同之处是，要考虑钢轨上安装支撑块后，由于支撑块的重量使得钢轨的扭转对轨底坡的影响。施工中应注意，混凝土道床必须低于支撑块橡胶套靴上缘 2 mm。

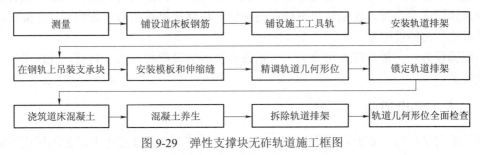

图 9-29　弹性支撑块无砟轨道施工框图

五、浮置板无砟轨道施工

浮置板的尺寸有多种，短的浮置板多为预制，长的浮置板为现浇。现以现浇的长的侧置式钢弹簧浮置板的施工为例。首先，在处理好的基础道床上铺设隔离层。隔离层不能太薄，且每幅之间应有重叠，可用一定厚度的塑料薄膜。隔离层的作用是将要灌筑的轨道板与基础道床隔开，后续的各工序均在隔离层上进行。若隔离层破坏，现浇道床板与基础道床混凝土连接，成型后的浮置板将无法顶升，因此，对隔离层的保护尤为重要。其后的各施工步骤见图9-30。而对于嵌入式减振器浮置板的施工，则在绑扎浮置板钢筋时就要同时放置弹簧减振器了，这是与侧置式减振器浮置板不同之处。橡胶浮置板轨道与钢弹簧浮置板的施工方法不同，浮置板一般在工厂预制。到工地后，将混凝土基础浇筑好，然后用吊车将浮置板吊装就位即可。

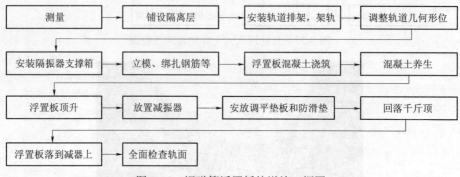

图 9-30　钢弹簧浮置板轨道施工框图

9.3　道岔的施工

道岔结构复杂、零件较多、技术要求严格，因此，道岔施工是一项细致、复杂的工作，要保证道岔的铺设质量，必须依照其铺设程序，严格进行事前、事中及事后质量控制。在铺设前，应详细审核图纸，全面掌握技术要求，详细检查轨料及其零件。在铺设时，要严格遵循铺设程序，严格各个部件的尺寸，对铺设质量时刻进行监控。在铺设后，要认真检查铺设质量，确定其是否能够满足规范的要求。如果达不到要求，应进行整改。

为了提高铺轨速度，使铺轨与铺道岔两不误，一般采用预铺道岔或预留岔位等方法铺道岔。预铺道岔，即在铺轨未到达车站前，用汽车将道岔料全部运到岔位处，人工铺设道岔。预留岔位，即将道岔位置、长度丈量准确，在基地组装好岔位轨排。铺轨机铺到岔位处时，将岔位轨排设在岔位处，使铺轨机继续向前铺轨。待铺轨机过去后不影响铺轨作业时，将岔位轨排拆除，再铺设道岔。

按照铺设方法，道岔铺设可分为人工铺设和机械铺设两种方法。目前，我国采用人工铺设还比较多。

一、人工铺设道岔

铺设道岔是按照一定的铺设程序和铺设要求进行的，现以普通单开道岔的铺设方法和步骤为例详述如下。

(一) 准备工作

为了顺利铺设道岔，下列各项准备工作，都必须事先认真做好。

1. 熟悉图纸

道岔的设计标准图包括道岔布置图和道岔各组成部分的构造图，是铺设道岔最主要的依据。铺岔前，应认真学习。

2. 整理料具

道岔钢轨、道岔前后的短轨、配件、岔枕等，运到施工现场后，要详细清点、检查、整理，并丈量各部尺寸，编号、分类堆放好。

3. 测量

即测设道岔位置桩，根据车站平面图，定出道岔中心桩；按道岔图测量基本股道起点的位置，并量取从道岔中心到尖轨尖端的长度，定出岔头位置桩；再测量辙叉跟的位置，定出岔尾桩，如图 9-31 所示。一般情况下，岔头与岔尾不会正好在钢轨接缝位置，故需要在道岔前后插入短轨加以调整。

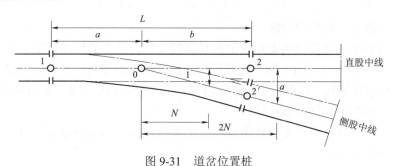

图 9-31　道岔位置桩

0—岔中交桩；1—头桩；2—尾桩（直股）；2′—尾桩（侧股）

(二) 铺设方法

1. 铺岔枕

先把道岔前后线路仔细拨正，拆除岔位处的原有轨道，把岔枕间隔固定在岔位靠基本股道的一侧，按间隔绳散布岔枕，并使全部岔枕在直股外侧取齐。

2. 散布垫板及配件

垫板与各类配件必须严格按设计散布与安放，不允许随便互换，特别是辙后垫板与辙叉的护轨下垫板不得弄错。

3. 岔枕钻眼

由于道岔垫板的形式、尺寸及位置不一样，岔枕道钉孔位置必须逐一量画，并打出道钉孔位置印。直股上使用普通垫板的岔枕，可用线路上道钉孔样板打印；使用其他垫板的岔枕，要根据轨距、轨头宽、轨底宽及垫板长度计算出岔枕端头的尺寸，画出垫板边线，摆上垫板，按每块垫板上的道钉孔眼，打好道钉孔印；曲线部分的道钉孔眼，要在直股钉好以后，根据支距及轨距画出垫板边线，按垫板上的钉孔打印。

4. 铺设道岔钢轨

道岔钢轨的铺设顺序，通常都是先直股后曲股，先外股后里股，共分四步铺完，如图 9-32

所示。

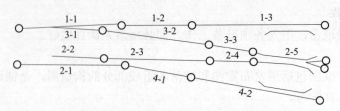

图 9-32　道岔钢轨铺设顺序

（1）铺钉直线上股钢轨和护轨

按编号顺序铺设直股基本轨和护轨 1-1～1-3，并使得 11 的前端与岔头桩对齐。连接钢轨接头，并按直股轨距要求，铺设钢轨 2-1～2-4 和辙叉 2-5。

（2）铺钉直线下股钢轨、尖轨及辙叉

以拨正的上股钢轨为准，根据各点的轨距要求，摆正垫板，钻好道钉孔，每块垫块先钉两个道钉，待全面钉完，拨正道岔直线方向使道岔与前后轨道方向顺直，经检查后再补钉其余的道钉。

（3）铺钉导曲线上股轨和尖轨

根据道岔布置图或查导曲线支距表上的导曲线支距，从尖轨根部接缝上即导曲线起点开始，按支距法铺钉 3-1～3-3 的钢轨，连接接头，铺好垫板后即可钉道钉。先钉支距点枕木上的道钉，用撬棍拨移钢轨，然后钉道钉。打钉时，应先钉外口后钉里口，以确保支距的正确。

（4）铺钉导曲线下股钢轨和护轮轨

以导曲线上股为准，按规定的轨距及递减距离铺钉 4-1～4-2 钢轨，连接钢轨接头，铺垫板，拨正钢轨然后钉道钉。

5. 安装连接杆

安装连接杆，尖轨摆动必须灵活，尖轨尖端与基本轨必须密贴，且尖轨动程合乎规定。

6. 安装转辙机械

转辙机械应设在侧线一侧的两根长岔枕上，一般在安装信号时进行。对刚铺的道岔，可采取临时措施扳动。道岔铺设后，其岔后另一股连接线未铺前，辙叉心后间隔铁处必须加铺一根临时短轨，尖轨必须钉固加锁，严禁扳动。新铺道岔临时使用时，应安装转辙设备，不得用撬棍扳道或用其他方法支顶尖轨。

二、机械铺设道岔

为了进一步提高道岔铺设的效率和质量，或者由于地区条件和劳动力等限制，可采用机械化铺设的方法进行。机械铺设道岔就是把需要铺设的道岔，在轨排组装基地预先钉好，再根据三大部分拆开（即转辙器、连接部分及辙叉和护轨），分成三个块，装卸分块按道岔铺设的顺序装在轨排车上运到施工现场，然后利用起重设备或铺轨机机械铺设。

（一）道岔组装工作台布置

道岔组装工作台应尽量设在轨排组装作业线附近，以便利用机具设备。工作台的地面要夯实整平，并埋设道岔交点桩，或在地面上做成道岔组装模型。

工作台的台位数量根据基地轨排组装能力而定。基地每昼夜轨排组装能力小于 4 km 时，设 2 个工作台；大于 4 km 时，设 4 个工作台，每个台位应分别按道岔型号标出道岔交点和各类岔枕的分界处和间隔，其布置如图 9-33 所示。

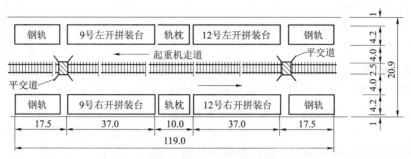

图 9-33　道岔拼装工台（尺寸单位：m）

（二）道岔的组装

道岔成品的组装，是在工厂或铺轨基地内进行。一般分为转辙器、导曲线、辙叉和护轨三部分进行，每部分的搭接部位暂不钉联，以利于吊装、运输和铺设，其组装方式如图 9-34 所示。

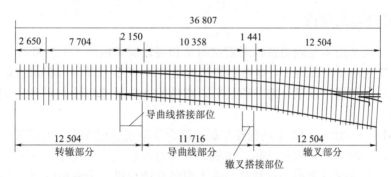

图 9-34　12 号道岔成品拼装示意图（尺寸单位：mm）

其组装工序为：

（1）根据组装计划，确定道岔号数、左开及右开。

（2）按照岔枕的分界桩和间距桩散布岔枕，用模板打出道钉孔位置，并钻眼。

（3）散布垫板、轨撑和钢轨等部件。

（4）散布道钉、螺栓，并插入部分道钉和螺栓。

（5）按先直股后曲股的次序打入道钉，搭接部位道钉暂不钉联。

（6）将搭接部位未钉联的配件清点装包。

（7）检查道岔成品、木枕规格、配件数量及组装质量是否符合规定，对不合格者加以整修，合格后则在辙叉上标明站名、编号及道岔类型。

（三）道岔的装运

道岔轨排的装运通常采用立装。立装是在平板车上安装 2～3 个用角钢、槽钢或旧钢轨弯制的装车架，组成专用的支架车，如图 9-35 所示。道岔可斜靠在装车架的两侧，每侧三层，每车可装道岔 2 副。

道岔轨排一般采用 8～10 t 履带吊车吊装，吊装顺序为先装辙叉部分、次装导曲线部分、最后装转辙器部分。轨面一律朝内侧，以利吊装、铺设。由于道岔轨排不对称，重心不在中间起吊时，要注意挂钩位置，保持轨排平衡。

道岔装车后，应使用特制松紧螺栓拉杆进行固定，以免在运输过程中串动。

（四）道岔的铺设

道岔的铺设一般采用吊车铺设，其作业顺序为：

（1）列车在预留岔位处停车，逐一将道岔成品卸于正线一侧。

（2）拆除预留岔位处的轨排，吊卸在线路的另一侧。

（3）按照转辙器部分、导曲线部分、辙叉部分的顺序，依次吊装、铺设、正位。每吊装、铺设一节，即连接夹板、钉联搭接部位的直股和曲股钢轨，抽换普通轨枕，补齐长岔枕，安装临时转辙器。

（4）检查道岔铺设质量，并进行整修。

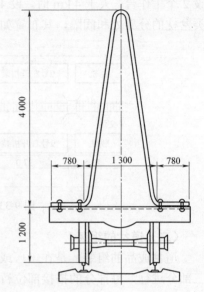

图 9-35　立装支架车（尺寸单位：mm）

三、大号码道岔铺设

高速铁路正线采用大号码道岔，对道岔组装和铺设质量提出了更严格的要求。国外一般都在道岔工厂先把道岔组装好（有些在组装基地组装），然后整体分段将道岔运往现场，以保证道岔的组装质量和铺设质量。道岔组装后，重量的外形尺寸都较大，需要按照道岔的尺寸选择运输方案。

芬兰 DESEC 公司的 TL50 道岔铺设机械，适合于新线轨道和道岔的铺没。在作业时，门式吊车跨在运输车两侧，将道岔吊起。该机具有自走行系统，可直行也可横移，将道岔吊运至铺轨位置后，放下就位即可。这种跨吊式大型道岔铺设机，全液压驱动，可用普通平板车运输。利用自身的支撑油缸和走行系统，可自行完成上下运载车辆过程，所以该机是目前世界上较为先进的道岔铺设机械。

法国大号码道岔铺设的技术要求较高，铺设时采用法国 GEISMAR 公司的 PUM 道岔铺设专用设备，该设备由多组机动龙门架与运送小车组成，根据道岔长度采用不同组数作业。施工时需要机车配合，并铺设临时轨道，以便将道岔送入预定位置。

国内大号码道岔铺设，一是采用专用机械铺设法，主要设备为斜板运输车、专用铺岔设备和焊轨设备等，其施工工艺流程见图 9-36；二是采用专用机械换铺法，主要设备为轨道吊、

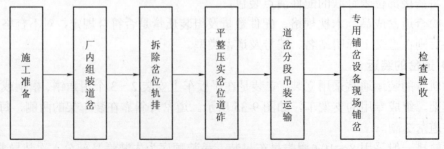

图 9-36　专用机械铺设法工艺流程

龙门吊、门架单元组合式换铺设备和焊轨设备等，其施工工艺流程见图 9-37。我国的 38 号道岔采用的铺设方法是：拆除临时过渡轨，原位组装换铺法。其工艺流程如下：施工准备→道岔组合件运输、吊卸→道岔铺设→道岔岔内焊连→道岔整道→转辙机安装调试→道岔与正线焊连。如图 9-38 所示为 38 号道岔的施工图。

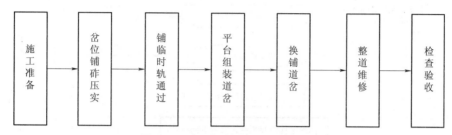

图 9-37　专用机械换轨法工艺流程

图 9-38　38 号道岔的吊装与焊接

四、无砟道岔铺设

无砟道岔施工应遵循"专业化、机械化、标准化"施工、确保道岔铺设质量、满足铁路建设总体工期要求的原则，根据施工现场工况条件，进行施工方案的技术经济比选。无砟道岔施工优先采用原位组装施工方法，也可采用道岔预组装整组铺设等其他施工方法。图 9-39 为我国高速铁路原位法无砟道岔施工工艺流程，图 9-40 所示为我国高速铁路预组装法无砟道岔施工工艺流程。

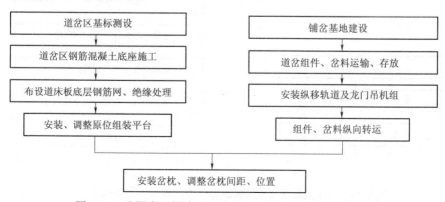

图 9-39　我国高速铁路原位法无砟道岔施工工艺流程（一）

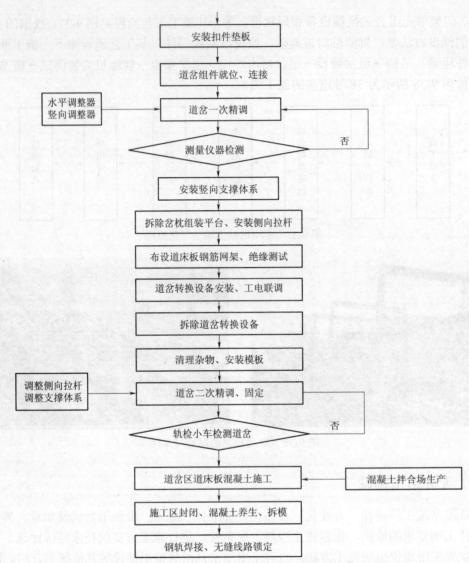

图 9-39　我国高速铁路原位法无砟道岔施工工艺流程（二）

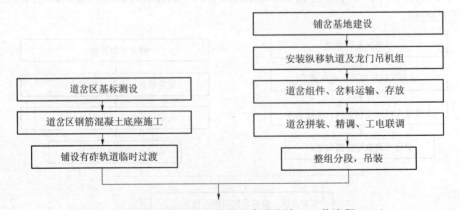

图 9-40　我国高速铁路预组装法无砟道岔施工工艺流程（一）

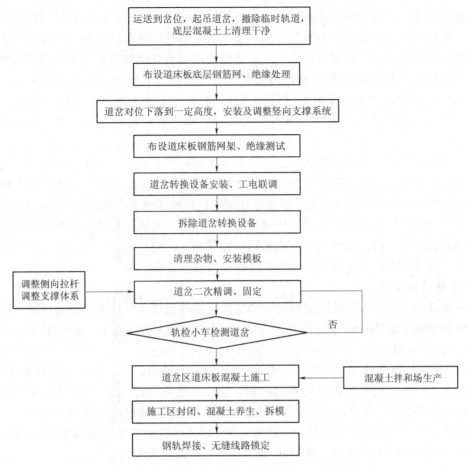

图 9-40　我国高速铁路预组装法无砟道岔施工工艺流程（二）

9.4　一次性铺设无缝线路的施工

我国既有铁路无缝线路铺设是在路基、道床稳定的条件下，将工厂焊接的长钢轨（250～500 m）运至工地，焊联成 1～2 km 的单元轨条，再在既有轨的基础上利用换轨小车换铺到轨道上，经过应力放散、焊联锁定成为无缝线路。

随着无缝线路理论研究的不断深入，施工技术的不断发展，新建铁路一次性铺设无缝线路将逐渐成为新建铁路发展的主要方向。新建铁路只有铺设无缝线路，才能保证轨道具有良好的平顺性，才能使新建铁路开通时的速度进一步提高。长钢轨铺设是新线一次性铺设无缝线路的关键技术，下面对其进行介绍。

一、有砟轨道长钢轨的铺设

根据国内外有砟轨道铺设无缝线路的经验，新线铺设长钢轨轨道可归纳为两类铺设方式。

第一类是引进国外的技术装备和作业方法，用铺轨机布枕、铺轨。此种铺轨方式在国外已有较成熟的技术和装备，其中可分为散枕铺设法和长轨排铺设法。散枕铺设法是将长钢轨和轨枕运至工地，先将长钢轨拖卸在线路两侧底层道床上，再将轨枕按设计间距布放在底层道床上，然后用收轨装置将长钢轨收入轨枕承轨台，铺枕铺轨车边布枕，边收轨，随即上扣件，构成浮放在道床上的长钢轨轨道。长轨排铺设法是将长钢轨和轨枕组装成长轨排，用专用的运输机械将长轨排运送到工地，再用多台龙门吊将长轨排吊放在底层道床上，构成浮放在道床上的长钢轨轨道，采取临时连接器连接轨排，并补充道砟，焊接长钢轨。待长钢轨焊接达到设计单元轨条长度后，进行应力放散。当达到设计锁定轨温时，焊连单元轨条后锁定。

第二类是充分利用我国铁路轨道工程现有的工程机械和技术，并加以合理组合进行无缝线路长钢轨铺设施工，此法称为"工具轨换铺法"，即先用钢轨、轨枕运输车（或其他机械设备）将临时轨排和长钢轨运至工地，再用常规铺轨机将轨排铺设在底层道床上。轨排铺完后，铺轨机及钢轨轨枕运输车退至临时轨排铺设起点，拆除工具轨，用长钢轨推送装置将长钢轨直接推送入轨枕承轨槽，上好扣件完成长钢轨铺设施工，随后回收工具轨，运回铺轨基地再用。另外，也可利用人工配合长轨运输车进行长钢轨的铺设。

（一）散枕铺设法

散枕铺设法又可分为单枕连续铺设法和群枕连续铺设法。单枕连续铺设法使用的设备主要有奥地利 Plasser&Theurer 公司生产的 SVM1000 型（及其改进型）、美国 HTT 公司生产的 NTC 型、瑞士 MATISAA 公司生产的 TCM60 型（及其改进型）铺轨机组。群枕连续铺设法所使用的设备主要有法国 GEISMA 公司生产的 PTH350、PTH500 型铺枕机和奥地利 Plasser&Theurer 公司生产的 PK250 型铺枕机，上述铺枕机均必须配上收轨机及轨枕定位机，才能使轨道准确定位。最近，我国自主研制的 CPG-500 型铺轨机组可以用于 500 m 长钢轨的铺设，其属于单枕连续铺设法。目前，我国高速、提速铁路施工中已成功使用了 SVM1000 型（图 9-41）、NTC 型（图 9-42）、TCM60 型（图 9-43）铺轨机组。

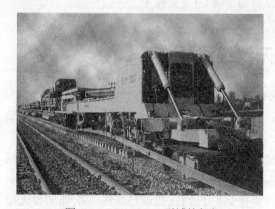 

图 9-41　SVM1000 型铺轨机组　　　　图 9-42　NTC 型铺轨机组

有砟轨道无缝线路施工工艺流程如图 9-44 所示。有砟轨道施工时，铺枕、铺轨作业区与上砟整道作业区的距离不宜过长。施工应采用一次性铺设无缝线路的"流水作业法"。各类单枕连续铺设法铺轨机铺轨施工工艺流程基本相同（但每道工序的作业内容不尽一致）。单枕连续铺设法施工工艺流程如图 9-45 所示。

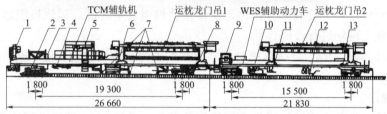

图 9-43　TCM60 型铺轨机组（尺寸单位：mm）

1—吊机；2—履带走行器；3—司机室；4—布枕装置；5—发动机组；6—胶垫摆放柜；7—收轨装置；8—测距轮；

9—发电机；10—推送装置；11—扣件摆放箱；12—扣安装机具；13—分轨装置

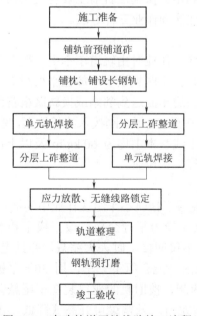

图 9-44　有砟轨道无缝线路施工流程

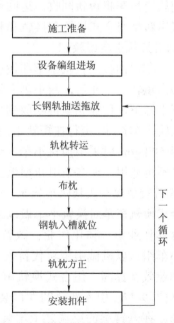

图 9-45　单枕连续铺设法施工流程

单枕连续铺设法施工作业应符合以下要求：

（1）铺轨作业前应按设计要求精确测量线路中心线，并按铺轨机作业要求用醒目颜色设置铺轨机走行标示线或设置导向边桩及钢弦。

（2）按枕轨运输列车技术要求装载长钢轨和轨枕，长钢轨装车完毕后要保证其锁定牢固，轨枕装车时严禁发生碰损、装偏、倾斜、漏垫支垫物等现象。

（3）机车推送铺轨列车进场时，运枕龙门吊应在铺轨机上锁定牢固。

（4）在底层道砟上按纵向 10 m、横向 3～3.25 m 间距成对布放拖轨滚筒，牵引车或长钢轨拖放车在长钢轨推送装置的配合下，将长钢轨沿滚筒拖放到线路两侧。

（5）轨枕转运宜分层进行，避免各运输平车之间由于载重悬殊产生车面高差。

（6）铺轨机沿线路中心线匀速前行，轨枕布设装置按规定间距在平整的底层道砟上布设轨枕，应避免在布枕前扰动破坏砟面的平整性。

（7）轨枕布设时将橡胶垫板放至轨枕承轨槽中。

（8）收轨装置在铺轨机前进时自动将长钢轨收入至轨枕承轨槽中，长钢轨间用临时连接器连接，就位应准确，并避免碰伤轨枕预埋铁座和长钢轨。

（9）长钢轨就位后，安装部分扣件，保证铺轨机组安全通过。铺轨机组通过后要及时补充扣件，并对施工现场进行收尾作业。

（10）每节长钢轨始端、终端落槽时的轨温平均值为长钢轨铺设轨温，铺轨时应及时记录铺设轨温。

（二）换铺法

所谓换铺法就是首先用铺轨机结合轨排换装龙门吊进行 25 m 铺设普通线路一定长度。

轨排铺设完毕后并经初步整道，保持线路基本平顺，然后用长轨运输车将焊轨厂焊接好的长钢轨（250～500 m）运输至现场，长轨条之间采用钢轨临时连接器连接，并上好扣件，随后利用轨道吊车将短轨回收，运回铺轨基地重新利用。换铺法目前主要有利用换轨小车组换铺、采用新型组合式换轨车换轨和利用铺轨机推送换铺作业三种方法。

1. 利用换轨小车组换铺

换轨小车组由拨入长轨小车和拨出短轨小车组成。作业时由轨道车牵引，拨入入轨小车在前，拨出短轨小车在后，两小车之间用钢丝绳连挂。平时换轨小车放在平板车上，作业时由平板车上卸下，作业完毕再回放到平板车上，由轨道车回送到邻站或换轨队宿营地。作业时拨入长轨小车在前，走行在短轨上；拨出短轨小车在后，走行在刚拨入的长轨上，见图 9-46。以前换铺 50 kg/m 时采用换轨小车，现在我国铁路正线基本上均为 60 kg/m 及以上钢轨，换轨小车已不再适用，现多采用新型组合式换轨车进行换轨作业。

2. 采用新型组合式换轨车换轨

组合式换轨车是对换轨小车做以下改进：完全克服了换轨小车组在作业中的缺点；改新、旧钢轨分体作业为一体化作业；改新、旧钢轨交叉交换为平行交换；改平板车和装换轨设备取代小车组；以机械引钢轨代替人工牵引钢轨，不仅间接工时大大缩减，并且走行平稳，较小车作业效率提高。组合式换轨车将拨新、旧轨的功能合组于一车，用 30 t 平板车改装而成，见图 9-47。引入新轨的龙口装在平板车的两侧，拨旧轨的龙口装在车尾悬臂梁的梁端之下部，在悬臂梁的梁端之上部装有新轨的导向龙口。悬臂梁可升高或降低，由卷扬机控制。悬臂梁亦可转动，其轮轴设在平板车的端梁上，区间运行时，将悬臂梁落在另一平板车上，平板车的另一端装有平衡悬臂梁的平衡重。组合式换轨车可与其他车连挂运行，调转运行方便。组合式换轨车在作业中走行平稳，拨动钢轨的力度较强，新、旧轨的拨入与拨出的通路上、下平行，互不干扰。在曲线上作业时，悬臂梁可适当转一角度定位，使新、旧轨走向与线路中线吻合。组合式换轨车进入工位后，甩掉托运平板车，而后落下悬臂梁，使拨旧轨的龙口略高于轨面，再分别用钢轨吊起装置将新、旧轨引入各自的龙口，换轨即随车缓慢启动，待新、旧轨开始落地后，换轨车即可按规定速度行进，每小时可更换 2～3 km。

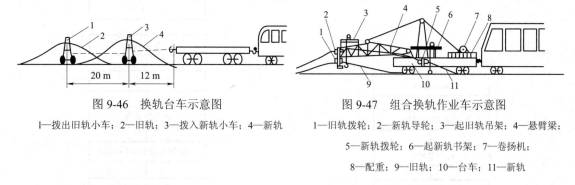

图 9-46　换轨台车示意图

1—拨出旧轨小车；2—旧轨；3—拨入新轨小车；4—新轨

图 9-47　组合换轨作业车示意图

1—旧轨拨轮；2—新轨导轮；3—起旧轨吊架；4—悬臂梁；

5—新轨拨轮；6—起新轨书架；7—卷扬机；

8—配重；9—旧轨；10—台车；11—新轨

3. 利用铺轨机推送换铺

这种方法的铺设原理与利用换轨小车换轨法类似，所不同的是铺轨机铺设完成标准轨排后，退回铺轨起点，拆除轨排钢轨，翻到枕木外侧，将轨排之间的轨枕按设计放好，运输轨排的平板列车退回铺轨基地（若采用枕轨运输车运输轨排则无需退回）。将长钢轨列车送至铺轨现场，再将长钢轨直接推送或拖拉至承轨槽内（承轨槽内每隔一定距离放置一个滚筒），拆除滚筒长钢轨落槽，上好扣件，用无孔钢轨临时连接器连接长轨轨道。铺轨机继续向前铺轨，随后用收轨机收回标准轨循环使用，其施工工艺流程如图 9-48 所示。

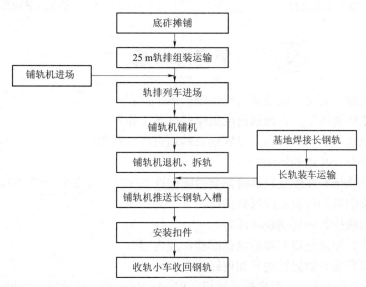

图 9-48　利用铺轨机推送换铺

二、无砟轨道长钢轨的铺设

无砟轨道铺轨一般采用钢轨纵向推送直接入槽的方法，称为"纵向推送法"，必要时也可采用工具轨换铺的方法。纵向推送法的主要铺轨设备由机车、长钢轨运输车、长钢轨推送车

（含过渡车）、导向装置等组成，纵向推送法铺设长钢轨施工工艺流程见图 9-49。

工具轨换铺法的主要铺轨设备由机车、长钢轨运输车、换轨车等组成，工具轨换铺法铺设长钢轨施工工艺流程见图 9-50。

施工准备

↓

设备编组进场

↓

长钢轨牵引

↓

长钢轨推送

↓

长钢轨落槽

↓

安装扣件

↓

质量检查

图 9-49　纵向推送法铺设长钢轨
施工工艺流程

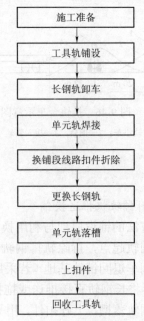

施工准备

↓

工具轨铺设

↓

长钢轨卸车

↓

单元轨焊接

↓

换铺段线路扣件折除

↓

更换长钢轨

↓

单元轨落槽

↓

上扣件

↓

回收工具轨

图 9-50　工具轨换铺法铺设长钢轨
施工工艺流程

 复习思考题

1. 请述轨道施工定义。轨道施工包括哪些施工内容？

2. 对于有砟轨道施工，在铺轨前应做哪些准备工作？

3. 设置铺轨基地的目的什么？设置铺轨基地有哪些原则？

4. 如何合理布置基地的场地？

5. 如何组装轨排？在组装轨排前需要做哪些准备工作？组装轨排需要哪些轨料？

6. 试述螺旋道钉的硫黄锚固材料的配比。

7. 如何运输轨排？如何铺设轨排？

8. 如何补砟？如何整道？整道包括哪些作业内容？

9. 道砟如何开采？如何运输？如何卸砟？

10. 试述板式无砟轨道、博格板式轨道、Rheda 2000 型无砟轨道、Zublin 型无砟轨道、埋入式无砟轨道，弹性支撑块无砟轨道、浮置板无砟轨道的主要施工步骤。

11. 铺设道岔前应做哪些准备工作？

12. 试述一般道岔的铺设方法和过程。

13. 试述机械组装道岔的工艺流程。如何装运道岔？

14. 何谓一次性铺设无缝线路？有哪些一次性铺设有砟轨道无缝线路的方法？

10

铁路线路维修

项目描述

我国铁路线路的修理，划分为线路设备大修和线路维修两种修程。铁路线路设备是铁路运输业的基础设备。由于大自然及列车荷载的作用，轨道几何尺寸不断变化，路基及道床不断产生变形。钢轨、连接零件及轨枕不断磨损，因而使线路设备的技术状态不断地发生变化。铁路线路维修工作的基本任务是：经常保持线路设备完整和质量均衡，使列车能以规定速度安全、平稳和不间断地运行，并尽量地延长设备使用寿命。本章主要阐述线路维修工作的主要内容、设备检查、维修基本作业、无缝线路、曲线、道岔的养护维修、维修验收及质量评定标准等，使学生了解线路维修工作的意义及技术管理的内容和方法。

10.1　线路维修工作内容

线路维修工作，应贯彻"预防为主，防治结合，修养并重"的原则。按线路设备技术状态的变化规律和程度，相应地进行综合维修、经常保养和临时补修，有效地预防和整治线路病害，有计划地补偿线路设备损耗，以取得较好的技术经济效益。

一、线路维修工作内容

铁路线路维修按工作内容和目的，分为综合维修、经常保养和临时补修。

（一）综合维修

综合维修是在线路大、中修之间，根据线路变化规律和特点以全面改善轨道弹性、调整轨道几何尺寸和更换、整修失效零部件为重点，按周期、有计划地对线路进行的综合修理，以恢复线路完好技术状态。

1. 综合维修周期

在一般条件下，影响线路综合维修周期的主要因素是与通过总重有直接关系的道床技术状态，包括道床残余变形和道床脏污率两个方面。

《铁路线路修理规则》对正线线路综合维修周期的规定，如表 10-1 所示。

表 10-1　线路设备修理周期表

轨　道　条　件			周期（通过总重，Mt）		
轨　型	轨　枕	道床	大修	中修	维修
75 kg/m 无缝线路	混凝土枕	碎石	900	400～500	120～180

轨 道 条 件			周期（通过总重，Mt）		
轨 型	轨 枕	道 床	大修	中修	维修
75 kg/m 普通线路	混凝土枕	碎石	700	350～400	60～90
60 kg/m 无缝线路	混凝土枕	碎石	700	300～400	100～150
60 kg/m 普通线路	混凝土枕或木枕	碎石	600	300～350	50～75
50 kg/m 无缝线路	混凝土枕或木枕	碎石	550	300	70～100
50 kg/m 普通线路	混凝土枕或木枕	碎石	450	250	40～60
43 kg/m 及以下钢轨 普通线路	混凝土枕或木枕	碎石	250	160	30

注：当钢轨累计疲劳重伤平均达到 2～4 根/km 时，应安排线路大修。

铁道部和铁路局规定的综合维修周期，都属于宏观控制。工务段在实际执行时，还要因地制宜，在线路大、中修后的道床稳定期，综合维修周期可适当长一些。当年线路大、中修过的地段可不安排综合维修，但应加强经常保养。线路状态较差的地段应适当缩短周期，薄弱地段须每年都安排综合维修。

在安排维修计划时，应按道床的技术状态和轨道几何尺寸变化频率决定是否安排综合维修，一般不宜滞后.安排维修计划时要求做到：

① 要使线路保持一定的储备能力，避免缩短设备使用寿命；

② 要有一定的预防性，避免线路病害的发生或发展；

③ 要与线路大、中修计划相结合，避免设备技术状态恶化。

道岔和站线的综合维修周期，由铁路局规定。其中，正线、到发线道岔的综合维修周期可与线路同步，但不宜超过 2 年。

2. 线路、道岔综合维修基本内容

① 根据线路状态，适当起道。木枕地段全面捣固，混凝土枕地段，撤除调高垫板，全面捣固或重点捣固，混凝土宽枕地段，垫砟与垫板相结合。

② 改道，拨道，调整线路、道岔各部尺寸，全面拨正曲线。

③ 清筛枕盒不洁道床和边坡土垄，处理道床翻浆冒泥，补充道砟和整理道床。

④ 更换、方正和修理轨枕。

⑤ 调整或整正轨缝，整修、更换和补充防爬设备，整治线路爬行，锁定线路、道岔。

⑥ 矫直钢轨硬弯，焊补、打磨钢轨，综合整治接头病害。

⑦ 整修、更换和补充连接零件，并有计划地涂油。

⑧ 整修路肩，疏通排水设备，清除道床杂草和路肩大草。

⑨ 整修道口及其排水设备，修理、补充和刷新标志，收集旧料。

⑩ 其他预防和整治病害工作。

在综合维修作业中，与起道有关的各项作业可合并进行，其他作业可几项配合进行或单项进行。如有的单项作业已在综合作业前完成，综合维修时不需再做，但应按综合维修验收标准验收。

（二）经常保养

经常保养是根据线路变化情况，有计划有重点地养护，以保持线路质量处于均衡状态。经常保养的时间是全年度，范围是线路全长。对经常保养既没有周期规定，也没有遍数要求，而是根据线路变化情况，有计划、有重点地进行。在一年之中，除综合维修和临时补修以外，都属于经常保养。经常保养的目的是保持线路质量经常处于均衡状态。

1. 线路、道岔经常保养的基本内容

① 根据轨道几何尺寸超过经常保养容许偏差管理值的状态，成段地整修线路。

② 处理道床翻浆冒泥，均匀道砟和整理道床。

③ 更换和修理轨枕。

④ 调整轨缝，锁定线路。

⑤ 更换伤损钢轨，焊补、打磨钢轨和整治接头病害。

⑥ 有计划地成段整修扣件，进行扣件和接头螺栓涂油。

⑦ 无缝线路应力放散和断缝原位焊复或插入短轨焊复。

⑧ 整修防砂、防雪设备和整治冻害。

⑨ 整修道口，疏通排水设备，清除道床杂草和路肩大草。

⑩ 季节性工作、周期短于综合维修的单项工作和其他工作。

2. 经常保养的季节性工作

线路设备变化和作业内容与季节特点密切相关.所以，除按公里（组）安排线路（道岔）综合维修以外，还要针对不同地区、季节特点，加强季节性工作。

1）春融时期

① 加强线路和山体检查.加固或清除山体危石，及时撤换冻害垫板，以整修轨道几何尺寸为重点，成段整修线路。

② 调整轨缝，按计划进行夹板及螺栓涂油，抽换接头及连续失效轨枕，在道床不足地段补充和匀卸道砟，为夏季综合维修作业做好准备。

③ 疏通排水设备，排除路基积水，整治路基翻浆冒泥，防止春汛水漫路基。

2）炎热季节

注意调整连续瞎轨缝，加强轨道框架的整体稳定性，防止胀轨跑道。

3）防洪时期

雨季前应做好防洪准备，落实防洪重点地段，尽可能做好整修路基排水设备及整治路基道床病害。对维修解决不了的病害，应安排好洪期行车安全措施。执行雨前、雨中、雨后检查制度，加强巡山、巡河，及时掌握线路变化规律及险情，确保行车与人身安全。

4）冬前找细作业

① 整正线路方向，全面拨正直线和曲线。

② 整治低接头，消灭三角坑、空吊板，加强钢轨接头和桥头线路捣固，整治线路坑洼。

③ 备足过冬材料，如冻害垫板、冻害道钉等。

5）冬季作业

① 进行冻害垫板作业，除冰雪，保持线路状态良好。

② 检查、更换伤损轨件，预防钢轨、夹板和辙叉的折损。

③ 为夏季综合维修尽可能多做准备工作，如：木枕削平、调整"三不密"扣件、路料卸

车等。

（三）临时补修

临时补修是及时整修轨道几何尺寸超过临时补修容许偏差管理值及其他不良处所的临时性修理，以保证行车平稳和安全。

线路、道岔临时补修的主要内容如下：

① 整修轨道几何尺寸超过临时补修容许偏差管理值的处所。

② 更换重伤的钢轨和达到更换标准的伤损夹板，更换折断的接头螺栓和护轨螺栓。

③ 调整严重不良轨缝。

④ 进行无缝线路地段钢轨折断、重伤钢轨和重伤焊缝的处理。

⑤ 疏通严重淤塞的排水设备，处理严重冲刷的路肩和道床。

⑥ 整修严重不良的道口设备。

⑦ 垫入和撤出冻害垫板。

⑧ 其他需要临时补修的工作。

二、线路维修工作计划

（一）工务段应根据铁路局下达的年度计划，编制年度分月维修计划，下达各线路车间（机械化维修车间）。其主要内容包括：线路、道岔综合维修数量；经常保养工作的重点安排；各项技术指标；劳力和主要材料计划。

工务机械段应根据铁路局下达的年度计划，编制年度分月维修计划。

线路设备状态和线路保养质量的主要技术指标：

① 线路设备状态评定合格率；

② 线路保养质量评定合格率；

③ 道岔保养质量评定合格率；

④ 轨道检查车检测质量合格率。

（二）线路车间（机械化维修车间）应根据工务段下达的年度分月维修计划和各项技术指标，编制月度维修计划。其主要内容包括：

① 综合维修及经常保养的主要项目、数量、地点、材料和人工数。

② 工作量调查、验收的人工数。

③ 日常巡查的主要内容、材料和人工数。

④ 临时补修人工数。

⑤ 天窗计划。

（三）检查监控车间（工区）应根据有关规定和要求编制月度检查计划。其主要内容包括：

① 检查的项目、范围、数量及时间。

② 使用的仪器、量具、材料和人工数。

（四）检查监控工区、机械化维修工区、线路工区的日作业计划，由工长负责调查与编制。

在线路设备维修计划中，应根据线路设备条件和状态。结合季节特点，合理安排综合维修、经常保养和重点工作。

日常应全面掌握线路状态，根据线路动静态检查、设备病害和其他质量情况，安排经常保养和临时补修。

10.2 线路设备检查

线路设备检查是养路工作"检查、计划、作业、验收"四个环节中最基本、最重要的环节，它是制定线路维修计划和研究分析病害的依据。

根据线路变形的特点，线路检查基本上分为静态检查和动态检查两种形式。

静态检查——线路处于静止状态，其各部分已经发生的永久变形和内部伤损，通过仪器、工具及目测等检查方法确定其变形程度或伤损状况。静态检查项目比较全面，检查的条件也充分，它是线路经常检查中最主要的一种。

动态检查——在机车、车辆的动力作用下，线路发生弹性变形。这种弹性变形的大小不固定，它随列车的速度、重量的不同而改变。通过轨道检查车来检查，它可以反映弹性变形和永久变形的叠加状态。添乘机车、客车尾部凭借人的经验感觉，也能确定线路病害的种类、晃车和危及行车的程度，也起一定的检查作用。

线路设备静态检查用道尺、支距尺、弦线、轨道检查仪、水准仪、经纬仪、全站仪等检查工具进行；线路设备动态检查是通过综合检测车和轨道检查车或检查人员添乘列车进行。

线路设备检查内容及检查周期：

（1）正线线路和道岔，每月应检查 2 次（当月有轨检车检查的线路可减少 1 次）；其他线路和道岔，每月应检查 1 次。轨距、水平、三角坑应全面检查，轨向、高低及设备其他状态应全面查看，重点检查，对伤损钢轨、夹板和焊缝应同时检查。

（2）曲线正矢，每季应至少全面检查 1 次。

（3）对无缝线路轨条位移，每月应观测 1 次。

（4）对钢轨焊接接头的表面质量及平直度，每半年应检查 1 次。

（5）对严重线路病害地段和薄弱处所，应经常检查。

对于检查结果应做好记录，并应认真分析，对超过临时补修管理值的处所应及时处理。

一、线路检查

（一）静态检查方法

除添乘列车检查线路质量和用轨道检查车检查线路质量外，线路检查制度规定的其他检查项目均为静态检查。

这里介绍养路工长对管内正线、到发线线路和道岔的静态检查方法。

1. 检查人员和检查日期

由养路工长负责检查，并配备一名记录人员，兼瞭望列车。为了检查准确和掌握设备变化规律，原则上不许变更检查人员，更不允许临时指派除工长以外的人员负责检查。每月 1～10 日，15～20 日为正线、到发线线路和道岔检查日，半月一遍的检查间隔日期不少于 10 天，也不大于 20 天。

2. 检查工具

使用经过定期鉴定的万能道尺检查轨距和水平，使用绝缘的支距尺检查道岔导曲线支距，用弦线检查线路方向及高低，携带工务段统一编号的线路检查记录簿（见附录一、工线维-1）、道岔检查记录簿（工线维-2）、交分道岔检查记录簿（工线维-3）、菱形道岔检查记录簿（工线维-4）。另备一把 2 m 钢卷尺，做其他项目的检查。

3. 检查部位

轨距、水平为定点检查部位。每节钢轨长 12.5 m 及以下的线路，在接头和大腰处各检查一点；每节钢轨长 25 m 的线路，每节钢轨检查四处，即接头处、四分之一轨长、二分之一轨长和四分之三轨长处各一点，无缝线路长钢轨每公里检查 160 处。道岔的轨距、水平、查照间隔和护背距离，按表规定的部位检查。

前后高低和直线轨向由工长全面目测，凭经验判断再用弦线检查是否超过临时补修的容许偏差。每季对曲线正矢的检查按每 10 m 一个桩点进行测量，检查结果填入曲线正矢检查记录簿（工线维-5）。对道岔导曲线支距的检查，按支距点标记的位置进行，把检查结果填入记录簿中。上述三项的检查应携带必要的弦线或支距尺，并增加一名检查人员。

对无缝线路长钢轨位移情况，每月检查一次，填入无缝线路长钢轨位移观测记录簿（工线维-6），同时，也要检查和发现其他影响行车平稳和安全的隐患，如伤损轨件是否有发展、是否有严重的不良轨缝地段、接头或护轨螺栓是否有折断、道床是否严重不足等。

4. 检查程序和要领

（1）上道检查前，先确认检测工具是否合格。万能道尺的轨距测量值应标准，水平正、反两方向偏差不得大于 1 mm，万能道尺和支距尺应绝缘良好。

（2）由工长在规定的检查点测量轨距和水平，并按先轨距后水平的顺序读出与标准尺寸的偏差数。如：+2，-3，即轨距+2 mm、水平-3 mm。水平的加减号按如下办法确定：直线以左股为标准股，道岔以直上股为标准股，标准股高为正，反之为负；曲线以下股为标准股，对面股较标准股高出数值减去规定的外轨超高值为水平数。

（3）记录人员经复诵核准后，记入记录簿中，并对轨距、水平、三角坑超限外所进行圈注，提示工长对超限外所进行分析，协助工长点橇，查清作业项目，确定作业位置、工作量及所需材料数量及规格，并记入记事栏中。其他项目由工长目测，并同时将临时补修工作数量及所需材料数量和规格，记入记事栏中。

（4）回到工区后，由记录人员把每公里线路、每组道岔的超限数量及最大超限值、临时补修工作项目和工作数量、所需材料数量及规格汇总，交给工长，作为编制临时补修计划的依据。

（二）动态检查方法

线路设备动态检查是通过综合检测车和轨道检查车或检查人员添乘列车进行。检查包括轨道动态不平顺和车辆动态响应。

我国轨检车检查项目主要包括左右高低、左右轨向、水平、三角坑、轨距、车体水平和垂直振动加速度、轨距变化率、曲率变化率和车体横向振动加速度变化率等。新型综合检测车还增加了牵引供电、通信信号、轮轨和弓网接触状态等项目检测。

轨检车根据轨道动态不平顺和车辆动态响应综合评价轨道状态。

轨检车对线路局部不平顺（峰值管理）检查评定标准：

（1）检查评定项目：轨距、水平、高低、轨向、三角坑、车体垂向振动加速度和横向振动加速度、轨距变化率、曲率变化率和车体横向振动加速度变化率等。

（2）各项偏差等级划分及扣分标准：偏差等级一般分四级。Ⅰ级为保养标准，每处扣 1 分；Ⅱ级为舒适度标准，每处扣 5 分；Ⅲ级为临时补修标准，每处扣 10 分；Ⅳ级为限速标准，每处扣 30 分。

（3）各级偏差管理值见表 10-2。

表 10-2　轨道动态质量容许偏差管理值

项　　目	v_{max}＞160 km/h 正线				160 km/h≥v_{max} ＞120 km/h 正线				v_{max}≤120 km/h 正线			
	I 级	II 级	III 级	IV 级	I 级	II 级	III 级	IV 级	I 级	II 级	III 级	IV 级
轨距（mm）	+4 −3	+8 −4	+12 −6	+15 −8	+6 −4	+10 −7	+15 −8	+20 −10	+8 −6	+12 −8	+20 −10	+24 −12
水平（mm）	5	8	12	14	6	10	14	18	8	12	18	22
高低（mm）	5	8	12	15	6	10	15	20	8	12	20	24
轨向（mm）	5	7	10	12	5	8	12	16	8	10	16	20
扭曲（三角坑）（mm）（基线 2.4 m）	4	6	9	12	5	8	12	14	8	10	14	16
车体垂向加速度（g）	0.10	0.15	0.20	0.25	0.10	0.15	0.20	0.25	0.10	0.15	0.20	0.25
车体横向加速度（g）	0.06	0.10	0.15	0.20	0.06	0.10	0.15	0.20	0.06	0.10	0.15	0.20

注：①　表中各种偏差限值为实际幅值的半峰值；
②　高低、轨向不平顺按实际值评定；
③　水平限值不含曲线上按规定设置的超高值及超高顺坡量；
④　三角坑限值包含缓和曲线超高展坡造成的扭曲量；
⑤　固定型辙叉的有害空间部分不检查轨距、轨向，其他检查项目及检查标准与线路相同。

4. 线路动态评定标准：

（1）线路动态评定以千米为单位；

（2）每千米扣分总数为各级、各项偏差扣分总和；

（3）每千米线路动态评定标准：

优良——扣分总数在 50 分及以内；

合格——扣分总数在 51～300 分；

失格——扣分总数在 300 分以上。

5. 轨检车检查结果应分线、分段汇总，于每季末报部。

线路区段整体不平顺（均质管理）的动态质量用轨道质量指数（TQI）评定，超过管理值的线路，应有计划地安排维修或保养。如表 10-3 所示。

表 10-3　轨道质量指数（TQI）管理值

项　　目		高低	轨向	轨距	水平	三角坑	TQI
管理值	v_{max}≤160 m/h	2.5×2	2.2×2	1.6	1.9	2.1	15.0
	v_{max}＞160 km/h	1.5×2	1.6×2	1.1	1.3	1.4	10.0

按照单元轨道区段质量状态，选择单项参数或综合指数 TQI，由大到小顺序排列，质量较差的区段应尽早安排整修，以改善线路质量状态。

6. 检测周期

检测周期根据运量和线路状态确定。

（1）铁道部基础设施检测中心轨道检查车，应根据铁道部运输局安排，对容许速度大于 120 km/h 的线路及其他主要繁忙干线进行定期检查。

（2）铁路局轨道检查车，对容许速度大于 120 km/h 的线路，每月检查不少于 2 遍（含铁道部基础设施检测中心轨道检查车检查）；对年通过总重不小于 80 Mt·km/km 的正线，15～30 天检查 1 遍；对年通过总重为 25～80 Mt·km/km 以内的正线，每月检查 1 遍；对年通过总重小于 25 Mt·km/km 的正线，每季检查 1 遍。对状态较差的线路，可适当增加检查遍数。

7. 检测报告

（1）铁道部基础设施检测中心轨道检查车检测中发现的问题，应及时通知有关单位，检查后及时将检测报告提交有关单位，每季末向铁道部提报季度（或年度）检测、分析报告。

（2）铁路局轨道检查车检测中发现的问题，应立即通知工务段，检查后向有关单位通报检查结果，每季初 15 日前向铁道部提报上季（或上年度）检查、分析报告。

工务段对轨检车查出的Ⅲ级和Ⅳ级超限处所，应及时处理，或通知在管内施工的责任单位及时处理。

工务段长（或副段长）、指导主任和线路车间主任对管内正线，每月至少用添乘仪检查 1 遍，发现超限处所和不良地段，应及时通知工区整修，并在段添乘仪检查记录簿上登记。

二、钢轨检查

（1）铁道部和铁路局钢轨探伤车，对年通过总重不小于 50 Mt 或允许速度大于 120 km/h 的线路，每年应至少检查 2 遍；对年通过总重不小于 25 Mt 的干线，每年应至少检查 1 遍。特殊地段增加检查遍数由铁路局确定。钢轨探伤车检查的伤损应采用探伤仪进行复核。

（2）铁道部钢轨探伤车检查中发现问题，应及时向有关单位发出通知，并于每月末（或年底）向铁道部提报月度（或年度）检测、分析报告。

铁路局钢轨探伤车检查中发现问题，应立即通知工务段处理，检查后向有关单位通报检查结果，每月上旬（或年初）向铁道部提报上月（或上年度）检查、分析报告。

（3）钢轨探伤检查应实行定期检查制度，依据年通过总重、轨型等条件确定钢轨探伤周期。

① 正线、到发线线路和道岔钢轨探伤周期见表 10-4。

表 10-4 正线、到发线线路和道岔钢轨探伤周期

年通总重 /Mt	年探伤遍数		
	75 kg/m、60 kg/m 轨	50 kg/m 轨	43 kg/m 及以下轨
≥80	10		
50～80	8	10	
25～50	7	8	9

续表

年通总重 /Mt	年探伤遍数		
	75 kg/m、60 kg/m 轨	50 kg/m 轨	43 kg/m 及以下轨
8～25	6	7	8
<8	5	6	7
注：冬季应缩短探伤间隔时间。			

其他站线、专用线的线路和道岔每半年应检查 1 遍。

② 下列情况应适当增加探伤遍数：

a. 冬季；

b. 在桥梁上、隧道内、小半径曲线、大坡道及钢轨状态不良地段；

c. 伤轨数量出现异常，连续两个探伤周期内都发现疲劳伤损（如核伤、鱼鳞伤、螺孔裂纹、水平裂纹等）地段；

d. 大修换轨初期（75 kg/m、60 kg/m 钢轨为累计通过总重 50 Mt，50 kg/m 钢轨为累计通过总重 25 Mt）、超过大修周期地段、钢轨与运量不匹配地段。

③ 无缝线路和道岔钢轨的焊缝除按规定周期探伤外，应用专用仪器对焊缝全断面探伤，每半年不少于 1 次。

（4）对钢轨、道岔磨耗情况，每年结合秋检应全面检查 1 次。对磨耗接近轻伤和重伤的钢轨和道岔，每季至少应组织检查 1 次。

（5）线路上的伤损钢轨应做标记，如表 10-5 所示。

表 10-5　钢轨伤损标记

伤损种类	伤损范围及标记		说　　明
	连续伤损	一点伤损	
轻伤	|←△→|	↑△	用白铅油做标记
轻伤有发展	|←△△→|	↑△△	用白铅油做标记
重伤	|←△△△→|	↑△△△	用白铅油做标记

（6）发现重伤钢轨，应立即通知线路车间和工务段调度。

工务段每月应将钢轨探伤进度及结果和其他方法检查发现的钢轨伤损情况，经分析后报铁路局。铁路局应每月汇总分析后，报铁道部（含伤损钢轨月报表）。

三、春秋季设备检查

每年 3～4 月由铁路分局组织工务段进行一次春季设备检查，检查内容和要求由铁路局根据具体情况规定。

每年 9 月末以前，按铁道部规定的秋检内容，由铁路分局（铁路局）组织工务段进行一次秋季设备检查，并结合设备检查进行线路设备状态评定。铁路局 10 月 20 日前汇总和分析秋季设备检查结果，并报铁道部。

10.3　线路维修基本作业

一、养路工作一日专业标准化

进行线路作业不但要认真执行单项作业标准，而且对日工作要建立一整套工作标准，并在各种施工作业中认真贯彻实施。养路工区一日作业标准化包括以下内容。

（一）作业前

（1）编制日作业计划；

（2）列队点名，布置工作；

（3）机具出库有登记使用有专人，保证状态良好；

（4）材料支出须根据日计划，由班长向材料员领取，材料员要及时发放、记账和修改料卡；

（5）根据作业内容，按规定办理签认登记手续，联系有关单位配合施工；

（6）按规定办法乘车或列队行走去施工地点；

（7）根据工作性质，指派专职防护员，按规定设置防护信号。

（二）作业中

（1）听从工班长统一指挥，按标准作业，按工料定额完成任务。

（2）随时注意瞭望列车，听从防护员、安全员指挥，带好机具，及时按规定下道避车。

（3）复线地段作业时，应面向来车方向。复线及站场作业，邻线来车时，本线也应停止作业。

（4）执行作业首件检查和经常检查制度，保证质量和安全。

（5）按作业要求，认真执行回检制度，对超过验收标准的项目应该返工。

（6）按规定进行次日综合维修和经常保养的作业调查，并回收废旧料。

（三）作业后

（1）撤除防护，按规定乘车或列队走行返回工区。

（2）整理机具材料并入库，对号入座，堆码整齐。

（3）根据完成作业数量，核算工料消耗，填写日计划完成情况。

（4）分析当日工作的安全、质量和劳动效率，开展班组核算和评比。

（5）根据对第二天作业的调查，编制次日作业计划。

二、起道专业

为了捣固作业的需要，将钢轨连同轨枕抬起一定的高度，称起道作业。其目的是找平轨面，消灭或减少轨道下沉的残余变形，改善道床弹性。起道作业往往和捣固、垫砟和垫板作业相结合。

起道分重起和全起两种。

重点起道简称重起，即将轨道坑洼处抬平，凸包处顺坡的起道方法；全面抬高轨道的方法称为全起，即根据线路的实际状况、维修作业性质的要求，将轨面普遍抬起一定的水平高度。无论重起还是全起，每次起道长度应根据作业条件、列车间隔时间的长短加以确定，要求在列车未到前，能够完成起道地段的捣固和顺撬工作。

（一）作业范围

（1）整正线路水平、三角坑及高低超限。

（2）整治线路坑洼，线路爬底，增加道床厚度。

（3）调整线路纵断面，局部或全面起道。

（二）作业程序

1. 核对量具

起道作业前，由起道负责人对当日使用的各种量具进行检查核对，保持量具准确。由起道器手检查起道器状态是否完好。

2. 调查划撬

调查和确定标准股，直线以左股为标准股，曲线以下股为标准股，每隔 20 m 或 25 m 为一点，将计划起道量标记在钢轨上。

3. 调整垫板

先撤除找平用的垫板，如重点起道作业，对捣垫结合处所，则按计划撤除或保留垫板，然后压打道钉，调整胶垫和拧紧扣件。

4. 指挥起道

全面起道时，由起道负责人按各点标记的起道量，先将标准股上各点起够，各点之间用目测起平。将标准股起出一段后，返回起好对面股水平。根据列车间隔时间或封锁时间，掌握起道长度，在列车通过前做完顺坡。

5. 起标准股

起道器手要按照起道负责人的手势，扒好起道器窝。放置起道器于适当位置，直线和曲线下股放在钢轨里口，曲线上股放在外口，混凝土枕地段和无缝线路应放在接缝、铝热焊缝以外，不少于一个轨枕孔内。

6. 起对面股

由起道负责人掌握，当标准股起出一段线路，视列车密度情况，一般起完 2～4 撬后，立即返回找对面股水平，来车前做好顺坡。

（三）技术要求

（1）一般情况下，每次起道的高度不得超过 40 mm。超过时，需要设置慢行信号施工。超过 100 mm 时，应设置停车信号防护施工。天气炎热时，应事先检查轨温状态，以防胀轨发生。无缝线路起道作业，必须严格按锁定轨温条件的要求和规定执行。

（2）为防止电力机车的受电弓与接触网的接触点落在其工作面宽度以外，《铁路工务安全规则》规定，在电气化线路进行起道作业，起高线路单股不得超过限界尺寸线。

（3）在维修作业中，起道作业一般采用目视对水平方法作业。即先选定一基本股，用目视方法将其轨面抬平，达到起道高度，然后用水平尺调整另一股钢轨的轨面高度。起道时，应视线路条件、捣固方法（或垫板），留有适当的下沉预留置，经列车辗压后，达到标准状态。

（4）水平状态良好，无明显小坑。轨道纵向长平目视平顺，无漫坑、漫包。检查水平、高低误差，符合《维规》的容许规定。

（5）由线路起道引起的有关项目，应符合各单项技术作业标准。

三、捣固作业

为了消除轨道下沉及坍砟，将轨枕下的石砟打实或者抬高后打实称为捣固作业。手工捣固作业采用大头镐，机械作业采用电动或液压捣固机。

维修中就是通过起道作业，调整和消灭漫坑、明坑等水平、长平不良处所，经过捣固或垫板、垫砂作业进行整治。对于暗坑、空吊板病害，经过检查判断，采用捣固、垫板或垫砂作业即可。

木枕地段，在综合维修中，全面或重点起道，均应全面进行捣固。在经常保养和临时补修中，可采取重点起道和重点捣固。捣固时，应在钢轨两侧的轨枕底面下各 400 mm 范围内捣实道床，轨下部分应加强捣固。

混凝土枕地段，在综合维修中，应将调高垫板全部拆除并拧紧扣件，使用机械对起道地段进行全面捣固，对非起道地段进行全面捣固或重点捣固。在经常保养和临时补修中，可采取捣固与垫板或垫砂与垫板相结合的方法。捣固或垫砂时，应在钢轨两侧各 450 mm 范围内均匀捣固或垫平道床。靠近捣固或垫砂范围的枕下道床，应填充饱满。

（一）线路捣固找小坑

1. 作业范围

（1）找平线路轨道水平、三角坑及高低超限。

（2）线路有暗坑、吊板，需安排捣固整修。

2. 作业程序

（1）调查画撬

结合量水平和穿看纵平，画出撬长，据画撬处所按轨号做出记录，安排整修。

（2）扒道床

依照事先画好的撬印，按扒道床作业标准要求扒好镐窝。

（3）方正轨枕

按方正轨枕作业标准要求，方正轨枕。

（4）起道

作业前对轨距尺进行校对，对起道器状态进行检查，按起道负责人指挥穿平前后高低，起好标准股，找好对面股。

（5）捣固

根据坑头、坑尾画好的撬印，由坑头、尾向坑底捣固，并逐渐增加捣固镐数。捣固作业分别按木枕、混凝土枕捣固要求进行。

（6）回检

捣固后线路左右水平、前后高低、枕木空吊板率，均应符合《维规》有关规定。

（7）打紧防爬设备

对因方正轨枕及起道捣固造成的防爬器不靠和支撑松动现象，应及时打紧。

（8）回填整理道床

捣固完毕，经检查确认线路质量符合验收标准后，及时回填道砟，做到一撬一清，使道床符合各类型轨枕要求，并整理拍平。

3. 技术要求

（1）手工捣固时，扒镐窝必须彻底。捣固长度应为钢轨两侧木枕各 400 mm，混凝土枕各 450 mm。混凝土枕外口扒至枕端，深度基本与枕底平，轨底石砟清理彻底，不致影响打斜镐。

（2）每个轨枕头打四面镐，捣够长度，打够镐教，捣固坚实。

（3）水平、三角坑、高低和空吊板率的容许误差，作业地段符合《维规》的具体规定。

（二）线路垫砟找小坑

1. 作业范围

（1）混凝土枕地段，找平线路轨道水平、三角坑及高低超限；（2）线路有暗坑、吊板，在经常保养和临时补修中，可采取垫砟与垫板相结合的方法安排整修。

2. 作业程序

（1）调查画撬

结合量水平和穿看纵平，画出撬长，测定垫砟量，据画撬处所按轨号做出记录，安排整修。

（2）准备作业

按计划准备工具，搬运用砟，清除道床表面污物，整正配件状态。

（3）扒道床

依照事先画好的撬印，按道床作业标准扒好道床。

（4）方正轨枕

按方正轨枕作业标准，方正轨枕。

（5）起道

作业前对轨距尺进行校对，对起道器状态进行检查，按起道负责人指挥穿平前后高低，起好标准股，找好对面股。

（6）垫砟

根根坑头、坑尾画好的撬印，由坑头、尾向坑底垫砟，逐根轨枕达到要求后撤除起道器。

（7）回检

垫砟后线路左右水平、前后高低、轨枕空吊板率，均应符合《维规》有关规定。

（8）回填整理

垫砟完毕，经检查确认线路质量符合验收标准后，可回填道砟，整理和夯拍道床，整理防爬等设备。

3. 技术要求

（1）采用垫砟找小坑时，应在钢轨两侧各 450 mm 范围内均匀垫平道床，靠近垫砟范围的枕下道床，应填充饱满。

（2）水平、三角坑、高低和空吊板率的容许误差，应符合《维规》的有关规定。

（三）道镐捣固

1. 作业范围

（1）捣实线路轨道水平、三角坑及纵向高低超限处所道床。

（2）整治线路暗坑、吊板和低接头等病害。

（3）抬高线路、破底清筛道床和进行线路综合维修捣实枕底道床。

（4）更换轨枕、拨道量超过 40 mm、方正轨枕超过 50 mm 以及进行其他影响轨枕底道床坚实的作业。

2. 作业程序

（1）调查画撬

一般消灭空吊板时，画好捣固撬和轻重捣固符号，符合重点起道时，按起道作业调查画清符号。

（2）起出防爬支撑

起出影响捣固作业的防爬支撑。

（3）扒右手镐窝

先按孔扒好外口，再扒里口，投好轨底，将投至外口的道砟进行清理，据起道高度保持适当留砟量。

（4）压打道钉和拧紧扣件

先按计划撤除找平用的垫板，后压打道钉，调整胶垫和拧紧扣件。配合起道时，在起道前做好。

（5）右手镐捣固

配合起道后，两人一组，在钢轨两侧打对面镐，如两股钢轨均需捣固，则两组同捣一根轨枕，同起同落。捣固时打排镐，先由轨底处向外排镐，再由外排向轨底，落镐点应在枕底面 10～20 mm 以下。

（6）左手镐扒窝捣固

比照扒右手镐窝的做法，扒好左手镐窝，同时埋好右手镐窝。比照打右手搞的做法，打左手镐。

（7）回检找细

在打完右手镐以后，对水平、高低和空吊板情况，要进行一次中间检查，进行必要的找细整修。捣固结束后，要全面检查水平、高低和空吊板情况，全面进行找细整修。

（8）回填整理适床

安装防爬支撑后，回填左手镐窝，全面整理道床，夯拍坚实。

3. 技术要求

（1）每个轨枕头打四面镐，每面捣固长度：木枕各不小于 400 mm；混凝土枕为 450 mm。

（2）枕下道床捣固密实，各轨枕间强度均匀。捣固后水平、三角坑、高低、空吊板率均符合《维规》的有关规定，不超过容许限度。

（3）道床回填平整，做到均匀、坚实、整齐，边坡一致，砟肩符合规定要求。

四、拨道专业

校正线路平面位置时，将轨枕和钢轨一齐横向移动至准确位置的作业，称为拨道。

（一）直线拨道

1. 作业范围

（1）在线路养护维修中，有计划地调整线路平面时直线部分的拨动。

（2）根据季节特点和线路变化情况，进行春季全面拨道。

（3）直线方向超限处所，进行临时补修时重点拨道。

2. 作业程序

（1）调查准备

拨正线路应事先做好调查，确定拨道量，按照《铁路工务安全规则》规定，据拨道量确定防护办法。又据拨道量大小确定拨正步骤，以方向较好的一股为标准股，两股方向大致相同时，以左股为标准股。确定每次列车间隔内拨道量和长度，拨道量大于 20 mm 时，应先粗拨，捣固后再细拨。

（2）扒松道床

拨道前根据需要，将枕端道床扒开或刨松，拨动量大或道床坚硬时，应扒开拨量所需的间隙。拆除影响拨道的防爬设备，在防爬支撑处，要把拨动方向前面的石砟扒开。同时，压打道钉和拧紧扣件。

（3）粗拨道

拨道负责人跨立在标准股上看道指挥，远外大方向看轨面光带，近外小方向看钢轨里口，向不动点目测穿直，拨道负责人用手势指挥拨道。使用撬棍时，两股人力大致相等。使用拨道器时，不少于前股两台、后股一台。拨道时，在标准股上点撬。

（4）细拨道

细拨时与粗拨道程序相同，根据需要预留钢轨回弹量。

（5）整平夯实、验收

拨道后进行重点捣固、安装防爬设备，将扒出的石砟整平，将拨后离缝的一侧枕头石砟埋实夯好。将支撑附近石砟整平，以保持拨后质量。由于拨道引起的其他作业，应整修到标准。拨道作业完成后进行回检，及时整修，对有关作业按技术标准要求进行验收。

3. 技术要求

（1）直线拨正后线路方向目视顺直，无甩弯。

（2）用 10 m 弦测量直线地段轨向容许误差，符合《维规》具体规定。

（3）由于拨道引起的有关项目变化，必须及时整修，达到各单项技术作业标准的要求。

（二）曲线拨道

1. 作业范围

（1）在线路养护维修中，有计划地调整线路平面时曲线部分的拨动。

（2）根据季节特点和线路变化情况，进行春秋季全面拨正曲线方向。

（3）曲线方向超限处所，进行临时补修时重点拨道。

2. 作业程序

（1）调查准备

将两端直线方向先行拨正，压除曲线头尾的反弯或"鹅头"。目视曲线方向明显不良时，应进行粗拨道，由曲线头尾往圆曲线挑压，达到目视基本圆顺。

明确测点位置，以直缓、缓直或直圆、圆直点为起点，沿外股钢轨用钢尺丈量或校核，每 10 m 为一个测点。直缓点前直线上的邻点定为测点 0 号，起点定为测点 1 号，以后顺序编号。曲线头尾位置不清时，可以任意点为起点设置测点。

（2）量取现场正矢

在无风天或风力较小时，用小钢钣尺在钢轨踏面下 16 mm 处、有飞边时为飞边处，量取各测点现场正矢，每个曲线一般要测量 3 次，取平均值。

（3）拨道计算

用已测得的现场正矢，进行拨道计算，算出各测点的拨道量。两曲线间直线段较短时，可与两曲线同时计算拨正。

（4）拨道前准备

先在曲线外侧打临时拨道桩。确定每次列车间隔时间内的拨道量和长度，拨道量大于20 mm 时，应先粗拨，捣固后再细拨。根据需要，将枕端道床扒开或刨松，拆除影响拨道的防爬设备，压打道钉和拧紧扣件。

（5）拨道

设专人在拨道柱外用尺控制拨道量。拨道负责人站在 40～50 m 以外曲线外侧道床上，目测各测点及各测点间方向，用手势指挥拨道。使用撬棍时，两股钢轨人力大致相等。使用拨道器时，不少于前股两台、后股一台，里三角形排列。

（6）整平夯实、验收

拨道后进行重点捣固，安装防爬设备，将扒出的石砟整平，拨后离缝一侧的枕头石砟埋好夯实，整平支撑附近石砟由于拨道引起的其他作业，应整修到标准。拨道作业完成后，进行回检，及时整修，按各项技术标准要求进行验收。

3. 技术要求

（1）用 20 m 弦测量正矢，其误差不得超过《铁路线路修理规则》线路轨道几何尺寸容许偏差管理值的规定。

（2）为保证拨后曲线圆顺，在进行拨道计算时，计划的拨后正矢，一般不得超过拨后正矢误差限度的 1/3。

（3）在复曲线大小半径连接处，现场正矢与计算正矢的容许差，按大半径曲线的规定办理。缓和曲线与直线连接处不得有反弯或"鹅头"。

（4）由于拨道引起的有关项目变化，必须及时整修，达到各单项技术作业标准的要求。

五、改道作业

直线以左股为标准股，也可任选一股为标准股，曲线以上股为标准股，按规定的轨距值改动另一股钢轨位置的作业，称为改道。

改道时，木枕地段应使铁垫板外肩靠贴轨底边；混凝土枕地段应调整不同号码扣板、轨距挡板并可用加垫片的方法调整尺寸，但垫片厚度不得超过 2 mm。同时，应修理和更换不良扣件。

螺纹道钉改道时，应用木塞填满钉孔，后旋入道钉，严禁锤击螺纹道钉。

改道的前后作业程序要紧密衔接，保证起下道钉和松扣件的数量不超过《铁路工务安全规则》规定。应按改道量将钢轨拨正，禁止利用道钉或扣件挤动钢轨。

（一）木枕改道及打道钉

1. 作业范围

（1）木枕地段改正超限或接近超限的轨距及其变化率。

（2）改正轨道上出现的小方向。

（3）消除浮离不良道钉，使用垫板整治冻害，以及其他超拔道钉作业。

2. 作业程序

（1）计划准备。改道负责人要校正轨距尺，确定标准股与画撬。直线以方向好的一股为标准股，改正对面股；曲线以上股为标准股，改正下股。同时，改正小方向时，先改正标准股。标准股确定以后，量轨距，在需改动处所画好撬。清扫砂石泥土，削平影响改道的枕面，清除木屑。

（2）起拔道钉。利用撬棍和起钉垫，将道钉垂直拔出，放在枕面上，先起铁垫钣与木枕的连接道钉，后起钢轨里外口的道钉。

（3）整修钉孔。对不直、不正的道钉孔应用整孔凿子修整，整孔深度约 100 mm。如有折断的钉梗，用打入器打下。

（4）整直道钉。用直钉器整直弯曲的道钉，将直钉器顺着木枕盒放在平整的道床上，弯钉凸面向上，钉帽对着直钉入，用打闷钉的方法直钉。

（5）改正轨距。拔撬同时量轨距整正铁垫钣，并使其外棱靠贴轨底，插入道钉孔木片，钉孔持钉力不足或改道量超过 5 mm 时，应用经过防腐处理的木塞，每边比道钉大 1～2 mm，打入旧孔，重新钻孔。

（6）打道钉。钢轨里外口道钉的钉尖离开轨底 8 mm，垂直栽钉，然后垂直打入。改完一撬后，复查轨距，补打铁垫钣与木枕的连接道钉。通过列车后，复打道钉。

3. 技术要求

（1）正线到发线、其他站线的轨距、轨距变化率、轨向容许误差，应符合《铁路线路修理规则》的有关具体规定。

（2）持钉力强，无严重磨耗、弯曲和伤损道钉，大于 2 mm 的浮离道钉，符合《铁路线路修理规则》的具体规定。

（3）按照钉道钉的规定，钉足应打的道钉，铁垫钣与木枕的连接道钉必须钉足，半径800 m 及以下的曲线连同缓和曲线上钉足五个道钉。

（二）混凝土枕改道及组装扣件

1. 作业范围

（1）混凝土枕地段改正超限或接近超限的轨距及变化率。

（2）改正轨道上出现的小方向。

（3）消除"三不密"扣件，用垫片整正线路水平、高低，整修扣件，以及其他有关松卸与组装扣件作业。

2. 作业程序

（1）调查画撬。用轨距尺详细检查轨距，一般每隔 4～5 根轨枕检查一处，对轨距超限和变化率不良处所，在轨底内侧用符号画出撬长，按轨号记录工作量。

（2）调换扣板或轨距挡板。调换标准股扣板或轨距挡板，调整或同时更换大小胶垫，使各有关部分互相靠贴，调换时防止挤动钢轨。

（3）改正对面股。卸掉改道范围内里外口螺帽，调换扣板或轨距挡板，按先外口、后里口的顺序将轨距改好，使各有关部分互相靠贴。

（4）拧紧螺栓帽。安装垫圈螺帽，先用扭矩扳手试拧，用力在 80～150 N·m 范围内，各人对照出用力程度，然后各自掌握，改道处所的扣件螺栓，当天下班前应进行一次复紧。

（5）回检找细。检查轨距与扣件状态，复拧螺栓，使扭力矩达 80～150 N·m，弹条扣件前端下颏与轨距挡板靠贴，缝隙不超过 2 mm。对当天改道处所，收工前按标准进行回检找细。

以上介绍了维修四项基本作业，即起道、拨道、捣固和改道。在具体作业中，是按一定顺序进行的。在一般线路平面较好情况下，顺序是：起道→捣固→拨道→改道。但在需要较大拨道时，顺序是：拨道→起道→捣固→改道。

3. 技术要求

（1）作业后线路轨距、轨距变化率、轨向容许误差，轨枕螺栓、扣件扭力矩，应符合《铁路线路修理规则》的有关具体规定。

（2）各种型号的扣件不得混杂使用，接头、中间和加宽的扣件应正确使用。

（3）扣件位置正确，大小胶垫无缺损，扣件或轨距挡板与轨底、扣件与铁座、铁座与小胶垫互相靠贴。调整垫片应使用规定的铁垫片，位置正确。

六、手工单根更换钢轨作业

1. 作业范围

（1）线路上发生断轨和重伤钢轨。

（2）有计划地更换轻伤钢轨。

（3）由于其他原因需单根更换钢轨。

2. 作业程序

（1）检查准备。检查准备换入的钢轨有无伤损，长度是否与计划相符，实际断面是否符合要求。检查换轨处前后各不少于 5 节钢轨，如轨缝不正常，应事先调整。检查轨距及小方向，在需要改道处所画好撬。

（2）运放钢轨。将准备换入的钢轨运至换轨处轨枕头外的道床上，钢轨应放置稳定，按《铁路工务安全规则》规定，不得侵入机车车辆限界。

（3）松卸配件。清除冰雪、砂土等杂物，逐个敲打道钉和拧动扣件，卸下接头处第 2、5 位螺栓，对其余螺栓或四孔夹钣的 4 个螺栓，每次卸下一个并加垫圈重新拧紧。同时，涂油与更换不良螺栓和垫圈。木枕地段在钢轨里口有两个道钉时，应先起下一个。拆除防爬器、轨距杆或轨撑。

（4）卸开接头。确认承认的施工时间，按《安规》规定设置停车信号防护后，卸下接头螺栓和夹板，同时检查夹板。

（5）全面起冒道钉或松卸扣件。准备换入的钢轨放在轨道外侧，起下外口和需要改小轨距处所的里口道钉，冒起里口其他道钉。在混凝土枕地段，根据扣件类型卸下或松开扣件。

（6）拨出旧轨，拨进待换入钢轨。将待换出的钢轨拨至轨道外侧。在混凝土枕地段，先将钢轨起高，再拨出钢轨，避免碰伤螺栓。如准备换入的钢轨放在轨道外侧时，则将待换出的钢轨由准备换入的钢轨上翻拨出去。

（7）安装夹板，穿入和拧紧螺栓。

（8）钉道。插道钉孔木片整正铁垫钣，量好轨距，每个轨枕头里、外口各钉好一个道钉，上好扣件，拧紧螺栓。

（9）补齐配件。确认线路具备开通条件，撤除停车防护信号通知车站开通线路。补齐并拧紧接头螺栓。补齐道钉，逐个起出原冒起的道钉，插道钉孔木片。将道钉打好，安装防爬器、轨距杆或轨撑。

（10）回检找细整理。列车通过后，检查轨道、整修不良处所，复打道钉。做好旧轨料回收整理。

3. 技术要求

（1）换入的钢轨必须确认无重伤。

（2）换入的钢轨与线路上相邻钢轨的断面应基本一致，上下及内侧错牙在正线及到发线上不超过 1 mm，在其他线上不超过 2 mm。

（3）轨道几何尺寸、连接零件和扣件等，应符合有关单项技术作业标准的规定。

（4）换入的钢轨如需截断和钻孔，必须全断面垂直锯断，用钢轨钻按标准钻孔并倒角。

七、调整与整正轨缝作业

（一）调整轨缝

1. 作业范围

适用于部分轨缝不均匀，连续 3 个及以上瞎缝，绝缘接头轨缝超过 5～15 mm 范围，用不拆开接头的方法进行调整。

2. 作业程序

（1）调查轨缝。用轨缝尺，由轨头工作面一侧横向插入，测量轨缝尺寸，做好记录。

（2）安排计划。根据作业量及列车间隔情况，做好作业安排，检查轨缝调整器。

（3）松开配件。打松影响钢轨串动的防爬器，松开轨距杆，冒起道钉和松动扣件，拧松接头螺栓和松动夹板。

（4）按计划串动钢轨。

（5）紧固配件。拧紧接头螺栓，压打道钉和拧紧扣件螺栓，安装防爬器，上紧轨距杆。

（6）回检整修。按作业标准检查，对不合格处所进行整修。通过列车后，复拧螺栓及其他找细整修。

3. 技术要求

（1）轨缝均匀，无瞎缝、无大轨缝。

（2）接头螺栓扭力矩，按《铁路线路修理规则》的具体规定执行。

（3）曲调整轨缝引起的有关项目，符合各单项技术作业标准。

（二）整正轨缝

1. 作业范围

适用于线路发生爬行，接头错差超限，轨缝设置不当，每公里总误差 12.5 m 钢轨地段超过 160 mm，25 m 轨超过 80 mm，用拆开接头的方法整正轨缝。

2. 作业程序

（1）调查准备。如需调配钢轨时，用钢尺逐根丈量钢轨长度，记录公差数，用轨缝尺由轨头工作面一侧横向插入，测量轨缝尺寸，做好记录。

（2）安排计划。如需调配钢轨时，用调配钢轨计算表计算，做出调配钢轨计划，准备钢轨.如需锯短时，事先锯好并钻好孔，用整正轨缝计算表计算，做出整正轨缝计划，根据作业地段长度、钢轨串动量，封锁施工条件，做出分段作业安排。

（3）松开配件。打松影响钢轨串动的防爬器，松开轨距杆，冒起道钉和松动扣件，拧松或取下接头螺栓。

（4）串动钢轨。检查轨缝调整器，按计划的串动量串动钢轨。

（5）紧固配件。拧紧接头螺栓，压打道钉和拧紧扣件螺栓。安装防爬器，上紧轨距杆。

（6）回检整修。按作业标准检查，对不合格处进行整修。通过列车后，复拧螺栓及其他找细整修。

3. 技术要求

（1）轨缝均匀，无瞎缝、无大轨缝。

（2）接头应相对，正线及到发线直线误差不超过 40 mm，曲线不超过 40 mm 加缩短量的 1/2；其他站线及专用线直线误差不超过 60 mm，曲线不超过 60 mm 加缩短量的 1/2。相错式曲线接头相错不小于 3 m。

（3）接头螺栓扭力矩，按《铁路线路修理规则》的具体规定执行。

（4）由调整轨缝引起的有关项目，符合各单项技术作业标准。

八、换枕作业

（一）单根更换混凝土枕

1. 作业范围

线路上铺设的混凝土枕达到《铁路线路修理规则》规定的失效标准，应有计划地更换失效或其他需要更换的混凝土枕。

2. 作业程序

（1）散布轨枕。将轨枕散布到更换位置附近，直线地段散布在作业方便的一侧，曲线地段一般散布在曲线下股一侧。

（2）拆除防爬设备和轨距杆。遇有防爬设备时，拆除影响更换轨枕作业的防爬器、防爬支撑，拆除轨距杆。

（3）扒道床。扒开一端轨枕头和一侧轨枕盒内道床，深度以能横移、抽出和穿入轨枕为度。

（4）卸下扣件。卸下螺帽、垫圈、扣板或弹条、铁座、大小胶垫和防磨垫板、垫片等，集中存放在适当地点。

（5）抽出旧轨枕。将旧轨枕横向拨入扒开的轨枕盒内并放倒，用夹钳或绳索顺着道床槽将旧轨枕抽出，顺放在路肩上。

（6）整平枕底道床。整平原枕底道床，使其深度稍大于轨枕和胶垫的厚度，并留好中部凹槽。

（7）穿入新轨枕。将新轨枕放倒，用夹钳或绳索顺着道床槽将新轨枕穿入，立放并横拨至轨枕位置上。

（8）安装扣件。摆正轨枕位置，放好防磨垫板、胶垫、量好轨距，安好扣板或弹条、铁座，上紧扣件。

（9）捣固。加填部分道床，扒好另一侧镐窝，串砟捣实，打八面镐。

（10）安装防爬设备和轨距杆。把松移及拆下来的防爬器、防爬支撑和轨距杆按标准安设好。

（11）回检找细。全面检查、整修不良处所，列车通过后进行第二遍捣固，回填与整理好道床。

（12）整理料具。回收材料，将旧轨枕放在临时存放地点。

3. 技术要求

（1）轨枕应与轨道中心线垂直，位置正确，间距误差和偏斜不超过 20 mm。

（2） Ⅰ 型轨枕中部道床凹槽应低于枕底 20～40 mm，凹下部分长度为 200～400 mm。

Ⅱ、Ⅲ 型混凝土枕中部道床可不掏空，但应保持疏松。

（3）轨道几何尺寸及扣件、道床、防爬设备等，应符合各有关单项技术作业标准。

（二）混凝土枕螺旋道钉锚固

1. 作业范围

（1）新轨枕更换前，需锚固轨枕螺旋道钉。

（2）轨枕螺旋道钉位置不正、锚固深度不当、松动失效，以及轨枕栓孔损坏等，重新进行改锚。

（3）旧有螺旋道钉折断、损坏、转轴、锈蚀及其他不良时，进行更换锚固。

2. 作业程序

（1）卸下扣件。准备料具后用 T 形扳手把螺帽、扣件卸下，放置在适当地方。

（2）卸螺旋道钉。用长柄方口扳手或扭力扳手将螺旋道钉卸下，如螺栓杆折断时，可用烧热的空心烫孔器将周围锚固物烧化，用小铁勺掏出溶化物，边烫边挖渣，再将断杆拔出。

（3）清孔并封底。清理孔内锚固物，扩大下面孔径，恢复原来的喇叭形。用粗砂将孔底封死并捣实，孔深净深不得少于 160 mm。

（4）配制硫黄水泥砂浆。按规定准备好各种材料，按配合比配制硫黄水泥砂浆。

（5）灌浆。用灌浆勺将硫黄水泥砂浆浇筑入螺旋道钉孔内，浆液距承轨槽面 10 mm 左右，不宜太满。

（6）安锚固架与插螺栓杆。将锚固架对准螺旋道钉孔位置摆正，将螺旋道钉顺着锚固架左右旋转，慢慢垂直插入，待浆液初凝后撤出锚固架。

（7）铲平修理。用小铲铲除外溢的硫黄水泥砂浆，使螺旋道钉周围平整、清洁。

（8）安装扣件与回检。按标准安装齐全扣件，拧紧螺帽，并回检找细整修。

（三）修补混凝土枕挡肩

1. 作业范围

适用于在混凝土枕线路上，轨枕挡肩破损、挤溃、磕伤等，均可用环氧树脂砂浆进行修补。

2. 作业程序

（1）调查计划。调查需要修理的轨枕，画上标记，并统计修理工作量。

（2）配制环氧树脂涂料及砂浆。按规定的配合比配制方法，除大面积补修外，每次配制环氧树脂涂料及砂浆数量要适当，其数量以在 30～40 min 用完为宜。

（3）拆卸扣件。将轨枕螺栓的螺帽、弹簧垫圈、扣钣、弹条扣件、铁座、小胶垫拆除，集中放置适当地点，卸扣件至少要相隔两根轨枕进行。

（4）凿麻面。将修补处凿成麻面，并将油污及碎屑刷洗干净，用棉丝揩干水分。

（5）涂抹树脂涂料。用毛笔或抹刀在整修面上涂一层树脂涂料，厚度为 0.2～0.3 mm。要往返抹匀。

（6）填补树脂砂浆。底层涂料涂好后，立即用抹刀填补树脂砂浆，压实平整，修复完好。

若挡肩破损面积较大，应使用模具，在模具内贴一层塑料布，防止将模具粘住。

（7）上扣件。待树脂砂浆凝固 5 h 后，将卸下的扣件全部按规定标准上好。

（8）整理验收。修补作业完成后，整理作业料具。经验收合格后做成验收记录，记录好位置和日期。

（四）方正轨枕

1. 作业范围

（1）由于线路爬行引起轨枕位移、歪斜或间距变化，误差超过规定限度时应进行方正。

（2）因更换钢轨或均匀轨缝造成轨枕位置不符合规定，一般可结合起道作业进行，工作量大时，可安排在起道前单独方正轨枕。

2. 作业程序

（1）调查计划。在调查计划需要方正的轨枕上画出标记，做出记录，安排方正计划。

（2）扒开道床。扒开轨枕拨动方向一侧的道砟至枕底，用镐尖刨松枕底边缘。

（3）松动道钉或扣件。冒起或松动阻碍轨枕移动的道钉、扣件，拆下防爬支撑，松动妨碍作业的防爬器和轨距杆。

（4）方正轨枕。用方枕器将轨枕方正到正确位置。

（5）打紧道钉拧紧扣件。方枕后，打紧冒起的道钉，拧紧扣件螺帽，对起掉道钉和卸下扣件地段，要检查轨距，打入道钉和上好扣件。

（6）安装防爬设备。打紧防爬器，安装防爬支撑，上好轨距杆，必要时应整修或更换新支撑。

（7）回填道床。将扒动的道砟回填到轨枕盒内，达到整理道床作业的技术要求。

3. 技术要求

（1）轨枕间距按技术标准或计算确定。

（2）轨枕间距误差和偏斜不超过 50 mm，铝热焊缝距轨枕边不少于 40 mm。

（3）方正轨枕涉及的轨道几何尺寸和防爬设备等，要符合有关各项验收标准。

九、道床维修作业

（一）回填夯实道床

1. 作业范围

适用于因扒砟、捣固作业而扰动的道床，恢复标准状态，保持线路外观。

2. 作业程序

（1）一般用大拉耙收回道床边石砟，填充道心，或用收砟机配合人工收回石砟。

（2）收回石砟后，用石砟耙在道床面整形，然后使用人工夯拍器或夯拍机夯实道床。

（3）清扫，用笤帚扫除轨枕及钢轨上的砂土。

3. 技术要求

（1）道床顶面宽度及边坡坡度应按照《维规》具体规定执行。

（2）道床顶面应低于轨枕顶面 20～30 mm，I 型混凝土枕地段中部道床顶面还应凹下并低于枕底不少于 20 mm，凹下部分长度为 200～400 mm。I、III 型混凝土枕中部道床可不掏空，但应保持疏松。

（3）道床应经常保持饱满、均匀，回填后应夯实，坡脚整齐、无杂草。无缝线路道床砟肩，可据需要堆高 150 mm。

（二）清筛道床边坡

1. 作业范围

（1）道床两侧边坡，由于回填石砟和路肩除草等作业带进泥土。

（2）道床表面受轻浮物、尘土和列车运行所带落杂物的侵入，道床边线范围构成土垄，影响道床排水。

（3）其他原因，污染道床边坡需要清筛。

2. 作业程序

（1）开口。用镐、耙开口，开口宽 700 mm 左右，为倒筛做准备。将开口处筛出的清砟，堆在路肩上。

（2）倒筛道床。先将坡面清砟扒入开口孔内，然后对不洁道砟进行清筛，均匀地倒在后边空位上，依此循序倒筛，筛余物随时弃至路肩外。

（3）填补缺口。当天作业临近结束时，用开口时堆在路肩上的道砟，填补最后缺口。

（4）整理。均匀与整平清筛后道床坡面，夯拍坚实，将筛出余土清除，并整平路肩。

（5）回检验收。随清筛进度，逐渐回检找细，保证清筛质量。按质量标准进行自验和互验，不合格及时返工。

3. 技术要求

（1）清筛范围自轨枕头垂直清筛至枕底下 50～100 mm，然后顺边坡不洁层扒筛至路肩面。

（2）清筛后的道床顶面宽度及边坡坡度，应符合《维规》的有关规定。

（3）所用筛子孔径应不大于 15 mm，清筛后用同孔径筛子复筛检查，筛出物体积不超过 5%。

（4）清筛后道床无土垄，达到饱满、均匀、坚实，坡面、坡脚整齐，无杂草，路肩平整，排水良好。

（三）道床不破底清筛

1. 作业范围

（1）线路接近大、中修周期年限，道床不洁，影响排水，道砟质低粉化，道床板结，个别地段出现翻浆冒泥。

（2）地处风砂侵袭、机车撒砂、车辆散落物较严重地段，结合综合维修有计划地进行清筛，或维修前对轨枕头及轨枕盒进行不破底清筛。

2. 作业程序

（1）清筛枕盒内道砟。每组顺序清筛第一枕盒内的道砟，将清砟倒在路肩上，第二轨枕盒内道砟清筛后，回填在第一轨枕盒内，如此循序倒筛。筛余物随时弃至路肩外。

（2）清筛道床边坡。将钢轨外侧轨枕孔和枕头的石砟一起清筛，开始时将道床扒个豁口清筛，将清砟倒在后边路肩上，污土弃到路肩外，继续向前清筛，将清砟均匀倒入后边的豁口内，堵好枕头，依此进行倒筛。

（3）填补缺口。每个地段分工临近结束时，对最后轨枕孔及道床边坡的缺口，用本组第一轨枕孔路肩上堆放的清砟回填。

（4）整理道床。清筛后，整理枕盒及边坡道床，整直坡脚，夯拍坚实.清除筛出余土，并整平路肩。

（5）回检验收。随滑筛进度，逐段逐组回检找细，保证清筛质量，按质量标准进行自验和互验，不及格及时返工。

3. 技术要求

（1）不破底清筛枕盒内及边坡道床深度，单线线路中心线部分清筛至枕底向下 100 mm，两枕端清筛至枕底下 150 mm。

（2）清筛后的道床顶面宽度及边坡坡度，应符合《维规》的有关规定。

（3）所用筛子孔径应不大于 5 mm，清筛后用同孔径筛子复筛检查，筛出物体积不超过 5%。

（4）筛后道床无不洁，达到饱满、均匀、坚实，坡面、坡脚整齐。无杂草，路肩平整，排水良好。

（四）清筛翻浆道床

1. 作业范围

因道床不清引起线路个别地段翻浆，应进行破底，清筛道床。

2. 作业程序

（1）确定清挖范围。根据现场观测记录，确定翻浆位置及翻浆的长度，画定作业范围。

（2）扒植。扒出表层清砟，堆放在邻近路肩上。

（3）挖除翻浆道床。从边坡开口，向道心清挖，清挖深度一般从线路中心枕底挖下 200 mm，再以适当坡度向外顺坡，以利排水。

（4）回填捣固。回填清砟，挖一孔填一孔，及时串实并捣固，挖一孔，捣固一根，打好八面镐。

（5）整理道床。收工前，对当日清挖的道床按规定断面进行整理，收集散落的石砟，夯实拍平，便道床均匀饱满，边坡整齐，路肩平整。同时，扫除轨枕和钢轨上的泥土。

（6）回检验收。随清筛进度，逐段逐组回检找细，保证清筛质量。按验收标准检查线路水平、高低、空吊板率情况，不合格者返工后验收。

3. 技术要求

（1）原有污砟清挖后，线路无翻浆，道床无不洁现象。

（2）备足道砟，清筛道床翻浆后，道床顶面宽度及边坡坡度应符合《维规》的有关具体规定。筛后道床达到饱满、均匀、坚实，坡面、坡脚整齐，无杂草，路肩平整，排水良好。

（3）清挖地段须多次反复加强捣固，过车后验收，线路长平良好，水平、高低、空吊板率均符合《维规》的有关规定。

10.4　无缝线路养护维修

一、无缝线路养护维修的基本要求

为了保证无缝线路有足够的强度和稳定性，使设备经常处于良好状态，无缝线路的养护维修工作，应在保持普通线路质量标准的基础上，满足如下要求：

（1）要经常保持无缝线路的锁定轨温准确、可行，符合设计规定。

（2）线路锁定良好，钢轨无爬行。必须切实锁定无缝线路（包括伸缩区和缓冲区），避免长轨条出现不正常伸缩而局部改变锁定轨温，固定区每百米爬行不得超过 10 mm。

（3）线路方向良好，校直硬弯，拨正活弯。

线路轨向应经常保持良好，对钢轨硬弯，应及时矫正。长轨条及道岔内的焊缝部位要保持平直，出现凹凸应打磨、焊补。铝热焊缝距枕边不得小于 40 mm。用 1 m 直尺测量，工作边矢度不得大于 0.5 mm。钢轨顶面凹凸长度，容许速度大于 120 km/h 曲线路，不得大于 0.3 m；其他线路不得大于 0.5 mm。

（4）道床保持规定肩宽、丰满、密实，堆高砟肩排水良好。

（5）整治路基翻浆、下沉、冻害，使其不影响线路稳定性。

（6）位移观测桩齐备、牢固，定时观测分析。

每段无缝线路设置钢轨位移观测桩 5～7 对。如固定区较长，可适当增加对数。其中，固定区中间点一对，伸缩区始终点各一对，其余设在固定区。跨区间和全区间无缝线路（指轨条长度跨越车站道岔和跨越闭塞分区的无缝线路）的钢轨位移观测桩，以单元轨条（一次焊连的轨节长度）为单位设置位移桩。单元轨条长度大于 1 200 m 时，设置 7 对位移观测桩（单元轨条起、迄点，距单元轨条起、迄点 100 及 400 m 和单元轨条中点各设置 1 对）；单元轨条长度不大于 1 200 m 时，设置 6 对位移观测桩（单元中点不设）。无缝道岔在岔道头限位器、岔尾处各设 1 对观测桩。多组焊连的无缝道岔，当道岔间距小于 50 m 时，在两道岔距离中心设中间观测桩。

钢轨位移观测桩必须预选埋设牢固，在长钢轨两端就位后，立即进行标记，标记要明显、耐久、可靠。应积极采用钢轨测标测量无缝线路锁定轨温技术，钢轨测标每 50 m 或 100 m 设 1 处。

二、无缝线路实际锁定轨温的测定

目前，测定实际锁定轨温尚无很精确的办法，普遍采用的方法是观测钢轨的纵向位移。如果各观测桩处钢轨的位移方向和位移数值一致，说明钢轨内的温度力均匀；如果各观测点（固定区）的爬行量不一致，则说明固定区内的温度力已经重新分布，各处的实际锁定轨温也不均匀。

实际锁定轨温与铺设时锁定轨温的变化值，可用下式计算：

$$\Delta t = \frac{\Delta l}{\alpha l} \tag{10-1}$$

式中　Δt——实际锁定轨温与铺设时锁定轨温的差数（℃）；

　　　ΔL——两观测桩爬行量之差（mm）；

　　　α——钢轨线膨胀系数，取 0.011 8 mm（m·℃）；

　　　l——两观测桩距离（m）。

例如：某区段无缝线路铺设时的锁定轨温为 22 ℃，由于列车冲击振动和作业的影响，线路左股爬行情况如表 10-6 所示。

表 10-6　实际锁定温计算表

观测桩编号	1	2	3	4	5	6	7
桩距		75	100	350	350	100	75

续表

爬行量/mm	48	30	25	5	30	−5	−23
锁定轨温变化量/℃			−4	−5	+6	−29	

表中，2～6 号桩为固定区，线路完全锁定时，其各桩处钢轨位移置应为零。现因列车冲击振动和作业影响，各桩出现了不均匀爬行量，说明钢轨温度力分布不均匀，锁定轨温发生了变化。在 2～3 号桩之间，钢轨位移为 25～30 mm，观测柱之间的钢轨相互受到压缩，相当于实际锁定轨温比铺设时的锁定轨温有所降低，将钢轨位移值代入式（10-1），有：

$$\Delta t = \frac{25 - 30}{0.011\,88 \times 100} = -4 \quad (℃)$$

也就是实际锁定轨温变为（22−4）℃=18 ℃，同理可计算出其他地段的实际锁定轨温度变化值。

三、无缝线路养护维修作业规定

进行无缝线路维修作业，必须掌握轨温，观测钢轨位移，分析锁定轨温变化，按实际锁定轨温，根据作业轨温条件进行作业，严格执行"维修作业半日一清，临时补修作业一撬一清"和"作业前、作业中、作业后测量轨温"制度。无缝线路作业，必须遵守下列作业轨温条件：

（1）混凝土枕（含混凝土宽枕）无缝线路维修作业轨温条件，见表 10-7 和表 10-8；

表 10-7 混凝土枕无缝线路维修作业轨温条件表

作业项目及作业量 / 作业轨温范围线路条件	连续扒开道床不超过 25 m，起道高度不超过 30 mm，拨道量不超过 10 mm	连续扒开道床不超过 50 m，起道高度不超过 40 mm，拨道量不超过 20 mm	扒道床、起道、拨道与普通线路相同
直线及 $R \geqslant 2\,000$ m	+20 ℃	+15 ℃ −20 ℃	±10 ℃
800 m $\leqslant R <$ 2 000 m	+15 ℃ −20 ℃	+10 ℃ −15 ℃	±5 ℃
400 m $\leqslant R <$ 800 m	+10 ℃ −15 ℃	+5 ℃ −10 ℃	

注：作业轨温范围按实际锁定轨温计算。

表 10-8 混凝土枕无缝线路维修作业轨温条件

顺号	作业项目	按实际锁定轨温计算				
		−20 ℃以下	−20～−10 ℃	−10～+10 ℃以内	+10～+20 ℃	+20 ℃以上
1	改道	与普通线路同	与普通线路同	与普通线路同	与普通线路同	禁止

续表

顺号	作业项目	按实际锁定轨温计算				
		−20 ℃以下	−20～−10 ℃	−10～+10 ℃以内	+10～+20 ℃	+20 ℃以上
2	松动防爬设备	同时松动不超过25 m	同左	与普通线路同	同时松动不超过12.5 m	禁止
3	更换扣件或涂油	隔二松一，流水作业	同左	同左	同左	禁止
4	方正轨枕	当日连续方正不超过2根	隔二方一，方正后捣固，恢复道床，逐根进行（配合起道除外）	与普通线路同	隔二方一，方正后捣固，恢复道床，逐根进行（配合起道除外）	禁止
5	更换轨枕	当日不连续更换	当日连续更换不超过2根（配合起道除外）	与普通线路同	当日连续更换不超过2根（配合起道除外）	禁止
6	更换接头螺栓或涂油	禁止	逐根进行	同左	同左	禁止
7	更换钢轨或夹板	禁止	同左	与普通线路同	禁止	禁止
8	不破底清筛道床	逐孔倒筛夯实	同左	同左	同左	禁止
9	处理翻浆冒泥（不超过5孔）	与普通线路同	同左	同左	禁止	禁止
10	矫直硬弯钢轨	禁止	同左	同左	与普通线路同	同左

（2）混凝土枕（含混凝土宽枕）无缝线路，当轨温在实际锁定轨温减30 ℃以下时，伸缩区和缓冲区禁止进行维修作业；

（3）木枕地段无缝线路作业轨温按表10-7和表10-8规定减5 ℃，当轨温在实际锁定轨温减20 ℃以下时，禁止在伸缩区和缓冲区进行维修作业；

（4）在跨区间无缝线路上的无缝道岔尖轨及其前方25 m范围内综合维修，作业轨温范围为实际锁定轨温±10 ℃。

每年春季、秋季应在允许作业轨温范围内逐段整修扣件及接头螺栓，整修不良绝缘接头，对接头螺栓及扣件进行除垢涂油，并复紧至达到规定标准。使用长效油脂时，按油脂实际有效期安排除垢涂油工作。

四、无缝线路维修计划

安排维修计划时，应考虑以下几点：

（1）无缝线路应根据季节特点、锁定轨温和线路状态，合理安排全年维修计划。一般气温较低的季节，安排锁定轨温较低或薄弱地段进行综合维修；气温较高的季节，安排锁定轨温较高地段进行综合维修。

（2）高温季节应不安排综合维修和影响线路稳定性的工作。如必须进行综合维修或成段保养时，应有计划地先放散后作业，以后要在设计锁定轨温范围内，重新做好放散和锁定线路工作。其他保养和临时补修，可采取调整作业时间的办法进行。

高温季节可安排矫直钢轨硬弯、钢轨打磨、焊补等作业。在较低温度下，如需更换钢或夹板时，可采用钢轨拉伸器进行。

（3）无缝线路综合维修计划，以每段长轨条或单元轨条为单位安排作业。遇有跨工区长轨条或单元轨条时，应由两工区协同安排。

（4）对于锁定轨温不明、不准、不匀、过低、过高等地段，应有计划地进行应力放散或调整。

（5）无缝线路上铺设的混凝土枕，应采用Ⅱ型或Ⅲ型混凝土枕及相应扣件和厚度为 10 mm 的橡胶垫板。木枕应采用分开式扣件，混凝土宽枕应采用弹条调高扣件。使用上述扣件可不安装防爬设备。有砟桥上的木枕应更换为有砟桥面混凝土枕。

（6）每年春季、秋季应在允许作业轨温范围内逐段整修扣件及接头螺栓，整修不良绝缘接头，对接头螺栓及扣件进行除垢涂油，并复紧达到规定标准。使用长效油脂时，按油脂实际有效期安排除垢涂油工作。

（7）线路轨向应经常保持良好，对钢轨硬弯应及时矫直。

（8）长轨条及道岔内的焊缝部位要保持平直，出现凸凹应打磨、焊补。用 1m 直尺测量，工作边矢度不得大于 0.5 mm。钢轨顶面凹凸矢度，允许速度大于 120 km/h 的线路不得大于 0.3 mm，其他线路不得大于 0.5 mm。

（9）联合接头不得设置在道口、桥台、桥墩或不作单独设计的桥上，距桥台边墙不应小于 2 m。位于中跨度桥上的联合接头应布置在 1/4～1/2 桥跨处，并避开边跨；在大跨度桥上，应远离纵梁断开处。允许速度大于 160 km/h 的线路，铝热焊缝距轨枕边不得小于 100 mm，其他线路不得小于 40 mm。

五、无缝线路单项作业

单项作业是无缝线路的重要组成部分，作业方法是否正确，将直接影响线路的强度和稳定，因此，必须严格掌握作业轨温，采取扒、起、捣、填、拨、夯紧密衔接的流水作业方法，以最大限度地保持线路的稳定。

1. 无缝线路维修作业要求

凡进行影响无缝线路稳定性的维修作业，必须测量轨温，检查钢轨位移情况，切实按作业轨温条件作业。作业过程中应注意：

（1）起道必须有足够的道砟，起道前要拨正线路方向；

（2）起道、拨道机具不得安放在铝热焊缝处；

（3）列车通过前，起道要顺坡捣固，拨道要拨顺；

（4）扒开的道床要及时回填饱满和夯实；

（5）为确保行车安全，在进行无缝线路作业时，应做到"一准、二清、三测、四不超、五不走"。即掌握实际锁定轨温要准确，维修作业半日一清，临时补修作业一撬一清，作业前、作业中、作业后要实测轨温，作业不超量，扒砟不超长，起道不超高，拨道不超量，扒开道床不填不走，作业后道床不夯拍不走，不组织回检不走，质量不合格不走，发生异状不处理不走。

2. 起道作业

起道时钢轨和轨枕被抬起，不仅道床阻力减小，而且钢轨还承受附加力，起道越高影响范围越长。所以，无缝线路严禁一次起道量过高，即使在不超温条件下作业，超过 30 mm 的起道量也应分次进行。同时，起道机应垂直放置以免引起线路方向的变化。在曲线地段起道，起道机应放在上股钢轨外侧或下股钢轨内，复线地段要迎着列车运行方向作业，以减少线路的爬行。

任何情况下，起道机都不可以放在铝热焊缝处（距铝热焊缝不少于 1m）。

3. 拨道作业

拨道时，轨枕位置横移并抬高线路，会严重降低道床横向阻力。因此，拨道作业宜在轨温接近锁定轨温进行。拨道前要拧紧扣件螺栓，补足石砟。维修综合作业时，应先回填道床再进行拨道。拨道器或撬棍不得放在焊缝处，拨道后应及时整理和夯拍道床。临时补修作业拨道后，也要坚持夯实轨枕端头的道床，以提高道床的横向阻力。曲线拨道时，尽量使上挑下压量相等，以免改变锁定轨温。

4. 整理道床作业

直线上道床肩宽不得少于 300 mm，曲线地段按规定加宽。连续作业未回填的道床长度，不应大于允许扒开道床的长度，作业后应及时回填夯实，清筛道床应逐孔倒筛、夯实；或轨枕盒和枕底分开清筛（分层回填夯实），尤其对轨枕头的道床，更应夯拍密实。

5. 胶接绝缘接头养护

应加强胶接绝缘接头的养护工作，做好轨端飞边打磨和捣固工作。胶接绝缘接头拉开时，应立即拧紧两端各 50 m 线路扣件，并加强观测。当绝缘接头失效时，应立即更换，进行永久处理。不能永久处理的，可将失效部分清除，更换为普通绝缘或插入等长的普通绝缘接头或胶接接头，用夹板连接进行临时处理，并尽快用较长的胶接绝缘钢轨进行永久处理。进行永久处理时，应严格掌握轨温胶接绝缘钢轨长度和预留焊缝，确保修复后无缝线路锁定轨温不变。当胶接绝缘接头钢轨发生重伤或折断处距绝缘接头 1 m 时，可按无缝线路钢轨重伤和折断的有关规定处理。

6. 拧紧接头螺栓

随着列车的冲击和振动，已经拧紧的接头螺栓会渐渐松动。尤其是在大轨缝、低接头处所，扭矩衰减得更为严重。因此，要经常保持接头曲螺栓的拧紧状态。利用轨温调整个别轨缝时，则要先松开扣件螺栓，轨缝恢复正常后再全面拧紧。更换绝缘接头的绝缘材料时，应及时会同电务部门，在轨温适当时进行更换。

7. 拧紧轨枕扣件

随着列车的冲击和振动，已经拧紧的轨枕扣件也会渐渐松动。尤其在起、垫作业以后，扭矩的衰减更为严重。因此，每次综合维修作业前和作业后，都要全面拧紧轨枕扣件螺栓。垫板作业后的次日，还要复拧轨枕扣件螺栓，以防止钢轨爬行。每年春秋两季，应在实际锁定轨温±5 ℃范围内全面拧紧轨枕扣件螺栓。扣件整正和涂油时，采取"隔二松一"的流水作业，当日回检拧紧一次，1～4 d 后复拧一遍，并做好封口涂油工作。

对于其他扣件和木枕地段曲线路的防爬设备，见松就打紧。防爬器成段失效时，应在实际锁定轨温±5 ℃内进行全面整修（混凝土轨枕可放宽到±10 ℃范围内）。

8. 更换轨枕

抽出轨枕相当于降低了这部分轨道的框架刚度和道床阻力。因此，不得当日连续更换两根以上的轨枕。轨温过高时，不能连续更换轨枕。新轨枕串入后要进行捣固，及时安设防爬设备或拧紧扣件。

六、桥上无缝线路维修

（1）按照设计文件规定，保持扣件布置方式和拧紧程度。

（2）单根抽换桥枕，在实际锁定轨温−25 ℃～+10 ℃范围内进行，允许起道 60 mm。

（3）上盖油漆、更换铆钉或成段更换、方正桥枕等需要起道作业时，允许在实际锁定轨温−25 ℃～+10 ℃范围内进行。对长度超过 200 m 的无砟桥，桥头两端 50 m 范围内线路作业的轨温比照木枕地段要求办理。

（4）对桥上钢轨焊缝应加强检查，发现伤损应及时处理。

（5）对桥上伸缩调节器的伸缩量应定期检查，发现异常爬行，应及时分析原因并整治。伸缩调节器的尖轨与基本轨出现飞边，应及时打磨。

（6）桥上无缝线路应定期测量长轨条的爬行量，并做好记录。固定区爬行量超过 10 mm 时，应分析原因，及时整治。

七、跨区间和全区间无缝线路的养护维修

（一）铺设前的线路整修工作

（1）在无缝线路铺设之前，一般应根据铺轨安排，提前 3～6 个月停止综合维修，有计划地进行线路全面整修工作，并在铺轨前不少于 15 日完成。

（2）整修工作的主要内容：

① 全面起好线路大平，消灭前后高低和水平不良处所，要求特别注意消灭低接接头，对现有接头位置在轨枕上做出标记，以便换轨后加强捣固。

② 全面拨正线路方向，拨好曲线圆度，消灭曲线"鹅头"和反弯，测量、调整线路限界。

③ 整治路基病害，清筛不洁道床，消灭翻浆冒泥，解决岔区排水。

④ 翻修基础不良道口，疏通排水，加强捣固，做好几何尺寸。

⑤ 均匀补充道砟，村镇行人过道及桥头道床要采取挡护措施。

（3）要制定切实可行的作业计划，保证按期完成整修任务。在铺轨前，对线路整修工作全面检查验收。

（二）铺设方法

跨区间和全区间无缝线路应接单元轨条长度依次分段铺设。轨温在设计锁定轨温范围及以下时采用连入铺设，轨温高于设计锁定轨温范围时采用插入法铺设。

1. 连入法铺设

（1）换轨作业中，将新铺单元轨条的始端与已铺相邻单元轨条的终端直接焊连。

（2）低温换轨作业中，轨条放槽后应先拉伸，使锁定轨温达到设计要求后再进行焊接。

（3）电气化区段如采用不停电换轨作业方式，使用待铺单元轨条作为接触网的临时回流通道时，钢轨胶接绝缘接头处必须设置临时连接线。

2. 插入法铺设

（1）换轨作业中，在新铺单元轨条与已铺相邻单元轨条之间铺设临时缓冲轨。

（2）相邻单元轨条的锁定轨温不符合设计要求时，应先放散应力，然后与插入轨焊接，

使锁定轨温符合设计要求。

（3）焊接后，应视具体情况调整插入段前后各 100 m 范围内钢轨的温度应力。

（三）铺设初期的整修加强工作

（1）搞好铺设初期的线路整修是发挥无缝线路优越性的基础工作，必须高度重视。要做好以下三点：一是提前"介入"，切实掌握铺设施工情况；二是铺设后早接早管，实施对无缝线路的有效控制；三是验交后针对设备存在的主要问题集中力量、集中时间，有计划地组织全面整修加强工作，促使无缝线路早日进入稳定状态。

（2）初期整修工作的主要内容：

① 全面加强线路——组织力量及时安排以起道、拨道、改道、垫砟和夯拍道床为主要内容的全面整修工作，使无缝线路尽快得到加强和稳固。

② 成段综合整修扣件——在接管线路后，首先安排全面复紧一次轨枕扣件，以锁定线路。然后，要按照"全、正、靠、润、紧"的标准进行扣件整修，同时改正轨距和不良方向，可组织专业班组逐根整修，按公里验收。

③ 整治钢轨原始弯曲——新铺钢轨存在大量原始弯曲，其中包括活弯和死弯，可组织专业班组采用"一拨"（拨正不良方向）、"二改"（改正轨距和不合适扣件）、"三串"（串动影响扣件组装的轨枕）、"四调"（调直死弯）的方法，整治钢轨原始弯曲。调直死弯的工作可集中进行，作业时轨温不得低于 25 ℃。

④ 进行应力放散——对锁定轨温偏高或偏低的地段，制定施工方案，适时进行应力放散或调整。

（3）检查验收——全面整修工作完成后，由工务段或线路车间组织一次检查验收。

（四）养护维修的工作重点

（1）跨区间及全区间无缝线路的维修管理，以一次铺设锁定的轨条长度为管理单元，无缝道岔以单组或相邻多组一次锁定的道岔及其间线路为管理单元。

（2）严格控制锁定轨温变化：进行无缝线路养护维修作业，必须测量和掌握轨温，观测钢轨位移，按实际锁定轨温安排作业，并严格遵守"无缝线路维修作业轨温条件"和"一准、两清、三测、四不超、五不走"制度，定期做好无缝线路锁定工作，保持无缝线路经常处于稳定状态。

（3）强化轨道整体结构：在养护维修作业中，要注重做好补充均匀道砟、堆高砟肩、夯拍道床、整修扣件、复紧螺栓等提高线路阻力的作业，以及进行必要的设备加强工作，强化轨道整体结构，提高轨道抗变形的能力。

（4）保持轨道的平顺性：在养护维修工作中，要坚持设备检查制度，根据实际状态安排作业计划，要注重整治道床板结翻浆、轨枕空吊板、轨向不良及几何尺寸超限等方面的作业，并有计划地安排钢轨打磨、焊补及整治死弯等修理作业，努力提高轨道的平顺性。

八、无缝道岔养护维修

（一）无缝道岔养护维修工作重点

（1）控制锁定轨温变化：每个岔区为一个单元轨节，应加强岔区的锁定工作，保持锁定轨温变化不超过±5 ℃。

（2）防止道岔纵爬横移：要经常保持道床断面，切实做好扣件养护，及时消除道床翻浆、排水不良、几何尺寸超限等病害，提高线路阻力，达到下部稳、上部准、纵不爬、横不移。

（3）保持道岔整体结构性能：要加强检查、养护工作，保证各部配件齐全、有效，经常处于工作状态。

（4）导轨、辙叉、心轨、翼轨的扣件扭矩应保持在 120～150 N·m；尖轨及其前后各 25 m 范围内的基本轨扣件扭矩应保持在 60～80 N·m；间隔铁采用直径为 27 mm 的 10.9 级螺栓，锰钢整铸辙叉接头采用直径为 24 mm 的 10.9 级螺栓，扭矩应保持在 700～900 N·m。

（二）无缝道岔养护维修要求

（1）在执行现行道岔养护维修作业方法的同时，要参照无缝线路养护维修的方法安排作业，执行"一准、两清、三测、四不超、五不走"等有关制度，严禁违章蛮干。

（2）无缝道岔区的各项维修作业，应在实际锁定轨温±10 ℃范围内进行。无缝道岔的辙叉、尖轨及钢轨伤损或磨耗超限需要更换时，可更换为普通辙叉、尖轨及钢轨，采用冻结接头进行临时处理，并尽快恢复原结构。

（3）无缝道岔综合维修一般为 1～2 年安排一次，每年根据设备状态调查，由工务段下达生产计划。线路车间、工区安排月、日计划时，要根据锁定轨温和季节特点进行，一般应安排在 3—5 月、9—11 月份，岔区单元轨节养护维修要按实际锁定轨温掌握。

（4）清筛道床要采取逐孔倒筛的方法，间隔不少于 6 孔。凡进行扒开道床的作业，作业完毕应及时回填道床，必要时应进行道床夯拍，保持和提高道床阻力。

（5）起道时，连续扒开道床长度不超过 20 m，一次起道量不大于 30 mm，一次拨道量不 20 mm。

（6）有计划地安排扣件及各种连接零件的养护工作，要求每月至少检查、整修一次，做好涂油、复紧工作，有损坏、丢失的要及时更换、补充。进行整组扣件涂油时，应采取隔二松一的流水作业方法，其他各种连接螺栓涂油应逐个进行，各种螺栓涂油后应在当日及次日各复紧一次，达到并保持螺栓扭矩要求，提高道岔整体结构强度。

（7）要及时消除几何尺寸超限，尤其要注意整治方向不良和消灭空吊板。

（8）要根据调查有计划地安排钢轨、尖轨、辙叉的打磨、焊补及整治死弯轨工作，提高轨道的平顺性，延长设备使用寿命。

（9）要按照有关要求做好冻结接头的检查养护工作，保持冻结接头处于正常工作状态。

（10）在高温季节作业时，要注意道岔方向变化。发现方向不良时，必须分析原因并及时处理。

（三）故障处理

1. 无缝道岔故障处理

（1）无缝道岔中尖轨、辙叉及钢轨发生重伤和磨耗需要更换时，应直接进行永久处理。当尖轨、钢轨损坏时，可临时更换普通尖轨、钢轨，采用夹板连接或冻结。当可动心轨辙叉损坏时，在岔枕上更换一组特制垫板，换入一根短轨（长度 13.26 m），两端用夹板连接或冻结，开通直股，限速运行。在采取以上措施后，应尽快安排进行永久处理。

（2）当焊缝发生重伤时，可先用夹板加固，然后进行永久处理。当焊缝发生折断时，可先锯掉焊伤或折断部分，插入长度 6 m 的短轨，用普通夹板或插入短轨头用长孔夹板连接拼接，并根据现场情况决定开通时是否限速。

2. 胶接绝缘接头故障处理

（1）应加强胶接绝缘接头的养护，做好轨端肥边打磨和捣固工作。胶接绝缘接头拉开时，应立即拧紧两端各 50 m 线路的扣件，并加强观测。当绝缘失效时，应立即更换，进行永久处理。暂不能永久处理时，可更换为普通绝缘，进行临时处理。进行永久处理时，应保证修复后无缝线路锁定轨温不变。

（2）当工、电双方共同确认胶接绝缘接头失效时，可先插入一根备用的胶接绝缘钢轨（线路上使用长度为 3.25 m+3.75 m，两组道岔间使用长度为 3.00 m+1.8 m）进行临时处理。无备用胶接绝缘钢轨时，也可换入两根不短于 6 m 的钢轨，安装普通绝缘材料，用夹板连接进行临时处理。

（3）经临时处理后，应尽快用较长的胶接绝缘钢轨进行永久处理。进行永久处理时，应严格掌握轨温、胶接绝缘钢轨长度和预留焊缝，确保修复后无缝线路锁定轨温不变。

（4）当胶接绝缘钢轨发生重伤或折断处距绝缘接头 1m 以外时，可比照无缝线路钢轨重伤和折断的规定处理。

九、胀轨跑道的防治与处理

（一）胀轨跑道的原因及预防措施

（1）锁定轨温偏低。铺设无缝线路时，由于某种原因未按设计锁定轨温铺设，会造成低温锁定；或在合拢口时，因计划不周，钢轨长出一定值时，采用撞轨办法合拢口，使钢轨在未锁定前就承受了预压应力，同样也相当于降低了锁定轨温。锁定轨温偏低，在高温时钢轨承受的温度压应力就会增大，线路易丧失稳定，造成胀轨跑道。

在冬季，若发生固定区钢轨折断，断缝处温度力就会降为零，断缝两端钢轨收缩，形成断口。此时焊接修复，高温时会在断缝附近出现较大的温度压应力，易使线路丧失稳定，发生胀轨跑道。

由于爬行不均匀，某段钢轨产生相对压缩变形而增加附加应力，也相当于降低了锁定轨温，高温时该段钢轨温度压应力增大，就容易引起胀轨跑道。准确掌握锁定轨温，严格按章作业，加强线路的防爬锁定，是防止胀轨跑道的重要措施。

（2）道床横向阻力降低。在维修时违章作业，如扒开道床过长、起道过高、连续松开扣件过多等，都会较大地降低道床的横向阻力，加大胀轨、跑道的危险性。

线路设备状态不良，如道床断面尺寸不足，轨枕盒内石砟不饱满、不密实、不清洁，尤其是轨枕头外露，都将严重地削弱道床横向阻力，造成胀轨跑道。要提高道床横向阻力，应必须保持道床均匀、饱满、坚实、清洁。必要时，可适当加宽顶面宽度和堆高砟肩。

（3）轨道原始弯曲变形增大。长钢轨在运输和铺设中，因作业不当而引起的原始弯曲变形，其弯曲矢度越大，线路稳定性越低，轨道框架刚度也越低。实践证明，胀轨、跑道多发生在轨道原始弯曲处。所以，应及时矫直钢轨硬弯，经常保持线路长平及方向良好。

（4）扣件的扣压力越强，轨道框架刚度就越大，因此要求经常拧紧扣件螺栓、打紧道钉，以增大轨道框架刚度，提高线路的稳定性。

（二）预防胀轨的主要措施

（1）当发现线路连续出现碎弯时，必须加强巡查或派专人监观测轨温和线路方向的变化。若碎弯继续扩大，应设慢行信号，并通知工区紧急处理。线路稳定后，恢复正常行车速度。

（2）养护维修作业中，发现轨向高低不良，起道、拨道省力，枕端道砟离缝，必须停止作业，及时采取防止胀轨跑道措施。

（3）无论作业中或作业后，发现轨向不良，用长 10 m 弦测量两股钢轨的轨向偏差。当平均值达 10 mm 时，必须设置慢行信号，并采取夯拍道床、填满枕盒道砟和堆高砟肩等措施。当两股钢轨和轨向偏差达 12 mm 时，在轨温不变的情况下，过车后线路弯曲变形突然扩大，必须立即设置停车信号，及时通知车站，并采取钢轨降温等紧急措施，消除故障后放行列车。

（三）胀轨跑道后的处理

（1）发现胀轨跑道，应及时设置停车信号严禁冒险放行列车，并迅速采取降温拨顺线路等措施，同时加强故障地点两端线路的防爬锁定。

（2）浇水降温法：用以降低钢轨内的温度压力，使其恢复线路正常状态或达到列车安全通过的程度。一般从胀轨跑道范围以外两端 50～100 m 开始，由两端向中间逐步浇淋。轨温明显下降后，方可拨回线路，回填道砟。必要时应及时补充道砟，适当加大道床断面。开通线路列车应限速慢行。

（3）拨曲线法：当缺少水源或轨温较高经长时间浇水降温仍不能恢复线路时，在胀轨跑道两端向中间拨成半径不小于 200 m 的反向曲线，夹直线不短于 10 m，拨道后应满足线间距的要求。

（4）困难条件下处理胀轨跑道，可用乙炔切割钢轨，松开扣放散应力。然后，用夹板和急救器加固。限速 5 km/h 开通线用乙炔切割及烧孔的钢轨，应派人监视，并必须在 24 h 内锯钻孔重新处理。

无缝线路发生胀轨跑道时，应对胀轨跑道情况按规定内容做好登记。

十、断轨的防治与处理

（一）断轨的防治

（1）对高温锁定的无缝线路，要在设计锁定轨温范围内进行应力放散。

（2）提高焊接质量，加强钢轨探伤。

改进焊接工艺，严格遵守操作规程，提高焊缝质量，是防止钢轨折断的根本措施，要力求减少焊接缺陷，消灭高低不平、上下错口，不合格者绝不铺设。

加强钢轨探伤工作一般早入冬前，对接头及焊接两端 1 m 范围内的钢轨，进行全面、细致的检查，鉴别伤痕类型，做好标记，注意观察。对一时不能判明的暗伤钢轨应用急救器，夹上特制的鼓包夹板，必要时锯开重焊。

（3）整治焊缝病害。对高低接头、错口接头、马鞍形接头等缺陷接头，要用磨、焊、垫、捣、筛等方法综合整治，轨面要平顺。对超过 1 mm 的高低不平应及时打磨、焊补，使无缝线路钢轨顶面和内侧保持平整、光滑。有严重缺陷者要锯开重焊。

（4）加强防爬锁定。加强防爬锁定是防止钢轨过分收缩和钢轨折断后轨缝拉开太大的有力措施。为此，可在铝热焊缝两端增加防爬设备，以加大防爬力，发现有残余爬行的附加力应及时加以调整。

（5）提高线路质量，加强养护维修。

消灭空吊板及三角坑，修正道床，补充石砟，保持线路弹性，方正焊缝两侧轨枕，整好钢筋混凝土轨枕胶垫。冬季钢轨冷脆，线路刚性又大，进行作业时必须小心。起道时，起道机应放在距铝热焊缝 1 m 以外，避免用起道机直接顶起铝热焊接头，并避免做一些冷弯直轨工作。

（二）断轨的处理

线路钢轨（焊缝）折断时，应按《铁路工务安全规则》第 2.2.12 条的规定，当线路发生危及行车安全故障时的防护办法如下：

（1）立即使用列车无线调度电话等通信设备通知车站或运行列车，并在故障地点设置停车信号，如瞭望困难，遇降雾、暴风雨（雪）、扬沙等恶劣天气或夜间，还应点燃火炬。设有固定信号机时，应先使其显示停车信号。

（2）当确知一端先来车时，应先向该端，再向另一端放置响墩（如图 10-1），然后返回故障地点。

（3）如不知来车方向，应在故障地点注意倾听和瞭望，发现来车，应急速奔向列车，用手信号旗（灯）或徒手显示停车信号，并将响墩放置在能赶到的地点，使列车在故障地点前停车。如瞭望困难，遇降雾、暴风雨（雪）、扬沙等恶劣天气或夜间，发现来车后，奔向列车前，应在故障地点点燃第二支火炬。

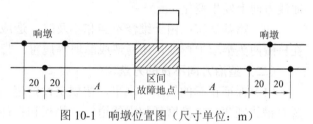

图 10-1　响墩位置图（尺寸单位：m）

按上述规定设置停车信号防护，断轨处理后的放行列车条件：

① 紧急处理——当钢轨断缝不大于 50 mm 时，应立即进行紧急处理。在断缝处上好夹板或臌包夹板，用急救器固定，在断缝前后各 50 m 拧紧扣件，并派人看守，限速 5 km/h 放行列车。如断缝小于 30 mm 时，放行列车速度为 15～25 km/h。有条件时应在原位焊复，否则应在轨端钻孔，上好夹板或臌包夹板，拧紧接头螺栓，然后可适当提高行车速度。

② 临时处理——钢轨折损严重或断缝大于 50 mm，以及紧急处理后，不能立即焊接修复时，应封锁线路，切除伤损部分，两锯口间插入长度不短于 6 m 的同型钢轨，轨端钻孔。上接头夹板，用 10.9 级螺栓拧紧。在短轨前后各 50 m 范围内，拧紧扣件后，按正常速度放行列车，但不得大于 160 km/h。

临时处理或紧急处理时，应先在断缝两侧轨头非工作边做出标记，标记间距离约为 8 m，并准确丈量两标记间的距离和轨头非工作边一侧的断缝值，做好记录。

③ 永久处理——对紧急处理或临时处理的处所，应及时插入短轨进行焊复，恢复无缝线路轨道结构。

a. 采用小型气压焊或移动式接触焊时，插入短轨长度应等于切除钢轨长度加上 2 倍顶锻量。先焊好一端，焊接另一端时先张拉钢轨，使断缝两侧标记的距离等于原丈量距离减去断缝值加顶锻量后再焊接。

b. 采用铝热焊时，插入短轨长度等于切除钢轨长度减去 2 倍预留焊缝值。先焊好一端，焊接另一端时先张拉钢轨，使断缝两侧标记的距离等于原丈量距离减去断缝值后再焊接。

在线路上焊接时气温不应低于 0 ℃。放行列车时，焊缝温度应低于 300 ℃。

10.5 曲线养护维修

一、曲线方向不良的原因及整治方法

（一）曲线方向不良的原因

（1）拨道方法不当，凭经验拨道，用眼睛看着估拨，经常采用简易拨道法，造成误差积累或曲线头尾出现方向不良。

（2）养护方法不当，拨道不结合水平、高低的整治，不预留回弹量；钢轨有硬弯，接头错牙，轨底坡不一致；拨道前不匀轨缝；拨后没有及时回填道床、捣固不均匀等。

（3）材料失效、腐朽，枕木腐朽，混凝土枕破损，防爬设备、轨距杆缺少、失效等引起曲线方向上发生变化。

（4）路基病害：由于维修不当和不及时，造成路基存水、翻浆冒泥、下沉等现象，尤其在桥隧两头半填半挖处，还易造成溜坍等病害，带动线路位移。

（二）整治方向不良的方法

（1）保证正确的轨距、水平。按规定设置超高和轨距加宽，彻底锁定线路，防止爬行。矫直钢轨硬弯。更换磨耗超限的道钉、垫板和扣件，调整不合适的轨底坡，全面清筛不洁道床，消灭翻浆冒泥，加强捣固，消灭坑洼和吊板。

（2）保持正矢不超限。认真做好曲线整正计算及拨道工作，拨、改、捣有机结合，对整个曲线要全面考虑，统一调整。拨道时要适当预留回弹量，下压时多留，上挑时少留，拨量大的多留，拨量小的少留。在拨量较大、行车繁忙的地段，可采用分次拨道法。每次只拨一部分，经过几次拨动后达到拨量要求。使用拨道器时，注意扒好拨道器窝，避免抬道，拨后正矢应满足《修规》要求。

（3）保持曲线头、尾的圆顺。在调查测量现场证矢前，先拨好曲线两端的直线方向，消灭反弯及"鹅头"，使曲线头、尾恢复到正确位置，最好用仪器确定曲线头、尾，然后再实量正矢。在拨道作业中，可从曲线两端向中间赶。在小半径曲线头、尾保持一定的道床厚度和宽度，并夯实道床，使轨道方向稳定。另外，合理设置缓和曲线长度、超高、超高顺坡、轨距加宽及递减。

（4）清理污物，保持路基干燥。及时清理路基两侧有碍路基排水的废弃物，清理排水设施，保证排水畅通，消灭路基存水、翻浆、下沉等病害，做好桥隧两头路基的防护加固，防止边坡溜坍，使线路保持坚实、稳固。

二、曲线"鹅头"产生的原因及整治方法

曲线两端"鹅头"是曲线的头或尾偏离应有的平面位置，向曲线外侧凸出，越出直线方向，形成小反向曲线，状似鹅头。

（一）曲线"鹅头"产生的原因

曲线"鹅头"产生的原因是曲线附近直线方向不正，拨道作业的拨道量计划不当，目测拨误差大等。在小半径曲线上，列车进入曲线头尾的冲击力较大、道床横向阻力不足也能产生"鹅头"。

曲线有"鹅头",方向不圆顺,致使钢轨磨耗、行车摇晃,破坏线路质量,影响行车安全。

(二)整治曲线"鹅头"的方法

(1)在全面调整现场正矢以前,先拨好曲线两端的直线方向,用目测或简易拨道法压除"鹅头",然后再实测证矢、计算拨道。每次拨道时,在一般情况下不得变更原来的直线方向。

(2)凡有"鹅头"的曲线,缓和曲线都不好,因此,缓和曲线应按规定计划正矢,将ZH、HY、YH、HZ各点固定在正确位置。

(3)为避免拨道作业中所产生的一些误差赶到一头,可分别从曲线两端拨起,逐渐拨到圆曲线中点汇合。

(4)由于现场希望一次将曲线调整好,先拨正"鹅头",再测量现场正矢,然后拨正整个曲线,这样做比较费工时。同时,如果对"鹅头"认识不清,不但不能消灭"鹅头",反而会使曲线头尾拨出很长的漫弯。

现将一次拨正有"鹅头"的曲线的整治方法介绍如下:

① 如图10-2所示,在"鹅头"部分任意选择1、2两点,使其距离为10 m,用测钎找出1、2两点在线路直线方向上的投影点1、2两点,量出11′和22′的长W_1、W_2(均为负数,表示下压)。W_1、W_2称为预拨量。

② 和通常测量曲线正矢一样,测量出各测点正矢f_1,f_2,f_3,f_4…其中$f_1 = 0$,不必测量。

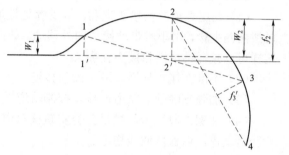

图10-2 曲线"鹅头"正矢图

③ 求f_2和f_3。因为1、2点已经向下预拨了W_1、W_2,所以2、3两点的现场正矢要通过W_1、W_2和f_2',f_3'之间的关系求算:

$$f_2 = f_2' - \frac{W_1}{3} + W_2$$

$$f_3 = f_3' - \frac{W_2}{2}$$

【例10-1】一个有"鹅头"的曲线,测得$W_1 = -12$ mm,$W_2 = -26$ mm,$f_2' = 30$ mm,$f_3' = 45$ mm,f_2和f_3。

【解】 $f_2 = f_2' - \dfrac{W_1}{3} + W_2 = 30 - \dfrac{-12}{2} + (-26) = 10$ mm

$$f_3 = f_3' - \frac{W_2}{2} = 45 - \frac{-26}{2} = 58 \text{ mm}$$

于是现场正矢写成如表10-9所示。

表10-9 各点正矢

测　　　点	现场正矢/mm
1	0
2	10

续表

测　　点	现场正矢/mm
3	58
⋮	⋮

三、接头支嘴产生的原因及整治方法

钢轨接头"支嘴"是指曲线上的钢轨接头离开应有的圆弧位置，向曲线外侧支出。

（一）接头支嘴产生的原因

曲线上接头支嘴是由于钢轨弹性和硬弯引起的。这类病害多发生在小半径曲线上，特别是相对式接头的曲线上。同时，接头处道砟不足、轨缝不良等，将加剧支嘴的发展。

（二）整治接头支嘴的方法

（1）利用拨道整治接头支嘴，因支嘴处拨道时，可采用间接影响法。如向外拨动接头时，可拨两侧小腰，用小腰带动接头向外移动。如向里拨小腰时，用拨动接头带动小腰向里移动，这样可以减轻甚至消除接头支嘴。

（2）不准在接头处用起道机硬顶拨道。

（3）加强支嘴处的轨道连接，控制轨道横向移动。

（4）加宽上股道床，填足并夯实轨枕盒道砟，或在支嘴前后的轨枕盒的两股钢轨底下设置防爬支撑，以保持曲线稳定。

四、钢轨磨耗产生的原因及整治方法

（一）钢轨磨耗产生的原因

曲线上造成钢轨磨耗的原因很多，其中主要是机车、车辆轴重加大和运量增加。另外，内燃、电力机车的使用也会加大对曲线的横向水平力，致使曲线磨耗加剧。此外，线路状态不良也会加剧钢轨磨耗。

（1）曲线超高设置不当，轨底坡不正确，引起钢轨偏载和轮轨不正常接触，加剧钢轨磨耗。

（2）曲线方向不圆顺，使列车产生摇晃；缓和曲线超高度递减距离不够，顺坡率过大，引起列车进入或驶出曲线时产生剧烈振动、摇晃和冲击，造成钢轨磨耗。

（3）曲线状态也会对钢轨磨耗产生影响。如轨距超限，道砟不足，线路上有三角坑、暗坑、空吊板、钢轨有硬弯，防爬设备、轨枕、连接零件短缺、失效等，都会使钢轨磨耗加剧。钢轨缺乏涂油措施，以及单线线路上下行列车速度相差悬殊等因素，也是加剧钢轨磨耗的原因之一。

（二）防治钢轨磨耗的方法

（1）正确设置曲线外轨超高度，准确测量行车速度。平均速度的计算应按照《修规》规定的加权平均法进行，对曲线超高应进行检算。

（2）整正轨底坡。目测检查钢轨顶面光带是否在中心线上。偏里或偏外，都说明轨底坡不正常，应及时加以修正。在混凝土枕地段，可采用铺设坡形胶垫的方法来改变轨底坡，加大车轮与钢轨的接触面，使钢轨顶面光带处于轨顶中心线位置。

（3）曲线定期涂油。将润滑油涂在外轨头部内侧，可大大减少外轨磨耗。

10.6　道岔养护维修

道岔的养护维修要在贯彻预防为主的原则下，根据季节性的特点，妥善安排好综合维修、经常保养和临时补修。使三者紧密地结合起来，合理使用劳力、机具和材料。对正线、到发线和主要站线、专用线道岔，每年做一遍综合维修，达到经常处于良好状态，延长各部件的使用寿命，确保行车安全。

一、道岔的检查

（1）检查内容：重点包括各部轨距尺寸及其递减距离、各部槽宽、间隔、水平、方向及前后高低是否合乎标准；各主要部件是否有磨耗超限或轧伤；道岔各部零件位置、状态是否完整，在无损伤失效以及定期的钢轨探伤检查等。由于道岔是轨道的薄弱环节，各部主要尺寸和状态容易发生变化，为确保列车运行安全，当发现不正常情况时，应立即采取措施消除。图 10-3 是单开道岔 17 处轨距、水平检查图。表 10-10 是单开道岔各部分轨距尺寸表。

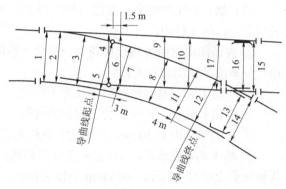

图 10-3　普通单开道岔检查位置图

表 10-10　单开道岔各部分的轨距及检查部位表　　　　　（mm）

编号	检查部位	说明	9	12	尖轨-12	18
1	尖轨前顺坡终点		1 435	1 435	1 435	1 435
2	尖轨尖端		1 450	1 445	1 437	1 435
3	尖轨中部		1 445	1 442	—	1 435
4	尖轨跟端直股		1 439	1 439	1 435	1 435
5	尖轨跟端曲股	导曲线起点处	1 439	1 439	1 435	1 435
6	尖轨跟端后直股	距跟端 1.5 m	1 435	1 435	1 435	—
7	导曲线前部	距导曲线起点 3 m	1 450	1 445	1 435	1 435
8	导曲线中部		1 450	1 445	1 435	1 435
9	直股中部		1 435	1 435	1 435	1 435
10	直股后部		1 435	1 435	1 435	1 435
11	导曲线后部	距导线终点 4 m	1 450	1 445	1 435	—
12	辙叉曲股前		1 435	1 435	1 435	1 435

续表

编号	检查部位	说明	9	12	尖轨-12	18
13	辙叉曲股中	同时量查照间隔 D_1、D_2	1 435	1 435	1 435	1 435
14	辙叉曲股后		1 435	1 435	1 435	1 435
15	辙叉直股后		1 435	1 435	1 435	1 435
16	辙叉直股中	同时量查照间隔 D_1、D_2	1 435	1 435	1 435	1 435
17	辙叉直股前		1 435	1 435	1 435	1 435

（2）禁止使用的道岔：按照《铁路技术管理规程》规定，道岔应经常保持良好状态，有下列之一，禁止使用：

①内锁闭道岔两尖轨互相脱离，分动外锁闭道岔两尖轨与连接装置、心轨接头铁与拉板相互分离或外锁闭装置失效。

②尖轨尖端与基本轨在静止状态不密贴。

③尖轨被轧伤，轮缘有爬上尖轨的危险。

④在尖轨顶面宽 50 mm 及其以上的断面处，尖轨顶面低于基本轨顶面 2 mm 及其以上。

⑤基本轨垂直磨耗，50 kg/m 及以下钢轨，在正线上超过 6 mm，到发线上超过 8 mm，其他线路上超过 10 mm；60 kg/m 及以上钢轨，在线路允许速度大于 120 km/h 的正线上超过 6 mm，其他正线上超过 8 mm，到发线上超过 10 mm，其他站线上超过 11 mm。33 kg/m 及其以下的钢轨，由铁路局规定。

⑥在辙叉心宽 40 mm 的断面处，辙叉心垂直磨耗（不含翼轨加高部分），50 kg/m 及以下钢轨，在正线上超过 6 mm，到发线上超过 8 mm，其他站线上超过 10 mm；60 kg/m 及以上钢轨，在线路允许速度大于 120 km/h 的正线上超过 6 mm，其他正线上超过 8 mm，到发线上超过 10 mm，其他站线上超过 11 mm；可动心轨宽 40 mm 断面及可动心轨宽 20 mm 断面对应的翼轨垂直磨耗超过 6 mm（不含翼轨加高部分）。33 kg/m 及其以下的钢轨，由铁路局规定。

⑦辙叉心作用面至护轮轨头部外侧的距离小于 1 391 mm，或翼轨作用面至护轨头部外侧的距离大于 1 348 mm。

⑧尖轨或基本轨损坏。

⑨辙叉（辙叉心、辙叉翼）损坏。

⑩护轮轨螺栓折损。

二、道岔病害原因

（一）道岔方向不良，轨距水平超限原因

①道岔铺设位置不正，前后方向不良，忽视道岔前后整体维修；

②辙叉位置不正，与前后钢轨连接方向不顺；

③尖轨本身方向不良；连接杆与顶铁尺寸不符，下股基本轨未进行弯折，上股基本轨弯曲不直；

④ 道岔前后线路爬行，带动道岔钢轨随同前后移动；

⑤ 捣固不均，排水不良，石砟不足、不实等。

（二）转辙器部分尖轨跳动、不密贴及磨耗轧伤原因

① 由于尖轨中端结构（活结头）各连接零件磨损失效、无桥型垫板、尖轨拱腰、跟部捣固不实等，造成列车通过时尖轨跳动；

② 尖轨与基本轨不密贴的原因是由于连接杆尺寸不正确，转辙机械位置不正确，顶铁过长或过短，基本轨工作边或尖轨非工作边有飞边，尖轨有爬行，基本轨横移动，曲股基本轨弯折量不够以及尖轨本身不直或刚度不够，滑床板弯曲等；

③ 由于尖轨有跳动，尖轨与基本轨不密贴是造成尖轨尖端轧伤及磨耗的主要原因；此外，基本轨垂直磨耗严重，尖轨刨切部分受力过大，也容易轧伤。

（三）导曲线部分轨距扩大，方向不圆顺，钢轨不正常磨耗及反超高原因

① 直线上股方向不直，导曲线起终点位置不正确，支距尺寸不符合标准；

② 导曲线上股岔枕有切伤，未及时削平或削平不当，造成下股过高；

③ 四股钢轨受力不均，捣固方法不当或质量不匀，造成下股过高；

④ 道岔理论长度、尖轨跟距、辙叉前开口等尺寸不配合。

（四）辙叉部分轨距不合、辙叉下沉、方向不良及心轨冲击损伤原因

① 辙叉位置不正或辙叉本身不直，与前后钢轨连接不顺；

② 护轨过短或位置错前错后，以及护轨轮缘槽宽不合；

③ 辙叉捣固不实或无大垫板，翼轨无焊补堆高或淬火；

④ 辙叉下面的岔枕弯曲。

三、道岔病害的整治

由于道岔的病害种类很多，产生的原因也较复杂，而且很多病害是相互联系和互为因果的，因此，一方面要针对产生病害的原因，有效地预防和整治病害；另一方面还要有计划、有步骤地进行综合维修。

道岔综合维修作业，包括准备作业、基本作业和整理作业三个部分。

准备作业：是为了进行综合维修创造条件的一些作业项目，如更换岔枕、方正、削平及翻转岔枕，矫直钢轨硬弯，弯好基本轨曲折点，打磨肥边和锉尖轨，更换接头配件、匀轨缝、拉方道岔以及加强防爬锁定等工作。

基本作业：是综合维修的主要环节，必须认真做好起道、捣固、拨道和改道四大基本作业。

（一）起道

① 道岔起道一般按转辙器、导曲线和辙叉三段起道。起道时应做到起一段，捣一段，随起随捣不要贪多，避免起道过大，捣固跟不上，过车轧撬浪费工时。起平转辙器时，应注意轨面与转辙机械的高差不可过大。

② 起道岔时，应以直股为准。起外直股时，应按先起接头后起大腰的顺序进行，尤其应注意9号道岔的中间短轨，直接起大腰容易造成高大腰或高小腰的现象，可采用起接头带大腰的方法起平。

③ 起导曲线上股时，前半部可与外直股同时起道打塞，后半部（支距较大）则应分开起道打塞，易塌接头也应分开起道打塞。

④ 起导曲线下股和内直股时，应做到四股看水平，全面照顾。宜使导曲线上股较下股高 3 mm，以防止导曲线出现反超高。

⑤ 起辙叉部分时，应视具体情况（岔枕新旧、弯曲程度、直侧线行车是否均衡）决定放起道机（液压起拨道机）的位置。新岔枕无弯曲时，可将起道机放在直股主轨下面起道，在叉心下面打塞；反之，则宜将起道机放在叉心下面起道，在叉心下面打塞。无论采用哪种方法，都应注意防止造成叉心低落为原则，必要时可采用抬下辙叉的办法，起平叉心。

⑥ 起道前应先看一下道岔的大方向，若方向显著不好，应先进行拨道；如有硬弯，钢轨也应事先矫直。

（二）捣固

① 做好道岔捣固作业，是消除前后高低和保持左右水平的重要环节。方法是全面捣固，重点加强，要对尖轨尖端、辙叉、尖轨跟端和钢轨接头加强捣固或增加镐数。

② 捣固顺序：在接头处宜自小腰向接头进行，在坑洼处宜自两端向坑洼中间进行，在拱腰处少捣中间、多捣两端。

③ 捣固轻重：当直线行车多于侧线时，两上股钢轨应多起重捣；当侧线行车多于直线时，叉心应适当多起重捣。接头适当多起重捣，多起重捣部位应选派硬手捣固。桥型垫板及大垫板下应增加斜镐重捣。

④ 对弯曲的长岔枕，可在连阴雨后，辙出垫板逐根进行预高捣固。矫直弯曲改善水平，弯曲严重的岔枕可进行翻转使用。

⑤ 进行捣固作业时，应根据道岔各部位受力的大小、起道量多少以及下沉规律等，尽量做到软硬手配合得当，轻重捣掌握适量，随捣随看水平，防止产生反超高现象。

（三）拨道

① 拨正道岔方向时，应连同道岔前后 50 m 线路包括连接曲线一并拨直、拨顺。拨直方向尽量以道岔为准，拨顺前后线路。

② 坚持拨、改、直相结合的方法，遇弯先拨、拨不好则改，改不好则直（或大弯拨、小弯改、硬弯直）。做到道岔与线路、道岔与道岔之间连接直顺，没有甩弯或硬弯。

③ 外直股方向不好，多发生在尖轨竖切部分范围内，因该处有横向冲击力，使基本轨向外膨出。拨道时先将起道机放在曲股基本轨内侧顶下股，拨直后在上股枕木头外侧，加宽道床并夯实拍平。

④ 外直股方向不好，还表现在主轨范围内的护轨两端处，多系由于该处护轨冲击角过大（即过渡段过短）、辙叉位置不正和轨距过大等原因所致。拨道前应先改正轨距和辙叉位置或更换较长护轨。

⑤ 拨正道岔方向后，应立即在直股外侧补足石砟，巩固和保持方向。

（四）改道

① 在拨道的基础上，用改道方法解决拨道不能解决的碎弯。遇有改道仍不能解决的硬弯时，则用弯轨器进行矫直。

② 改道时，必须先拨或改好直线外股，然后再按轨距改直线内股，按支距改侧线上股。最后，按轨距改侧线下股。

③ 侧线上股两侧的轨距递减，如不符合"前三后四"递减要求时，可按下述简易方法改钉。

如 12 号道岔，轨距从曲线尖轨跟端或辙叉趾端起，每根岔枕上按 1 mm 向导曲线内递变即可。

④ 改正辙叉部分的轨距时，也应以直股为准先拨好辙叉方向，然后改好护轨及翼轨的轮缘槽宽度，使两槽宽之和不小于 89 mm。最后改正轨距，特别要注意保证查照间隔 $D_1 \geqslant$ 1 391 mm 和 $D_2 \leqslant 1$ 348 mm。改正后的查照间隔 D_1 和 D_2 最好做成 1 393 mm 及 1 346 mm。

整理作业：包括回填夯拍道床，打紧防爬设备，上紧螺栓，整修路肩，清理排水设备等。

10.7　维修验收及线路质量评定

一、综合维修验收

轨道静态几何尺寸容许偏差管理值，按行车速度、线路类别及作业类别确定。

轨道几何尺寸管理值中，作业验收管理值为综合维修、经常保养、临时补修作业的质量检查标准；经常保养管理值为轨道应经常保持的质量管理标准；临时补修管理值为应及时施行轨道整修的质量控制标准；超过临时补修管理值的处所，应及时处理。

线路轨道静态几何尺寸容许偏差管理值如表 10-11 的规定。

表 10-11　线路轨道静态几何尺寸容许偏差管理值

项　　　目		$v_{max} > 160$ km/h 正线			160 km/h $\geqslant v_{max}$ > 120 km/h 正线			$v_{max} \leqslant 120$ km/h 正线及到发线			其他站线		
		作业验收	经常保养	临时补修	作业验收	经常保养	临时补修	作业验收	经常保养	临时补修	作业验收	经常保养	临时补修
轨距/mm		+2 −2	+4 −2	+6 −4	+4 −2	+6 −4	+8 −4	+6 −2	+7 −4	+9 −4	+6 −2	+9 −4	+10 −4
水平/mm		3	5	8	4	6	8	4	6	10	5	8	11
高低/mm		3	5	8	4	6	8	4	6	10	5	8	11
轨向（直线）/mm		3	4	7	4	6	8	4	6	10	5	8	11
三角坑（扭曲）/mm	缓和曲线	3	4	6	4	5	6	4	5	7	5	7	8
	直线和圆曲线	3	4	6	4	6	6	4	6	9	5	8	10

注：① 轨距偏差不含曲线上按规定设置的轨距加宽值，但最大轨距（含加宽值和偏差）不得超过 1 456 mm；

② 轨向偏差和高低偏差为 10 m 弦测量的最大矢度值；

③ 三角坑偏差不含曲线超高顺坡造成的扭曲量，检查三角坑时基长为 6.25 m，但在延长 8 m 的距离内无超过表列的三角坑；

④ 专用线按其他站线办理。

道岔轨道静态几何尺寸容许偏差管理值的规定，如表 10-12 所示。

表 10-12　道岔轨道静态几何尺寸容许偏差管理值

项　目		$v_{max} > 160$ km/h 正线			160 km/h $\geq v_{max} > 120$ km/h 正线			$v_{max} \leq 120$ km/h 正线及到发线			其他站线		
		作业验收	经常保养	临时补修	作业验收	经常保养	临时补修	作业验收	经常保养	临时补修	作业验收	经常保养	临时补修
轨距/mm		+2 −2	+4 −2	+5 −2	+3 −2	+4 −2	+6 −2	+3 −2	+5 −3	+6 −3	+3 −2	+5 −3	+6 −3
水平/mm		3	5	7	4	5	8	4	6	9	6	8	10
高低/mm		3	5	7	4	5	8	4	6	9	6	8	10
轨向 /mm	直线	3	4	6	3	4	6	4	6	9	6	8	10
	支距	2	3	4	2	3	4	2	3	4	2	3	4
三角坑（扭曲） /mm		3	4	6	4	6	8	4	6	9	5	8	10

注：①支距偏差为现场支距与计算支距之差；

②导曲线下股高于上股的限值：作业验收为 0，经常保养为 2 mm，临时补修为 3 mm；

③三角坑偏差不含曲线超高顺坡造成的扭曲量，检查三角坑时基长为 6.25 m。但在延长 18 m 的距离内无超过表列的三角坑；

④尖轨尖处轨距的作业验收的容许偏差管理值为 ±1 mm；

⑤专用线道岔按其他站线道岔办理。

二、线路、道岔保养质量评定标准

正线线路和正线、到发线道岔的保养质量评定应由工务段组织，采取定期抽样的办法进行。具体组织办法由各铁路局制定。

线路保养质量评定应以千米为单位（评定标准见表 10-13），满分为 100 分，100～85 分为优良，85（不含）～60 分为合格，60 分以下为失格。

道岔保养质量评定应以组为单位（评定标准见表 10-14），满分为 100 分，100～85 分为优良，85（不含）～60 分为合格，60 分以下为失格。

表 10-13　线路保养质量评定标准

项目	编号	扣分条件	抽查数量	单位	扣分 /分	说　明
轨道 几何 尺寸	1	超过经常保养标准容许偏差	轨距、水平、三角坑连续检测 100 m；轨向、高低全面查看，重点检测	处	4	选择线路质量较差地段检查。曲线正矢全面检测。曲线正矢超过容许偏差，每处扣 4 分
	2	超过临时补修标准容许偏差		处	4l	
	3	允许速度大于 120 km/h 线路轨距变化率大于 1‰，其他线路大于 2‰（不含规定的递减率）		处	2	

项目	编号	扣分条件	抽查数量	单位	扣分/分	说　明
钢轨	4	钢轨接头顶面或内侧面错牙大于 2 mm	全面查看，重点检测	处	4	错牙大于 3 mm 时，每处扣 41 分
	5	轨缝大于构造轨缝或连续 3 个及以上瞎缝。普通绝缘接头轨缝小于 6 mm	全面查看，重点检测	处	8	轨缝在调整轨缝轨温限制范围以内时检查。"未及时"是指钢轨折断后超过一天未进行临时处理或进入设计锁定轨温季节超过一个月未进行永久处理
	6	轨端肥边大于 2 mm	全面查看，重点检测	处	4	
	7	无缝线路钢轨折断未及时进行临时处理或插入短轨未及时进行永久性处理	全面查看	处	16	
轨枕	8	钢轨接头或焊缝处轨枕失效，其他处轨枕连续失效	全面查看，重点检测	处	6	
	9	每处调高垫板超过 2 块或总厚度超过 10 mm	连续查看，检测 100 头	头	1	使用调高扣件，每头超过 3 块或总厚度超过 25 mm
连接零件	10	铁垫板、橡胶垫板、橡胶垫片道钉、扣件缺少	连续查看 100 头	块、头	1	一组扣件的零件不全。按缺少一个扣件计算
	11	道钉浮离或扣件前、后离缝大于 2 mm 的超过 12%	连续检测 50 头	每增 2%	1	
	12	扣件扭矩（扣压力）不符合规定或弹条扣件中部前端下颚离缝大于 1 mm 者超过 12%	同上	每增 1%	1	
	13	接头螺栓缺少/松动或扭矩不符合规定	全面查看，抽测 4 个接头扭矩	个	8/2	
防爬设备	14	防爬器、支撑缺损或失效	连续查看，检测防爬器、支撑各 50 个	个	2	
	15	爬行量超过 20 mm，观测桩缺损、失效，无缝线路位移观测无记录	全面检测	km	16	爬行超过 30 mm 扣 41 分
道床	16	翻浆冒泥 $v_{max} > 160$ km/h	全面查看	孔	5	
		160 km/h $\geqslant v_{max} > 120$ km/h	全面查看	孔	3	
		$v_{max} \leqslant 120$ km/h	全面查看	孔	1	

项目	编号	扣分条件	抽查数量	单位	扣分/分	说　明
道床	17	肩宽不足、不饱满、有杂草	全面查看	每 20 m	2	单侧计算
路基	18	排水沟未疏通	全面查看	每 10 m	1	单侧计算
	19	路肩冲沟未修补	全面查看	每 10 m	1	单侧计算
	20	路肩有大草	全面查看	每 10 m	1	单侧计算
道口	21	铺面缺损、松动，护桩缺损	全面查看	块、个	4	
	22	护轨不符合标准	全面检测	处	16	
标志	23	线路标志缺少或不规范、不清晰或错误	全面查看	个	1	

表 10-14　道岔保养质量评定标准

项目	编号	扣分条件	抽查数量	单位	扣分/分	说　明
轨道几何尺寸	1	轨距、水平、轨向、支距、高低超过经常保养标准容许偏差	轨距、支距、水平全面检测；轨向、高低全面查看，重点检测	处	4	同时检测线间距小于 5.2 m 的连接曲线，用 10 m 弦测量，连续正矢差超过 4 mm，每处扣 4 分
	2	轨距、水平、轨向、支距、高低超过临时补修标准容许偏差		处	41	
	3	查照间隔、护背距离、尖趾距离超过容许限度	全面检测	组	41	
钢轨	4	钢轨接头顶面或内侧面错牙超过 2 mm	全面查看，重点检测	处	4	错牙大于 3 mm 时，每处扣 41 分
	5	存在第 3.9.7 条一、三、五、六项病害之一	全面查看，重点检测	组	41	
	6	存在第 3.9.7 条二、四、七项和第 3.9.8 条病害之一	全面查看，重点检测	组	16	
	7	轨缝大于构造轨缝或有连续 3 个及以上瞎缝，普通绝缘接头轨缝小于 6 mm	全面查看，重点检测	处	4	
	8	轨端肥边大于 2 mm	全面查看，重点检测	处	4	含胶接绝缘钢轨
岔枕	9	接头岔枕失效，其他处岔枕连续失效	全面查看，重点检测	处	6	

项目	编号	扣分条件	抽查数量	单位	扣分/分	说　明
连接零件	10	尖轨、可动心轨与滑床板间缝隙大于 2 mm	全面检测	块	2	一组扣件的零件不全，按缺少一个扣件计算
	11	连杆、顶铁、间隔铁及护轨螺栓缺少，顶铁离缝大于 2 mm	全面检测	个、块	8	
	12	心轨凸缘螺栓缺少、松动	查看检测	个	41	
	13	长心轨与短心轨连接螺栓缺少/松动	查看检测	个	41/16	
	14	接头螺栓缺少/松动或扭矩不足	全面查看	个	8/2	
	15	其他螺栓缺少、松动	全面查看	个	1	
	16	垫板、道钉、胶垫、扣件缺少	全面查看	个、块	1	
	17	道钉浮离、扣件扭矩（扣压力）不符合规定或弹条扣件中部前端下颚离缝大于 1 mm 者、轨距挡板前、后离缝大于 2 mm，不良者超过 12%	各连续检测 50 个	每增 1%	1	
轨道加强设备	18	转辙和辙叉部分轨撑离缝大于 2 mm，其他部分轨撑或轨距杆损坏、松动	全面查看、检测	个、根	1	
	19	防爬器、支撑缺损或失效	全面查看	个	2	
	20	道岔两尖轨尖端相错量大于 20 mm、无缝道岔位移超过 10 mm 或无观测记录	全面查看	组	16	
道床	21	翻浆冒泥 $v_{max} > 160$ km/h	全面查看	孔	5	
		翻浆冒泥 160 km/h $\geqslant v_{max} > 120$ km/h	全面查看	孔	3	
		翻浆冒泥 $v_{max} \leqslant 120$ km/h	全面查看	孔	1	
	22	肩宽不足，不饱满，有杂草	全面检测	组	4	
警冲标	23	损坏或不清晰	全面查看	组	8	缺少或位置不对，扣 41 分
标记	24	缺少、不清晰或错误	全面查看	处	1	

三、线路设备状态评定标准

线路设备状态评定，是对正线线路设备质量基本状况的检查评定，是考核各级线路设备管理工作和线路设备状态改善情况的基本指标。线路设备状态评定结合秋检资料分析，是安排线路大、中维修计划的主要依据。

每年 9 月份，铁路局应组织工务段结合秋季设备检查，对管内正线全面评定一次。每年 10 月 20 日前，由铁路局汇总和分析评定结果，并报铁道部。

线路设备状态评定应以千米为单位（评定标准见表 10-15），满分为 100 分，100～85 分为优良，85（不含）～60 分为合格，60 分以下为失格。

表 10-15　线路设备状态评定评分标准

编号	项目	扣分条件	计算单位	扣分/分	说　明
1	慢行	线路设备不良（不含路基）	处	41	检查时现存慢行处所
2	道床	翻浆冒泥	每延长 10 m	4	
		道床不洁率大于 25%（在枕盒底边向下 100 mm 处取样）	每延长 100 m	8	道床不洁率指通过边长 25 mm 筛孔的颗粒的质量比
3	轨枕	木枕失效率超过 8%	每增 1%	8	
		混凝土枕失效率超过 4%	每增 1%	8	
4	钢轨	一年内新生轻伤钢轨（不含曲线磨耗）	根	2	长轨中 2 个焊缝间为 1 根
		现存曲线磨耗轻伤钢轨	每延长 100 m	4	按单股计算
		一年内新生重伤钢轨（不含焊缝）	根	20	长轨中 2 个焊缝间为 1 根
		无缝线路现存重伤钢轨（不含焊缝）	根	20	同上
		无缝线路现存重伤焊缝	个	20	

 复习思考题

1. 正确理解轨道几何尺寸容许偏差中的作业验收标准、经常保养标准和临时补修标准。

2. 养路工区对管内正线、到发线线路和道岔的轨距及水平的检查部位有哪些？

3. 曲线正矢、无缝线路长钢轨位移和普通线路爬行量的检查周期、使用工具和检查方法有哪些内容？

4. 在检查线路时，有哪些安全注意事项？

5. 轨道动态检查偏差值分级档次及扣分标准包括哪些内容？怎样最后评定质量？

6. 对钢轨检查的期限是怎样规定的？

7. 线路上的伤损钢轨应如何标记？

8. 试叙述养路工作一日专业标准化的内容。

9. 在电气化线路进行起道捣固和拨道作业应注意哪些事项？

10. 简述无缝线路维修作业轨温条件。

11. 简述曲线方向不良的原因及整治方法。

12. 简述 12 号单开道岔各部分的轨距及检查部位。

13. 简述禁止使用道岔的十项规定。

14. 简述线路轨道静态几何尺寸容许偏差管理值的规定。

15. 简述道岔轨道静态几何尺寸容许偏差管理值的规定。

11 线路大、中修

项目描述

铁路线路设备大修的目的是为了消除由于列车通过而积累下来的一切永久变形，使大修后的线路质量完全恢复到原有标准或达到更高的标准。线路中修的目的是消灭上次线路大修以后由于列车通过而积累下来，但又不是经常维修所能消除的病害。可见，线路大修和中修都是铁路运营维护部门的主要工作。本章主要阐述线路大修工作内容、线路大修的外业勘测工作与调查、线路大修的平纵断面设计方法、大修的质量验收标准。此外，对线路中修的内容、组织也作简单介绍。通过本章的学习，使学生对铁路工务部门的工作有具体的了解，并掌握线路大、中修的相关知识和技能。

11.1 线路大、中修概述

一、线路设备大修概述

（一）线路设备大修的基本任务、目的、原则及工作条件

1. 线路设备大修的基本任务

铁路线路设备大修的基本任务，就是根据运输需要及线路设备损耗规律，有计划、按周期地对损耗部分进行更新和修理，恢复和提高线路设备强度，增强轨道承载能力。

2. 线路设备大修的目的

线路大修应根据线路通过总重和线路破坏情况有计划地组织。线路大修的目的在于消灭由于列车通过而积累下来的一切永久变形，使大修后的线路质量完全恢复到原有标准或达到更高的标准。

3. 线路设备大修的原则

铁路线路设备大修应贯彻"运营条件匹配，轨道结构等强，修理周期合理，线路质量均衡"的原则，坚持全面规划、适度超前、区段配套的方针，并应采用无缝线路。

4. 线路设备大修的工作条件

铁路线路设备大修必须有正常的工作条件，应设置大修设计和施工专业队伍，装备必要的施工机械和工程运输车辆，在列车运行图中，安排与施工项目相适应的封锁"天窗"。凡影响行车的线路施工、维修作业均应在天窗内进行，用于线路大中修及大型养路机械作业的施工天窗不少于 180 min，维修天窗根据维修作业需要合理安排，并应做到综合利用，并行作业。线路封锁时间，应考虑线路开通后因列车辗压造成的线路变形，必须进行整修，恢复质量标

准的需要，原则上应该安排在上午，遇有特殊困难时，也应安排在日落前 3 小时封锁终了。有关部门应密切协作，相互配合，为线路大修工作的正常进行创造条件。

（二）线路设备大修工作分类及工作内容

线路设备大修共分为七类。

1. 线路大修

线路上的钢轨疲劳伤损、轨型不符合要求，不能满足铁路运输需要时，必须进行线路大修。

线路大修分为普通线路换轨大修和无缝线路换轨大修。无缝线路换轨大修按施工阶段分为铺设无缝线路前期工程和铺设无缝线路。

（1）普通线路换轨大修主要内容

① 清筛道床，补充道砟，改善道床断面，整治基床翻浆冒泥和超过 15 mm 的冻害，石灰岩道砟应结合大修有计划地更换为一级道砟。

② 校正、改善线路纵断面和平面。

③ 更换 I 型混凝土枕、失效轨枕和严重伤损混凝土枕，补足轨枕配置根数，有计划地将木枕更换为混凝土枕（另列件名）。

④ 全面更换新钢轨、桥上钢轨伸缩调节器、连接零件、绝缘接头及钢轨接续线，更换不符合规定的护轨。

⑤ 成组更换新道岔和新岔枕（另列件名）。

⑥ 安装轨道加强设备。

⑦ 整修路肩、路基面排水坡，清理侧沟，清除路堑边坡弃土。

⑧ 整修道口及其排水设备。

⑨ 抬高因线路换轨大修需要抬高的道岔、桥梁，加高挡砟墙。

⑩ 补充、修理并刷新由工务管理的各种线路标志、信号标志、位移观测桩及备用轨架。回收旧料，清理场地，设置常备材料。

（2）铺设无缝线路前期工程主要内容

① 清筛道床，补充道砟，改善道床断面，整治基床翻浆冒泥和超过 15 mm 的冻害，石灰岩道砟应结合大修有计划地更换为一级道砟。

② 校正、改善线路纵断面和平面。

③ 更换正型混凝土枕、失效轨枕和严重伤损混凝土枕，补足轨枕配置根数，有计划地将木枕换为混凝土枕（另列件名）。

④ 抽换轻伤有发展的钢轨，更换失效的连接零件。

⑤ 均匀轨缝，螺栓涂油，锁定线路。

⑥ 整修路肩、路基面排水坡，清理侧沟，清除路堑边坡弃土。

⑦ 整修道口及其排水设备。

⑧ 抬高因线路换轨大修需要抬高的道岔、桥梁，加高挡砟墙。

⑨ 补充、修理并刷新由工务管理的各种线路标志、信号标志、位移观测桩及备用轨架。

⑩ 回收旧料，清理场地，设置常备材料。

（3）铺设无缝线路主要内容

① 焊接、铺设新钢轨，更换连接零件、桥上钢轨伸缩调节器及不符合规定的护轨，铺设

胶接绝缘钢轨（接头）并按设计锁定轨温锁定线路，埋设位移观测桩。

②整修线路，安装轨道加强设备。

③整修道口。

④回收旧料，清理场地，设置常备材料。

2. 成段更换再用轨（整修轨）

（1）普通线路更换再用轨（整修轨）主要内容

①更换再用轨（整修轨）、连接零件、绝缘接头及钢轨接续线，更换不符合规定的护轨。

②换失效轨枕、严重伤损混凝土枕。

③整修线路，安装轨道加强设备。

④整修道口及其排水设备。

⑤回收旧料，清理场地，设置常备材料。

（2）无缝线路更换再用轨（整修轨）主要内容

①清筛道床，补充道砟，改善道床断面，整治基床翻浆冒泥，石灰岩道砟应结合大修有计划地更换为一级道砟。

②校正、改善线路纵断面和平面。

③更换失效轨枕、严重伤损混凝土枕，补足轨枕配置根数，有计划地将木枕更换为混凝土枕（另列件名）。

④焊接、铺设再用轨（整修轨），更换连接零件，更换不符合规定的护轨，铺设胶接绝缘轨（接头）并按设计锁定轨温锁定线路，埋设位移观测桩。

⑤整修线路，安装轨道加强设备。

⑥整修路肩、路基面排水坡，清理侧沟，清除路堑边坡弃土。

⑦整修道口及其排水设备。

⑧补充、修理并刷新由工务管理的各种线路标志、信号标志、位移观测桩及备用轨。

⑨收旧料，清理场地，设置常备材料。

3. 成组更换道岔和岔枕

（1）铺设新道岔和岔枕；铺设无缝道岔时，含焊接钢轨、铺设胶接绝缘钢轨（接头）并按设计锁定轨温锁定道岔，埋设位移观测桩。

（2）更换道砟。

（3）整修道岔及其前后线路，做好排水工作。

（4）回收旧料，清理场地。

4. 成段更换混凝土枕

（1）全面更换混凝土枕及扣件，螺栓涂油，修理伤损螺旋道钉。

（2）清筛道床，补充道砟，整治基床翻浆冒泥和超过 15 mm 的冻害。

（3）整修线路，安装轨道加强设备。

（4）整修路肩、道口及排水设备。

（5）回收旧料，清理场地，设置常备材料。

5. 道口大修

（1）整修道口平台。

（2）更换道口铺面板、护轨。

（3）改善防护设备。

（4）清筛道床，更换失效轨枕、严重伤损混凝土枕，整修线路及排水设备。

（5）回收旧料，清理场地。

6. 隔离栅栏大修

（1）更换隔离栅栏网。

（2）更换或整修隔离栅栏立柱。

（3）回收旧料，清理场地。

7. 其他大修（以上未涵盖的线路设备大修项目列其他大修）

二、线路中修

在线路大修周期内，道床严重板结或脏污，其弹性不能满足铁路运输需要时，应进行线路中修。

（一）线路中修的任务和目的

1. 线路中修的任务

线路中修的主要任务是全面清筛和补充道床，解决道床不洁及厚度不足问题，同时更换失效轨枕，整修钢轨，使线路质量基本上恢复到或接近于原来的标准。线路中修周期主要决定于道砟的使用寿命及道砟的清筛或更换期限。

2. 线路中修的目的

线路中修的目的是消灭上次线路大修以后由于列车通过而积累下来，但又不是经常维修所能消除的病害。

（二）线路中修主要内容

（1）清筛道床，补充道砟，改善道床断面，整治基床翻浆冒泥。

（2）校正、改善线路纵断面和平面。

（3）更换失效轨枕和严重伤损混凝土枕。

（4）普通线路（含无缝线路缓冲区）抽换轻伤有发展的钢轨，更换失效的连接零件。

（5）均匀轨缝，螺栓涂油，整修补充防爬器，对无缝线路进行应力放散或调整，按设计锁定轨温锁定线路。

（6）整修路肩、路基面排水坡，清理侧沟，清除路堑坡弃土。

（7）整修道口及排水设备。

（8）补充、修理并刷新由工务管理的各种线路标志、信号标志、位移观测桩及备用轨架。

（9）回收旧料，清理场地，设置常备材料。

11.2 线路大修的测量与调查

线路大修测量与调查的目的，是全面了解与掌握既有线路的平面、纵断面、横断面以轨道各部件的情况，为线路大修设计提供依据。

（一）外业测量

（1）里程丈量

直线上每 50 m 设置一个测点，在测量的起点（包括顺坡地段），线路填挖方交界处、桥涵中心、桥台胸墙及桥尾、隧道洞口及中心、平交道口、正线道岔、信号机、警冲标、车站中心及站台两端，跨线桥、跨过线路的架空线等处均需设置加标。曲线上每 20 m 设置一个加标，为曲线平面测量做好准备，一般在进入曲线前 40～60 m 即开始按 20 m 加标。所有里程标、百米标及各种加标均用白油漆标注在轨腰上（一般注在里程增加方向的左轨外侧，曲线注在外股钢轨的轨腰上）。里程丈量一般丈量两次，以第一链为准，第二链校核，两链百米标的误差不得超 1/2 000。

在复线区段测量时，若沿下行线丈量里程，遇有线间距加宽或绕行地段，上行线里程应单独丈量，所产生的断链应设在绕行线终点以外直线上的百米标处。

（2）纵断面测量

线路纵断面测量的目的是，测出所有百米标及加标的轨顶和路肩高程，并核对或补设水准基点。所测得的标高作为纵断面设计的依据。

一般情况下，沿线路已设有永久或临时水准点。若水准点可靠，可直接进行线路水平测量。若水准点发生丢失、移动或精度不能保证时，应先进行基平测量，核对与补设水准点，然后进行线路水平测量。采取什么方法应视具体情况而定。线路纵断面测量的高程，原则上采国家规定的高程系统。为便于核对，一般多引用该段铁路原用的标高系统（黄海高程系统等）。

线路水平测量，一般由两组水平仪沿线测量，两组转点可在商定的偶数或奇数百米标轨顶上，以便互相核对。轨顶和路肩标高应读至毫米。两组抄平结果及其与其原水准点标高均在允许误差范围内时，仍用原水准点标高，并将误差按转点进行平差。轨顶标高以调整后的第一组数据为准，且和第二组核对，标高误差不得超过 ±20 mm。

水准基点或临时水准点，一般沿线 1～2 km 设置一个，可设在固定的桥台、涵洞帽石或其他固定建筑物的基座上。临时水准点与线路中平允许误差为 $\pm 30 \sqrt{L}$（mm），L 为水准导线长度，以 km 计。若要设永久性水准基点，其允许误差为 $\pm 20 \sqrt{L}$（mm）。

在进行水准测量时，除测取所测线路各测点的标高外，在站内还应测量与证线相邻的站线高程，位于同一路基面上的复线及线间距不大于 5 m 的其他邻线的标高，也应同时测出，以作为站线拉坡或纵断面设计的参考。

（3）平面测量

平面测量的目的，在于校正线路中心线的位置。在直线上主要是确定直线方向，一般先选择固定建筑物作为控制点，或用两曲线间的夹直线的中间线路中心作为控制点，测出每50～100 m 处各点的偏移量，作为直线校正的依据。

曲线测量方法很多，如矢距法、偏角法、坐标法等。在行车密度较大的线路上，仪器不能经常安置在轨道上，常用外移桩法，将曲线上 20 m 点移于路肩上，在路肩上测量。坐标法可用红外测距仪，将仪器置于线外测量。若行车时间间隔较大，可将仪器置于中线或外轨上用偏角法测量。近些年来，在线路大修或线路改建工程中，一般多采用偏角法在外轨上或外移桩上进行曲线测量。

偏角法测量既有曲线，在方法上与新线测量基本相同，但目的不同。新线测量曲线时，是以已知曲线长和偏角来确定测点的位置。而在既有线测量中，则是以测点间的长度和测点的实际位置来量取偏角，根据偏角和曲线长来计算曲线的变形情况。

用偏角法测量既有曲线如图 11-1 所示。第一个与最后一个置镜点应设在曲线范围之外，在原 ZH 点与 HZ 点外 40～60 m 直线上的 20 m 测点上。第二个与倒数第二个置镜点最好在 HY 与 YH 点附近的 20 m 测点上。置镜点间距离一般不大于 200～300 m。在各置镜点处测出各 20 m 测点的偏角，如在置镜点 O 处测出始切线与各测点弦线间的夹角 φ_i，直到下一个置镜 A 处（φ_A）。注意，置镜点间的偏角（如 φ_A）应正倒镜各观测一次，其较差在 $40''$ 以内时，取其平均值，否则应重测。当仪器移至 A 点后，先后视第一个置镜点 O，倒镜后测出各 20 m 测

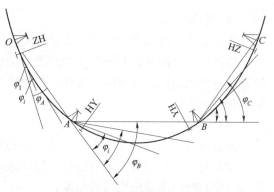

图 11-1　偏角法测量既有曲线示意图

点相对于 OA 弦方向的偏角，余此类推。最后一个置镜点要置于终切线上，即在 HZ 点之外的 20 m 测点上，测出置镜点间的弦与终切线间的夹角 φ_{2h}。若各置镜点处弦线间的夹角为 φ_A、φ_B、$\varphi_C \cdots \varphi_{2h}$，则曲线的转向角 α 为上述各个 φ 角的总和，即：

$$\alpha = \varphi_A + \varphi_B + \varphi_C + \cdots + \varphi_{2h} \tag{11-1}$$

每一个曲线测完之后，应立即算出实测曲线的转向角，并与铁路局的技术档案资料相核对。一般情况下若不大于 $\pm 40'' \sqrt{n}$，则以实测资料为准进行计算；否则应仔细查明差异原因，重测各置镜点处的弦线间夹角。

（4）道岔测量

道岔测量的目的是弄清现有道岔的位置及其与前后线路的连接。一般在沿车站正线里程丈量时，即可测出正线上道岔的主要点位置，如道岔头、尾及开向等。道岔测量的主要内容包括：① 测定辙叉号码（N）；② 测定道岔中心（O）的位置；③ 测定道岔主要尺寸：道岔全长（L_Q），前半长（a），后半长（b），尖轨尖端至基本轨接缝的距离（q），辙叉理论尖端至辙叉跟端的距离（m）；④ 道岔钢轨型号、开向、道岔编号及损伤情况，岔枕布置及道岔锁定情况等⑤ 警冲标、信号机的位置（绝缘接头位置）。

上述资料是进行更换道岔设计的基本依据。若要变更辙叉号码或移动道岔位置等，要认真核算对股道有效长的影响，计算是否需要移动信号机、警冲标等。

（二）线路调查

（1）钢轨

要逐公里调查钢轨类型、铺设时间、使用年限及磨耗、伤损情况，记载轻伤、重伤钢轨的数量及分布。要对插入短轨的地段及接头位置不符合《铁路线路修理规则》规定的位置做出专门记录。

（2）轨枕

查清原线路每公里轨枕配置的根数及轨枕的类型；按《铁路线路修理规则》规定的轨枕失效标准记录与统计各公里失效轨枕的数量和类型；对不宜铺设混凝土轨枕的地段（或保留木枕的地段）做出准确记载；并对应在增加轨枕数量的地方做出标识和统计。

（3）道床

每 50 m 或 100 m 量出道床上下底宽度及厚度，在 300～500 m 范围内，选取有代表性的处所挖取不少于 0.04 m³ 的道砟，测出道床的脏污率（体积比），以确定清筛与起道后需要补充的道砟数量。

（4）车站

给出车站平面示意图，记录道岔的位置与运营编号，警冲标、信号机的位置，车站中心，站台长度，站台帽石至轨顶的高度，站台至股道中心的距离，正线与相邻到发线和其他股道之间的线间距，风雨棚、天桥、架空线的高度，地道的位置，站场排水建筑物及其他与限界有关的资料。

（5）道口

调查道口的用途、路面类型、道口中心里程、宽度、铺面板及护轮轨的情况，道口防护设备及信号标志等。若有通信、照明或动力线在道口处跨越线路时，应量出这些架空线距道口中心的距离及距轨顶的高度。

（6）桥隧建筑物

对隧道及跨线桥，必须测出轨道中心至边墙或桥台的距离，以及净空高度；明桥面要丈量桥梁长度，桥梁横梁及桥墩位置，桥台胸墙间的距离，桥上护轮轨的类型及长度；有砟桥要量出挡砟墙间的距离、桥台胸墙以及后缘的位置等；涵洞和明渠要调查其类型、孔径、长度、中心里程及填土高度等。

（7）其他

调查线路标志，如里程标、曲线标、坡度标、道口标、鸣笛标等各种标桩的位置、数量及完好情况。另外，如路基排水、挡护墙、护坡等与大修设计和施工有关的资料，也应做出记录。

11.3 线路大修技术设计

线路大修技术设计包括线路平面设计、纵断面设计、站场设计以及其他个别设计，如路基加宽、排水设备的清理、路基病害的整治、道口整修、桥梁的抬高等等。通过设计后，绘出必要的设计图和编制设计说明书及大修预算。

一、线路大中修的技术标准

（一）线路平面

（1）设计曲线尽量采用单曲线，最小曲线半径应根据线路等级、行车速度和地形条件等选定，具体要求参考《铁路技术管理规程》。

（2）线路设备大修时缓和曲线及两曲线间的夹直线长度不应低于原线路标准。

（3）直线与圆曲线间应用缓和曲线连接。缓和曲线长度按下式计算：

$$缓和曲线长 \geqslant \frac{外轨超高值}{2‰}$$

缓和曲线长≥9×外轨超高值×最高行车速度，计算出的值取大者。

（4）并行的两条线路中心距在 Sm 以下的曲线地段，内侧曲线超高不得小于外侧曲线超高的一半，否则应加宽线间距。

（5）圆曲线最小长度应满足《修规》表 3.7.4 的规定，允许速度不大于 160 km/h 的特殊困难地段不应短于 25 m。

（二）线路纵断面

（1）应设计长坡段。允许速度大于 160 km/h 的线路最小坡段长度不应小于 600 m，特别困难条件下，最小坡段长度不应小于 400 m；其他线路坡段长度不应小于该区段到发线有效长度的一半，个别困难地段也不应小于 200 m。

（2）相邻坡段的连接，应按原线路标准设计为抛物线形或圆曲线形竖曲线。

① 采用圆曲线形竖曲线时，若相邻坡段的坡度代数差大于 3‰，应设置竖曲线。竖曲线半径应为 20 000～10 000 m，困难地段不应小于 5 000 m。

② 允许速度大于 160 km/h 的线路，坡度代数差大于等于 1‰时应设置圆曲线形竖曲线，竖曲线半径不应小于 15 000 m，且长度不应小于 25 m。

竖曲线不得与竖曲线、缓和曲线重叠，不得侵入道岔及无砟桥梁上。

（3）在电气化铁路区段进行线路设备大修时，为了改善既有线路坡度，应适当调整接触网高度。

（4）两线路中心距不大于 5 m 时，其轨面标高应设计为同一水平，困难地段高度差可不大于 300 mm，但易被雪埋地段的轨面标高差不应大于 150 mm，道口处不应大于 100 mm。

（三）道床

线路大修、中修后，无垫层的碎石道床，枕下清砟厚度不得小于 300 mm；特殊困难条件下床厚度不足 300 mm 时，应清筛至路基面，并做好排水坡。运量小、允许速度低的线路或隧道内、桥梁上和车站内受建筑物限制时，可酌情降低道床厚度。有垫层时道床厚度不得小于 250 mm，无垫层时不得小于 350 mm。在岩石、渗水土路基上，隧道内及有砟桥面上，不得小于 200 mm。

砟带道砟粒径厚度为 50 mm，每股轨下两侧宽度应各为 450～500 mm，底层为普通碎石道砟。道床顶面宽度不得小于 2.9 m，允许速度大于 120 km/h 的线路，道床顶与宽枕顶面齐，其他线路枕端埋入道床深度不得小于 80 mm。

轨底处道床顶面应低于轨枕顶面 20～30 mm。I 型混凝土枕中部道床应掏空，其顶面于枕底不得小于 20 mm，长度应为 200～400 mm；II 型和 III 型混凝土枕中部道床可不掏空，但应保持疏松。有砟桥上无缝线路应设挡砟板。

道砟必须有"碎石道砟产品合格证"，作为竣工验收和评定道床质量的依据。线路修充的道砟应采用一级道砟，既有线二级道砟应结合线路大、中修，逐步更换为一级道砟。

（四）轨枕及扣件

混凝土枕及混凝土宽枕的扣件应按设计配套使用：60 kg/m 及以上钢轨配套使用弹条 II 型、III 型扣件，50 kg/m 钢轨配套使用弹条 I 型扣件。使用 70 型扣件时，在半径 $R \leqslant 800$ m 的曲线上，钢轨外侧应采用加宽铁座。混凝土枕的螺纹道钉采用硫黄锚固。铺设木枕的地段，使用 5 孔铁垫板时，在半径 $R \leqslant 800$ m 的曲线上，应钉足 5 个道钉。使用分开式扣件时，螺纹道钉及扣轨部件必须齐全。

（五）钢轨及配件

无论是在曲线上还是直线上，两股钢轨的接头一律采用对接，曲线内股钢轨使用厂制缩短轨。线路上个别地段需插入短轨时，短轨的长度应符合下述规定：正线不得短于 6 m；站线不得短于 4.5 m，并不得连续插入两根及以上的短轨。为减少钢轨接头处的动力作用，在明桥面小桥的全桥范围内，钢梁端部、拱桥温度伸缩缝及拱顶前后各 2 m 范围内，设有温度调节器的钢梁的温度跨度范围内，钢梁的横梁上及平交道口范围内不得设置钢轨接头。如不可避免时，应将其焊接或胶结。普通线路钢轨接头螺栓的扭力矩应达到规范规定值。

二、线路大修平面设计

线路大修要求对线路平、纵断面做全面校正。线路大修平面设计，在直线上主要是根据经纬仪穿中测量的结果，拨正中线，消除漫弯。在曲线上，则应根据曲线测量资料对曲线进行校正。有的线路原设计标准偏低，需要通过大修改善与提高线路标准，加设或延长缓和曲线，改变相邻曲线的连接条件或适当增大曲线半径等。平面设计的重点是曲线整正计算，重新确定曲线要素及各主要点的里程，逐步计算每 20 m 测点的拨量，然后根据计算的拨量将错动的线路拨正到正确位置上。曲线平面计算以既有线为参照标准，计算出的拨动量就是相对于既有线路上各测点应拨动的距离，拨正后的曲线是新的线路中心，大修施工时应按新的中线铺轨。

曲线整正计算的方法很多，一般在线路日常维修时采用绳正法，而在线路大修平面设计时常采用偏角法。因此，应用偏角法进行曲线拨距计算，可以满足线路大修的要求。偏角法是应用渐伸线原理，计算既有曲线各点和设计曲线各对应点的渐伸线长度，其渐伸线长度之差即为各点计算拨量。如图 11-2 所示，既有曲线 B 点的渐伸线长为 E_j，设计曲线上与 B 点相应点渐伸线长为 E_s，因此，拨距就是两渐伸线长度之差 $E=E_j-E_s$。

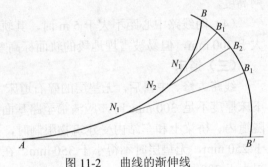

图 11-2　曲线的渐伸线

$e>0$，曲线外挑；$e<0$，曲线内压。

渐伸线原理和渐伸线长度的计算请参考第六章的内容。

【算例】已知一曲线平面测量时置镜点、里程及各测点实测偏角如表 11-1 中 1、2、3 栏所示，计算各测点的拨量。

用偏角法测得的曲线资料进行计算时，常用如表 11-1 所示的格式计算，该表也易于编成程序，借助计算机计算。以下按上述步骤及表格各栏目对计算过程进行说明：

第 1 栏，置镜点的位置，据实测填写。

第 2 栏，测点里程，据实测填写。

第 3 栏，实测各测点的偏角 φ_i。

第 4 栏，各测点弦线与始切线间夹角 β_i。

在第一置镜点处 $\beta_i=\varphi_i$。

在第二置镜点处 $\beta_i=\beta_i+\varphi_i$。

⋮

第 5 栏，将 β 的角度值化为弧度值。

第 6 栏，各测点距置镜点的曲线长。

第 7 栏，计算 $l\beta$，即第 5、6 两栏的乘积，取小数点后 3 位。

第 8 栏，计算既有曲线渐伸线长度。在第一置镜点（K3+100）处各测点的渐伸线长为 $E_j=\ l\beta$。在第二置镜点（k3+240）处，各测点的渐伸线长为置镜点处本身的渐伸线长加上置镜点至测点的曲线长 l 与各测点弦与始切线间的夹角 β 的乘积。如表中 K3+320 点，$l=80$，$\beta=0.056\ 577\ 8$，$l\beta=4.526$，$E_j=1.290+4.526=5.816$（1.290 是 k3+240 点的渐伸线长）。

表 11-1 既有曲线拨距计算表

列分组：① 既有曲线测量资料（置镜点、测点里程、φ）；② 既有曲线渐伸线长度计算（β、β弧度、l、lβ、E_j）；③ 设计曲线主要点里程；④ 设计曲线渐伸线长度计算（s 或 x、$\frac{(s-l_0/2)^2}{2R}$ 与 $x\cdot a$、$\frac{l_0^2}{24R}$、l、$\frac{l^3}{6Rl_0}$、E_s）；⑤ 拨距计算（$\Delta e = E_s - E_j$）。

置镜点	测点里程	φ (° ′ ″)	β (° ′ ″)	β（弧度）	l	lβ	E_j	设计曲线主要点里程	s 或 x	$\frac{(s-l_0/2)^2}{2R}$ 与 $x\cdot a$	$\frac{l_0^2}{24R}$	l	$\frac{l^3}{6Rl_0}$	E_s	Δe (+)	Δe (−)
1	2	3	4	5	6	7	8	9	10	11	12	13	14	15	16	16
△	K3+100	0-0-0	0-0-0	0		0										
	+120	0-0-0	0-0-0	0	20	0										
	+140	0-0-0	0-0-0	0	40	0										
	+160	0-0-0	0-0-0	0	60	0		ZH K3+143.871				16.129	0.006	0.006	0.006	
	+180	0-02-20	0-02-20	0.000 678 7	80	0.054	0.054					36.129	0.071	0.071	0.017	
	+200	0-08-20	0-08-20	0.002 424 1	100	0.242	0.242					56.129	0.266	0.266	0.024	
	+220	0-19-20	0-19-20	0.005 623 8	120	0.675	0.675	HY K3+203.871	76.129	0.575	0.081			0.656		0.019
△	+240	0-31-40	0-31-40	0.009 211 4	140	1.290	1.290		96.129	1.182	0.081			1.263		0.027
	+260	1-49-40	2-21-20	0.041 112 2	20	0.822	2.112	QZ K3+256.297	116.129	2.005	0.081			2.086		0.026
	+280	2-08-20	2-40-00	0.046 542 1	40	1.861	3.151		136.129	3.044	0.081			3.125		0.026
	+300	2-25-20	2-57-00	0.051 681 1	60	3.101	4.391	YH K3+308.722	156.129	4.299	0.081			4.380		0.011
	+320	2-42-50	3-14-30	0.056 577 8	80	4.526	5.816		176.129	5.771	0.081	11.278	0.002	5.850	0.034	
	+340	3-01-00	3-32-40	0.061 862 2	100	6.186	7.476		196.129	7.459	0.081	31.278	0.046	7.494	0.018	
	+360	3-15-10	3-45-50	0.065 692 25	120	7.883	9.173	HZ K3+368.722	216.129	9.363	0.081	51.278	0.282	9.162		0.011
△	+380	3-27-20	3-59-00	0.069 522 3	140	9.733	11.023		123.703	11.023				11.023	0	
	+400	1-07-20	5-06-20	0.089 108 8												

$\alpha=5°06′20″=0.089\ 108\ 8$　　$R=1\ 850$　　$l_0=60$　　$L_y=164.851$　　$X=\dfrac{L_y+l_0}{2}+y=123.703$　　QZ　K3+256.297

注：表格长度以 m 计。

第 9 栏，进行设计曲线的计算。首先，选择曲线半径及缓和曲线长（选择曲线半径时，也可以估算既有曲线半径）。本例中参考原线路资料用 $R=1\,850$ m，$l_0=60$ m。根据既有曲线伸线的长度及转角，求出曲线中点 QZ 至测量终点的距离 X 为

$$X=\frac{E_j}{\alpha}=\frac{11.023}{0.089\,11}=123.703$$

QZ 里程=测量终点里程–X=K3+380–123.703=K3+256.297

由于圆曲线长 $L_y=164.851$，$l_0=60$ m，所以 $\frac{1}{2}x(L_y+l_0)=112.426$

ZH 里程= QZ 里程–$\frac{1}{2}(L_y+l_0)$=K3+256.297–112.426= K3+143.871

HY 里程= ZH 里程+l_0 = K3+143.871+60=K3+203.871

HZ 里程= QZ 里程+$\frac{1}{2}(L_y+l_0)$ = K3+256.297+112.426= K3+368.722

YH 里程=HZ 里程–l_0 = K3+368.722–60= K3+308.722

第 10 栏，s 是指圆曲线上的各测点至 ZH 点的曲线长。如 K3+220 点，s=220–143.871=76.129，X 是指测量终点至曲线中点的距离，本例中 X=123.703

第 11 栏，如 K3+220，s=76.129，则：

$$\frac{\left(s-\frac{l_0}{2}\right)^2}{2R}=\frac{(76.129-30)^2}{2\times1850}=0.575$$

$$X\times\alpha=123.703\times0.089\,11=11.023$$

第 12 栏，$\dfrac{l_0^2}{24R}=\dfrac{60^2}{24\times1850}=0.081$

第 13 栏，缓和曲线上各测点至 ZH 和 YH（第二缓和曲线上）点的曲线长。

K3+160 点，l =160–143.871=16.129

K3+320 点，l =320–308.722=11.278

第 14 栏，缓和曲线上各点的内移距。

$$K3+160\ 点，\quad \frac{l^3}{6Rl_0}=\frac{16.129^2}{6\times1\,850\times60}=0.006$$

$$K3+320\ 点，\quad \frac{l^3}{6Rl_0}=\frac{11.278^2}{6\times1\,850\times60}=0.002$$

第 15 栏，设计渐伸线的长度 E_s，分段计算：

在第一缓和曲线上，如 K3+160，$E_s=\dfrac{l^3}{6Rl_0}=\dfrac{16.129^2}{6\times1\,850\times60}=0.006$

在圆曲线上，如 K3+240，$E_s=\dfrac{\left(s-\frac{l_0}{2}\right)^2}{2R}+\dfrac{l_0^2}{24R}=0.575+0.081=0.656$

在第二缓和曲线上，如 K3+340，

$$E_s = \frac{\left(s - \dfrac{l_0}{2}\right)^2}{2R} + \frac{l_0^2}{24R} - \frac{l^3}{6Rl_0} = 7.459 + 0.081 - 0.046 = 7.494$$

第 16 栏，$e = E_j - E_s$；$e > 0$，曲线外挑；$e < 0$，曲线内压。

K3+200 点，$e = 0.266 - 0.242 = 0.024$

K3+280 点，$e = 3.125 - 3.151 = -0.026$

如曲线上有控制点（如桥梁、道口、或限界限制的位置），要求该点的拨距不得大于某一限值 $[\varDelta]$，则需按该点拨距要求重新选配半径或缓和曲线长进行计算，直到满足要求为止。

三、线路大修纵断面设计

线路大、中修纵断面设计的原理和方法与新线纵断面设计基本相同，但大、中修是在原有建筑设备的基础上，和保持原限制坡度的条件下，消除纵断面上不符合技术要求的部分，尽量改善原有坡度。因此，线路大、中修纵断面设计是在既有建筑物的限制条件下，按线路纵断面技术标准，寻求最经济、合理的线路改善方案。

线路纵断面是线路大、中修的综合性文件，一般采用的比例尺为竖向 1:100，横向 1:4 000。设计图的下部分为各项数据，上部分为纵剖线及桥隧建筑物、道口等（见图 10-3）。

设计的主要步骤如下：

1. 填写外业勘测资料，给出既有轨面线和路基面线（包括各种建筑物）

外业勘侧资料沿里程填写，为便于设计和指导施工，设计图的下部分各项数据由下往上依次为线路平面、里程、既有轨顶坡度、既有路肩标高、既有道床厚度、既有轨顶标高、设计轨顶坡度、设计轨顶标高、路基填挖量、钢轨起落道量、设计道床厚度等。此外，纵断面图上还包括曲线要素及起讫里程，桥梁、隧道等建筑物起讫里程，涵渠、道口中心里程等。既有轨面线用细实线表示，路基面线用虚线表示，详见图 11-3。

既有路基面标高，一般根据实测轨面标高及路肩标高、路拱高度来确定，即：

$$H_L = H_j + h_{gw} \tag{11-2}$$

式中　　H_L ——路基面标高；

　　　　H_j ——路肩标高；

　　　　h_{gw} ——路拱高度。

2. 拉坡设计

线路大修纵断面拉坡是在现有的条件下，改善和恢复因路基沉降和线路变形造成的纵向不平顺和坡度紊乱。需要确定线路纵断面的设计坡段长度、坡度及坡段连接方式，并用粗实线（0.9 mm）绘制出设计轨面线。拉坡设计是在既有轨面线上进行的，全部设计过程始终是设计轨面标高与既有轨面标高相比较的过程，可见拉坡设计实质上是一种试算过程。在拉坡设计工作中，应注意以下几个问题：

（1）线路虽有不均匀沉落，但变坡点位置一般仍在原变坡点附近，坡段的划分可参考原设计；

（2）起道量受到各种设备的约束，尽量避免落道；

（3）拉坡设计应符合基本技术条件规定；

（4）拉坡的方法应首先确定控制点的标高与坡度，宜从控制点开始分别向两侧进行拉坡。

3. 设计轨面标高

根据大修后采用的轨道各组成部分的标准及既有路基面标高，可计算出设计轨面标高：

$$H_{sg} = H_{jL} + h_{sg} + h_{sd} + h_{sz} + h_{sc} \tag{11-3}$$

式中　H_{sg}——设计轨面标高；

　　　H_{jL}——既有路基面标高；

　　　h_{sg}——设计钢轨高度；

　　　h_{sd}——设计垫层厚度；

　　　h_{sz}——设计轨枕高度；

　　　h_{sc}——设计道床厚度。

4. 设计坡度与设计轨面线

根据既有轨面标高给出既有轨面线，根据道床底面标高给出道床底面线，根据设计轨面标高给出设计轨面线。标明车站、道口的中心里程，隧道洞门里程与长度，以及桥涵类型、孔径与其中心里程。纵断面设计是以控制点为起点进行拉坡，确定设计轨面线的标高。控制点是指标高不能改变或标高变化有一定限制的地段，如大中桥、道口、站内天桥、地道、咽喉道岔等处的线路。

若某段设计坡度为 i，则该段内各点轨面设计标高为：

$$H_n = H_{n-1} + di \tag{11-4}$$

式中　H_{n-1}——计算点前一点的轨面设计标高；

　　　d——两点间的距离；

　　　i——设计坡度。

逐点算出各个点的轨面设计标高，用粗实线绘制在纵断面图上，即得到设计轨面线。

5. 计算起道高度

计算点的起道高度为：

$$h_Q = H_{sg} - H_{jg} - (\Delta h_g + \Delta h_d + \Delta h_z) \tag{11-5}$$

式中　Δh_g——设计钢轨与既有钢轨的高度差；

　　　Δh_d——设计垫板与既有垫板的高度差；

　　　Δh_z——设计轨枕与既有轨枕的高度差。

6. 计算设计道床厚

设计道床厚为：

$$h_{sc} = h_{jc} + h_Q \tag{11-6}$$

式中　h_{jc}——既有道床厚；

　　　h_Q——起道高度。

算出的道床厚度如比规定的最小道床厚度小或厚得太多，需重新修正设计坡度或坡段长度，反复计算，寻求经济合理的设计方案。设计时应尽量避免落道。但在个别地段，因道床厚度不足而起道又受条件限制时，允许局部落低路基面。落道深度为：

$$\Delta h_L = [h_c] - h_{jc} \tag{11-7}$$

式中　$[h_c]$——规定的道床最小厚度。

图 11-3 为一大修设计部分纵断面设计图。其中线路既有条件：50 kg/m 钢轨，轨高 147 mm

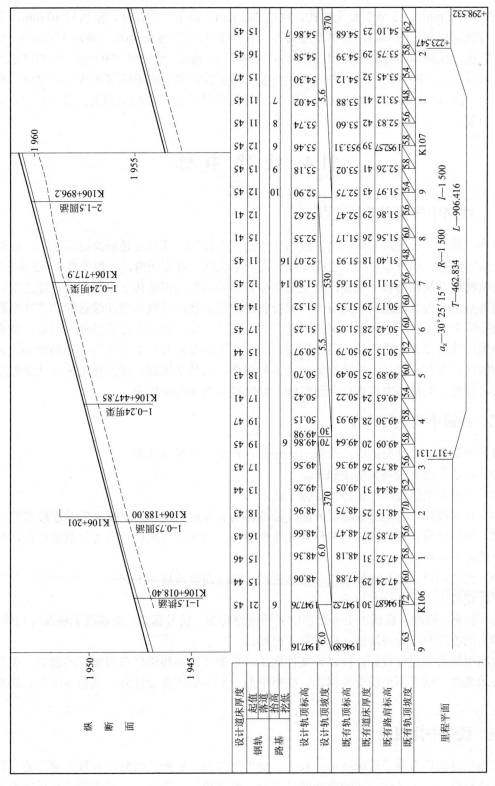

图 11-3 大修设计部分纵断面设计图

（含钢轨垂磨 5 mm），Ⅰ型混凝土轨枕，枕高 202 mm，弹条「型扣件，垫板厚 10 mm，道床厚及既有轨面标高见图 10-3，路拱高度为零。设计条件：60 kg/m 钢轨，轨高 176 mm，Ⅱ型混凝土轨枕，枕高 202 mm，弹条Ⅱ型扣件，垫板厚 10 mm，道床厚 450 mm。车站内正线的线路大修设计与区间线路相同，并应连续拉坡；与正线相邻的股道应与正线同时设计（按站线标门），其他站线可根据具体情况而定。站内线路设计还应考虑建筑物的位置与净空、站场排水等问题。

11.4 线 路 中 修

一、线路中修的意义与重点

线路中修是次于线路大修而高于线路维修的一个修程，其重点是解决道床脏污、板结及轨枕失效等问题，同时需对线路全面修理。在一个线路大修周期内，一般安排 1～2 次中修。道床与轨枕通常统称为轨下基础，其主要功能是承受与传递钢轨传下来的压力，便之均匀地扩散到路基上；提供轨道纵横向阻力，保持轨道的稳定性；吸收与缓冲轮轨的动力冲击和振动；排除降水，使路基面和轨道保持干燥；并为调整线路平纵断面提供条件。但是，轨道在运营中因道砟材质、运输条件、自然环境、动力作用以及维修作业方式等因素的影响，道床会逐渐脏污、变形、板结，轨枕也会出现各种损伤、失效的情况，以致使道床的功能被削弱或丧失。因此，要依靠中修进行全面整修，以恢复与改善线路状态。

二、线路中修主要内容

（1）清筛道床，补充道砟，改善道床断面，整治基床翻浆冒泥。

（2）校正、改善线路纵断面和平面。

（3）更换失效轨枕和严重伤损混凝土枕。

（4）普通线路（含无缝线路缓冲区）抽换轻伤有发展的钢轨，更换失效的连接零件。

（5）均匀轨缝，螺栓涂油，整修补充防爬设备，对无缝线路进行应力放散或调整，按设计锁定轨温锁定线路。

（6）整修路肩、路基面排水坡，清理侧沟，清除路堑边坡弃土。

（7）整修道口及其排水设备。

（8）补充、修理并刷新由工务管理的各种线路标志、信号标志、位移观测桩及备用轨架。

（9）回收旧料，清理场地，设置常备材料。

线路中修必须进行设计，按设计文件施工，根据《铁路线路修理规则》的规定，中修的基本技术条件，除了不全面更换钢轨、线路平面一般不做改善设计外，其余各项与大修基本一致。

三、线路中修周期

线路中修周期取决于道床脏污、板结、变形的速度。影响道床脏污和板结速度的主要因素是道砟材质、运营条件、运输货物的种类及自然环境等。因此，一般用通过总重确定中修周期，它也反映了以道床的含污率作为确定中修周期的依据。据铁道部科学研究院的研究，我国铁路道床的临界含污率为 30%～35%（体积比）。应根据线路条件及运输情况的不同，分段确定不同的线路中修周期。

11.5　线路大、中修验收

一、验收办法

（一）线路设备大修验收单位

（1）线路大、中修正线为千米（始终点不是千米时，可按实际长度合并验收），站线为一股道。

（2）铺设无缝线路为一个区间（包括相衔接的普通线路），特殊情况为一段。

（3）其他各项线路设备大修由铁路局确定。

（二）大型养路机械施工作业验收

（1）大型养路机械施工作业验收主要项目包括清筛、起道、拨道、捣固、动力稳定和钢轨打磨。

（2）大型养路机械施工作业应采用静态和动态相结合的验收办法，以其中最差成绩作为该千米线路的验收结果。

① 静态验收——使用大型养路机械施工作业时，工务机械段应及时提供大型养路机械记录仪的检查记录数据，并与工务段共同随同大机检查，发现失格处所应立即组织返工。返工后仍有 4 处及以上达不到作业验收标准、2 处及以上达不到保养标准或无法返工的（每处长度不超过 5 m，超过 5 m 按 2 处计），判该千米线路为失格，并于当日填写验收记录。

② 动态验收——使用大型养路机械施工作业后 15 日内，铁路局轨检车进行动态检查评定。

③ 静态与动态检查合格，大型养路机械作业项目齐全，质量优良，施工作业质量评为优良；大型养路机械作业项目不全，质量合格，施工作业质量评为合格。

（三）竣工交验资料

1. 线路大、中修

（1）施工日期；

（2）主要材料使用数量表；

（3）竣工后的线路平纵断面图；

（4）钢轨配轨表（其中包括钢轨的钢种、熔炼炉号、生产厂、淬火厂、出厂年月等资料）；

（5）无缝线路的锁定轨温及应力放散资料；

（6）隐蔽工程记录；

（7）其他有关技术资料；

（以下为铺设无缝线路工程需备齐的资料）

（8）无缝线路布置图、观测桩位置；

（9）位移观测记录；

（10）工地焊接、探伤及外观检查记录；

（11）钢轨编号和焊接编号表、现场胶接绝缘接头记录；

（12）应力放散记录；

（13）厂焊单位及出厂时间。

2. 其他各项线路设备大修

（1）施工日期、时间；

（2）主要工程数量表；

（3）隐蔽工程记录；

（4）其他有关技术资料。

如因季节影响，无缝线路不能在工程交验前按设计锁定轨温锁定线路时，应先组织交验，再适时组织应力放散。

（四）线路设备大修验收组织和程序

线路大修每完成 3～5 km（铺设无缝线路为一个区间），经施工单位自验并做好记录，向铁路局提请验收。铁路局应及时组织施工单位和设备接管单位，按照设计文件及有关标准进行验收。

验收其他工程时，应参照线路大修进行质量评定。具体验收办法由铁路局确定。

二、验收标准

（1）线路设备大、中修应按设计文件及表 11-2 进行验收，主要项目（轨向、高低、线路锁定、道床清筛、捣固质量、路基排水）一次达到标准，可评为"优良"。如有主要项目不符合标准，次要项目漏项或不合格，经整修后复验达到标准，评为"合格"。

表 11-2　线路大、中修验收标准

顺序	项目	质 量 标 准
1	轨距	1. 符合作业验收标准 2. 允许速度大于 120 km/h 线路轨距变化率不得大于 1‰,其他线路不得大于 2‰
2	水平	符合作业验收标准
3	轨向	1. 直线目视顺直，符合作业验收标准 2. 曲线方向圆顺，曲线正矢符合作业验收标准 3. 曲线始、终端不得有反弯或"鹅头"
4	高低	1. 目视平展，符合作业验收标准 2. 轨顶标高与设计标高误差不得大于 20 mm
5	三角坑	符合作业验收标准
6	捣固	1. 捣固、夯拍均匀 2. 空吊板：无连续空吊板；连续检查 50 头，正线、到发线不得超过 8%，其他站线不得超过 12%
7	路基及排水	1. 路肩平整，无大草，并有向外流水横坡 2. 侧沟捧水畅通 3. 符合设计要求
8	道床	1. 清筛清洁，道砟中粒径小于 25 mm 的颗粒质量不得大于 5% 2. 清筛深度达到设计要求 3. 道床密实、符合设计断面。边坡整齐

顺序	项目	质 量 标 准
9	轨枕	1. 位置方正、均匀，间距和偏斜误差不得超过 40 mm 2. 无失效，无严重伤损 3. 混凝土宽枕间距和偏斜误差均不得超过 30 mm
10	扣件	1. 混凝土枕 （1）螺旋道钉无损坏。丝扣及螺杆全面涂油 （2）弹条扣件的弹条中部前靖下颚应靠贴轨距挡板（离缝不大于 1 mm）或螺栓扭矩为 120～150 N·m，Ⅲ型扣件扣压力为 11～13.2 kN （3）扣件位置正确，平贴轨底，顶紧挡肩，扣板歪斜及不密贴大于 2 mm 者不得超过 6%（连续检查 100 头） （4）橡胶垫板、垫片及衬垫无缺少、损坏，歪斜者不得超过 8%（连续检查 100 头） 2. 木枕 （1）垫板歪斜及不密贴者不得超过 6%（连续检查 100 头） （2）道钉浮离或螺纹道钉未拧紧不得超过 8%（连续检查 100 头）
11	（一）新钢轨及配件	1. 钢轨无硬弯，接头轨面及内侧错牙不得超过 1 mm 2. 接头相错：直线不得超过 20 mm，曲线不得超过 20 mm 加缩短轨缩短量的一半 3. 轨缝每千米总误差：25 m 钢轨不得超过 80 mm 4. 接头螺栓涂油，扭矩达到标准
	（二）再用轨及配件	1. 钢轨无硬弯，接头轨面及内侧错牙不得超过 1 mm 2. 接头相错：直线不得超过 40 mm，曲线不得超过 40 mm 加缩短轨缩短量的一半 3. 轨缝每千米总误差：25 m 钢轨不得超过 80 mm，12.5 m 钢轨不得超过 160 mm 4. 接头螺栓涂油，扭矩达到标准
12	（三）无缝线路钢轨及配件	1. 轨条端头位移不得大于 20 mm，固定区位移不得大于 5 mm 2. 缓冲区接头相错不得大于 40 mm 3. 焊缝质量符合《钢轨焊接技术条件》（TB/T 1632.1～TB/T 1632.4）的要求 4. 联合接头位置符合第 3.10.10 条的规定 5. 在设计锁定轨温上、下限范围内，缓冲区接头轨缝与设计轨缝相比，误差不得大于 2 mm 6. 锁定轨温应符合设计要求 7. 缓冲区接头螺栓涂油，采用 10.9 级螺栓，螺栓扭矩 900～1 100 N·m
13	防爬设备	1. 安装齐全，无失效 2. 普通线路爬行量不得超过 20 mm
14	道口	1. 木枕地段铺面下全为新木枕 2. 铺面平整牢固，轮缘槽符合标准 3. 两侧平台平整 4. 排水设施良好
15	线路外观	1. 标志齐全、正确，字迹清晰 2. 钢轨上的标记齐全、正确、清晰 3. 弃土清除干净 4. 无散失道砟
16	旧料回收	旧料如数回收，运至指定地点，堆码整齐，并按规定移交

（2）成组更换新道岔应按设计文件及表 11-3 进行验收。主要项目（轨向、高低、道床清筛和捣固质量、尖轨、可动心轨、辙叉与护轨状态、道岔锁定轨温）一次达到标准，可评为"优良"；如有主要项目不符合标准，次要项目漏项或不合格，经整修后复验达到标准，评为"合格"。

表 11-3　更换新道岔验收标准

顺序	项目	质 量 标 准
1	轨距	1. 符合作业验收标准 2. 允许速度大于 120 km/h 线路轨距变化率不得大于 1‰。其他线路不得大于 2‰（不含构造轨距加宽顺坡）
2	水平	符合作业验收标准，导曲线内股不得高于外股
3	轨向	1. 直线目视直顺，符合作业验收标准 2. 导曲线支距符合作业验收标准 3. 连接曲线用 10 m 弦量，连续正矢差不得超过 2 mm
4	高低	符合作业验收标准
5	道床	道床密实、清洁，道砟中粒径小于 25 mm 的颗粒质量不得大于 5%，符合设计断面，边坡整齐
6	岔枕	1. 间距误差不得超过 20 mm，配置符合要求 2. 无失效，无失修 3. 无连续空吊板；连续检查 50 头，空吊板不得超过 6% 4. 混凝土岔枕符合标准
7	基本轨、导轨	钢轨无硬弯。钢轨接头轨面及内侧错牙不得超过 1 mm
8	尖轨	1. 尖轨竖切部分与基本轨密贴 2. 尖轨动程符合设计要求
9	轨缝	平均轨缝误差不得大于 3 mm，绝缘接头不得小于 6 mm
10	转辙连接零件	1. 连接杆不得脱节、松动，销子齐全、有效 2. 滑床板平直并与尖轨密贴，每侧不密贴的不得超过 1 块 3. 轨撑与钢轨不密贴的，每侧不得超过一个
11	辙叉与护轨	1. 查照间隔不得小于 1 391 2. 护背距离不得大于 1 348 mm 3. 可动心轨竖切部分与翼轨密贴 4. 可动心轨动程符合设计要求 5. 可动心轨辙叉尖趾距离误差在容许误差范围内
12	其他连接零件	1. 螺栓齐全，无松动，扭矩符合要求，涂油 2. 道钉浮离不得超过 8% 3. 铁垫板及橡胶垫板、橡胶垫片齐全，歪斜的不得超过 6% 4. 扣件齐全、密靠，离缝不得超过 6%
13	防爬设备	齐全、有效，尖轨与基本轨、尖轨与尖轨间的相错量不得超过 10 mm
14	焊缝	位置符合设计要求，焊接质量符合《钢轨焊接技术条件》（TB/T 1632.1～TB/T 1632.4）的要求
15	锁定轨温	锁定轨温符合设计文件要求

顺序	项目	质 量 标 准
16	位移观测桩	埋设齐全、牢靠，观测标记清楚
17	无缝道岔位移	不得大于 5 mm
18	外观	1. 道岔钢轨编号，各部尺寸用油漆标记正确，字迹清晰 2. 旧料收集干净

（3）铺设无缝线路工程，应按设计文件及表 11-4 进行验收。

表 11-4 无缝线路铺设验收标准

序号	项目	要 求
1	锁定轨温	轨条始、终端入槽时的轨温均在设计锁定轨温范围内，同一单元轨条左、右两股锁定轨温差不得大于 5 ℃；跨区间或全区间无缝线路相邻单元轨条的锁定轨温差不得大于 5 ℃，区间内单元轨条的锁定轨温差不得大于 10 ℃
2	轨条轨端相错量	轨条端头相错量不得超过 40 mm
3	联合接头	符合设计要求
4	位移观测桩	埋设齐全、牢靠，观测标记清楚
5	无缝线路位移量	铺设后 5 天内观测，伸缩区两端不得大于 20 mm，固定区不得大于 5 mm
6	钢轨硬弯	校直后用 1 m 直尺测量，允许速度大于 120 km/h 的线路，其矢度不得超过 0.3 mm，其他地段矢度不碍超过 0.5 mm
7	缓冲区钢轨接头	轨顶面及内侧面要求平齐，误差不得超过 1 mm
8	缓冲区轨缝	与设计轨缝相比，误差不得大于 2 mm（设计锁定轨温范围内）
9	缓冲区钢轨接头螺栓	使用 M24 的 10.9 级螺栓，数量齐全，涂油，扭矩应保持在 900～1 100 N·m。扭矩不足者不得超过 8%
10	扣件	轨距挡板，挡板座顶严、密靠、压紧，不密贴（缝隙大于 2 mm）的数量不超过 6%（连续检查 100 头），且无连续失效；弹条扣件的弹条中部前端下颚应靠贴轨距挡板（离缝不大于 1 mm）或螺栓扭矩为 120～150 N·m，Ⅲ型扣件扣压力为 11～13.2 kN，不符合标准的不超过 8%（连续检查 100 头），且无连续失效；胶垫无缺损，歪斜量大于 5 mm 者不超过 8%（连续检查 100 头），螺栓涂油
11	轨枕位置	轨枕方正、均匀，其误差不得超过 40 mm
12	道床	道床断面符合规定
13	焊接接头	焊缝质量符合《钢轨焊接技术条件》（TB/T 1632.1～TB/T 1632.4）的要求
14	线路几何状态	符合作业验收标准

（4）验收其他线路设备大修工程时，应参照线路大、中修进行质量评定。具体验收标准

由铁路局自定。

 复习思考题

1. 简述线路设备大修的基本任务、目的、原则及工作条件。
2. 简述线路设备大修的工作分类和工作内容。
3. 线路大修时对平面设计有哪些要求?
4. 线路大修时对纵断面设计有哪些要求?
5. 线路中修的主要工作内容有哪些?
6. 线路大、中修验收办法有哪些内容?

铁路线路实作技能项目

12.1　线路几何尺寸检查

一、准备通知单

1. 实训场地准备

准备线路一段（100 m）左右。

2. 工、量具及材料准备

轨距尺、线路检查记录簿、双色圆珠笔。

二、考核要求

（1）质量要求：

① 判定线路超限处所，要求符合《维规》第 5.1.2 条的规定。

② 确定线路的基本股，即顺线路里程方向（公里标一侧）一侧钢轨为基本股，基本股水平高为"+"，反之为"–"。曲线的上股为基本股，上股水平高为"+"，反之为"–"。

③ 对设备全面检查，并做好记录。检查的位置正确，即接头、小大腰、大腰、大小腰。水平、高低、轨距、方向、三角坑等测量误差不超过 1mm。

（2）工作量：检查线路 100 m。

（3）劳动组合：2～3 人，其中直线配合 1 人（记录），曲线配 2 人（拉弦线）。

（4）考核内容：工量具使用、作业程序、质量标准、安全生产。

（5）考核时限：100 m 直线 10 min，100 m 距离以下曲线的 20 min。

三、操作要领及评分标准

线路几何形位检查考核评分表

学号		姓名	班级		系部	

项目配分	考核内容及评分标准	扣分因素及扣分	得分
操作程序（30 分）	1. 核准检查工具：检查前由被考人检查与校正轨距尺，检查轨距尺是否在核定周期内，水平正反两个方向误差值不得大于 1 mm。未检查校正，每件次扣 5 分		

项目配分	考核内容及评分标准	扣分因素及扣分	得分
操作程序（30分）	2. 目测高低和轨向：在检查轨距、水平行进的同时，目测前后高低和轨向，对超限的高低和轨向记录在"紧急工作量及其他"栏中。未在一定距离目测轨向和高低，每次扣2分		
	3. 检查轨距、水平：按"先轨距后水平"的顺序记录与部定标准的误差数为"+3、−2"即"轨距+3、水平−2"。检查的顺序为本人的行进方向，并同时检查线路设备，发现有零配件缺损、基床病害的，要记录在"紧急工作量及其他"栏中。出现漏检，每件次扣2分		
	4. 勾画超限处所，检查完后，对轨距、水平、三角坑等超限处所进行勾画。漏勾画一处扣5分		
质量（50分）	1. 检查水平轨距时把符号写反，每处扣10分		
	2. 记录填写不清，有黑疤，每处扣5分		
	3. 错勾画超限处所，每处扣5分		
	4. 抽查轨距：水平等与其记录误差超过1 mm，每处扣3分		
工具使用与维护（10分）	1. 不能正确使用工具、量具，每次扣3分		
	2. 损坏轨距尺扣10分		
安全及其他（10分）	1. 来车时不及时下道，每次扣5分		
	2. 邻线来车不停止检查，每次扣5分		
	3. 不按规定着装和使用劳保用品，每少1件扣2分		
	4. 本人有其他不安全因素酌情扣分，每次1~5分		
	5. 每超时1 min扣1分，超时10 min则停止考核。		
100分	合　计		

线路检查记录簿

工线—1

正线 ___ km 至 ___ km　站线 ___ 股道 ___ 曲线半径 ___ m　超高 ___ mm　顺坡率 ___ %　检查人 ___

钢 轨 编 号

检查日期	检查项目	接头	中间	接头	中间	接头	中间	接头	中间	接头	中间	接头	中间	接头	中间	接头	中间
	轨距																
	水平、三角坑																
	轨向、高低及其他																
	临时补修日期及内容																
	轨距																
	水平、三角坑																
	轨向、高低及其他																
	临时补修日期及内容																

12.2 检查单开道岔

一、准备通知单

1. 实训场地准备

准备单开道岔一组。

2. 工具、量具及材料准备

轨距尺、支距尺、钢尺、道岔检查记录簿、双色圆珠笔。

二、考核要求

（1）质量要求：

① 判定道岔超限处所应符合《维规》第 5.1.3 条、第 3.8.1 条、第 3.8.4 条、第 3.8.9 条的规定。

② 检查水平时，先判定道岔是左开或是右开。左开道岔以右直股为标准股，标准股高的为"+"，低的为"−"。导曲线以右曲股为标准股，右开道岔则反之。

③ 各检查点位置正确，轨距、水平、支距、查照等测量误差不超过 1mm。

（2）工作量：单开道岔 1 组。

（3）劳动组合：单人作业。

（4）考核内容：工量具使用、作业程序、质量标准、安全生产。

（5）考核时限：20 min。

（6）单开道岔 17 处轨距、水平检查位置表示如下图所示。

普通单开道岔检查位置图

三、操作要领及评分标准

检查单开道岔考核评分表

学号   姓名   班级   系部

项目配分	考核内容及评分标准	扣分因素及扣分	得分
操作程序 （30分）	1. 核准检查工具检查前由被考人检查与校正轨距尺、支距尺，水平正反两个方向误差值不得大于1 mm。未校正，每件扣5分		
	2. 目测轨向和高低：在目测轨向和高低时，同时注意检查其他危及行车安全的病害（即零配件块、损，基床、钢轨病害）。如有则填记在"紧急工作且及其他"栏中。漏填，每件扣2分		
	3. 检查轨距、水平和查照：在规定的检查点上，按"先轨距，后水平"的顺序记入与部定标准的误差数。如+2、–3即轨距+2、水平–3。检查顺序及轨距标准如附件3中图表。检查顺序有错，每处扣2分		
	4. 检查支距用支距尺或钢卷尺在规定检查点上检查支距尺寸。从尖轨跟端的2 m处向辙又方向支距尺应垂直于外直股量取，记录在支距栏内。支距尺检查的位置与定点位且超过10 cm以上时，每处扣5分		
	5. 勾画超限处所检查完后，对轨距、水平、支距、查照等超限处所进行勾画，交给考评员		
质量 （50分）	1. 检查水平轨距时把符号写反，每处扣10分		
	2. 记录填写不清，有黑疤，每处扣5分		
	3. 漏勾和错勾画超限处所，每处扣5分		
	4. 抽查轨距、水平、支距、查照等，误差超过1 mm以上，每处扣3分		
工具使用与维护 （10分）	1. 工具、量具使用不当，每次扣2分		
	2. 损坏量具，每件扣10分		
安全及其他 （10分）	1. 来车时不及时下道，每次扣5分		
	2. 邻线来车不停止检查，每次扣5分		
	3. 本人有不安全因素酌情扣分，每次2~5分		
	4. 不按规定使用劳保备品和着装，每少1件扣2分		
	5. 每超时1 min扣1分，超时10 min则停止考核		
100分	合 计		

附件

1. 9号、12号、18号（普通型）道岔

编号	检查地点	道岔号数			说 明
		9	12	18	
1	尖轨前顺坡终点	1 435	1 435	1 435	
2	尖轨尖端	1 450	145	1 438	
3	尖轨中部（直股）	1 444	1 442		按小于等于6‰递减
4	尖轨跟端百股	1 439	1 439	1 435	
5	尖轨跟端曲股	1 439	1 439	1 435	导曲线始点处
6	尖轨跟捎后直股	1 435	1 435	1 435	距尖轨跟端 1.5 m
7	导曲线前部	1 450	1 435	1 435	距导曲线始点 3 m
8	导曲线中部	1 450	1 435	1 435	
9	直股中部（连接部分）	1 435	1 435	1 435	
10	直股后部（连接部分）	1 435	1 435	1 435	
11	导曲线后部	1 450	1 轴 5	1 435	距导曲线终点 4 m
12	辙叉址端（曲股前）	1 435	1 435	1 435	
13	辙叉（曲股中）	1 435	1 435	1 435	在辙叉尖顶面宽 30～50 mm 断面处同时量查照间隔和护背距离
14	辙叉跟皍（曲股后）	1 435	1 435	1 435	
15	辙叉跟端（直股后）	1 435	1 435	1 435	
16	辙叉（直股中）	1 435	1 435	1 435	在辙叉尖顶面宽 30～50 m 断面处同时量查照间隔和护背距离
17	辙叉趾销（直股前）	1 435	1 435	1 435	

2. 60AT—12 号道岔

编号	检 查 位 置	规定尺寸/mm	备 注
1	基本轨接头	1 435	
2	尖轨尖端	1 437	
3	导曲线起点（距尖轨尖端 2 728 mm）	1 433	
4	尖轨中部（距尖轨尖端 6 011 mm）	1 435	
5	尖轨跟端曲股	1 435	
6	尖轨跟端直股	1 435	
7	直基本轨接头	1 435	
8	曲基本轨接头	1 435	
9	曲基本轨接头	1 435	
10	曲内配轨接头	1 435	
11	直护轨接头	1 435	
12	曲护轨接头	1 435	
13	辙叉趾端曲股	1 435	
14	辙叉心曲股（在心轨宽 25 mm 处量）	1 435	查照间隔大于 1 391 mm
15	辙叉跟端曲股	1 435	护背距离小于 1 348 mm
16	辙叉跟端直股	1 435	
17	辙叉心直股（在心轨宽 25 mm 处量）	1 435	
18	辙叉趾端直股	1 435	

工线—2 (1)

站名 _____

道岔检查记录簿

道岔编号 _____ 型号 _____ 检查人 _____

检查日期	检查项目	转辙部分			导曲线部分								辙叉部分								支距	记事
		尖轨尖端处 前顺坡终点	尖轨中	尖轨跟端		直线			导曲线			叉心前		叉心中		叉心后		查照间隔		护背距离			
				直	曲	前	中	后	前	中	后	直	曲	直	曲	直	曲	直	曲	直	曲		
	轨距																						
	水平		×											×				×	×	×	×		
	轨向、高低及其他																						
	临时补修日期及内容																						
	轨距																						
	水平		×											×				×	×	×	×		
	轨向、高低及其他																						
	临时补修日期及内容																						

12.3 使用水准仪进行线路中平测量

一、准备通知单

1. 实训场地准备

选一段不短于 200 m 的纵断面有变化的线路，并备齐该段水准基点资料，考核时派专人防护。

2. 工具、量具及材料准备

水准仪、塔尺、测量记录表、计算器、水准点资料等。

二、考核要求

（1）质量要求：按规定设好防护，安全文明生产。采用附合水准路线闭合方式，闭合差不超过 $\pm 30\sqrt{L}$ mm 。

（2）考核内容：使用水准仪对指定 200 m 线路进行中平测量。

（3）劳动组合：3 人作业，其中 2 人配合（扶尺，听从被考核者指挥）。

（4）考核时限：取各组平均时间。

三、操作要领及评分标准

使用水准仪进行线路中平测量考核评分表

学号　　　　　姓名　　　　　班级　　　　　系部

项目配分	考核内容及评分标准	扣分因素及扣分	得分
操作程序 （30 分）	1. 准备作业（时间不算在考试时间内） （1）检查水准仪各部连接零件是否完好，塔尺连接点是否正确、牢固。不检查扣 5 分。 （2）按规定设好防护（可口述）。不按规定设置防护扣 5 分。 （3）找出中平测量始、终点附近水准基点（BM1、BM2，），将已知里程填入记录表。漏、错扣 5 分。 （4）选择转点及各中间点（测点可每隔 40 m 或 20 m 设一中间测点，每隔几个中间点设一个转点），将各点里程填入记录表。漏、错，每处扣 3 分		
	2. 正式作业 （1）测量：被考核人执水准仪，指挥立尺人按计划各点立尺。将塔尺立于始点已知里程水准基点（BM1），水准仪置于第一转点与 BM，测量距离相等处，按照粗平→瞄准→锁定→调焦→微动→精平→读数的程序，测出 BM 点的后视读数，填入记录表。依次将塔尺立于第一转点前各中间点及第一转点，按上述程序测得各中间点中视读数和第一转点前视读数，分别列入记录表。再将仪器移至一、二转点中间，先测出第一转点后视，再测各中间点中视及第二转点前视，这样依次直至测完各测点及 BM2 点前视读数。以上每漏错一处扣 3～5 分。		

项目配分	考核内容及评分标准	扣分因素及扣分	得分
操作程序 （30分）	（2）计算高程差和高程 转点高程差=后视读数−前视读数 转点高程=后视点高程+高程差 中间点高程差=后视读数−中视读数 中间点高程=已知后视点高程+高程差 每错一处扣 2 分		
质量 （40分）	1. 记录表核查 各转点上前后读数之差（Σ后视——Σ前视），与各转点正、负高程差代数和，以及与实测始、终点的高程差（BM2—BM1），三者相等为记录无误，反之有误。 漏、错扣 5 分，记录每错一项扣 1 分。		
	2. 高程闭合差（f_n）计算，并判定测量正误 f_n=终点实测商程−终点已知高程。若 f_n 在 $\pm 30\sqrt{L}$ mm 间则测量正确，反之测量不合格，其中 L 为实测始、终点（BM2、BM1，）的距离，单位为 km。漏算扣 20 分，闭合差超限扣 41 分，各点高程测量每错一点扣 5 分		
安全及其他 （20分）	1. 水准仪安置正确。每错、漏一次扣 5 分		
	2. 仪器、零件无损坏。损坏一件扣 5～10 分		
	3. 来车未及时下道避车，或仪器未撤出限界，每次扣 10 分		
	4. 每超时 2 min 扣 1 分，超时 20 min 则停止考核		
100 分	合　计		

12.4　线　路　起　道

一、准备通知单

1. 实训场地准备

准备需起道的线路一段，最少不少于 100 m。

2. 工、量具及材料准备

轨距尺、起道机、道镐、耙子、轨温计、

二、考核要求

（1）质量要求：符合《维规》第 4.1.6 条、第 4.3.4 条、第 4.3.7 条、第 5.1.1 条的规定。

（2）工作量：每人指挥完成 50 m 线路起道，2 人共完成 100 m 线路起道。

（3）劳动组合：3 人作业，其中配合 2 人（含压机手 2 人，打塞 1 人）。

（4）考核内容：工量具使用、作业程序、质量标准、安全生产。

（5）考核时限：混凝土线路 20 min，准备时间 10 min。

三、操作要领及评分标准

线路起道考核评分表

学号	姓名	班级		系部	

项目配分	考核内容及评分标准	扣分因素及扣分	得分
操作程序（35分）	1. 校对轨距尺。未校扣 2 分		
	2. 调查起道量，每差 5 mm 扣 10 分		
	3. 无缝线路测量轨温，并做好记录。未测扣 5 分		
	4. 设置防护（可口述）一次起道量小于 40 mm 用作业标防护，40 mm 以上时用移动停车信号防护。选错扣 10 分		
	5. 检查画撬：画轻重捣、低接头、拱腰、空吊板等符号。漏画，每处扣 4 分		
	6. 打浮离钉或拧紧扣件螺栓，消灭空吊。未打、未拧扣 4 分		
	7. 确定标准股：直线为水平高的一股为基本股，曲线为下股。选错扣 4 分		
	8. 看道距起道机 20～30 m 看轨头下颏水平线，根据前标准点和后标准点起平中间点。距离不足扣 2 分，手势错，每次扣 1 分		
	9. 放置起道机： （1）全起全捣。 a. 12.5 m 钢轨为接头、大腰各放 1 次。 b. 25 m 钢轨为接头、小大腰、大腰、大小腰各放 1 次。 c. 无缝线路木枕每距 10～12 根放 1 次，混凝土枕每距 8～10 根放 1 次。 （2）重起全捣或重起重捣坑底放 1 次，漫坑底放 2～3 次。直线起道机放在钢轨里口，曲线上股放外口，下股放里口。 放错，每次扣 4 分		
	10. 打塞：打外口轨下枕底，串好打实，禁打顶门塞。每错一次扣 2 分		
	11. 起道找平：先起标准股，起 1 撬对起另一股水平，以免出现人为的水平超限和三角坑超限。轨距尺靠近起通机。看道人回看纵向水平，视高低情况补撬。每错一处扣 2 分，同一地点补撬，每次扣 2 分		
	12. 来车前应完成捣阅、顺撬。漏捣扣 10 分		
	13. 无缝线路在作业中，要测量轨温，并做好记录。未测量、未记录扣 5 分		
	14. 质量回检。未回检扣 2 分		
	15. 撤防护（可口述）。未撤扣 2 分		
	16. 无缝线路作业完后，要测量轨温，并做好轨温记录。未测、未记录扣 5 分		

项目配分	考核内容及评分标准	扣分因素及扣分	得分
质量（35分）	1. 静态水平误差不大于 4 mm。每超 1 mm，每处扣 5 分，超过保养值扣 41 分		
	2. 三角坑在延长 625 m 范围内误差不超过 4 mm。大于 4 mm，每处扣 4 分，超过保养值扣 41 分		
	3. 高低用 10 m 弦量，最大矢度不超过 4 mm。大于 4 mm，每处扣 4 分，超过保养值扣 41 分		
工具设备使用及维护（10分）	1. 轨距尺损坏扣 10 分		
	2. 轨温计损坏扣 10 分		
	3. 机具损坏，每件扣 5 分		
安全及其他（20分）	1. 伤手、脚，每次扣 5 分		
	2. 绊倒，每次扣 5 分		
	3. 来车时未及时下道避车和机具侵限，每次每项扣 5 分		
	4. 镐头滑脱，每次扣 5 分		
	5. 飞砟伤人，每次扣 5 分		
	6. 劳保和防护用品不齐，每少 1 件扣 2 分		
	7. 每超时 1 min 扣 1 分，超时 10 min 则停止考核		
100 分	合　　计		

12.5　使用拨道器拨道

一、准备通知单

1. 实训场地准备

选定一段需要拨道的线路 100 m（木枕、混凝土枕，正线、站线、专用线均可）。

2. 工具、量具及材料准备

拨道器。

二、考核要求

（1）质量要求：作业过程及质量符合规范要求，安全文明生产。

（2）劳动组合：3 人一组拨道（考核 2 人，1 人指挥）100 m。

（3）考核时限 30 min（从正式作业起计时）。

三、操作要领及评分标准

使用拨道器拨道考核评分表

学号　　　　　姓名　　　　　班级　　　　　系部

项目配分	考核内容及评分标准	扣分因素及扣分	得分
作业程序及质量（75分）	1. 准备作业 （1）按规定插好作业标。错、漏扣5分。 （2）检查使用起拨道器（压力油、油缸内有无空气，在负荷作用下有无漏油，溢流阀是否完好）。不检查扣5分，漏一项扣1分。 2. 正式作业 （1）安放拨道器：两人分股同向，用撬棍适当拨出轨底下道砟，放入起拨道器，起道轮侧面卡在钢轨底侧面。 （2）拨动线路：上扳回油阀，将撬棍插入起拨摇动孔，眼观指挥者手势，前后扳动摇杆。当指挥者发出拨道完毕的手势后，立即停止摇动。 （3）撤除转移起拨通器，下扳回油阀至中部或松动螺栓，开启回油路取出撬棍，插入推动孔内，上抬拨道器，使油缸顶杆复位，左手扶柄、右手持棍一起用力后拉取出拨道器，到下一拨道器安放点。 每错、漏一个程序扣5分。 不按指挥者的手势（用力大小快慢，不同步）造成多次返撬，每撬扣5分。 用撬棍杆拨道器后端使拨道器就位，每次扣5分		
安全及其他（25分）	1. 将拨道器放往绝缘接缝及焊缝下拨道，每次扣5分		
	2. 来车时未及时下道避车或未及时将工具撤出限界扣5分		
	3. 碰伤手、脚或出现事故苗子，每次扣10分		
	4. 列车通过时拨道器未取下，每次扣3分		
100分	合　计		

12.6　用垫板找小坑

一、准备通知单

1. 考场准备

选定一段长度不短于200 m的混凝土枕线路。

2. 材料、工具准备

木垫片（厚度为2、3、4、5 mm）按1:1:1:1配齐，道尺，扳手，轨温表、撬棍。

二、考核要求

（1）质量要求：作业过程质量符合规范要求，安全文明生产。

（2）考核内容：每人找一处线路小坑。

（3）考核时限：每次 30 min。

三、操作要领及评分标准

用垫板找线路小坑考核评分表

| 学号 | | 姓名 | 班级 | 系部 | |

项目配分	考核内容及评分标准	扣分因素及扣分	得分
操作程序（40分）	1. 准备作业（不计时间） （1）按规定插好作业标（重复者口述）。错、漏扣 5 分。 （2）校正道尺。错、漏扣 5 分。 （3）调查工作量及确定标准股先俯身观察坑洼，在较高处丈量水平，然后以水平高的一股为标准股（曲线以下股为标准股）		
	2. 正式作业 （1）目测估计标准股所需垫片厚度，并标明在每根枕木上，用水平尺根据水平数值确定另一股相对应的垫片厚度。按标明的数字散布好垫片。 （2）松动扣件螺母，至能顺利垫入垫片为好（一次松动扣件不超过 7 根，小曲线半径酌减），放行列车时要做到隔一紧二。 （3）用起道机启动钢轨，使钢轨与大胶垫有足够缝隙。用小铁铲或小撬棍松动大胶垫，从枕木侧面顺轨底垫入垫片于大胶垫下，垫片时手指不得伸入枕面缝隙内，用竹片或小棍拨正垫片到大胶垫中央，一般一撬垫 5～7 根，垫完后放下压机。 （4）按上扣件的作业标准上好坐垫及扣板，拧紧螺栓到规定扣压力。 （5）无缝线路作业要坚持"三测"，并按各项作业轨温要求控制好作业长度，防止应力集中。 每漏、错一项扣 5 分		
质量（40分）	1. 垫片位置不正确，每头扣 3 分		
	2. 高低、水平、三角坑超过维修标准，每处扣 5 分，超过保养标准，每处扣 41 分		
	3. 扣件扣压力不足超过 8%，每超 1%扣 5 分		
	4. 扣件离缝 lmm 以上，每头扣 2 分		
安全及其他（40分）	1. 未按规定距离下道避车或未及时将工、料具撤出限界，每次扣 5 分		
	2. 放行列车时未做到隔一紧二，每次扣 10 分		
	3. 扣件一次性松动超过标准，每次扣 10 分		
	4. 无缝线路作业不坚持"三测"或超温作业，每次扣 10 分		

续表

项目配分	考核内容及评分标准	扣分因素及扣分	得分
安全及其他（40分）	5. 伤手、脚，每次扣 5 分		
	6. 未按规定着装扣 5 分		
	7. 作业时间平均每头超时 20 s，扣 2 分，超时 1 min 停止考核		
100 分	合　　计		

12.7　识读道岔标准图

一、准备通知单

图纸准备：选定一套道岔标准图纸。

二、考核要求

（1）质量要求：

① 读图要细致，要仔细区分相似部件的间隔尺寸及尺寸标注的位置，防止读错或读反尺寸。

② 左右开道岔系对称制造，读图时要注意自己所读的是左开还是右开。

③ 能应用图纸所列内容进行现场道岔组装、配轨及配置道岔主要零部件，能掌握图纸标明的技术尺寸并进行道岔检查和养修作业。

（2）考核内容：读出道岔主要尺寸和钢轨、轨枕布置图。

（3）考核时限：30 min。

三、操作要领及评分标准

（1）铺开道岔图纸，记住图号（有的图号分施工图号和设计图号），确认图纸的标题名称、型号、零配件标注的比例尺寸。

（2）读出道岔全长、中交位置、转辙角、前长、后长的起讫位置及相互关系。

（3）读出导曲线半径、导曲线起讫位置、各点支距、横距。

（4）读出道岔配轨情况及每根钢轨的长度。

（5）读出岔枕根数、长度和岔枕间距。

（6）读出各部间隔尺寸。

（7）读出图中标注编号指的是什么零部件，并按编号查阅明细表，读出该零部件及其数据。

（8）详细阅读设计说明、铺设指南及技术要求，了解道岔设计理念、构造性能和结构，掌握铺设指南中铺设、安装、调试中的顺序和方法，并熟悉技术要求，指导日常养修作业。

每读错一处扣 2 分。

【例题】下图所示为混凝土枕 60 kg/m 钢轨 12 号单开道岔（专线 4127）铺设图，试读图。

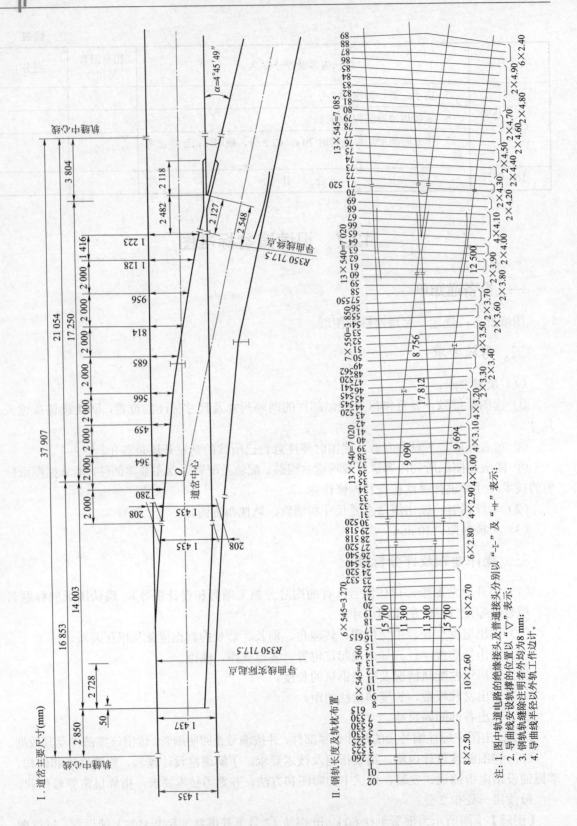

356

[解] 根据下图可知：

① 道岔中心：直向和曲向线路中心线交点。面对岔尾看曲股：右开道岔。

② 看道岔具体尺寸

道岔全长 37 907 mm；道岔前长 16 853 mm；道岔后长 21 054 mm。

道岔中心在图中标出。

③ 道岔中心到尖轨尖端为 14 003 mm；尖轨尖端至基本轨轨缝为 2 850 mm；道岔中心至辙叉理论尖端 17 250 mm；理论尖端至岔后直向基本轨轨缝 3 804 mm。

④ 图中 2000 为横距，最后点横距为 1 416 mm，合起来为 17 416 mm。各点：208、280、364、459、566、685、814、956、1 128、1 223 mm。

导曲线始点和终点在图中标出。

导曲线半径 350 717.5 mm。

⑤ 尖轨长 11 300 mm，基本轨长 15 700 mm。

外直股钢轨长为 22 191 mm；内直股钢轨长为 17 812 mm；曲上股钢轨长分别为 9 090；8 756 曲下股钢轨长分别为 9 604、12 500 mm。

⑥ 轨枕组数为 26 组。每组前一个数字为根数，后一个数字为岔枕长度，如第一组共 8 根，每根长 2、5 m。岔枕上面的数字为岔枕间距，如尖轨尖端所在间距为 530 mm，往后依次是 615、545…（8 根均为 545 mm，标 8×545）。

⑦ 道岔的辙叉角 $\alpha = 4°\,45'\,49''$。

⑧ 各部轨距：尖轨尖端轨距为 1 437 mm，其他地段轨距为 1 435 mm。

⑨ 图中其他符号参看图注。

12.8　道岔铺设施工放样

一、准备通知单

（1）图纸准备：选定一套道岔标准图纸。

（2）选定一 50 m×30 m 场地。

二、考核要求

（1）质量要求：

① 记录手簿上应简明记载观测者、记录者、仪器型号、观测时间、天气等，并在备注栏上画上草图，原始观测数据应在现场记载，事后一律不能补记或任意涂改。

② 方向观测结束后，应立即按各方向观测值计算三角形的闭合差。三角形角度闭的限值 f_w 符合误差要求。

③ 调整误差。按有关规定进行误差调整。

（2）考核内容：将道岔的主要位置按实际尺寸用桩位确定下来，画出钢轨、轨枕布置图。

（3）考核时限：30 min。

三、操作要领及评分标准

1. 操作要领

新线铺设以及既有线上铺设或更换不同型号道岔，一般使用经纬仪进行放样。

放样工作的主要内容：在线路上确定道岔中心点桩位，道岔始端、尾端桩位。

单开道岔放样

（1）放样主要数据

① 道岔全长 L

② 道岔前长 a

③ 道岔后长 b

④ 道岔转向角 α

⑤ 画出钢轨位置图

⑥ 画出轨枕位置图

（2）放样步骤

① 拨正线路方向。

② 以线路中心线的出岔位置或就近钢轨接头作为道岔始端（可沿一股钢轨丈量出道岔前长 a，并从该点钢轨工作边向线路中心方向垂直量取 $\dfrac{S}{2}$），定出道岔中心桩 1。

③ 在道岔中心桩 1 上安置经纬仪，对中整平仪器后，向道岔始点放直线从桩 1 沿直线方向丈量道岔前长 a 定出始端桩 2，倒镜放直线，丈量道岔后长 b 定出岔尾桩 3。

④ 右转 α 角度，在视线上丈量长度 b，定出侧线上岔尾桩 4。

⑤ 用钢尺复核道岔全长 L 是否正确。

⑥ 画出钢轨位置图

⑦ 画出轨枕位置图

2. 评分标准

道岔的主要位置的桩位误差超过允许误差，扣 41 分。

画出钢轨布置图错一处扣 5 分。

轨枕布置图错一处扣 2 分。

如图为道岔放样位置桩图。

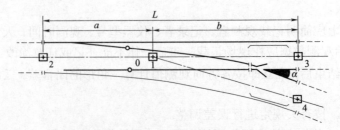

参 考 文 献

[1] 王平. 铁路轨道施工 ［M］. 北京：中国铁道出版社，2010.

[2] 练松良. 轨道工程 ［M］. 北京：人民交通出版社，2009.

[3] 郝瀛. 铁道工程 ［M］. 北京：中国铁道出版社，2004.

[4] 李成辉. 轨道 ［M］. 北京：西南交通大学出版社出版社，2004.

[5] 赵国堂. 高速铁路无砟轨道结构 ［M］. 北京：中国铁道出版社，2006.

[6] 方筠. 铁路线路施工技术 ［M］. 北京：人民交通出版社，2008.

[7] 荣佑范. 铁路线路维修与大修 ［M］. 北京：人民交通出版社，2008.

[8] 铁路线路修理规则. 铁道部铁运 ［2006］ 146 号文.

[9] 铁路工务安全规则. 铁道部铁运 ［2006］ 177 号部令.

[10] 铁路职工岗位培训教材编审委员会. 铁路线路工 ［M］. 北京：中国铁道出版社，2011.

参考文献

[1] ...[M]. ...，2010.
[2] ...[M]. ...，2000.
[3] ...[M]. ...，2004.
[4] ...[M]. ...，2004.
[5] ...[M]. ...，2000.
[6] ...[M]. ...，2008.
[7] ...[M]. ...，2008.
[8] ...[J]. ...，2000(16).
[9] ...[J]. ...，2000(12).
[10] ...[M]. ...，2011.